ALLEN PACKWOOD
E RICHARD DANNATT

O DIA D DE CHURCHILL

A HISTÓRIA DOS BASTIDORES

Tradução
Claudio Carina

Revisão técnica
Bruno Leal Pastor de Carvalho

CRÍTICA

Título original: *Churchill's D Day: The Inside Story*

Preparação: Leandro Ranieri
Revisão: Ligia Alves e Valquíria Matiolli
Diagramação: Negrito Produção Editorial
Imagem de capa: Churchill Archives Centre, Background textures © Shutterstock.com
Capa: Lewis Csizmazia © Hodder & Stoughton
Adaptação de capa: Sandra Fava

Dados Internacionais de Catalogação na Publicação (CIP)
Angélica Ilacqua CRB-8/7057

Packwood, Allen
O dia D de Churchill : a história dos bastidores / Allen Packwood, Richard Dannatt ; tradução de Claudio Carina. – São Paulo : Planeta do Brasil, 2025.
336, [16] p.

Bibliografia
ISBN 978-85-422-3848-8
Título original: Churchill's D Day: The Inside Story

1. Guerra Mundial, 1939-1945 2. Churchill, Winston, 1874-1965 I. Título
II. Dannatt, Richard III. Carina, Claudio

25-3915 CDD 940.53

Índice para catálogo sistemático:
1. Guerra Mundial, 1939-1945

MISTO
Papel | Apoiando o manejo florestal responsável
FSC® C019498

Ao escolher este livro, você está apoiando o manejo responsável das florestas do mundo

2025
Todos os direitos desta edição reservados à
EDITORA PLANETA DO BRASIL LTDA.
Rua Bela Cintra, 986, 4º andar – Consolação
São Paulo – SP CEP 01415-002
www.planetadelivros.com.br
faleconosco@editoraplaneta.com.br

A todos sob o comando aliado que perderam
a vida na campanha da Normandia

SUMÁRIO

Prefácio 7

PARTE UM: PLANEJAMENTO

1. Visão em retrospecto é uma coisa maravilhosa 15
2. Lidando com a derrota 29
3. Discussões com os Aliados 55
4. Faça funcionar, custe o que custar.................. 93
5. Guarda-costas das mentiras...................... 129
6. Portos artificiais 149

PARTE DOIS: EXECUÇÃO

7. Confinamento 183
8. O último resquício de força 207
9. Este momento agonizante........................ 233
10. Começaremos a guerra por aqui 251
11. A tirania da Overlord 279
12. Legados 301

Agradecimentos 316
Codinomes de operações citadas neste livro............ 317
Acrônimos e termos que requerem explicação 320
Unidades dos Exércitos Aliados...................... 321

Notas 322
Ilustrações 329
Bibliografia selecionada 331

PREFÁCIO

Winston Churchill é lembrado como o primeiro-ministro que liderou a Grã-Bretanha durante a Segunda Guerra Mundial até a vitória. Mas sua reputação se baseia nos eventos de 1940, e não dos de 1944. É sua oratória durante a Batalha da Inglaterra e da Blitz que continua a ser citada: a promessa de "sangue, trabalho, lágrimas e suor", sua determinação em continuar a guerra até a vitória e a afirmação desafiadora de que a Grã-Bretanha "nunca se renderia". Na esfera pública, raramente ele é relacionado com o Dia D. Quando isso acontece, a narrativa é quase sempre negativa, sugerindo que Churchill atrasou e obstruiu intencionalmente tentativas de realizar o ataque através do Canal da Mancha em uma data anterior, prolongando desnecessariamente a guerra e o sofrimento de incontáveis milhões na Europa.

Como líder britânico, Churchill esteve envolvido no planejamento e na organização da Operação Overlord (a invasão da França) desde o início. Este livro tenta analisar e explicar seu papel.

É uma história complicada, que só pode ser compreendida no contexto da derrota e fraqueza da Inglaterra nos primeiros anos da Segunda Guerra Mundial. Isso envolve a tecelagem de diferentes fios: de alianças políticas em constante mudança, estratégias militares conflitantes, envolvimento em necessidades táticas e enormes desafios logísticos. Os eventos nos levarão a Downing Street, ao Parlamento, à Casa Branca e ao Kremlin; ao Norte da África, à Grécia, a Itália e à França. Conheceremos um elenco extremamente variado de personagens, alguns já conhecidos na história: líderes nacionais como o presidente Roosevelt, o marechal Stalin e o general de Gaulle; comandantes militares como os generais Alexander, Brooke, Eisenhower, Marshall, Montgomery e Patton, e os almirantes Cunningham, Mountbatten e Ramsay. Mas também apresentaremos outros que não são nomes conhecidos, uma amostra diversificada de homens e mulheres que tornaram o Dia D possível ao cumprir suas tarefas, às vezes em face de grandes perigos, em geral em segredo e sob grande estresse. Esse elenco inclui homens e mulheres do serviço militar, como o sargento-major da Companhia Stan Hollis do 6º Batalhão Green Howards, John Anthony Hugill – conhecido como Tony – da Unidade de Assalto 30, a oficial da seção feminina da Marinha Real Christian Oldham (depois Christian Lamb), o piloto de bombardeiro canadense Roland MacKenzie e o paraquedista americano T. L. Rodgers; organizadores e administradores como a jovem Joan Bright (depois Joan Astley), que trabalhou no centro da rede de informações de Whitehall, o general Frederick Morgan, encarregado de desenvolver o plano do Dia D, e o comandante "Jock" Hughes-Hallett, que ajudou a preparar a força de assalto naval; especialistas em dissimulação como o coronel John Bevan e o romancista Dennis Wheatley; cientistas e inovadores como Geoffrey Pyke e o major-general Percy Hobart. A lista continua. O desfecho de 6 de junho de 1944 foi resultado da contribuição de muitos.

No cerne da nossa narrativa está o primeiro-ministro britânico. Com 69 anos em junho de 1944, Winston Leonard Spencer-Churchill já era um homem com uma história longa e complexa. Orador convincente, escritor profissional e pintor amador, Churchill teve uma carreira política cheia de altos e baixos. Eleito pela primeira vez para o Parlamento em 1900, ocupou muitos altos cargos do governo. Altamente consciente de sua linhagem, como descendente e biógrafo do grande general britânico do século XVIII John Churchill, primeiro duque de Marlborough, Churchill serviu no exército depois de ter exercido cargos ministeriais nas três forças armadas. Sem medo de controvérsias palacianas, mudou de partido político duas vezes (saindo do Conservador para o Liberal em 1904 e voltando vinte anos depois, em 1924) e estabeleceu sua reputação como defensor veemente do Império Britânico e de oponente belicoso ao comunismo e ao fascismo. Esteve fora do governo na década anterior à Segunda Guerra Mundial, e durante boa parte dos anos 1930 foi visto por muitos como um rebelde, um oportunista ou uma relíquia de uma era passada. Mas sua oratória inflamada, a oposição consistente ao apaziguamento de Hitler e os apelos para o rearmamento da Grã-Bretanha o alçaram mais uma vez à proeminência e garantiram o cargo de primeiro-ministro. Escrever este livro nos lembrou várias vezes de que o sucesso do Dia D não tinha absolutamente uma conclusão prevista. Muitos na época duvidaram que funcionaria – e há muitas razões pelas quais poderia ter acabado em desastre. Ao reproduzir documentos contemporâneos meticulosamente selecionados, tentamos esclarecer a maneira como as decisões foram tomadas – e procuramos transmitir os riscos associados a cada uma delas. Além de fornecer uma compreensão mais aprofundada de algumas das questões militares enfrentadas por Churchill, esperamos que nossa seleção de telegramas, cartas e outros materiais da época também joguem uma luz sobre personalidades e debates importantes.

O Dia D, 6 de junho de 1944, foi sem dúvida um ponto de inflexão na história. A influência de Winston Churchill nos eventos tem sido cada vez mais questionada, mas é inegável que ele era uma força a ser considerada, e alguém que não ficaria em silêncio em um momento de extremo perigo nacional (e internacional).

Nas páginas seguintes: Mapa da Normandia conforme publicado por W.S. Churchill, em *Memórias da Segunda Guerra Mundial*.

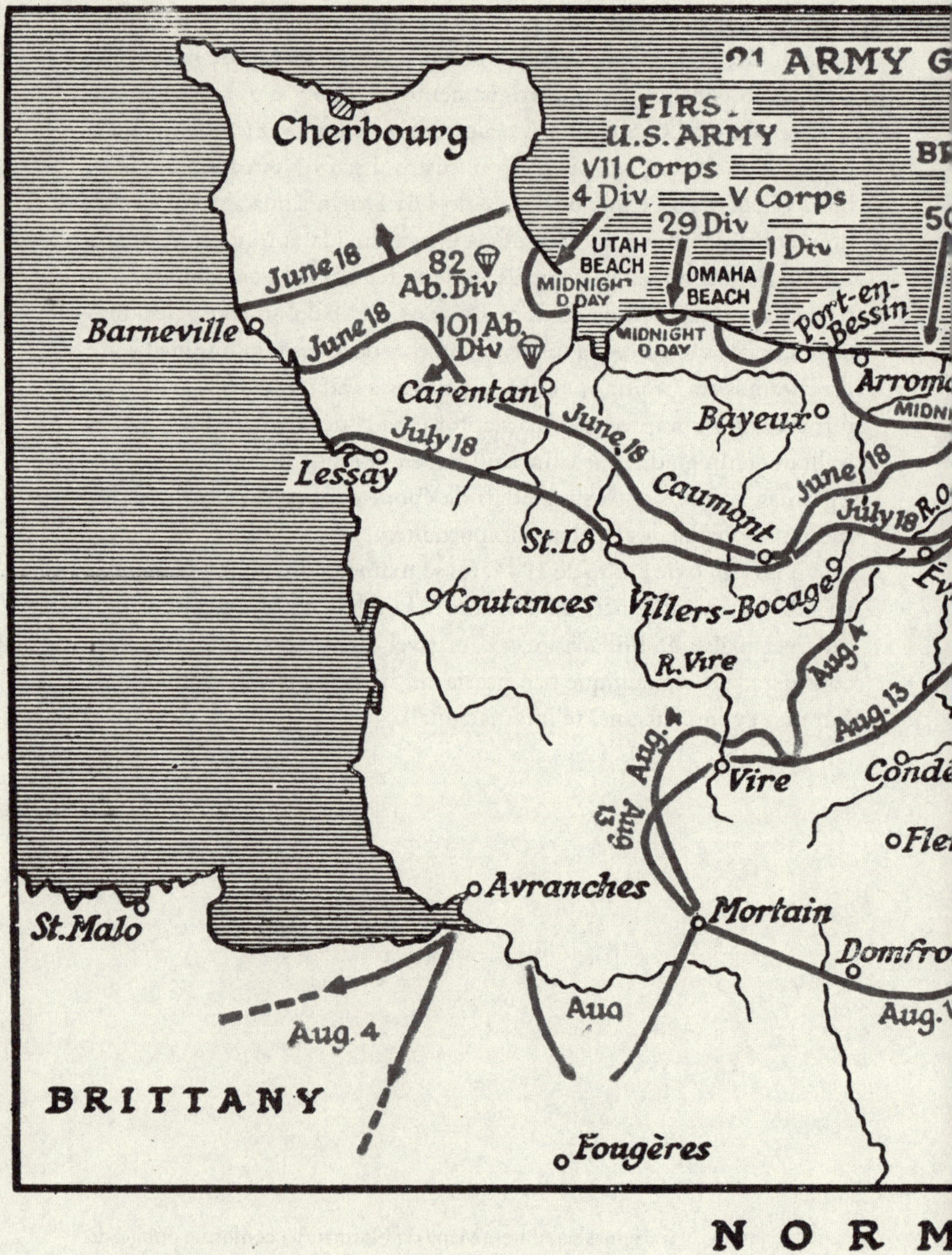

21 ARMY G
FIRS
U.S. ARMY
V11 Corps
4 Div.
V Corps
29 Div
1 Div
UTAH BEACH
MIDNIGHT D DAY
OMAHA BEACH
MIDNIGHT D DAY
Port-en-Bessin
Cherbourg
June 18
82 Ab. Div
101 Ab. Div
Barneville
June 18
Carentan
Arrom
MIDN
Bayeux
June 18
July 18
Lessay
Caumont
June 18
July 18
St. Lô
Coutances
Villers-Bocage
R. Vire
Aug. 4
Aug. 13
Aug. 4
Aug 13
Vire
Condé
Fle
Avranches
Mortain
St. Malo
Domfro
Aug
Aug. 4
BRITTANY
Fougères
NORM

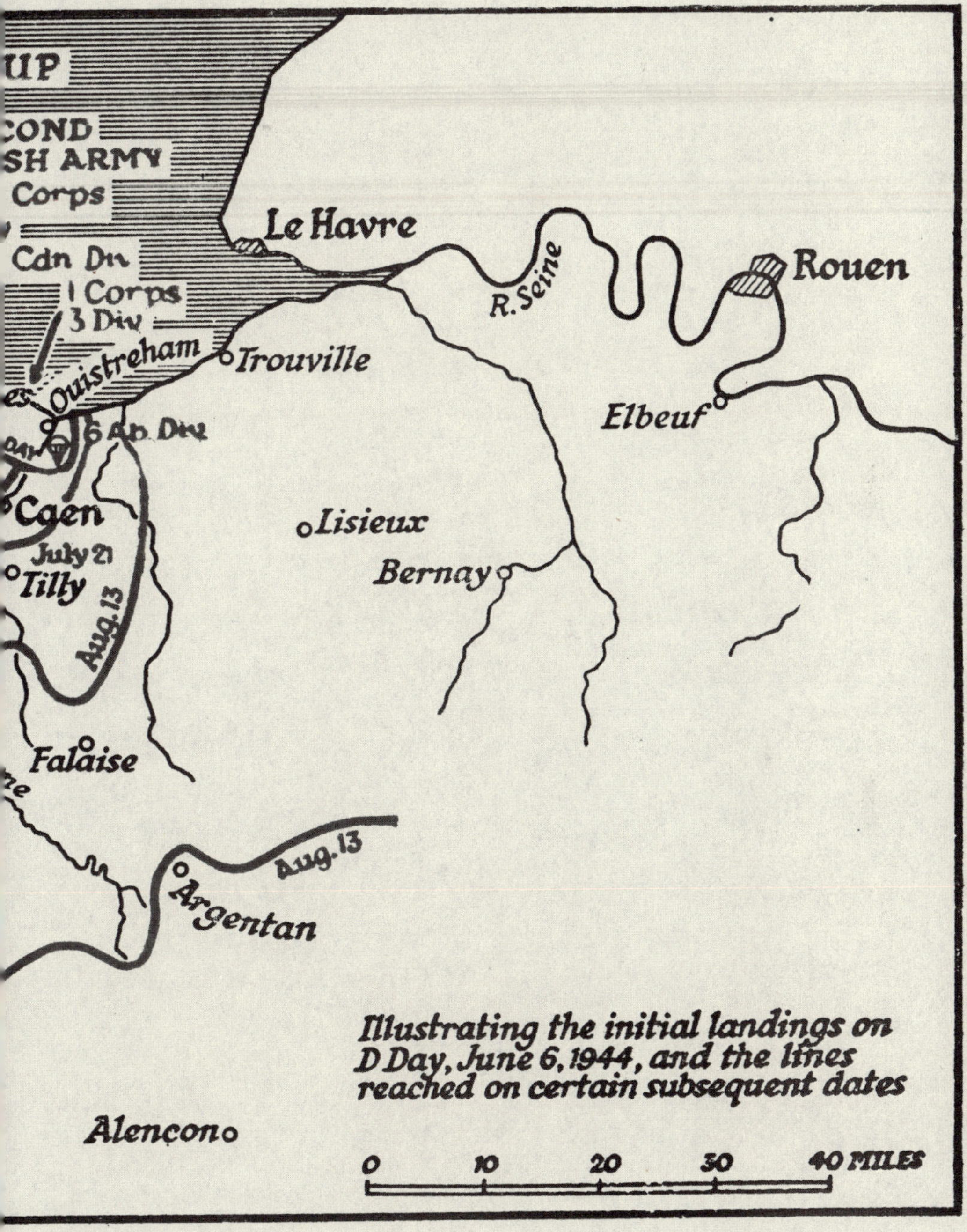
UP
COND
SH ARMY
Corps
Cdn Dn
I Corps
3 Div
Ouistreham
6 Ab. Div
Caen
July 21
Tilly
Aug. 13
Falaise
Aug. 13
Argentan
Alençon
Le Havre
Trouville
Lisieux
Bernay
R. Seine
Rouen
Elbeuf
Illustrating the initial landings on D Day, June 6, 1944, and the lines reached on certain subsequent dates
0 10 20 30 40 MILES

ANDY

PARTE UM

PLANEJAMENTO

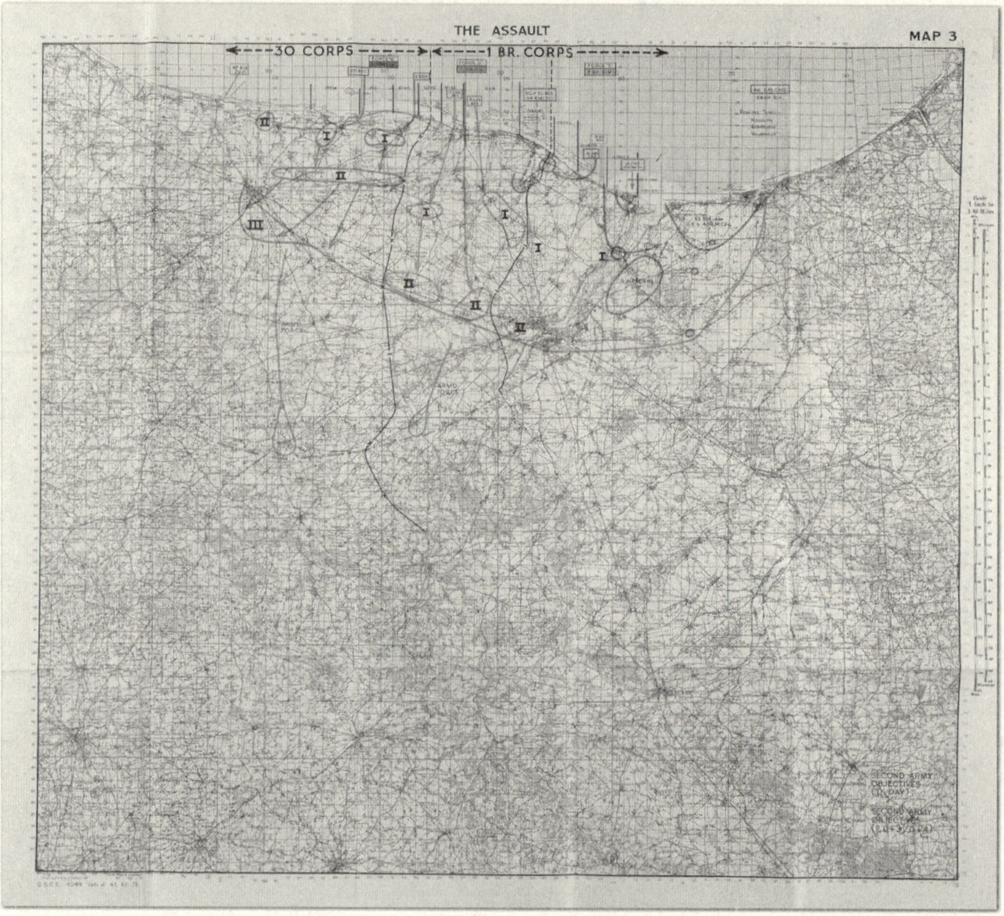

Mapa das praias do Dia D mostrando os objetivos britânicos e canadenses, 1944

1

VISÃO EM RETROSPECTO É UMA COISA MARAVILHOSA

Vocês vão ficar aí deitados e ser mortos,
ou vão se levantar e fazer algo a respeito?[1]

Nas primeiras horas da manhã de terça-feira, 6 de junho de 1944, enquanto a Grã-Bretanha dormia, o sargento-major Stan Hollis, do 6º Batalhão Green Howards, desceu pelas redes de escalada do casco do cargueiro *Empire Lance* e entrou na lancha de desembarque que o levaria pelos últimos quilômetros de enjoo marítimo até a praia Gold. Conforme a embarcação se aproximava da costa, Hollis avistou uma posição alemã no centro do setor a que se dirigia com seus homens. Stan pegou uma metralhadora Lewis de outro soldado e disparou dois pentes contra a casamata. O fogo não foi revidado. Poucos minutos depois, quando subiu pela praia, Hollis descobriu que a casamata era apenas um abrigo de uma linha férrea local. (O "Abrigo Hollis" agora está orgulhosamente em posse de seu regimento.)

A tão esperada "segunda frente" aliada no oeste, com o codinome operação Overlord, começava a tomar forma. Desde às 6h30, os primeiros raios de sol do verão iluminavam os desembarques da maior força naval já reunida. Na noite anterior, paraquedistas da 6ª Divisão Aerotransportada Britânica tinham assegurado o flanco leste da zona de desembarque, enquanto as 82ª e 101ª Divisões Aerotransportadas dos Estados Unidos asseguravam o flanco oeste, para reduzir o risco de contra-ataques alemães. Ironicamente, o atípico clima ruim sazonal, que já havia provocado um adiamento de 24 horas no ataque anfíbio, convenceu o Alto Comando Alemão de que o tempo estava muito ruim para os Aliados lançarem seu ataque naquele dia. O marechal de campo Rommel, no comando do Grupo de Exércitos B no setor da Normandia, estava na Alemanha para comemorar o aniversário da esposa, enquanto oficiais superiores do Sétimo Exército se reuniam em Rennes para um dia de estudos a fim de revisar seus planos anti-invasão.

Quando o dia começou, o cruzador HMS *Belfast* (agora mantido no rio Tâmisa pelo Imperial War Museum do Reino Unido) começou seu bombardeio contra as defesas alemãs na praia Gold, onde os soldados do Green Howards de Stan Hollis atacavam. Mais a oeste, o assalto da 4ª Divisão de Infantaria dos Estados Unidos tinha assegurado a praia Utah a um custo de apenas 197 baixas, mas a luta na praia Omaha continuava indefinida. A despreparada 29ª Divisão de Infantaria dos Estados Unidos atacou a metade oeste da praia de oito quilômetros, enquanto a experiente 1ª Divisão de Infantaria foi designada para o setor leste. A praia era dominada por falésias, defendidas pela experiente 352ª Divisão de Infantaria Alemã, recém-transferida da frente russa para a Normandia. A intensidade do combate foi retratada nas cenas iniciais do filme *O resgate do soldado Ryan*, de Steven Spielberg. O espectro do desastre pairava à medida que as baixas aumentavam. Um tenente dos Estados Unidos não identificado teria instigado soldados de infantaria relutantes: "Vocês vão ficar aí deitados para ser mortos, ou vão levantar e fazer algo a respeito?". A luta na praia Omaha quase concretizou o pesadelo da liderança aliada de um fracasso da Overlord. Não havia plano B, exceto a evacuação.

O povo britânico acordou com a notícia dos desembarques no rádio. O primeiro-ministro Winston Churchill entrou na Câmara dos Comuns faltando três minutos para o meio-dia e foi logo chamado para a tribuna. Segundo o parlamentar Harold Nicolson, ele estava "pálido como um lençol", e Nicolson temeu que estivesse "prestes a anunciar algum terrível desastre". O falatório animado dos parlamentares à espera foi substituído por um silêncio expectante. Churchill tinha duas notícias a comunicar. Não começou pelos desembarques na Normandia, mas com um relato da libertação de Roma no domingo anterior, enaltecendo o general britânico Harold Alexander, comandante do teatro de operações italiano, cujo nome foi tremendamente ovacionado pelos políticos presentes. Em seguida, o primeiro-ministro passou a detalhar as fases recentes da campanha na Itália, desde os desembarques em Anzio [Âncio], em 22 de janeiro, até a entrada dos Aliados na Cidade Eterna (coincidentemente, o aniversário de quatro anos do famoso discurso "Nunca nos renderemos", de Churchill).

Sem dúvida, houve um elemento teatral na sua demora para falar sobre a Normandia. Churchill era um consumado artista parlamentar. Sabia que sua plateia estava atenta a cada palavra que diria, esperando ansiosamente pelo primeiro relatório sobre os desembarques. No entanto, ao postergar, ele também estava enfatizando o peso equivalente que atribuía aos eventos na Itália, onde os exércitos aliados estavam sob comando britânico. Ele via esse "evento memorável e glorioso" – a captura de Roma – como uma justificativa para seu apoio contínuo às operações no Mediterrâneo, operações cujo andamento ele queria enfatizar, declarando que "As forças aliadas, com os americanos na vanguarda, estão avançando para o norte, numa perseguição implacável ao inimigo". Churchill sempre fez questão de manter operações combinadas com britânicos e americanos na península itálica, mas temia que os americanos agora dessem primazia à França e à Overlord.

Tendo esclarecido sua posição, Churchill chegou ao principal anúncio do dia: os desembarques. Suas observações foram notoriamente curtas, simples e factuais. Obviamente, havia muita coisa que não podia dizer. A situação ainda estava se desenrolando. As brumas da guerra pairavam sobre os eventos e, preocupado com a segurança, ele não queria prejudicar os desembarques fornecendo informações úteis ao inimigo. Mesmo assim, vale a pena reproduzir suas observações na íntegra:

> Devo também anunciar à Casa que durante a noite e as primeiras horas desta manhã aconteceu o primeiro de uma série de desembarques em massa no continente europeu. Neste caso, o ataque libertador se deu na costa da França. Uma imensa armada de mais de 4 mil navios, além de muitos milhares de embarcações menores, atravessou o Canal da Mancha. Pousos em massa de tropas aerotransportadas foram efetuados com sucesso atrás das linhas inimigas, e os desembarques nas praias estão em andamento em diversos pontos no momento. O fogo das baterias costeiras foi em grande parte debelado. Os obstáculos construídos no mar

> não se mostraram tão difíceis quanto se temia. Os Aliados anglo-americanos estão apoiados por cerca de 11 mil aeronaves de primeira linha, que podem ser utilizadas conforme o necessário para os propósitos da batalha. Naturalmente, não posso me comprometer com quaisquer detalhes específicos. Relatos estão chegando sucessiva e rapidamente. Até agora os comandantes envolvidos informam que tudo está seguindo de acordo com o plano. E que plano! Esta enorme operação é sem dúvida a mais complicada e difícil que já se deu. Envolve marés, vento, ondas, visibilidade, tanto do ponto de vista aéreo como do marítimo, e a utilização combinada de forças terrestres, aéreas e navais no mais alto grau de proximidade e sob condições que não poderiam e não podem ser totalmente previstas.
>
> Já há esperanças de que se tenha conseguido uma verdadeira surpresa tática, e esperamos fustigar o inimigo com uma sucessão de surpresas no decorrer dos combates. A batalha que agora começou aumentará constantemente em escala e intensidade nas próximas semanas, e não vou tentar especular sobre seu curso. No entanto, uma coisa posso dizer. Prevalece a total unidade em todos os Exércitos Aliados. Existe uma irmandade em armas entre nós e nossos amigos dos Estados Unidos. Há confiança total no comandante supremo, general Eisenhower, e em seus tenentes, e no comandante da Força Expedicionária, general Montgomery. O ardor e o espírito dos soldados embarcando nestes últimos dias, como pude ver pessoalmente, foram esplêndidos de testemunhar. Nada do que os equipamentos, a ciência ou a previsão poderiam fazer foi negligenciado, e todo o processo de abertura desta nova e grande frente será conduzido com a máxima resolução, tanto pelos comandantes como pelos governos dos Estados Unidos e do Reino Unido aos quais eles servem.[2]

Essas foram palavras cuidadosamente escolhidas para enfatizar a complexidade da operação, o uso de medidas de dissimulação para manter o elemento surpresa e convencer o inimigo de que aquele poderia ser o primeiro de vários assaltos, a unidade dos comandantes americanos e britânicos e o moral e o treinamento dos soldados. Churchill estava certo em acreditar que todos eram essenciais para o sucesso de uma operação de tal escala.

Essa primeira reação pode parecer um tanto curta e contida, especialmente quando comparada à sua famosa oratória de 1940. Não há uma grande peroração, nenhuma referência ao "melhor momento", nenhuma promessa de "sangue, trabalho, lágrimas e suor", nenhuma exortação a "nunca se render". Churchill só falou por alguns minutos antes de prometer voltar à Câmara, talvez antes do encerramento dos trabalhos mais tarde naquele dia, para fazer uma atualização. Foi um comunicado provisório, feito num momento em que o resultado da batalha ainda era desconhecido.

Dadas as circunstâncias únicas, as observações do primeiro-ministro foram recebidas pela Câmara sem debates nem críticas. Não era o momento para discursos ou desunião, embora dois opositores de longa data de Churchill tenham feito comentários. O veterano político comunista Willie Gallacher expressou "meu sentimento pessoal, e tenho certeza ser o sentimento de cada Membro da Casa, é que nossos corações e pensamentos estão com esses rapazes que atravessaram para o Continente e com suas mães aqui em casa". O parlamentar socialista Aneurin Bevan perguntou se o primeiro-ministro iria redigir uma mensagem da Câmara para o povo da França. Ambos os comentários podem parecer intervenções inofensivas, mas certamente serviram para lembrar Churchill de sua enorme carga de responsabilidade pelas vidas dos soldados britânicos e de civis franceses – dois grupos que estavam sofrendo baixas naquele exato momento.

A declaração de Churchill contrasta nitidamente com a maneira como ele descreveria posteriormente esse mesmo momento, o lançamento do ataque, em suas memórias da guerra. Ao revisitar os eventos do Dia D em 1950-1951, escreveu: "O imenso empreendimento pelo Canal da Mancha para a libertação da França começou. Todos os navios estavam no mar. Tínhamos o domínio dos oceanos e do ar. A tirania de Hitler estava condenada".[3] Essa citação, extraída do penúltimo parágrafo de *Fechando o círculo*, o penúltimo livro de seu épico em seis volumes, *Memórias da Segunda Guerra Mundial*, não poderia ser mais confiante, concluindo: "Tampouco, embora o caminho pudesse ser longo e difícil, poderíamos duvidar de que conseguiríamos a vitória decisiva".

É uma citação que resume o problema que temos ao falar sobre a operação Overlord, ou seja, a prerrogativa de já saber que tinha funcionado. Em retrospecto, é fácil para nós aqui dizermos que aquela era a estratégia certa, que terminou a guerra de maneira rápida e decisiva, e que em última análise assegurou a liberdade da Europa ocidental do fascismo e talvez do comunismo. A despeito do que ele escreveu depois, não foi tão fácil, simples e previsível para Churchill, para o presidente americano Franklin Roosevelt, para o general Dwight D. Eisenhower e outros líderes políticos e militares britânicos e americanos à época.

Quando o volume relevante de suas memórias da guerra foi publicado, em 1952, Churchill estava de volta ao número 10 da Downing Street como um primeiro-ministro em tempos de paz, e o general Eisenhower, o comandante supremo da operação do Dia D, estava prestes a se tornar presidente dos Estados Unidos. A reputação dos dois homens havia sido assegurada pela vitória, e sua história se tornara sinônimo do triunfo do Ocidente, e que agora intencionalmente minimizava o papel de seus antigos aliados soviéticos – transformados em inimigos na Guerra Fria – e que já via os eventos de 1944 por uma lente diferente: uma lente tingida pela nostalgia, influenciada pelas novas realidades do pós-guerra e escrita com o benefício da retrospectiva. O Dia D já estava se tornando mítico. Essa tendência só aumentaria, alimentada por filmes de Hollywood como *O Dia D* (1956) e *O mais longo dos dias* (1962).

Se retirarmos essas camadas retrospectivas e atentarmos a como esses eventos pareciam para Churchill e seus contemporâneos na época, teremos uma história menos confiante e mais confusa.

Em junho de 1944, Churchill ocupava o cargo de primeiro-ministro há pouco mais de quatro anos. Com sua carranca de buldogue, gravata-borboleta sarapintada, a saudação com dois dedos representando o V da Vitória e o charuto onipresente, ele se tornara uma das figuras mais famosas e instantaneamente reconhecíveis de sua época. Sob alguns aspectos, seu gabinete de primeiro-ministro não era muito diferente de uma corte Tudor moderna, onde seu excêntrico bando de assessores especiais convivia com membros da família, funcionários públicos, políticos e comandantes militares. Ao criar para si mesmo o novo cargo de ministro da Defesa e a exercê-lo no cargo de primeiro-ministro, Churchill garantiu que as lideranças políticas e militares se reportassem diretamente a ele, presidindo o Gabinete de Guerra, o Comitê de Defesa e se reunindo regularmente com os chefes do Estado-Maior (os chefes militares do exército, da marinha e da força aérea). Sempre autoconfiante, acreditava em suas habilidades como estrategista, como veremos, contribuiu com suas opiniões firmes em todas as fases das discussões sobre a natureza e o momento do Dia D.

Mas até que ponto essa estratégia foi influenciada pelos fantasmas de seu passado? É comum os salões de jantar das faculdades de Oxford e Cambridge serem forrados de retratos de seus ex-professores e ex-alunos de destaque. Em comparação, o salão de jantar do Churchill College em Cambridge, construído como um memorial nacional da Grã-Bretanha e da Commonwealth (Comunidade Britânica das Nações) a Sir Winston Churchill, só tem um retrato. É o de um jovem Churchill, mais magro, mais anguloso e ainda exibindo alguns resquícios de seus cabelos ruivos da juventude. Enquadrado sobre um fundo preto e sombrio, com bolsas embaixo dos olhos, é um retrato despojado. Mostra Churchill em 1916, aos 41 anos de idade. O original foi pintado por William Orpen e ainda pertence à família Churchill. A versão exposta no Churchill College é uma cópia especialmente encomendada ao pintor John Leigh-Pemberton. Foi recomendado pela viúva de Churchill, Clementine, como uma das mais genuínas representações de seu marido, retratando-o não no seu "melhor momento", mas em sua maré mais baixa, quando perdeu seu cargo devido à Crise dos Dardanelos.

Churchill começou a Primeira Guerra Mundial como Primeiro Lorde do Almirantado, o ministro civil encarregado da maior marinha do mundo. A frota tinha se modernizado e contava com muitos navios. No entanto, as expectativas de uma batalha naval decisiva entre a Grande Frota Britânica e a Frota do Alto-Mar Alemã não se concretizaram. Em face do impasse da guerra de trincheiras na frente ocidental na França e na Bélgica, a marinha foi relegada ao papel menos glorioso de proteger as rotas comerciais da Grã-Bretanha e de bloquear a Alemanha. Em busca de formas de aliviar a pressão sobre os exércitos aliados, Churchill se concentrou em abrir uma nova frente contra a Turquia, o aliado mais fraco da Alemanha. Logo se tornou o maior defensor no Gabinete de um plano para usar navios para pressionar os estreitos de Dardanelos, a pequena passagem marítima resguardada pela península de Galípoli que levava ao mar de Mármara. O objetivo era pressionar os estreitos, sitiar Constantinopla (atual Istambul) e tirar a Turquia da guerra, abrindo novas rotas de suprimento para a Rússia, aliada da Grã-Bretanha. O problema foi a forte proteção dos estreitos com o uso de minas e fortalezas. Quando a Força Expedicionária Naval, comandada pelo almirante Carden, e depois pelo almirante Robeck, não conseguiu abrir caminho, perdendo três encouraçados, o Gabinete de Guerra tomou a fatídica decisão de usar soldados para tomar a península de Galípoli. Em abril de 1915, forças britânicas, francesas, australianas e neozelandesas desembarcaram lá, mas enfrentaram dura resistência turca em posições fortificadas do território montanhoso que ficava diante áreas de assalto; não conseguiram estabelecer cabeças de praia e, em janeiro de 1916, evacuaram. As baixas foram consideráveis, com cerca de 250 mil aliados mortos ou feridos. Alguns dos sobreviventes desempenhariam um papel importante na Segunda Guerra Mundial, como o jovem capitão Bill Slim, que se tornou comandante das forças britânicas na Birmânia (hoje Mianmar), e Clement Attlee, que se tornaria líder do Partido Trabalhista e depois vice-primeiro-ministro de Churchill.

O desdobramento imediato do fracasso da operação naval inicial foi um rompimento radical entre Churchill e seu Primeiro Lorde do Almirantado (comandante naval superior), o almirante lorde "Jacky" Fisher. Quando Fisher deixou seu cargo em protesto, em maio de 1915, o primeiro-ministro Asquith aproveitou a oportunidade para reestruturar seu governo, trazendo conservadores que não perdoaram Churchill por sua saída para ingressar no Partido Liberal em 1904 (ele só voltaria ao Partido Conservador em 1924). O preço foi a exoneração de Churchill. Winston se viu rebaixado à posição inferior de chanceler do Ducado de Lancaster, sofrendo críticas agressivas da imprensa e do público e estando incapaz de se defender enquanto as operações militares continuavam em andamento.

O quadro de Orpen retrata Churchill nesse momento de crise. Para muitos, pareceu que sua até então promissora carreira tinha acabado. Seu pai, lorde Randolph Churchill, tivera uma ascensão política meteórica, mas jogou tudo fora ao renunciar por motivos políticos

Winston Churchill por Sir William Orpen, 1915

equivocados, com apenas 36 anos. A história parecia se repetir. Clementine achou que o marido morreria de tristeza. Winston acabou se alçando ao primeiro escalão político, mas demorou algum tempo. Quando renunciou ao governo, ele optou por restaurar sua honra pessoal servindo por seis meses nas trincheiras da frente ocidental, comandando um batalhão da Infantaria Real da Escócia. Seguiu-se uma espera ansiosa pelo relatório da Comissão de Inquérito de Dardanelos, que o eximiu de grande parte da culpa, antes de ele escrever uma justificativa abrangente de suas ações como parte de sua história em vários volumes sobre a Primeira Guerra Mundial, intitulada *The World Crisis* (A Crise Mundial), publicada nos anos 1920. Mesmo assim, o estigma do fracasso em Dardanelos continuou pairando sobre ele, tornando-se um tema para charges críticas e provocações agressivas.

Livros foram escritos sobre as razões do fracasso dos Aliados em Dardanelos, e o debate continua. Muitas vezes se atribui a esse fracasso o fato de Churchill ter sido tão cauteloso em relação ao Dia D. O filme *Churchill*, estrelado por Brian Cox no papel principal e lançado em 2017, começa com o primeiro-ministro britânico andando por uma praia, em 1944, quando, em um recuo de sua imaginação, as águas ficam vermelhas com o sangue de soldados britânicos. O filme sugere que, ao contrário de Eisenhower e dos comandantes militares da época, ele já tinha visto aquilo em Galípoli e, por isso, estava determinado a fazer todo o possível para não acontecer de novo. O filme o retrata tentando obstruir os desembarques poucos dias antes do planejado. A questão da oposição de Churchill ao Dia D e de até que ponto ele interferiu ativamente para impedir ou retardar a operação forma um dos principais temas deste livro.

Quais lições Churchill tirou da Campanha de Dardanelos? Com certeza isso o tornou consciente dos riscos políticos associados à defesa de operações importantes. Achou que fora transformado num bode expiatório e derrubado injustamente, dada sua incapacidade de influenciar os eventos em solo. Sem controle total, "Homens são mal aconselhados a enfrentar tais riscos. A lição se arraigou na minha natureza".

Churchill também estava bem ciente da dificuldade inerente a operações anfíbias de tal porte, tentando coordenar forças navais, terrestres e aéreas de países independentes, todas sob as ordens de seus próprios comandantes. A importância de estabelecer estruturas de comando claras e com boa comunicação baseada na melhor inteligência fica evidente em sua reflexão de que:

> Sem o reconhecimento de realizações positivas, ninguém tinha o poder de dar ordens claras e brutais que suscitassem respeito inquestionável. O poder estava amplamente disseminado entre as muitas personagens importantes que nesse período formavam o instrumental do governo. O conhecimento era compartilhado de forma muito desigual.[4]

Contudo, isso não o impediu de continuar considerando os desafios de tomar uma linha costeira ocupada pelo inimigo ou de promover outras operações semelhantes.

Ao escrever sobre as origens da Overlord em suas memórias da Segunda Guerra Mundial, Churchill optou por ressaltar um documento sobre a *Política Naval de Guerra* que produzira para o primeiro-ministro Lloyd George quase 27 anos antes do Dia D, em 7 de julho de 1917. À época, seu objetivo era mostrar como a Marinha Real poderia retomar a ofensiva na Primeira Guerra Mundial. Uma de suas principais sugestões era a tomada das ilhas Sylt e/ou Borkum do arquipélago de Heligolândia, localizadas perto da costa da Alemanha, para usar como base avançada para um ataque ao inimigo.

A operação descrita em seu documento tinha algumas semelhanças com o posterior ataque de 1944 pelo do Canal da Mancha. Requeria o domínio dos mares, seria precedida por um bombardeio pesado (principalmente naval, numa era anterior à guerra aérea) e culminaria no:

> Desembarque dos soldados na ilha, sob a cobertura dos canhões da Frota e auxiliado por gás e fumaça, a partir de transportes à prova de torpedos em barcaças à prova de balas. Aproximadamente cem deveriam ser providenciadas para o desembarque de uma divisão. Além disso, cerca de cinquenta barcaças de desembarque de tanques seriam providenciadas, cada uma transportando um tanque ou tanques, equipadas com cortadores de arame na proa, que, por meio de uma ponte levadiça ou proa íngreme, desembarcaria autonomamente, para evitar que a infantaria seja detida pelo arame ao atacar os desfiladeiros dos fortes e baterias.

> Trata-se de um aspecto novo, e elimina uma das grandes dificuldades anteriores, ou seja, o desembarque rápido da artilharia de campanha para cortar arame.[5]

Churchill também anteviu a necessidade de estabelecer uma base aérea, "suficientemente poderosa para manter seu espaço aéreo", e o "estabelecimento de petroleiros e navios de suprimentos na ancoragem" para o desembarque dos suprimentos necessários. Esse documento ilustra a compreensão do primeiro-ministro a respeito dos desafios a serem enfrentados e prova que, menos de dois anos depois da Campanha de Dardanelos, ele já estava prestes a defender outros ataques semelhantes por mar. Churchill percebeu que as guerras do futuro envolveriam operações conjuntas, mas também sabia das dificuldades, em especial se conduzidas em grande escala. Como se viu, sua carreira entreguerras o levaria a direções diferentes, e coube a outros tentar desenvolver equipamentos e táticas para operações conjuntas em um ambiente de austeridade, recessão e desarmamento.

De forma mais abrangente, a guerra de 1914-1918 teve um impacto profundo na vida e no pensamento de Churchill. Amigos foram perdidos, sua carreira quase foi destruída, e sua visão de mundo, contestada. O Império Britânico foi severamente enfraquecido, e a tessitura da vida britânica comum se esgarçou, com memoriais de guerra surgindo em quase todos os locais. Como primeiro-ministro durante a guerra a partir de 1940, não podia contemplar o custo de outro impasse sangrento na Europa, e escreveu:

> O preço terrível que tivemos de pagar em vidas humanas e sangue pelas grandes ofensivas da Primeira Guerra Mundial ficou gravado na minha mente. Lembranças de Somme e de Passchendaele e de muitos outros ataques frontais menores aos alemães não foram apagadas pelo tempo ou reflexão.[6]

Mas há outras críticas inter-relacionadas a Churchill. Por exemplo, ele não queria lutar na França em 1942 ou em 1943 por estar priorizando a defesa do Império Britânico? Muito foi escrito sobre seu imperialismo. Sem dúvida, Churchill sempre apoiou o Império Britânico e, em novembro de 1942, fez a famosa declaração de que não tinha se tornado o primeiro-ministro (do rei) para presidir a liquidação do império. Sua visão de mundo se baseava na convicção na superioridade das democracias ocidentais e das raças brancas europeias. Contudo, a Grã-Bretanha também dependia de seu império para homens e materiais; era uma potência global com colônias, domínios vinculados e mandatos.* Nenhum primeiro-ministro britânico estaria disposto ou poderia abdicar dessas responsabilidades em 1940, e isso significava manter forças na África, no Mediterrâneo e no Pacífico, bem como linhas de abastecimento para a Grã-Bretanha através dos mares e oceanos. A Grã-Bretanha não teve escolha a não ser lutar em vários teatros de guerra, e este livro analisará as decisões tomadas no confronto entre prioridades e recursos, e o impacto dessas decisões na natureza e no momento do Dia D.

Churchill não estava sozinho no trato com esses problemas, e outra questão recorrente neste livro é até que ponto ele poderia ter agido, ou de fato agiu, de forma independente. Sem dúvida, era um primeiro-ministro poderoso, embora estivesse liderando um governo de coalizão num sistema parlamentarista e presidindo uma enorme burocracia civil e forças militares com suas próprias estruturas e sistemas havia muito estabelecidos. O general John Kennedy, que se tornou chefe-adjunto do Estado-Maior Imperial, definiu a situação como "essencialmente um governo de comitês [...] Claro que Winston é a personalidade dominante [...]. Mas nem sempre as opiniões de Winston prevalecem se forem contrárias à tendência geral da opinião dos contingentes militares".[7] A partir de 1941, Churchill também se tornou parceiro dos Estados Unidos e da União Soviética, numa aliança internacional contra o fascismo, aliança que foi sendo cada vez mais liderada por Washington e Moscou. Não havia dúvida de que a França e o noroeste da Europa seriam mais facilmente libertados a partir da base do Reino Unido fora do continente, mas também era evidente que a Grã-Bretanha não poderia concretizar essa libertação por conta própria.

---

* O termo mandato foi utilizado após a Primeira Guerra Mundial para se referir à forma de administração temporária atribuída a uma potência para governar um território sob supervisão internacional. O mandatário exerce poder de tutela. (N.R.)

Churchill certamente era sensível às críticas sobre sua relutância em abrir uma segunda frente na Europa Ocidental, e era muito propenso a refutá-las. A propósito, escreveu no segundo volume de suas memórias de guerra que:

> Em vista dos muitos relatos existentes e que se multiplicam sobre minha suposta aversão a qualquer tipo de desembarque em grande escala, como ocorrido na Normandia em 1944, pode ser conveniente deixar claro que desde o começo eu estimulei grande parte do ímpeto e da autoridade para criar o imenso aparato e a armada para o desembarque de blindados nas praias, sem os quais agora é universalmente reconhecido que tais grandes operações importantes teriam sido impossíveis.[8]

Este livro examinará, de forma detalhada, em que consistiu exatamente esse papel, mas, para entender completamente o que estava em jogo para Churchill e os chefes do Estado-Maior britânicos em 1944, é necessário: retroceder no tempo para os primeiros anos aflitivos da Segunda Guerra Mundial e acompanhar a longa evolução da Overlord; explicar a estratégia mais abrangente desenvolvida pelos Aliados; e mostrar que se tratou da culminação de anos de planejamento, preparação e esforço (de sangue, trabalho, lágrimas e suor).

2
LIDANDO COM A DERROTA

Ele falou em inglês, e evidentemente sob tensão. "Nós fomos derrotados". Como não respondi de imediato, ele disse de novo: "Nós fomos vencidos; perdemos a batalha".[1]

É uma dessas coincidências extraordinárias da história o destaque da data de 8 de maio no decorrer da Segunda Guerra Mundial. Foi em 8 de maio de 1940, depois da desastrosa campanha na Noruega, que Winston Churchill se apresentou à Câmara dos Comuns para o debate sobre a Moção de Desconfiança, discussão convocada pela oposição trabalhista e que o colocou no caminho do número 10 da Downing Street Foi também em 8 de maio de 1945 que a guerra na Europa finalmente acabou. O que aconteceu nesses cinco anos intervenientes se tornou tema de lendas. Lendas precisam de heróis; Winston Churchill se tornou um. No entanto, sua ascensão não era um fato consumado.

Seu encontro com o destino dependia de assegurar as chaves do número 10 da Downing Street. No começo de maio de 1940, Churchill era o Primeiro Lorde do Almirantado, o ministro civil encarregado da marinha no governo conservador de Neville Chamberlain. Sua oposição sonora a Hitler motivou sua volta ao corpo ministerial na eclosão da guerra, depois de dez anos de exílio político. Com o aumento das críticas *à liderança de Chamberlain na guerra*, Churchill começou a ser cada vez mais cotado como um dos candidatos a tomar seu lugar, mas isso estava longe de ser um fato consumado.

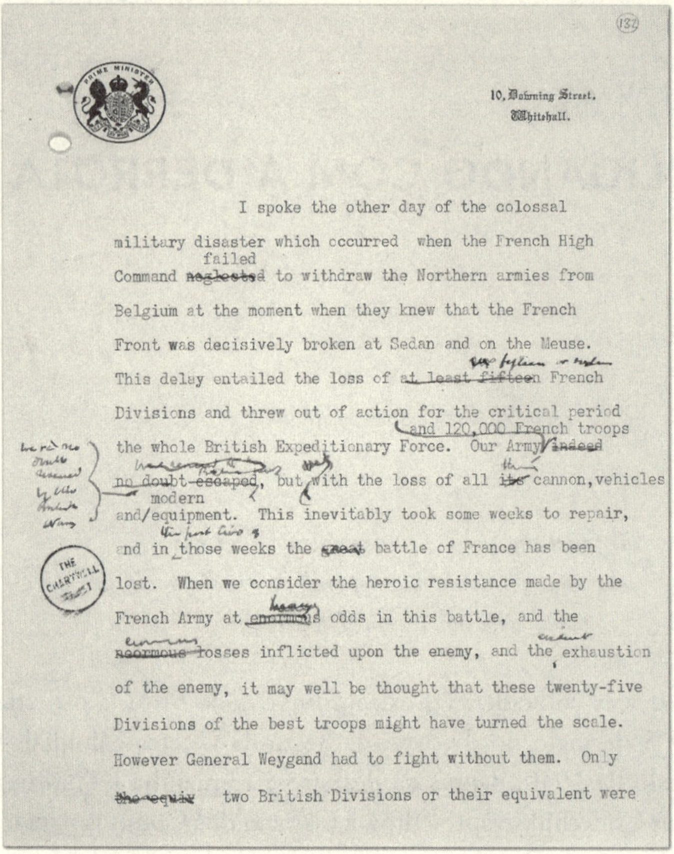

10, Downing Street,
Whitehall.

I spoke the other day of the colossal military disaster which occurred when the French High Command failed ~~neglected~~ to withdraw the Northern armies from Belgium at the moment when they knew that the French Front was decisively broken at Sedan and on the Meuse. This delay entailed the loss of ~~at least fifteen~~ French Divisions and threw out of action for the critical period the whole British Expeditionary Force. Our Army and 120,000 French troops ~~indeed no doubt escaped~~, but with the loss of all ~~its~~ cannon, vehicles and modern equipment. This inevitably took some weeks to repair, and in those weeks the ~~great~~ battle of France has been lost. When we consider the heroic resistance made by the French Army at ~~enormous~~ odds in this battle, and the ~~enormous~~ losses inflicted upon the enemy, and the exhaustion of the enemy, it may well be thought that these twenty-five Divisions of the best troops might have turned the scale. However General Weygand had to fight without them. Only ~~the equiv~~ two British Divisions or their equivalent were

Página manuscrita do discurso de Churchill transmitido após a queda da França, em 18 de junho de 1940

"Falei no outro dia sobre o colossal desastre militar que ocorreu quando o Alto Comando Francês não conseguiu retirar os exércitos do Norte da Bélgica no momento em que soube que o Front Francês estava decisivamente vencido em Sedan e no Meuse. Esse atraso implicou a perda de ~~pelo menos quinze~~ Divisões Francesas e tirou de ação pelo período crítico o todo da Força Expedicionária Britânica. Nosso Exército (e 120.000 soldados franceses) ~~escapou~~, mas com a perda de todos os canhões, veículos e equipamentos. Isso inevitavelmente demorou algumas semanas para reparar, e nessas semanas a batalha da França foi perdida. Quando consideramos a heroica resistência feita pelo Exército Francês em conflito nesta batalha, e as perdas infligidas ao inimigo, e a exaustão do inimigo, pode-se muito bem considerar que essas 25 Divisões dos melhores soldados podem ter virado a balança. No entanto, o General Weygand teve de lutar sem eles. Somente duas Divisões Britânicas ou seu equivalente estavam [...]"

A anotação de 4 de maio no diário de Leo Aubrey Kennedy, correspondente diplomático do *The Times*, dá uma imagem pouco lisonjeira de Churchill às vésperas de seu mandato:

> Após esse colapso na Noruega, é claro que existem muitas críticas ao Governo e um desalento geral. Os parlamentares estão especialmente insatisfeitos. Há uma campanha contra Chamberlain. Não *consigo ver bem quem poderia assumir seu lugar de maneira vantajosa*. Curiosamente, o que é realmente necessário é Winston descansar um pouco. Ele está se esforçando demais e suportando a pressão com um consumo indevido de champanhe, licores etc.; janta fora e janta bem quase todas as noites. Dorme depois do almoço, vai para a Câmara dos Comuns e, depois de uma boa e longa refeição, só volta ao trabalho no Almirantado depois das dez da noite, indo até a uma ou duas da manhã. Adquiriu o hábito de convocar reuniões e subordinados depois da uma da manhã, o que naturalmente incomoda alguns almirantes que são homens de hábitos sólidos. Portanto, há um clima geral de tensão no Almirantado que está totalmente errado. Ainda assim, Winston é um herói muito popular e o líder da guerra que não pode ser dispensado. Contudo, de alguma forma ele deveria ser levado a descansar![2]

Churchill tinha dois grandes problemas a superar. Primeiro, o de ainda ser visto por muitos, em especial no próprio Partido Conservador e no establishment britânico, como um rebelde instável e oportunista. Em segundo, o de ser um membro proeminente no ministério de Neville Chamberlain e intrinsecamente envolvido no fracasso militar que agora ameaçava derrubar o primeiro-ministro e seu governo. O "colapso na Noruega" mencionado por Kennedy foi a Campanha de Narvik, uma intervenção britânica apressada e mal planejada na Escandinávia, em abril de 1940.

Rearmando-se tardiamente nos anos 1930, depois do fracasso da política de apaziguamento, a Grã-Bretanha e a França começaram a guerra em 1939 com a mesma estratégia geral do final da Grande Guerra: o bloqueio da Alemanha em uma longa guerra para exaurir seus recursos, levando a uma rendição final. As lições do campo de batalha da Campanha dos Cem Dias de 1918 foram, em sua maioria, esquecidas pelo governo britânico e seu exército, mas foram meticulosamente estudadas pela Alemanha, onde o alto comando sabia que jamais poderia ganhar uma guerra prolongada. Isso os levou a desenvolver sua capacidade de *blitzkrieg* [ataque-relâmpago], com blindados móveis apoiados pelo poder aéreo, que derrotou a Polônia entre 1º de setembro e 6 de outubro de 1939. Apesar dessa ilustração da guerra moderna, a Força Expedicionária Britânica, que foi mobilizada na França no outono de 1939, juntou-se ao Exército francês sob a confiança operacional de que a força defensiva, promovida pelas grandes fortificações e pelo poder de fogo da Linha Maginot, no nordeste da França, conteria a Alemanha, com a estratégia de bloqueio propiciando a vitória final.

Em sintonia com essa estratégia equivocada, Londres começou a formular planos de lançar minas nas águas territoriais da neutra Noruega para impedir a exportação de minério de ferro de Gallivare, na Suécia, para a Alemanha pelos portos noruegueses. Havia uma convicção bem fundamentada de que, se o fornecimento de minério de ferro sueco para a Alemanha fosse interditado, a indústria alemã seria paralisada num curto período, talvez mensurável em apenas algumas semanas. Winston Churchill, como o novo Primeiro Lorde do Almirantado, viu o bloqueio desse suprimento de minério de ferro como um forte movimento para levar a guerra à Alemanha, em vez de confiar na postura defensiva e passiva dos exércitos na França. Assim como na Primeira Guerra, ele sempre procurava formas de levar a ofensiva ao inimigo. A pedido de Chamberlain, Churchill substituiu o lorde Chatfield na chefia do Comitê de Coordenação Militar, mas sua personalidade forte e as constantes intervenções não conseguiram harmonizar com o alto escalão. Segundo Ian Jacob, um membro do secretariado encarregado de administrar as reuniões, "Churchill era tão maior em todos os aspectos do que seus colegas neste comitê que funcionava como um veículo com uma roda duas vezes maior que as outras três, e conseguia muito pouco com demasiado atrito".[3]

A voz de Churchill era apenas uma entre muitas no alto escalão da direção da guerra e, até então, talvez fosse a mais alta, mas não era a mais forte. As tentativas de impor seus pontos de vista ao governo, ao Exército, à Aeronáutica e aos comandantes militares, sem a autoridade ou o maquinário para controlar a operação, contribuíram para o subsequente fracasso.

Noruega, 1940: O epítome de uma trapalhada

A Campanha da Noruega, de 8 de abril a 10 de junho de 1940, foi caracterizada, desastrosamente, por um pensamento confuso e um planejamento deficiente nos níveis estratégico, operacional e tático da guerra. Seu fracasso foi uma grande vergonha para a Grã-Bretanha e seus aliados, uma catástrofe para os noruegueses e mais uma vitória militar para a Alemanha nazista.

No topo da cadeia de comando estratégica estava o Conselho Supremo de Guerra, instaurado sob os termos da Aliança Franco-Britânica. Abaixo, vinha o Gabinete de Guerra composto por nove membros, que incluía os três ministros das Forças. Desde outubro de 1939, havia também o Comitê de Coordenação Militar, encarregado de garantir a coordenação entre as três armas. Infelizmente, seu chefe – inicialmente lorde Chatfield, depois Churchill – não tinha poderes executivos. O quarto nível de tomada de decisões era o Comitê de Chefes de Estado-Maior, presidido pelo chefe de Estado-Maior há mais tempo no cargo. No começo da guerra, era o Marechal do Ar Sir Cyril Newall, chefe do Estado-Maior da Força Aérea, a força menos envolvida na campanha da Noruega. Para ilustrar o problema, em abril de 1940, o primeiro mês da campanha da Noruega, essa complicada estrutura resultou em nada menos que 94 reuniões: o Gabinete de Guerra se reuniu 31 vezes, o Comitê de Coordenação Militar, 21 vezes, e o Comitê de Chefes de Estado-Maior, 42 vezes – com os chefes de Estado-Maior, ou um representante, comparecendo a todas as 94 reuniões. Será que conseguiram pensar racional ou claramente? A isso se contrapunham os arranjos ditatoriais na Alemanha, que tinha nas mãos de Adolf Hitler todas as principais alavancas do poder e de tomada de decisões. Quando democracias enfrentam ditaduras, o tempo não está do lado do consenso. Neville Chamberlain não era um Winston Churchill.

Se o maquinário britânico para conduzir a guerra no nível estratégico já era ineficiente, os arranjos no nível operacional, ou de campanha, eram igualmente deficientes. Não havia um comandante-geral conjunto para as operações, nem uma equipe integrada. Cada elemento do plano proposto seria comandado por um oficial superior da respectiva arma. A força de desembarque deveria ser comandada pelo major-general Pierse Mackesy, e as unidades navais, pelo almirante da frota, William Boyle, conde de Cork e Orrery, duas patentes acima, mas sem um comando geral. Essa situação insatisfatória foi agravada pela inclusão de tropas da França e da Polônia e pela necessidade de coordenação com os próprios noruegueses. Outra indicação da disfuncionalidade dos arranjos de comando foi o de dois oficiais superiores só terem se encontrado pela primeira vez no convés do navio-almirante no porto norueguês de Harstad depois de a operação já ter começado. Os dois teriam batido continência respeitosamente, em seguida ajustando os monóculos para se olharem. Foi só nesse momento que Cork – sem ter recebido ordens por escrito e tendo sido informado pessoalmente por Churchill no curto trajeto de carro do Almirantado até a Câmara dos Comuns – ficou sabendo que Mackesy tinha ordens de não realizar um desembarque anfíbio. Cork havia sido orientado de maneira diametralmente oposta.

O espaço não permite uma discussão detalhada sobre as ordens, contraordens, planos elaborados e descartados que caracterizaram o planejamento e a preparação do envolvimento britânico na Noruega. Infelizmente, a inteligência quanto às possíveis operações alemãs na Escandinávia era tão deficiente quanto os arranjos de comando e controle. Em 8 de abril de 1940, quando a Marinha Real começou a lançar minas nas águas norueguesas ao largo do porto de Narvik, no norte do país, os militares alemães se preparavam para lançar a operação *Weserübung* – um ataque à Dinamarca e à Noruega que pegou os britânicos totalmente de surpresa. Em 9 de abril, paraquedistas alemães pousaram em solo dinamarquês e a *Kriegsmarine* [a marinha de guerra alemã] desembarcou soldados em Copenhague. A Dinamarca se rendeu de imediato. Simultaneamente, paraquedistas alemães capturaram os aeródromos de Oslo e Stavanger. Infelizmente, a Marinha Real interpretou essa atividade naval dos alemães como um prenúncio para sua marinha se lançar no mar do Norte e ameaçar a segurança do Reino Unido e as rotas marítimas de comunicação com os Estados Unidos. As tropas britânicas, embarcadas para assegurar Narvik e mostrar solidariedade aos noruegueses, foram desembarcadas às pressas quando a frota partiu para conter a *Kriegsmarine*. Os soldados foram deixados no cais em uma confusão de mão de obra e suprimentos logísticos. Tarde demais: percebeu-se que a operação dos alemães estava focada no controle da própria Noruega.

Os soldados foram reembarcados às pressas, com uma das brigadas tendo desembarcado em um porto diferente de seu comandante. A partir desse momento, as tropas aliadas estiveram sempre em desvantagem – muitas vezes sem apoio aéreo e de artilharia, em menor número e lutando para concordar com uma causa comum com seus anfitriões noruegueses e colegas aliados. Narvik, o foco do comércio de exportação de minério de ferro, foi inicialmente mantido, mas depois abandonado pelos britânicos e seus aliados quando a campanha geral na Noruega se mostrou insustentável e a derrota na França tornou-se inevitável. A Noruega foi condenada a uma ocupação de cinco anos pela Alemanha nazista. Não surpreende, portanto, que Churchill tenha buscado uma estrutura de comando mais centralizada assim que se tornou primeiro-ministro.

As tentativas britânicas de evitar o temido avanço alemão na Noruega logo resultaram em derrota, possibilitando a ocupação nazista que eles queriam impedir. Os alemães simplesmente superaram os britânicos. Ironicamente, enquanto Adolf Hitler celebrava essa vitória, o fracasso da campanha na Noruega levou Winston Churchill ao número 10 da Downing Street, embora isso pudesse derrubá-lo.

Para muitos à época, essa operação anfíbia fracassada lembrava muito outro projeto liderado por Churchill. A história parecia estar se repetindo, e ele continuava a ser assombrado pelos fantasmas de Galípoli. O general Ironside, chefe do Estado-Maior Imperial, considerou que na Noruega "nós confundimos tudo de todas as maneiras. Sempre tarde demais. Mudando planos e ninguém na direção". Será que nada tinha sido aprendido?

Tanto Ironside quanto o general Ismay, assessor militar de Churchill e chefe do Estado-Maior, sabiam claramente que operações anfíbias desse tipo eram incrivelmente difíceis. Mais tarde, Ismay refletiria sobre essa operação:

> Operações anfíbias são uma forma muito especializada de guerra [...]. Exigem homens altamente treinados, uma grande variedade de equipamentos técnicos, um conhecimento detalhado dos pontos onde os desembarques se darão, informações precisas sobre a força e as disposições do inimigo e, talvez sobretudo, planejamento e preparação meticulosos.[4]

Ismay claramente percebeu que o fracasso de Narvik se devia ao fato de nenhum desses elementos estar no lugar. Até hoje, o Comando Militar Conjunto e o Staff College [Escola de Comando de Integração de Serviços e Estado-Maior] usam os erros de Galípoli em 1915/16 e da Noruega em 1940 como exemplos sobre como não montar e conduzir uma operação anfíbia contra um inimigo equivalente. O livro *Anatomy of a Campaign: The British Fiasco in Norway* [Anatomia de uma campanha: o fiasco britânico na Noruega], de John Kiszely, ele próprio ex-diretor do curso de Comando e Estado-Maior Superior na Escola de Estado-Maior do Exército em Camberley, é uma perseverante condenação do fracasso britânico. Assim como em Galípoli, a campanha da Noruega nasceu das melhores intenções de Churchill. Em ambos os casos, ele queria um progresso rápido na condução das guerras contra a Alemanha – em 1915, para encontrar uma alternativa ao impasse das trincheiras na frente ocidental, e no início de 1940, para aumentar a pressão econômica sobre a Alemanha ao interditar o fornecimento de minério de ferro sueco ao país, do qual a indústria alemã tanto dependia. No entanto, por mais atraentes que fossem essas aspirações em termos de uma Grande Estratégia, e por mais corajosamente que as tropas britânicas tivessem lutado no nível tático em terra nas duas campanhas, a ausência de uma preparação sólida e de um planejamento no nível operacional – ou de campanha – condenou as iniciativas ao fracasso.

Apesar da trapalhada estratégica e da confusão no nível operacional, o soldado britânico em terra, o marinheiro no mar e o aviador no céu fizeram tudo que seu país poderia ter exigido. Um exemplo rápido ilustra as consequências da trapalhada e da confusão. O regimento de Stan Hollis, o Green Howards, mandou seu 1º Batalhão para lutar na Noruega. Em 17 de abril, depois de seis meses na Linha Maginot, na França, o batalhão foi subitamente chamado de volta à Inglaterra, transportado para a Escócia e despachado em quatro navios da Marinha Real para a Noruega em 26 de abril, sem equipamentos nem treinamento para uma guerra no inverno. O batalhão desembarcou em Andalsnes, bem ao sul de Narvik, onde travou ferozes combates, às vezes com a neve chegando a um ou dois metros de altura, para deter o avanço alemão em direção à cidade de Otta pelo vale de Gudbrandsdalen, com pesadas baixas de soldados e oficiais. Em 2 de maio, em meio a mais confusões quanto ao plano operacional, o batalhão foi mais uma vez embarcado em Andalsnes, chegando a Scapa Flow na manhã seguinte. Costumamos dizer que uma semana é um longo tempo na política, mas o que dizer sobre uma semana na vida de um soldado de infantaria britânico? A evacuação final de cerca de 29 mil soldados britânicos foi concluída em 10 de junho, quando a situação na Noruega, exacerbada pelos acontecimentos na França, foi considerada irremediável, e a sobrevivência do Exército Britânico por mais um dia tornou-se primordial. O rei Haakon VII da Noruega acabaria se tornando coronel honorário do Green Howards, em homenagem à defesa heroica de Otta pelo 1º Batalhão (uma honraria mantida durante os reinados de Olavo V e Haroldo V, até Green Howards se amalgamar a outros regimentos, em 2006). Contudo, tudo isso estava longe do futuro de Stan Hollis, em 1940.

No curto prazo, o subsequente debate parlamentar sobre os fracassos da campanha se tornou um teste para o governo de Chamberlain.

Churchill agora andava numa corda bamba mortal. Ele precisava encerrar o debate em favor do governo. Precisava defender a ação e ao mesmo tempo também preservar sua reputação como um primeiro-ministro de prontidão. Em 15 de novembro de 1915, o fracasso em Galípoli custou seu cargo de Primeiro Lorde do Almirantado. Agora, quase um quarto de século depois, ele se viu defendendo o mesmo cargo e uma ação semelhante ao tentar explicar o fracasso na Noruega a uma Câmara dos Comuns irritada. O colega parlamentar Harold Nicolson achou que ele conseguiu realizar essa "tarefa quase impossível [...] com uma lealdade absoluta e aparente sinceridade, demonstrando com sua brilhante personalidade que, na verdade, ele não tem nada a ver com esse bando confuso e tímido".[5]

Churchill foi ajudado pelo fato de os líderes do ataque a Chamberlain, homens como o almirante Sir Roger Keyes e Leo Amery, não terem interesse em derrubá-lo. As várias facções da oposição só estavam unidas em seu desejo por um prosseguimento mais vigoroso e eficiente da guerra. A longa e sonora campanha de Churchill contra o apaziguamento de Hitler o fez ser considerado um líder da guerra com tanta convicção que não poderia ser descartado. Mas isso não implicava que se tornaria o primeiro-ministro automaticamente. O debate acabou sendo sobre um voto de confiança em Chamberlain. O acuado primeiro-ministro apelou ao apoio de seus amigos, mas, quando a maioria do governo foi reduzida de 213 para apenas 81, ficou claro que seu governo teria de ser reformulado.

Foram fatores externos que facilitaram a sobrevivência de Churchill e mudaram suas perspectivas. Neville Chamberlain pode ter resistido à tempestade de críticas por sua malograda política de apaziguamento, mas os primeiros meses da guerra demonstraram que ele não era um líder de guerra, nem tinha a capacidade ou o apetite para esse papel. Houve uma aceitação gradativa, ainda que relutante, de muitos no Partido Conservador quanto à necessidade de uma mudança e da formação de um governo nacional de coalizão. O novo primeiro-ministro precisaria ser um conservador, pois ainda era o maior partido na Câmara (estando fora de questão uma eleição enquanto houvesse uma guerra na Europa). O Partido Trabalhista se recusava a participar de um governo com Chamberlain. Lorde Halifax, o secretário de Relações Exteriores, era a escolha preferida de muitos do establishment, inclusive do rei e de Chamberlain, mas ele era membro da Câmara dos Lordes. O poder estava na Câmara dos Comuns. Homem mais de diplomacia que de guerra, Halifax teve o bom senso de perceber que teria dificuldades para controlar os deputados em seu atual estado beligerante. A reunião crucial para determinar a sucessão aconteceu no final da tarde de 9 de maio (embora Churchill tenha mais tarde atribuído ao dia 10). Chamberlain, Churchill e Halifax se reuniram num conclave privado. Depois de um silêncio constrangedor, Halifax se eximiu da função. Churchill não se opôs.

As estrelas já estavam se alinhando ao redor de Churchill quando o destino também interveio. No início da manhã de 10 de maio, os alemães lançaram o *Fall Gelb* [Plano Amarelo, ou Plano Manstein] – o ataque à Holanda, à Bélgica, a Luxemburgo e à França. Mesmo naquele momento, Chamberlain hesitou, sugerindo que poderia ser imprudente partir em momento de tamanha crise, mas o Partido Trabalhista confirmou que não entraria em coalizão com ele no comando e, aceitando o inevitável, renunciou.

Por que as coisas deram tão errado para o Exército Britânico na França em maio-junho de 1940?

A Força Expedicionária Britânica foi mandada para a França na eclosão da guerra, em setembro de 1939, e passou o inverno trabalhando na Linha Gort [nome do general lorde Gort, o comandante em chefe] – uma extensão da Linha Maginot. Foi a resposta da França à Primeira Guerra Mundial, uma linha de defesa estática solidamente fortificada entre a Alemanha e a França – para proteger a avenida fatal, como o historiador Richard Holmes a chamou –, pela qual os alemães conseguiram avançar em 1871, feito quase repetido em 1914. A resposta francesa se refletia em concreto e plataformas fixas de canhões – eles não passarão –, apesar da percepção de que tanques de guerra tinham um poder em contramanobras. A Linha Gort, construída pelo suor de engenheiros e soldados britânicos de infantaria durante a chamada Guerra de Mentira, do inverno de 1939-40, foi a contribuição da Força Expedicionária Britânica à renovada *entente cordiale*.*

Os alemães e os britânicos aprenderam lições diferentes nas batalhas na frente ocidental em 1918 – a Ofensiva da Primavera dos alemães em março e a Campanha dos Cem Dias dos Aliados iniciada em agosto. Os alemães demonstraram que soldados especialmente treinados podiam romper uma linha de frente inimiga e provocar pânico na retaguarda, causando um estado de espírito derrotista. No entanto, numa guerra futura, essa situação poderia ser explorada por tropas blindadas, e não pela infantaria exaurida por marchas. Eles estudaram como os britânicos usavam seus tanques – tanques apoiados de perto por infantaria, artilharia e poder aéreo – e refletiram sobre as lições da Campanha dos Cem Dias, analisadas depois da guerra por J. F. C. Fuller e Basil Liddell Hart. Esses teóricos militares britânicos expuseram as virtudes de um avanço blindado que levasse a uma torrente de ameaça crescente nas áreas da retaguarda do inimigo. Na Grã-Bretanha, essas ideias inovadoras foram avaliadas em experimentos pouco entusiasmados envolvendo o emprego de uma força blindada no final dos anos 1920 e início dos anos 1930, mas foram rejeitadas. Restrições financeiras, as exigências do Império e a Lei do Autogoverno da Irlanda, somadas a um conservadorismo inato do estamento militar e à convicção de que a Primeira Guerra Mundial havia sido, ou deveria ter sido, a guerra para acabar com todas as guerras, resultaram no envio de uma Força Expedicionária Britânica à França em 1939 como um exército mecanizado de caminhões, mas que enfrentaria um exército alemão de tanques, apoiados de perto pelo poder aéreo. Os comandantes alemães Heinz Guderian e Erich von Manstein aprenderam e aplicaram na prática os textos de Fuller e Liddell Hart, mas os britânicos não fizeram o mesmo.

* Referência à Entente Cordiale, de 1904, conjunto de acordos bilaterais entre Reino Unido e França. (N.E.)

Houve umas poucas exceções. Mais adiante, conheceremos o major-general Percy Hobart, um dos poucos a prever a escala e a velocidade da guerra mecanizada. Também desempenharia um papel fundamental no uso de blindados pesados no Dia D. Liddell Hart também fará outra aparição, mas por razões diferentes.

Foi nesse contexto que Winston Churchill se viu no momento de seu destino. Com a Grã-Bretanha em crise, Churchill criou uma administração muito forte e centralizada no seu gabinete particular na Downing Street. Não sendo apenas primeiro-ministro, mas também ministro da Defesa (um novo cargo criado por ele), assegurou seu controle tanto sobre a política quanto a estratégia. Seu governo era uma coalizão nacional, reunindo membros dos principais partidos políticos: o Partido Conservador, o Partido Trabalhista, o Partido Liberal, os nacional-liberais e os nacional-trabalhistas. Havia um entendimento informal de que essa supercoalizão continuaria vigente enquanto perdurasse a emergência dos tempos de guerra (na prática, até o fim da guerra na Europa), mas Churchill não podia pressupor que isso perduraria automaticamente. Os partidos membros poderiam optar por sair, e uma votação de não confiança no governo pelos parlamentares da base poderia levar a sua exoneração a qualquer momento, como aconteceu com seu antecessor, Neville Chamberlain. Isso significava que Churchill não estava totalmente livre para escolher seus ministros governamentais, pois precisava garantir que seus parceiros de coalizão, particularmente os partidos Trabalhista e Liberal, fossem recompensados com alguns cargos-chave do governo.

Churchill optou por governar principalmente com um círculo interno do Gabinete de Guerra. A composição mudou entre 1940 e 1945, mas de início consistia em apenas cinco ministros: Churchill, Chamberlain, lorde Halifax, secretário das Relações Exteriores e seu velho rival, e os líderes trabalhistas Clement Attlee e Arthur Greenwood. Em dezembro de 1940, Halifax foi mandado para os Estados Unidos como embaixador e foi substituído por Anthony Eden como secretário das Relações Exteriores. Em 1942, Clement Attlee se tornou vice-primeiro-ministro. Outros entraram e saíram. Churchill fez questão de manter, fora do Gabinete de Guerra, os três ministros militares – o Primeiro Lorde do Almirantado (Marinha Real), o secretário de Estado para a Guerra (Exército) e o secretário de Estado para a Aeronáutica (Aeronáutica) –, convocando-os somente quando necessário, como era o caso com todos os outros ministros do governo. Isso permitiu que o primeiro-ministro exercesse um controle mais direto sobre os militares, com os chefes do Estado-Maior se reportando diretamente a ele como ministro da Defesa. Os chefes eram os comandantes militares britânicos das três armas, consistindo no Primeiro Lorde do Almirantado (Marinha), o chefe do Estado-Maior Imperial (Exército) e o chefe do Estado-Maior da Aeronáutica (Aeronáutica). Churchill presidia o importante Comitê de Defesa, que decidia sobre operações importantes, e seu chefe do Estado-Maior Militar, general "Pug" Ismay, o representava nas reuniões regulares dos chefes de Estado-Maior. Como primeiro-ministro, criou um poderoso Secretariado do Gabinete de Guerra, que incluía o secretário do Gabinete, sua equipe de secretários civis da Downing Street (funcionários públicos de carreira do sexo masculino) e um secretariado militar sob a chefia de Ismay. A isso ele acrescentou sua equipe de secretários pessoais (quase todas mulheres), uma variedade de assistentes e assessores especiais, sua própria sala de mapas e uma unidade estatística para ajudar a pesquisar, analisar e interpretar informações. E tinha acesso direto à Equipe de Planejamento Conjunto.

Esse sistema foi testado imediatamente. As críticas à Campanha da Noruega logo se tornaram insignificantes ante o desenrolar das desastrosas batalhas na Holanda, na Bélgica e na França. Superiores em número, porém operacionalmente superados, os exércitos holandês, belga, britânico e francês foram separados pelo audacioso avanço alemão através das Ardenas e do Mosa em direção ao Canal da Mancha. Tudo aconteceu muito rapidamente.

Nas primeiras horas do dia 15 de maio, a soneca de Churchill foi interrompida por um telefonema desesperado do primeiro-ministro francês, Paul Reynaud: "Ele falou em inglês, e evidentemente sob tensão. 'Nós fomos derrotados'. Como não respondi de imediato, ele disse de novo: 'Nós fomos vencidos; perdemos a batalha'."

Era algo muito mais grave que a Noruega. O planejamento de guerra britânico tinha sido elaborado com base na cooperação anglo-francesa. Os dois países haviam formado um Conselho Supremo de Guerra, reunindo seus respectivos líderes para coordenar a estratégia. No caso de qualquer grande ofensiva alemã no noroeste da Europa, esperava-se que a Força Expedicionária Britânica lutasse sob o comando do Exército Francês, que tinha um contingente maior. A Aeronáutica ajudaria a assegurar os céus da França, enquanto a Marinha Real manteria o Canal da Mancha aberto e bloquearia os portos alemães.

As implicações da queda da França foram catastróficas. A derrota no continente significou a perda do principal aliado da Grã-Bretanha e colocou as forças alemãs a uma distância facilmente alcançável das praias do Reino Unido. O que isso sinalizaria a outros países? O presidente Roosevelt e os Estados Unidos veriam a guerra na Europa como perdida? A Espanha poderia aproveitar a fraqueza da Inglaterra para tomar Gibraltar? Mussolini incluiria a Itália fascista no conflito para atacar posses britânicas em Malta, no Egito ou no Oriente Médio? E quanto à Frota Francesa? Se caísse em mãos do inimigo, somando-se às forças navais alemãs e italianas, poderia ameaçar a supremacia britânica no Mediterrâneo e no Atlântico? O Japão poderia entrar na guerra e fustigar o Império Britânico no Oriente? Eram essas as perguntas que passavam pela cabeça de Churchill. Como ele escreveu mais tarde:

> O leitor destas páginas nos anos futuros deve perceber o quanto é densa e desconcertante o véu do Desconhecido. Agora à luz plena do tempo vindouro é fácil ver onde éramos ignorantes ou excessivamente alarmados, onde éramos descuidados ou ineptos. Duas vezes em dois meses fomos pegos totalmente de surpresa [...] O que mais eles tinham preparado – organizado e planejado até o último detalhe?

De início, ele se recusou a aceitar o derrotismo de Reynaud. A essa altura, Churchill ainda achava que a derrota da França era principalmente psicológica. Depois de discussões tensas no Gabinete de Guerra, ele apoiou o envio de mais caças ingleses para a defesa da França. No entanto, deu-se conta da realidade quando foi a Paris no dia seguinte e viu pessoalmente a situação deteriorada. A expectativa era de que os alemães chegassem a Paris em algumas horas, onde o ministro das Relações Exteriores francês e o embaixador britânico estavam queimando seus arquivos. "Uma total desolação estava estampada em cada rosto". Determinado a apoiar seu querido aliado francês até o fim, Churchill fez a pergunta fundamental ao marechal Maurice Gamelin, comandante em chefe francês: "Onde estavam as reservas operacionais francesas?". "Não há nenhuma", foi a chocante resposta. Naquele momento, Churchill deve ter percebido que a batalha pela França estava perdida. Disse a lady Campbell, esposa do embaixador britânico: "Este lugar em breve se tornará um matadouro".

Os holandeses se renderam logo; depois de uma luta um pouco mais prolongada, os belgas fizeram o mesmo, deixando o Primeiro Exército Francês e a Força Expedicionária Britânica com a escolha indesejável entre o cerco e a aniquilação – ou uma evacuação para a Grã-Bretanha. Felizmente para o desenrolar do futuro da guerra, lorde Gort recomendou a última opção. Seguiu-se o chamado milagre de Dunquerque, e a maior parte do Exército Britânico conseguiu voltar para casa, graças à Marinha Real e a uma frota de pequenos navios, embora tenha perdido quase todo o seu equipamento. Para Stan Hollis, a retirada de Dunquerque [cidade do norte da França] foi um desastre desconcertante. Como motociclista de despacho de seu comandante, liderando contra-ataques com seus companheiros do 6º Green Howards, foi um dos últimos a defender a cabeça de praia de Dunquerque e a ser evacuado – numa maca. Ferido durante a retirada, Stan foi recomendado para uma medalha de honra.

Contudo, Churchill ainda não tinha desistido da França. Edward Spears, amigo próximo do primeiro-ministro britânico e recém-designado como representante pessoal de Churchill junto ao primeiro-ministro Reynaud, testemunhou a chegada de Winston a Paris na sexta-feira, 31 de maio de 1940, e o descreveu como "viçoso como uma margarida, obviamente em grande forma [...] O perigo, a evocação da batalha, invariavelmente agiam como um tônico e estimulante para Winston Churchill". Sua energia contrastava com o derrotismo da liderança francesa. Sem dúvida ele gostava de estar no centro da ação, mas também precisava projetar uma imagem de confiança. No contexto da crise em desenvolvimento nas praias de Dunquerque, ele enfatizou em seu francês desajeitado que os soldados franco-britânicos deixariam as praias "*bras dessus, bras dessous*" (de braços dados).

No fim, mais de 338 mil homens (dos quais cerca de 140 mil eram franceses e belgas) conseguiram atravessar o Canal da Mancha. Um número muito maior do que as estimativas iniciais, mas ainda assim Churchill foi cauteloso em seu relatório na Câmara dos Comuns, em 4 de junho de 1940, em "não atribuir a essa retirada as virtudes de uma vitória. Guerras não são ganhas com evacuações".[6] Ao responder às críticas dos soldados nas praias sobre a ausência da Aeronáutica e a sensação de estarem expostos a ataques da Luftwaffe [força aérea alemã], ele argumentou que os caças britânicos forneceram uma cobertura eficaz. Argumento semelhante poderia ser feito a favor da Marinha Real, que organizou, suplementou e defendeu os navios mercantes menores usados na operação. O conselho que Churchill recebeu de seus chefes de Estado-Maior foi o de que a Grã-Bretanha ainda poderia resistir à invasão e reequipar seu exército se conseguisse assegurar os céus e os mares ao redor do país. O poderio para fazer essas duas coisas também seria vital para o sucesso de um retorno à França. E é interessante notar que o apressado planejamento naval e os preparativos para Dunquerque (codinome operação Dínamo) foram conduzidos pelo vice-almirante Bertram Ramsay, que acabaria fazendo o mesmo em 1944, na operação Netuno (a parte naval da Overlord). Algumas sementes para o Dia D já estavam sendo plantadas em meio à derrota. Com o benefício da retrospectiva, talvez Winston estivesse certo ao afirmar que "havia uma vitória, inserida nessa retirada, que deveria ser notada".

Na época, a vitória não era tão aparente, e seu discurso daquele dia é mais lembrado, hoje, pelas palavras sobre a defesa da nossa ilha "custe o que custar", lutando nas praias e nos campos de pouso, nos campos, nas ruas e nas montanhas. No entanto, ele não se referiu apenas à Grã-Bretanha, declarando desafiadoramente que "lutaremos na França". Mesmo naquele momento, Churchill tinha esperanças de salvar alguma coisa dos destroços da estratégia original dos Aliados. As forças francesas resgatadas foram logo repatriadas. A 51ª Divisão Highlander continuou a lutar na França, até ser forçada a se render. E a 52ª Divisão Lowland e a 1ª Divisão Canadense foram logo despachadas como uma segunda Força Expedicionária Britânica, mas foram evacuadas poucos dias depois. Sob uma enorme pressão dos franceses para enviar mais aviões caças, o instinto natural de Churchill era o de fazer exatamente isso. Contudo, acertadamente, seus colegas políticos e os militares o convenceram do contrário.

Mesmo assim, Churchill ainda se recusava a abandonar a França. À medida que o jogo terminava e as forças alemãs avançavam em direção a Paris, ele fez repetidas tentativas para incentivar o governo francês, que agora se transferia para o sul. Instou os franceses a continuar a guerra a partir de seu império no Norte da África e a travar uma campanha de guerrilha na França. Defendeu uma resistência contínua dos Aliados na Bretanha. Apesar dos perigos evidentes de voar tão perto da linha de frente, Winston se encontrou com Reynaud em Briare, em 11 de junho, e em Tours dois dias depois, em 13 de junho. Os relatos da última reunião não poderiam ser mais pungentes. A delegação britânica pousou em uma pista esburacada por bombas, sem ninguém lá para recebê-los. Precisaram pedir um automóvel emprestado e convencer uma cafeteria a abrir as portas para fazer uma refeição. Quando finalmente conseguiram uma reunião com o primeiro-ministro francês, um Reynaud exausto e deprimido não via "nenhuma luz no fim do túnel" e pediu autorização para fazer um acordo de paz em separado com a Alemanha. Apesar de não concordar, Churchill reconheceu que pouco poderia fazer para impedir o acordo. Insistiu para Reynaud fazer mais um apelo ao presidente Roosevelt por uma intervenção americana antes de seguir por esse caminho. Depois, encerrou em um tom caracteristicamente desafiador, reafirmando "sua confiança de que o hitlerismo seria esmagado e que o nazismo não poderia e não dominaria a Europa continuava absolutamente inabalada".[7]

Nesse ínterim, alguns franceses que ele conheceu naquelas fatídicas reuniões passariam por sofrimentos terríveis. Georges Mandel, ministro do Interior de Reynaud e crítico declarado do nazismo, seria executado, e Paul Reynaud acabaria sendo preso. Foi também nessa época que Churchill viu pela primeira vez o general Charles de Gaulle, então um jovem ministro da Defesa da França e claramente a favor de continuar a luta. Churchill pode ou não ter se referido a ele como um predestinado, mas sem dúvida o identificou como alguém com quem os britânicos poderiam trabalhar. Spears o tirou clandestinamente da

França num avião pouco antes do armistício, e, em 18 de junho, de Gaulle fez sua famosa proclamação à nação francesa pelo serviço de rádio da BBC. Ele falou pouco depois do pronunciamento de Churchill sobre "o melhor momento", exortando soldados e trabalhadores franceses a se juntarem a ele na Grã-Bretanha para continuar a luta contra a Alemanha e declarando que a chama da resistência francesa não seria apagada. Nascia assim o movimento França Livre.

Era a mensagem de resistência contínua que Churchill desejava transmitir. Queria encontrar formas criativas de manter a França na luta, mesmo após a queda do país. Estava inclusive disposto a endossar um plano, promovido por Jean Monnet (um dos futuros fundadores da União Europeia, que na época trabalhava em Londres coordenando os suprimentos de guerra franco-britânicos), de Gaulle e outros, para uma unificação franco-britânica integral. Isso levou Jock Colville, um dos secretários particulares de Churchill, a ironizar em seu diário ao escrever que a *flor-de-lis* da França poderia estar prestes a ser restaurada ao Estandarte Real Britânico.

A unificação da soberania nacional com certeza teria sido um gesto simbólico poderoso. Também teria permitido a transferência de armas, tropas e ouro francês para solo britânico, e ao mesmo tempo manteria potencialmente o Norte da África francês e a Frota Francesa no conflito ao lado dos Aliados. Infelizmente, não foi assim. A proposta foi elaborada, mas só chegou à França depois do colapso do governo de Reynaud. O novo regime, sob o marechal Pétain, Laval e o almirante Darlan, estava determinado a fazer o armistício e a garantir a independência que ainda poderiam conseguir de Hitler. Ninguém queria uma unificação com a Grã-Bretanha, pois haveria repercussões. Hitler ocupou Paris e o norte da França. Enquanto isso, a República de Vichy seria instaurada no sul, nominalmente independente, mas na realidade com sua existência dependendo da Alemanha. A Inglaterra teve de considerar a França de Vichy como potencialmente hostil e a buscar uma nova aliança do outro lado do Atlântico, com os Estados Unidos. Se havia uma réstia de esperança, estava no oeste, onde a queda da França agiu como um verdadeiro estímulo para o rearmamento dos Estados Unidos. O presidente Roosevelt tinha motivos para se preocupar. Se a Grã-Bretanha também caísse, a Alemanha ganharia acesso através do Atlântico.

Foi nesse cenário sombrio que Churchill fez seu pronunciamento sobre "o melhor momento", em 18 de junho de 1940. Referindo-se à proposta de "concluir uma unificação de cidadania comum" com a França, ele prometeu:

> Independentemente das possibilidades de desenvolvimento das questões na França ou com o Governo Francês, ou com outros governos franceses, nós nesta Ilha e no Império Britânico nunca perderemos nosso senso de camaradagem com o povo francês. Se agora somos chamados a aguentar o que têm sofrido, vamos emular a coragem deles, e se a vitória final recompensar nossos esforços, eles compartilharão os ganhos, sim, e a liberdade será restaurada para todos.[8]

Em sua transmissão pela BBC às 21 horas, Churchill não teve escolha a não ser responder à crise que se desenrolava. Já tinha se preparado cuidadosamente. As muitas anotações no rascunho de seu discurso mostram sua preocupação com as implicações daqueles momentosos acontecimentos e suas tentativas de encontrar a resposta certa. São literalmente um primeiro rascunho da história. Ditadas à sua secretária de plantão, foram apresentadas na forma datilografada para o primeiro-ministro corrigir. Uma vez aprovado, o texto foi datilografado mais uma vez num tamanho que coubesse no bolso de seu paletó e no formato de versos brancos* que ele usava para ressaltar suas declarações.

Seu discurso foi um que ainda ressoa ao longo de décadas, colaborando para garantir seu lugar na história. Depois de anunciar que "O que o general Weygand chama de 'a batalha da França' acabou. A batalha da Grã-Bretanha está prestes a começar", Churchill sobe o tom até um final dramático, intencionalmente carregado com ecos de *Henrique V* de Shakespeare, declarando:

> Vamos nos preparar para
> nosso dever, e assim nos portarmos de tal forma que
> se o Império Britânico e
> a Comunidade Britânica perdurarem por

* Versos sem rima, mas metrificados. (N.E.)

mil anos, os homens ainda
dirão:
"Este foi o nosso Melhor Momento"

Contudo, para Jock Colville, seu secretário particular que ouviu o chefe pelo rádio, o discurso esteve longe de ser um triunfo. "Foi longo demais e ele [Churchill] soou cansado [...] Fumou um charuto o tempo todo em que falou". Churchill tinha motivos para estar cansado. Poucos líderes na história moderna suportaram a constante pressão que ele vinha vivenciando nas seis semanas anteriores.

Churchill era um francófilo. Sua mãe americana foi praticamente criada em Paris, na corte do imperador Napoleão III. Admirador da história e da cultura francesas, lutou ao lado de soldados franceses na Primeira Guerra Mundial e trabalhou com seus principais políticos na guerra e na paz. Seu amor pela culinária e pelos vinhos franceses é bem documentado. O sul da França era o lugar para onde sempre ia para escrever, pintar, jogar e recarregar suas baterias. Não previu a rapidez e a totalidade do colapso da França, mas trabalhou incansavelmente para tentar evitá-lo. O diário de sua filha Mary, então com apenas dezessete anos, revela uma visão interna do clima predominante de depressão gerado pelo armistício francês em seu círculo familiar pessoal. A anotação no seu diário de segunda-feira, 17 de junho, diz:

> Hoje chegou o anúncio de que, com a renúncia de Reynaud, seguida pela ascensão de Pétain à liderança, a França pede um acordo de paz.
>
> Oh, chère France – eu nunca poderia amá-la um pingo a menos – mas por que você chegou a esse ponto. Nós estávamos esperando por isso – e agora que aconteceu – todos nos sentimos chocados – privados de um grande e brilhante aliado. Agora estamos sozinhos...[9]

Churchill aderiu a de Gaulle e ao seu movimento França Livre e se comprometeu com uma política para restaurar o que ele chamava de "*genialidade da França*". A Grã-Bretanha pode não ter deixado o continente por vontade própria, mas, a curto prazo, não estava em condições de contemplar um retorno à batalha. Agora era um momento de algumas decisões muito difíceis. A promessa de camaradagem de Churchill seria imediatamente posta à prova pelos acontecimentos.

Em questão de dias, e seguindo suas ordens, elementos da Frota Francesa que se recusaram a se render à Marinha Real foram atacados pelos britânicos e vários navios franceses foram afundados. Em Mers-el-Kébir, na Argélia francesa, quase 1.300 marinheiros franceses pereceram pelas mãos dos ex-aliados britânicos. Churchill quase chorou ao anunciar a operação na Câmara dos Comuns, mas a maioria dos parlamentares aplaudiu. A operação mandou uma mensagem clara aos Estados Unidos. A Grã-Bretanha não seguiria o caminho da França. Entretanto, as relações com de Gaulle e com França Livre foram indubitavelmente abaladas. Em um almoço na Downing Street, de Gaulle insinuou que, em vez de unir os franceses aos britânicos, aquela operação poderia tentá-los a virar suas armas contra os ex-aliados. Suas palavras provocaram a ira da anfitriã Clementine, a leal esposa do primeiro-ministro, que falava francês fluentemente, mas as relações com a França se complicaram.

No final de 1940, a Grã-Bretanha havia sido expulsa da Europa continental. A prioridade imediata de Churchill era a sobrevivência nacional. Nas semanas seguintes, os jovens da Aeronáutica e a rápida reposição dos Hurricane e dos Spitfire frustrariam a ambição de Hitler de invadir a costa da Inglaterra. Se lorde Halifax tivesse sucedido Chamberlain no lugar de Winston como primeiro-ministro, o resultado poderia ter sido bem diferente. Halifax era a favor de alguma forma de negociação para evitar mais derramamento de sangue, e sua tentativa infrutífera na defesa dessa linha de ação ainda no cargo de secretário das Relações Exteriores de Churchill inspirou e serviu de ponto de partida para o filme de Hollywood *O destino de uma nação* (2017). Foi uma discordância vencida por Churchill com base na ideia de que ainda seria possível resistir a uma invasão da Alemanha.

Ironicamente, a Grã-Bretanha foi protegida contra a invasão inimiga pelos mesmos obstáculos que impediam um retorno precoce dos britânicos ao continente. Era tão difícil para Hitler lançar uma invasão anfíbia contra a Grã-Bretanha quanto para Churchill voltar para a França pelo Canal da Mancha. Houve um impasse inquietante, com os dois exércitos opositores fortificando as praias nos dois lados do Canal.

Isso não significava que Churchill tivesse desistido de operações no outro lado. Ele sabia que a derrota da Noruega e da França deixou a Grã-Bretanha fraca demais para um retorno em grande escala, especialmente com a Luftwaffe bombardeando cidades e fábricas britânicas. O espaço de manobra era muito limitado; sua posição política poderia não sobreviver a outra derrota importante. Contudo, isso não significava que ele se conformasse em não fazer nada.

Em uma minuta para o general Ismay, escrita em 4 de junho de 1940, no mesmo dia de seu discurso "lutar nas praias", Churchill escreveu:

> Não se pode permitir que o hábito mental totalmente defensivo que arruinou os franceses arruíne toda a nossa iniciativa. É de grande importância manter o maior número possível de forças alemãs ao longo das costas dos países que conquistaram, e devemos começar imediatamente a organizar forças de incursão nas costas onde as populações são amigáveis [...] Como seria maravilhoso se os alemães pudessem ser levados a ponderar onde seriam atacados em seguida, em vez de nos forçar a isolar e cobrir a ilha![10]

A resistência na França deveria ser encorajada. A ordem era a de inflamar a Europa. Uma nova Executiva de Operações Especiais (SOE, na sigla em inglês) foi criada para coordenar operações atrás das linhas inimigas. Operações de comandos foram gradualmente ampliadas, começando com ataques pontuais com pequenos barcos liderados por homens como o capitão March Phillips e evoluindo para ataques maiores, como a ousada operação Chariot, que destruiu os diques secos de St. Nazaire, na Normandia.

Foi nesse mundo dominado por homens que de repente uma jovem entrou em cena, "na vanguarda de uma revolução". Com apenas 29 anos, Joan Bright era eficiente e aventureira, glamorosa e respeitável, sociável e confiável. Uma das cinco filhas de "uma família da classe média com uma renda abaixo da média", sua formação pode ter carecido de dinheiro, mas foi rica em experiência. Joan nasceu na Argentina, de pais ingleses, e passou seus primeiros anos na Espanha antes de voltar à Inglaterra. Ativamente estimulada pela família a seguir seu próprio caminho na vida, Joan se formou como secretária e nunca olhou para trás: "Com um bloco de taquigrafia e uma máquina de escrever, eu poderia ser uma intérprete valiosa e móvel de pensamentos de outros, uma máquina humana com o poder de dar e ganhar confiança".[11]

No início dos anos 1930, Joan trabalhou no consulado britânico na Cidade do México. Quando voltou, recusou propostas para trabalhar para o político conservador britânico Duff Cooper e para o alemão Rudolf Hess, adjunto do Führer. Preferiu aceitar um emprego ultrassecreto em uma nova unidade clandestina do Serviço Secreto de Inteligência Britânico. A Seção D da MI(R) tinha a missão de planejar subversão e sabotagem atrás das linhas inimigas. Joan começou a trabalhar na primavera de 1939, fazendo sua parte pelo esforço de guerra britânico antes mesmo de a guerra ser declarada.

Nos escritórios da Caxton Street em Londres, Joan ajudou a organizar as primeiras operações de guerrilha na Noruega, em apoio à campanha de Narvik. A Seção D não durou muito. Foi logo absorvida pela nova Executiva de Operações Especiais de Churchill, com algumas de suas funções passando para Operações Conjuntas, mas Joan viu o início modesto da reação que levaria a Normandia em 1944. Suas habilidades não passaram despercebidas. Foi transferida para o Secretariado de Planejamento Conjunto, no coração da máquina de guerra britânica, e logo estava trabalhando e vivendo no olho do furacão. Quando a Luftwaffe lançou sua campanha de bombardeios com o objetivo de intimidar Londres e outras cidades inglesas, ela vivenciou tudo isso. Seu apartamento foi destruído, colegas foram mortos – mas Joan manteve a calma e continuou seu trabalho.

A resposta de Churchill foi prometer ao povo que ele "daria o troco" [aos alemães]. Um forte elemento dessa promessa era intensificar as operações contra alvos inimigos na França. Essas operações seriam planejadas e executadas pelo seu novo Comando de Operações Conjuntas, com líderes selecionados pela vontade de levar a luta ao inimigo. Churchill procurou primeiro o almirante Sir Roger Keyes, um veterano de incursões navais na Primeira Guerra Mundial, e depois o lorde Louis Mountbatten, uma escolha pessoal com conexões com a corte real. Quando foi designado, em 1942, as proezas de Mountbatten a bordo do HMS *Kelly* já haviam inspirado um filme de propaganda da guerra de Noel Coward. Superando-se na telona, Mountbatten foi retratado como um comandante audacioso que sempre levava a luta ao inimigo, definido pelo historiador Correlli Barnett como o "Sam Goldwyn das Operações Conjuntas". Era exatamente a imagem que Churchill queria ver incorporada aos seus comandantes.

O Comando de Operações Conjuntas surgiu a partir dos fracassos de Galípoli e de Narvik. Foi uma tentativa intencional de coordenar operações anfíbias e pôr fim à confusão e às rivalidades internas. Mountbatten foi promovido a vice-almirante, além de ganhar as patentes honorárias no Exército e na Força Aérea de tenente-general e Marechal do Ar, para refletir a natureza de seu novo comando nas três forças. Tornou-se membro do Comitê dos Chefes de Estado-Maior, ganhando um lugar na alta cúpula e acesso direto ao primeiro-ministro. Ficou claro para Mountbatten que sua missão era facilitar o retorno à França, embora levasse tempo para organizar os recursos, a experiência e conhecimento necessários. Para fazer isso, ele começou a montar uma equipe. O capitão John Hughes-Hallett, de quarenta anos, foi um dos primeiros e entusiasmados recrutados. Vinha administrando um Centro de Treinamento Conjunto na Escócia e logo se firmou como o principal conselheiro naval de Mountbatten. Entretanto, Mountbatten, assim como Churchill, também estava disposto a incluir figuras mais excêntricas, que questionassem a ortodoxia política e o *status quo* militar.

Ninguém poderia ser mais heterodoxo que Geoffrey Pyke, um homem de ideias hiperativas e ex-educador radical que não se importava com a própria aparência pessoal, nem com desobedecer a ordens. Apresentado a Mountbatten por Leo Amery, tornou-se diretor de Programa em Operações Conjuntas e passou a bombardear seu chefe com longos estudos, sugerindo novos equipamentos e estratagemas. Mountbatten os chamou de "Pykeísmos", e costumavam ser prefaciados por seu excêntrico autor com aforismos, citações como "Os inconcebíveis de apenas dois anos atrás são as realidades de hoje".

A reação de Pyke à derrota na Noruega foi sugerir novas formas de continuar a luta. Também defendia uma campanha de guerrilha atrás das linhas inimigas, mas que dominassem novas tecnologias; defendia ações de ataque e fuga por soldados especialmente treinados em máquinas limpa-neve velozes, que começou a projetar. Quando questionado sobre como esses equipamentos seriam resguardados dos alemães, sua resposta foi de que deveriam ser escondidos em plena vista: fazendo as novas máquinas parecerem alemãs e com avisos como "*Verboten*" [proibido] ou "Departamento Especial de Raio da Morte", o que impediria investigações de soldados inimigos curiosos. Não seria sua única ideia extravagante. Os intrincados preparativos para o Dia D exigiriam contribuições tanto de profissionais experientes como de pensadores independentes.

No entanto, quando Operações Conjuntas começou a conceber uma volta à França, a guerra já se alastrava para outros teatros de guerra. A estrada para o Dia D seria longa e passaria por Washington e pelo Norte da África. Narvik e Dunquerque tinham servido como lembretes viscerais das dificuldades das operações anfíbias e das limitações do poder militar britânico.

As pressões sobre o primeiro-ministro eram imensas, e sua margem de manobra, limitada; mesmo com todas as novas estruturas e a centralização, Churchill teve de estabelecer prioridades e delegar. Optou por se concentrar na estratégia militar, em segurança e na política externa, concedendo aos demais ministros considerável autonomia nos assuntos internos e na economia (tanto no país quanto no Império). Precisou trabalhar em estreita colaboração com os governos dos domínios britânicos, dos quais dependia em termos de tropas e recursos, e passou a permitir que seus líderes ou representantes de alto escalão em visita participassem das reuniões do Gabinete de Guerra. A guerra estava sendo conduzida por um grande número de ministérios, departamentos e comitês, alguns públicos, outros secretos, e por mais que Churchill quisesse se envolver havia um limite para o que podia fazer.

Depois de seus discursos inspiradores para mobilizar e fortalecer o moral e a vontade do povo britânico, Churchill constatou que guerras não são vencidas com evacuações, mas sim com vitórias no campo de batalha. Comprometeu-se pessoalmente com uma política de conduzir a guerra até a vitória final, e vitória significava a derrota dos alemães na Europa. Contudo, no outono de 1940, essa perspectiva ainda parecia muito distante, se é que seria possível.

3

DISCUSSÕES COM OS ALIADOS

Nenhum amante jamais estudou cada capricho da namorada como eu estudei os do presidente Roosevelt.[1]

"Nunca no campo dos conflitos humanos tantos deveram tanto a tão poucos."[2]

Com estas palavras imortais, Winston Churchill resumiu os feitos dos jovens pilotos de caça durante a Batalha da Inglaterra.

Com elas, veio a terrível percepção de que a Grã-Bretanha e seu império estavam sozinhos e na linha de frente. A Aeronáutica assegurava os céus, a Marinha Real controlava as águas domésticas ao redor das Ilhas Britânicas, mas o exército no país ainda lambia as feridas depois de Dunquerque, galantemente de prontidão – junto com os Voluntários de Defesa Local, conhecidos como *Dads Army* – para defender as praias e resistir se Hitler ainda estivesse considerando uma invasão. Contudo, havia uma guerra para lutar e um inimigo, agora aliado à Itália, a ser derrotado. Acima e abaixo da superfície do mar, a Batalha do Atlântico estava sendo travada para assegurar as linhas vitais estratégicas da Grã-Bretanha com os Estados Unidos e o império; os primeiros titubeantes ataques de bombardeiros tinham começado contra alvos na Alemanha, e o exército no Norte da África conseguia algumas surpreendentes vitórias, não contra os alemães, mas contra os italianos, cujo orgulho militar excedia sua capacidade.

As duas datas que mudaram o curso da guerra foram 22 de junho de 1941 e 7 de dezembro de 1941. A partir desses momentos,

Churchill sabia que a Grã-Bretanha, seu império e a Commonwealth (Comunidade Britânica das Nações) já não estavam mais lutando sozinhos. Quando a Wehrmacht lançou a mal concebida tentativa estratégica de Hitler de ganhar *lebensraum* (espaço vital) no oeste da União Soviética para a população étnica alemã e garantir as reservas de petróleo do Cáucaso e os recursos agrícolas da Ucrânia e da Bielorrússia, Churchill percebeu que Stálin e a União Soviética tinham se tornado aliados em sua luta contra a Alemanha. Apesar da parceria entre ideologias contrárias, o velho ditado de que "o inimigo do meu inimigo é meu amigo" tornou-se a base pragmática de um relacionamento desconfiado, porém mutuamente benéfico, entre Stálin e Churchill. Ou, como disse Churchill ao seu secretário particular Jock Colville: "Se Hitler invadisse o Inferno, eu faria pelo menos uma referência favorável ao Diabo na Câmara dos Comuns".[3]

Apesar da desconfiança e das eventuais críticas de Stálin e, depois, de Franklin Roosevelt em relação aos compromissos britânicos no Mediterrâneo e com o império, foi a decisão de Hitler de assegurar seu flanco sul antes de lançar a operação Barbarossa que provavelmente impediu a derrota de Stálin em Moscou no inverno de 1941/42. Os britânicos estavam ajudando os gregos, e houve um golpe antinazista na Iugoslávia. Hitler adiou seu ataque à União Soviética do começo para o meio do verão – o que se provaria fatal – para antes derrotar a Grécia e a Iugoslávia. Quando seus muito alardeados exércitos de blindados, com uniformes leves de verão, chegaram aos arredores de Moscou já no inverno, a possibilidade de uma vitória estratégica total alemã se esvaiu. Para Churchill, foi a primeira de suas duas tábuas de salvação.

A segunda se materializou em um céu límpido e azul na manhã de um domingo, 7 de dezembro de 1941, quando aviões da Marinha Imperial do Japão atacaram os ancoradouros da Frota do Pacífico dos Estados Unidos em Pearl Harbor, causando danos catastróficos (felizmente, os porta-aviões estavam no mar). No dia seguinte, enquanto os japoneses também atacavam a colônia britânica de Hong Kong, os Estados Unidos declararam guerra ao Japão e, em 11 de dezembro, também declararam guerra à Alemanha e à Itália, anúncio facilitado pela declaração de guerra de Hitler aos Estados Unidos. Na visão de Churchill, era a concretização do que se propunha a fazer desde que assumiu o cargo de primeiro-ministro, em maio de 1940: envolver os Estados Unidos na guerra contra a Alemanha, assim como contra a Itália.

Pode-se dizer que, se as declarações de guerra foram apenas a abertura, os principais movimentos seriam os acordos sobre estratégia e o prosseguimento de campanhas para derrotar a Alemanha, a Itália e o Japão. No entanto, como Churchill estava prestes a descobrir, travar uma guerra ao lado de aliados com objetivos estratégicos e cronogramas conflitantes exigia uma habilidade diplomática de alta ordem no cenário mundial, envolvendo grandes conferências ao longo dos três anos seguintes. Contudo, em dezembro de 1941, para Churchill, Roosevelt e os contingentes militares deles, a prioridade inicial era estabelecer uma posição ocidental em comum antes de negociar com Joseph Stálin da União Soviética. Isso viria mais tarde.

Churchill e Roosevelt conversaram por telefone imediatamente depois de Pearl Harbor. O presidente americano confirmou os eventos com as seguintes palavras: "Agora estamos todos no mesmo barco". Churchill depois escreveu que "dormiu o sono dos salvos e agradecidos", e declarou:

> Afinal nós tínhamos vencido! Sim, depois de Dunquerque, depois da queda da França; depois do horrível episódio de Oran [o ataque à Frota Francesa]; depois da ameaça de invasão, quando, à parte a Força Aérea e a Marinha, éramos um povo quase desarmado; depois da luta mortal na guerra contra submarinos alemães – a primeira Batalha do Atlântico, vencida por um fio; depois de dezessete meses de luta solitária e dezenove meses de minha responsabilidade e de terrível tensão. Nós tínhamos vencido a guerra.[4]

Com o benefício da visão retrospectiva, ele minimizou as muitas frustrações que sentiu ao cortejar Roosevelt e os Estados Unidos. Churchill era em parte americano por nascimento – sua linda mãe nasceu no Brooklyn, Nova York – e dizia com orgulho que "sangue americano corre em minhas veias". Esteve nos Estados Unidos em 1895, em 1900-1901, em 1929 e em 1931-1932, tendo percorrido suas principais cidades, se reunido com as principais lideranças e escrito sobre a história, a cultura e os costumes do país. A partir de 1940, ele se determinou a envolver os americanos, admitindo que "Nenhum amante jamais analisou cada capricho da namorada como eu estudei os do presidente Roosevelt".

Churchill sempre acreditou que esse momento chegaria, que os Estados Unidos não abandonariam as democracias ocidentais, mas sua fé foi duramente testada e se mostrou um processo muito mais demorado e custoso do que esperava. Foi necessário ceder bases britânicas para contratorpedeiros americanos, renunciar a reservas britânicas em ouro e aceitar pagamentos protelados por suprimentos vitais no programa de empréstimos Lend-Lease. Roosevelt demorou para entrar na guerra, assumindo gradualmente um papel cada vez maior na defesa do Atlântico, mas foi a agressão japonesa, não a diplomacia britânica, que afinal levou os Estados Unidos ao campo de batalha.

O alívio de Churchill com a concretização da aliança anglo-americana foi indubitavelmente real e tangível. Realmente mudou a dinâmica da guerra, criando a grande aliança contra o fascismo que afinal tornaria possível a operação Overlord, mas teve suas complicações. Sua confiança de que agora a América estava no jogo e de que poderíamos "falar com ela de maneira bem diferente" se mostraria muito otimista.

O primeiro-ministro agiu rapidamente. Não perdeu tempo e foi a Washington no Natal, determinado a argumentar que a mais alta prioridade dos aliados ocidentais era uma política de *primeiro a Europa* ou, mais especificamente, primeiro a derrota da Alemanha. Não era uma tarefa fácil de realizar, em vista do ressentimento dos americanos em relação ao Japão, e ficou ainda mais difícil com a notícia de os japoneses terem afundado dois encouraçados da Marinha Real Britânica, o HMS *Prince of Wales* e o HMS *Repulse*, em 10 de dezembro de 1941, quando foram vergonhosamente surpreendidos sem cobertura aérea. Isso deixou o Japão com o domínio do Pacífico e as possessões imperiais britânicas da Malásia, de Singapura e da Birmânia correndo muito perigo. Uma ameaça potencial à Índia não podia ser descartada. Na subsequente Conferência de Arcadia, entre a Grã-Bretanha e os Estados Unidos, Churchill conseguiu um acordo sobre uma ação de contenção do Japão no Pacífico, enquanto o esforço principal das forças aliadas seria concentrado em derrotar primeiramente a Alemanha. Na sequência, todo o esforço seria concentrado contra o Japão. Para Churchill e o Reino Unido, depois de mais de dois anos de guerra, foi um acordo estratégico de extrema importância.

No entanto, embora tenha acordado os principais movimentos entre os aliados ocidentais, essa conferência não fez nada para aplacar Stálin, que continuou a defender veementemente, sempre que possível, a abertura de uma segunda frente na Europa Ocidental. Exigia a retomada da França pelas forças armadas do Reino Unido e dos Estados Unidos para aliviar a pressão sobre o Exército Vermelho, já muito desfalcado, mas não derrotado, nos primeiros meses da Barbarossa. Entretanto, em 1942, nem os Estados Unidos nem a Grã-Bretanha estavam remotamente capacitados para considerar uma operação desse tipo com força total. Assim como em 1917, o Exército dos Estados Unidos enfrentava o desafio de expandir seu tamanho e capacidade para se tornar um participante importante na guerra na Europa e em outras partes. Já tinha se expandido rapidamente, consistindo em 1,5 milhão de oficiais e soldados em meados de 1941, mas com pouco treinamento, sem experiência em combate e mal equipados. Levaria tempo para a economia americana movimentar todo o seu potencial de produção. Em fevereiro de 1942, os americanos estavam guarnecendo a Islândia, mas tinham menos de 5 mil homens no Reino Unido e somente duas divisões a caminho.

Para os britânicos, o problema era o cansaço da guerra e a sobrecarga imperial. Em 1942, já estavam fortemente comprometidos no Mediterrâneo e no Norte da África e estagnados numa luta iniciada no final de 1940 contra os italianos. Era o único teatro de guerra em que Churchill tinha conseguido levar a luta ao inimigo. De início, a Frota do Mediterrâneo sob o comando do almirante Cunningham e o exército no Egito sob o comando do general Wavell conseguiram algumas vitórias importantes contra as forças de Mussolini, e por um tempo pareceu que o inimigo poderia ser expulso do Norte da África até o começo de 1941. Em fevereiro, o tenente-general Richard O'Connor comunicou a derrota das forças italianas no deserto líbio com uma mensagem muito britânica (baseada em terminologia de caçadas) ao seu superior, o general Sir Archibald Wavell: "Raposa morta ao ar livre". Talvez O'Connor pudesse ter avançado até Trípoli e encerrado de vez a guerra no Norte da África, mas os olhos de Churchill se voltaram um tanto prematuramente à defesa da Grécia e à luta no Mediterrâneo oriental. Durante a pausa operacional no deserto depois do colapso dos italianos, Hitler despachou a força expedicionária *Afrika Korps* sob o comando do tenente-general Erwin Rommel para apoiar o que restava de seu aliado italiano no Norte da África. O sucesso de Rommel no deserto, em 1941, resultou em outro ano tórrido para Churchill, mas também preparou o cenário para o surgimento de um dos dois principais comandantes britânicos da Segunda Guerra Mundial: Bernard Law Montgomery. (Para os curiosos, o outro foi William Joseph Slim, comandante do 14º Exército na Birmânia.)

Claramente, a luta no Norte da África e no Mediterrâneo também se tratava de defender o império. Enquanto Roosevelt e Marshall continuavam cautelosos em envolver as forças americanas na defesa do Império Britânico, Churchill administrava um governo imperial, sem outra opção a não ser pensar em termos de defesa imperial. A derrota e a retirada no Mediterrâneo ameaçavam erodir ainda mais as linhas de abastecimento britânicas para a Índia e o Pacífico (via o Canal de Suez), arriscando o fornecimento vital de petróleo do Irã e do Iraque, fortalecendo as potências do Eixo e – somando-se às derrotas anteriores – infligindo um golpe potencialmente letal ao moral britânico. Nos primeiros meses de 1942, havia um temor muito real entre os planejadores britânicos de que, se coordenassem suas estratégias, os alemães, italianos e japoneses poderiam sitiar e fechar todas as principais rotas de navegação do império, levando a Grã-Bretanha à rendição.

Os britânicos estavam muito envolvidos em outras frentes para simplesmente interromper tudo e se concentrar na França.

Os Aliados, em especial a Grã-Bretanha, ainda estavam na defensiva, mas a chegada de homens e material americanos ao teatro de guerra europeu logo reacendeu o debate sobre a guerra no oeste e a possibilidade de operações na França.

Churchill gostava de dizer que a única coisa pior que lutar tendo aliados era lutar sem aliados. No início de 1942, Churchill não tinha só um, mas dois novos aliados poderosos, cada um com seus próprios interesses e estratégias para conduzir e vencer a guerra: os russos, que precisavam desesperadamente de ajuda, e os americanos, que estavam ansiosos para derrotar a Alemanha na Europa o mais rápido possível para se voltar contra o Japão no Pacífico. Britânicos e americanos tinham concordado com uma estratégia de "Primeiro a Alemanha", e o presidente Roosevelt queria ver logo os soldados dos Estados Unidos em ação, mas os efetivos eram escassos. Diversas operações foram discutidas. Nada tinha sido decidido ainda.

Foi nesse momento que uma carta importante foi entregue a Churchill.

> Casa Branca
> Washington
>
> 3 de abril
> 23h
>
> Prezado Winston,
> O que Harry e G. Marshall dirão a você tem o meu coração e minha mente. O seu povo e o meu exigem a formação de uma frente para aliviar a pressão sobre os russos, e esses povos são suficientemente perspicazes para ver que os russos hoje estão matando mais alemães e destruindo mais equipamento do que eu e você juntos. Mesmo se o sucesso total não for obtido, o grande objetivo o será. Siga em frente! A Síria e o Egito estarão mais seguros, mesmo se os alemães souberem sobre nossos planos.
> Boa sorte. Faça Harry dormir cedo e deixe-o obedecer ao dr. Fulton, U.S.N. [Marinha dos Estados Unidos], a quem envio com ele como superenfermeiro com autoridade total.
>
> Sempre seu
> FDR[5]

Quase toda a comunicação entre Churchill e Roosevelt durante a guerra era realizada via telegramas, por telefonemas transatlânticos ou por intermediários. Uma missiva escrita à mão pelo presidente era coisa rara e deveria ser levada muito a sério. Redigida em papel verde da Casa Branca pelo presidente às 23 horas do dia 3 de abril, a carta foi entregue pessoalmente ao primeiro-ministro britânico por Harry Hopkins cinco dias depois.

Hopkins era um dos assessores mais próximos do presidente. Não estava em boa forma, e a maior parte de seu estômago já tinha sido

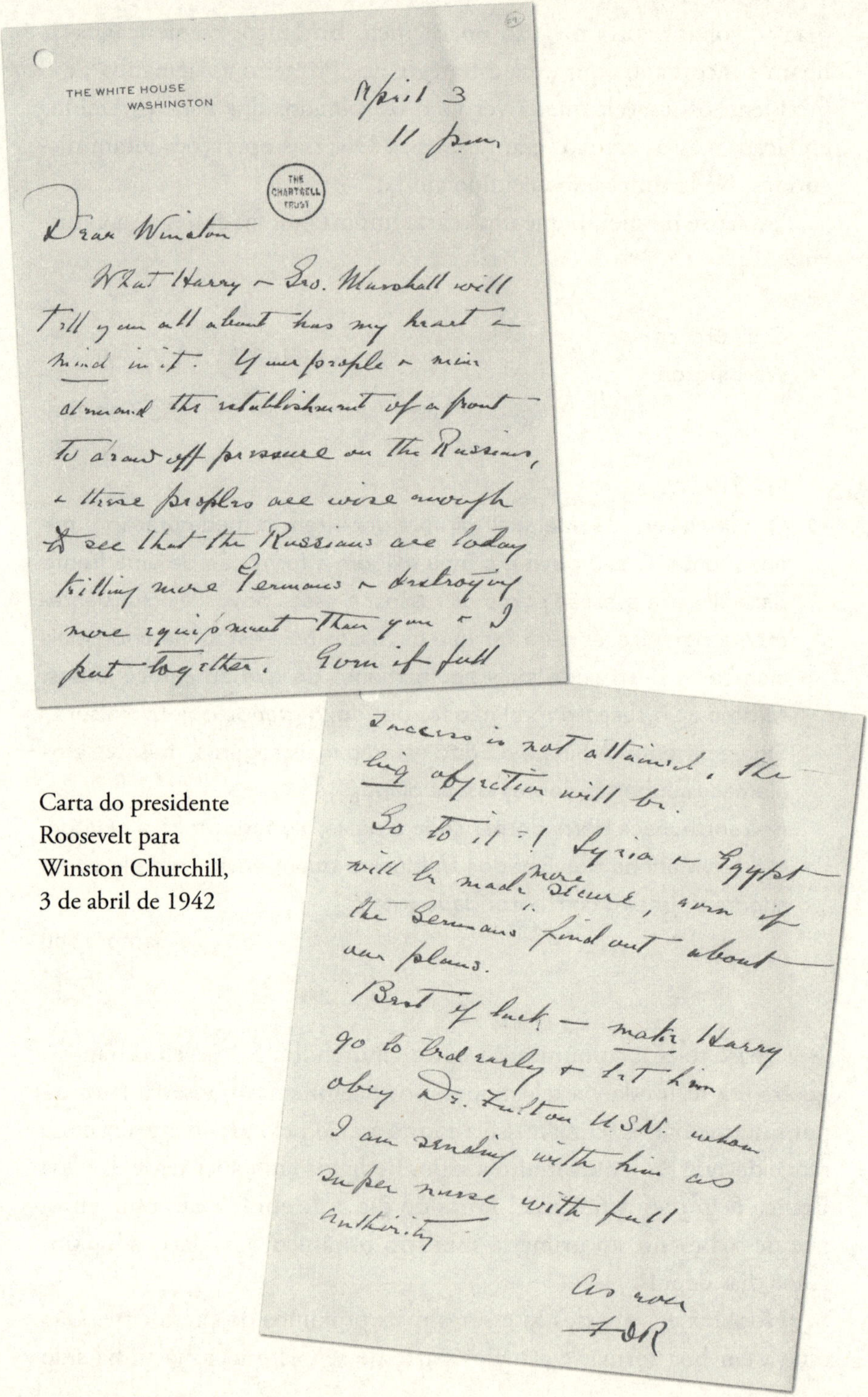

THE WHITE HOUSE
WASHINGTON

April 3
11 pm

THE CHARTWELL TRUST

Dear Winston

What Harry & Geo. Marshall will tell you all about has my heart & mind in it. Your people & mine demand the establishment of a front to draw off pressure on the Russians, & these peoples are wise enough to see that the Russians are today killing more Germans & destroying more equipment than you & I put together. Even if full success is not attained, the big objective will be.

Go to it! Syria & Egypt will be made more secure, even if the Germans find out about our plans.

Best of luck — make Harry go to bed early & let him obey Dr. Fulton USN. whom I am sending with him as super nurse with full authority.

As ever
FDR

Carta do presidente Roosevelt para Winston Churchill, 3 de abril de 1942 removida por causa de um câncer. Estava magro e quase sempre desalinhado. Para Mary Soames, ele parecia "dolorosamente magro com cabelos ralos". Charles Wilson, médico de Churchill, pintou um retrato ainda mais funesto: "Os lábios estão desbotados como se estivessem sangrando internamente, a pele, amarelada como pergaminho esticado, e as pálpebras, reduzidas a uma fenda". Isso explica por que Roosevelt mandou um médico da Marinha dos Estados Unidos para acompanhá-lo em sua missão em Londres.

Mas as aparências podem enganar. Hopkins era um homem com uma energia incrível. Tinha trabalhado com Roosevelt durante os anos 1930 no combate à Grande Depressão e, desde janeiro de 1941, servia como o principal emissário do presidente junto a Winston Churchill, sendo um destacado defensor do apoio dos Estados Unidos à Grã-Bretanha. Ganhou a admiração do primeiro-ministro britânico ao expressar esse apoio citando um versículo bíblico do livro de Rute: "Aonde fores, irei; onde te alojares, ali me alojarei; o teu povo será o meu povo, o teu Deus será o meu Deus".

Dessa vez, Hopkins não chegou a Londres sozinho. Em sua missão, veio acompanhado pelo general George Marshall, chefe do Estado-Maior e comandante do Exército dos Estados Unidos. Com 1,80 metro de altura, bem-vestido, correto e preciso, Marshall era muito diferente de Hopkins, tanto em personalidade e temperamento como na aparência. Para Joan Bright, era um "homem muito íntegro",[6] que nunca "teria alterado o comportamento ou mudado minimamente sua posição para agradar à pessoa com quem estivesse falando". Os dois americanos concordavam com a visão de que a guerra seria ganha ou perdida na Europa e que Hitler era o principal inimigo, mas as formas como abordavam Churchill e os aliados britânicos eram muito diferentes. Hopkins usava a amizade, o debate e o humor para ser aceito no círculo interno de Churchill; Marshall se mantinha intencionalmente distante. Chegou cético quanto à estratégia de guerra britânica, defendendo a independência dos americanos e determinado em priorizar a ação na França.

A carta do presidente tinha como objetivo dar início a discussões que levariam à criação de uma nova frente na Europa ocidental. Serviu como prefácio para um segundo documento, um memorando secreto.

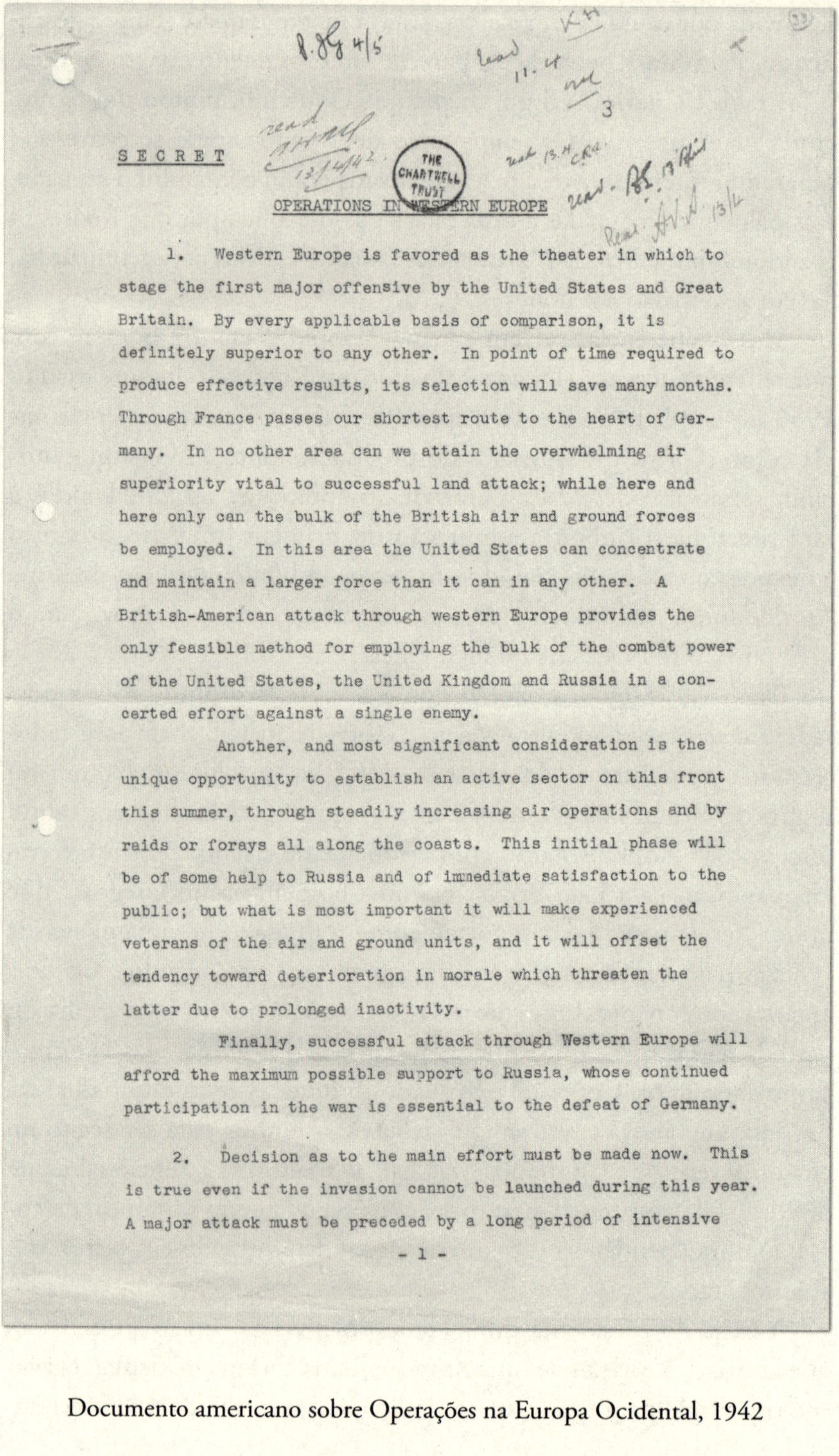
SECRET

OPERATIONS IN WESTERN EUROPE

1. Western Europe is favored as the theater in which to stage the first major offensive by the United States and Great Britain. By every applicable basis of comparison, it is definitely superior to any other. In point of time required to produce effective results, its selection will save many months. Through France passes our shortest route to the heart of Germany. In no other area can we attain the overwhelming air superiority vital to successful land attack; while here and here only can the bulk of the British air and ground forces be employed. In this area the United States can concentrate and maintain a larger force than it can in any other. A British-American attack through western Europe provides the only feasible method for employing the bulk of the combat power of the United States, the United Kingdom and Russia in a concerted effort against a single enemy.

Another, and most significant consideration is the unique opportunity to establish an active sector on this front this summer, through steadily increasing air operations and by raids or forays all along the coasts. This initial phase will be of some help to Russia and of immediate satisfaction to the public; but what is most important it will make experienced veterans of the air and ground units, and it will offset the tendency toward deterioration in morale which threaten the latter due to prolonged inactivity.

Finally, successful attack through Western Europe will afford the maximum possible support to Russia, whose continued participation in the war is essential to the defeat of Germany.

2. Decision as to the main effort must be made now. This is true even if the invasion cannot be launched during this year. A major attack must be preceded by a long period of intensive

- 1 -

Documento americano sobre Operações na Europa Ocidental, 1942

Intitulado *Operações na Europa Ocidental*, esse plano militar americano – desenvolvido por Marshall e seu protegido, o general Eisenhower, entregue por Hopkins e endossado por Roosevelt – não poderia ser mais claro. Os Estados Unidos queriam uma operação pelo Canal da Mancha, e o mais rápido possível. A linguagem era inequívoca:

> A Europa ocidental tem preferência como teatro da primeira grande ofensiva dos Estados Unidos e da Grã-Bretanha. Sob quaisquer bases de comparação aplicáveis, é definitivamente superior a qualquer outra. No momento necessário para produzir resultados efetivos, essa opção irá poupar muitos meses. Através da França passa o nosso caminho mais curto até a Alemanha. Em nenhuma outra área podemos conseguir a esmagadora supremacia aérea vital para um ataque terrestre bem-sucedido; é aqui e somente aqui que o grosso das forças aéreas e terrestres britânicas pode ser utilizado. Nessa área os Estados Unidos podem se concentrar e manter uma força maior que em qualquer outra. Um ataque anglo-americano pela Europa ocidental é o único método viável para empregar o grosso do poderio de combate dos Estados Unidos, do Reino Unido e da Rússia em um esforço sincronizado contra um único inimigo.[7]

O plano propunha operações imediatas e incursões aéreas pelo Canal da Mancha para os soldados ganharem experiência, acompanhados por um esforço intensivo para criar uma força de invasão com 5.800 aviões de combate e 48 divisões, que incluiriam cerca de 1 milhão de soldados americanos. O objetivo era tomar as praias entre Le Havre e Boulogne. Reconhecendo que levaria tempo para agrupar as forças americanas na Grã-Bretanha, a data mais próxima para o Dia D foi marcada para 1º de abril de 1943. O plano também considerava uma operação mais precoce se as circunstâncias exigissem. Uma operação mais limitada foi igualmente apresentada para estabelecer uma cabeça de praia na França no caso de um colapso da Rússia na frente oriental ou de uma desintegração da Alemanha.

A entrega dessa carta e do memorando, e as discussões que se seguiram, marcou a chegada dos americanos ao teatro europeu. Era algo que Churchill vinha esperando e articulando desde maio de 1940. Portanto, era de supor que o conteúdo da carta seria música para seus ouvidos:

afinal, ele havia se comprometido publicamente com a restauração da França e a destruição do nazismo na Europa. Contudo, a fragilidade da Inglaterra implicava Churchill e os chefes do Estado-Maior britânicos favorecerem agora uma política bem diferente.

No curto prazo, Pearl Harbor só tinha exacerbado a fraqueza da Inglaterra. Não era momento de arriscar um retorno pelo Canal da Mancha. No Pacífico, eles contavam com uma forte presença americana de dissuasão e, se necessário, de enfrentamento à agressão do Japão. As perdas da Frota Americana deixaram o Império Britânico no Oriente horrivelmente exposto. Em questão de semanas, resultou na perda de Hong Kong, na capitulação de Singapura (a maior rendição na história do Exército Britânico) e em uma ameaça do Japão no oceano Índico e na Austrália. Pior ainda, os britânicos estavam mais uma vez em retirada no Norte da África. O início de 1942 foi um período sombrio. Em julho de 1942, Harry Butcher, assessor naval de Eisenhower, observou que "Rommel quase pode sentir o cheiro do Canal de Suez, e os japas estão batendo nas portas da Índia".

As derrotas se acumulavam, agravadas pela fuga de dois navios de guerra alemães da França pelo Canal e chegando à Alemanha. Era quase uma repetição dos desastres de 1940, ocorrendo justamente no momento em que Churchill queria impressionar seus novos aliados americanos e soviéticos. Alexander Cadogan, subsecretário de Estado do Ministério das Relações Exteriores, confidenciou seus temores ao seu diário: "Nossos soldados parecem muito incapazes [...] Nossos generais são imprestáveis, e nossos homens lutam?".[8] Foi um refrão ecoado pelo primeiro-ministro. "Vocês não têm nenhum general nesse exército que consiga vencer batalhas, nenhum deles tem ideias, vamos continuar perdendo batalhas desse jeito, seguidamente?" Churchill disparava essas perguntas ao general Brooke na frente do Gabinete. O chefe do Estado-Maior Imperial tinha de se esforçar para manter a calma e a compostura, apertando os lápis com tanta força que às vezes estalavam. Em público, ele encenava uma defesa robusta; em privado, também ponderava por que os soldados não estavam lutando melhor e, em um momento de desalento, admitiu que metade dos comandantes de corpo e de divisional "carece de personalidade, imaginação, energia e poder de liderança".

Não surpreendentemente, aumentava na imprensa a oposição à gestão do esforço de guerra do governo. Churchill foi forçado a defender a condução da guerra por sua administração no Parlamento. Foi nesse clima de autoquestionamento e recriminações que Hopkins e Marshall chegaram com seu plano de atacar a França.

Joan Bright viu tudo isso de seu escritório em Whitehall e mais tarde recordaria:

> Bem, acho que 1942 foi um ano horrível [...] Quero dizer, a Batalha do Atlântico realmente foi quase perdida naquele ano. Foi um ano horrível, e as coisas estavam indo muito mal no Extremo Oriente. Estávamos perdendo em todas as partes, estávamos perdendo. E os russos gritavam para irmos [...] e desembarcarmos [...] no Continente, então os americanos e os russos eram meio contrários ao nosso ponto de vista.[9]

As tropas britânicas lutavam desesperadamente para manter suas posições no Norte da África e no Pacífico. Do ponto de vista de Londres, a estratégia era clara: os Aliados precisavam resistir à tempestade imediata, limpar o Norte da África, assegurar o Mediterrâneo e só depois poderiam considerar um retorno à França. Enquanto isso, Operações Conjuntas poderia continuar planejando ataques em escala cada vez maior ao litoral francês. Contudo, Churchill enfrentava um dilema. Tendo trabalhado arduamente para criar a aliança com os Estados Unidos e dependendo de homens e material americanos para a vitória final, ele não podia correr o risco de se indispor com o presidente e com Marshall. Não poderia simplesmente ignorar o plano apresentado. Assim, teve início um elaborado jogo diplomático.

Taticamente, os britânicos decidiram aceitar nominalmente a estratégia dos Estados Unidos de se concentrar na França, ao mesmo tempo que direcionavam seu novo aliado para o Mediterrâneo. Hopkins e Marshall desfrutaram de todas as regalias da hospitalidade de Churchill, com jantares regados a vinho com o rei e o primeiro-ministro. Na noite de 14 de abril, foram convidados para uma reunião do Comitê de Defesa, especialmente convocada para considerar o plano dos americanos, com ministros importantes e os chefes de Estado-Maior presentes ao lado do primeiro-ministro. Churchill abriu os procedimentos dizendo "não hesitar em aceitar cordialmente o plano" e encerrou a reunião observando que "ficou claro que houve unanimidade no esquema. As duas nações marchariam juntas à frente em uma nobre irmandade de armas".[10] Contudo, o diabo mora nos detalhes, e Churchill fez questão de expressar uma ressalva importante, a de "ser essencial continuar a defesa da Índia e do Oriente Médio", onde a Grã-Bretanha não podia aceitar a perda de um exército de 600 mil homens e da "mão de obra da Índia". Também ressaltou que a Grã-Bretanha não poderia deixar de defender a Austrália. Preocupado, o chefe do Estado-Maior da Força Aérea, Charles Portal, ponderou que a força dos caças britânicos seria eliminada em questão de meses se fosse usada para apoiar sozinha operações no bem defendido espaço aéreo francês sem o apoio de caças americanos.

Assim, nos bastidores, Churchill e os britânicos tentaram persuadir, induzir e convencer suas contrapartes americanas de que qualquer retorno à França só poderia acontecer após a conclusão de suas operações prioritárias no Norte da África. De início, os americanos se mostraram intransigentes. Marshall foi insistente. Se a França não fosse possível, os americanos poderiam se voltar para o leste e lutar contra o Japão no Pacífico. Como Hopkins apontou na reunião do Comitê de Defesa, "se a opinião pública na América fosse levada em conta, o peso do esforço americano seria direcionado contra o Japão".

Na verdade, já prevendo a posição dos americanos, Churchill tinha pedido a elaboração de planos para possíveis operações na França. De repente, novos codinomes proliferavam em Whitehall à medida que as possibilidades eram exploradas. Como seria uma operação em larga escala? Poderia haver oportunidades limitadas mais imediatas a partir dos planos existentes para investidas ao continente?

Em junho, Churchill rejeitou planos de desembarcar uma divisão e unidades blindadas no continente para uma incursão de dois a três dias. Mesmo sendo a favor de operações em pequena escala, ele acreditava que não deveria haver nenhum desembarque substancial na França "a menos que sejam para ficar" e "a menos que os alemães sejam desmoralizados por outro fracasso contra a Rússia".

Em relação a um grande ataque à França, os comandantes britânicos estavam divididos sobre onde os desembarques poderiam ocorrer: nas praias da Normandia (opção defendida por Mountbatten e pela equipe de Operações Conjuntas) ou mais ao norte, em Pas-de-Calais (opção preferida pelo Comando de Caças, pois poderiam operar mais facilmente a partir de bases britânicas)? Churchill parecia preferir um ataque simultâneo em toda a frente. Em 15 de junho, enviou uma minuta a seus chefes de Estado-Maior expressando sua opinião de que o ataque deveria se dar na forma de pelo menos seis desembarques pesados na primeira leva, acompanhados por pelo menos meia dúzia de ataques simulados "que, se a sorte favorecer, podem ser explorados". Churchill defendia ataques ou distrações ao longo de uma enorme extensão da costa do Atlântico – na Noruega, na Dinamarca, na Holanda, na Bélgica, em Pas-de-Calais, "onde a maior batalha aérea será travada", na península de Cotentin, em Brest, em St. Nazaire e na foz do Gironde. Além disso, deveria haver pelo menos três ondas de assalto. Talvez ele estivesse sendo intencionalmente provocativo, tentando expor as objeções de seus chefes de Estado-Maior, pois concluiu que:

> A menos que estejamos preparados para comprometer as imensas forças compostas nas três primeiras ondas em uma costa hostil, com a certeza de que muitos de nossos ataques serão abortados, e considerando que, se fracassarmos, tudo o que está em jogo será perdido, não deveríamos tentar uma operação de guerra tão extraordinária para os dias de hoje.[11]

Essencialmente, essa continuou sendo sua visão até boa parte de 1943. A operação pelo Canal da Mancha só deveria ser montada quando as chances de sucesso fossem avassaladoras. Quando o documento foi discutido, mais tarde naquele dia, ele disse aos seus comandantes que o sucesso "dependeria em grande parte da magnitude e da violência do primeiro assalto, que deve ser realizado na frente mais ampla possível". Coube ao comandante da Guarda Doméstica, general Paget, ao almirante Ramsay e ao Marechal do Ar Sholto Douglas e sua Equipe de Planejamento Conjunto estudar o que seria possível e dar uma resposta. Eles ressaltaram que a escala e o ritmo de qualquer operação seriam limitados pela falta de embarcações de assalto e transporte, pela dificuldade de entrar e sair das praias, pela necessidade de tomar portos e aeródromos e pela capacidade de apoio à operação dos portos no sul da Inglaterra. Os portos de Le Havre e de Cherbourg precisariam ser capturados para garantir os suprimentos na frente de batalha. As praias da Normandia foram identificadas como os mais promissores pontos de desembarque, mas o poder aéreo alemão precisaria ser enfrentado sobre a área de Calais, por ser a mais próxima das bases aéreas do Reino Unido. Também identificaram os maiores desafios, e todos continuariam a causar dores de cabeça nos planejadores ao longo dos dois anos seguintes, mas um planejamento detalhado não poderia ser feito antes de resolver as principais questões estratégicas com os americanos. Planos futuros também estavam sendo ultrapassados pelos eventos correntes.

Infelizmente, as coisas só pioravam para os britânicos no Mediterrâneo. Quando esteve na Casa Branca, em junho, Churchill teve de enfrentar a humilhação de ouvir sobre a queda de Tobruk (Líbia) da boca do presidente Roosevelt. Na sua volta, teve de encarar um voto de confiança em seu governo na Câmara dos Comuns, ocasião em que o parlamentar trabalhista Aneurin Bevan alfinetou que "o primeiro-ministro vence um debate atrás do outro e perde uma batalha atrás da outra".

As discussões sobre a Segunda Frente continuaram em Washington, em junho, e em Londres, em julho. O general Dwight D. Eisenhower, de 51 anos, chegou à capital britânica para assumir seu cargo como comandante americano no teatro de guerra europeu. A exemplo de seu mentor, o general Marshall, Ike era um firme defensor do ataque pelo Canal da Mancha. Mas também era um bom diplomata e tinha um talento natural para formar equipes.

Em sintonia com os sentimentos expressos na carta do presidente e aceitando que uma grande invasão não seria possível antes de 1943, os comandantes militares americanos continuaram a argumentar a favor de algum tipo de operação limitada, em 1942, para aliviar a pressão sobre os russos, o que ganhou mais urgência com a queda de Sebastopol, o baluarte russo na Crimeia. Harry Butcher, assessor de Eisenhower, observou que "O Exército soviético está suportando o maior peso da batalha. Os jornais em casa e na Inglaterra estão cheios de exigências de uma segunda frente".[12] Uma operação na França era necessária "para servir de salva-vidas para um aliado se afogando". Também reconheceu que os britânicos, depois de sofrerem uma sucessão de derrotas ao longo de três anos, se sentiam compreensivelmente mais cautelosos e realistas, enquanto os recém-chegados americanos estavam "talvez dispostos a correr mais riscos".

Em julho de 1942, havia uma crescente confusão dos dois lados do Atlântico quanto às diversas possibilidades e seus codinomes, que o primeiro-ministro e o presidente estadunidense procuravam codificar em sua correspondência telegráfica transatlântica. Roosevelt definiu o acordo final em seu telegrama de 9 de julho:

CÓPIA
WASHINGTON, 9 de julho de 1942

1002
Nº 163 B.D.

AO PRIMEIRO-MINISTRO,

Referência ao seu nº 106, de 6 de julho. É recomendado que nossos codinomes sejam esclarecidos como a seguir:

1. Que o termo "Bolero" seja usado para designar os preparativos para o movimento das forças dos Estados Unidos no teatro de guerra europeu, preparativos para sua recepção aí e a produção, agrupamento, transporte e suprimentos necessários para apoio das forças dos Estados Unidos em operação contra o continente europeu.
2. Que o termo "Sledgehammer" seja usado para designar uma operação ofensiva de tropas britânicas e americanas contra o continente europeu em 1942 a ser realizada no caso de colapso interno alemão ou iminente colapso militar russo que necessite de um ataque de emergência a fim de desviar forças alemãs da frente russa.
3. Que o termo "Roundup", ou qualquer outro nome que deseje aplicar, seja usado para designar uma operação ofensiva por forças conjuntas americanas e britânicas em 1943 ou depois.

(a.) ROOSEVELT.

Recebido por teletipo 9. 7. 42

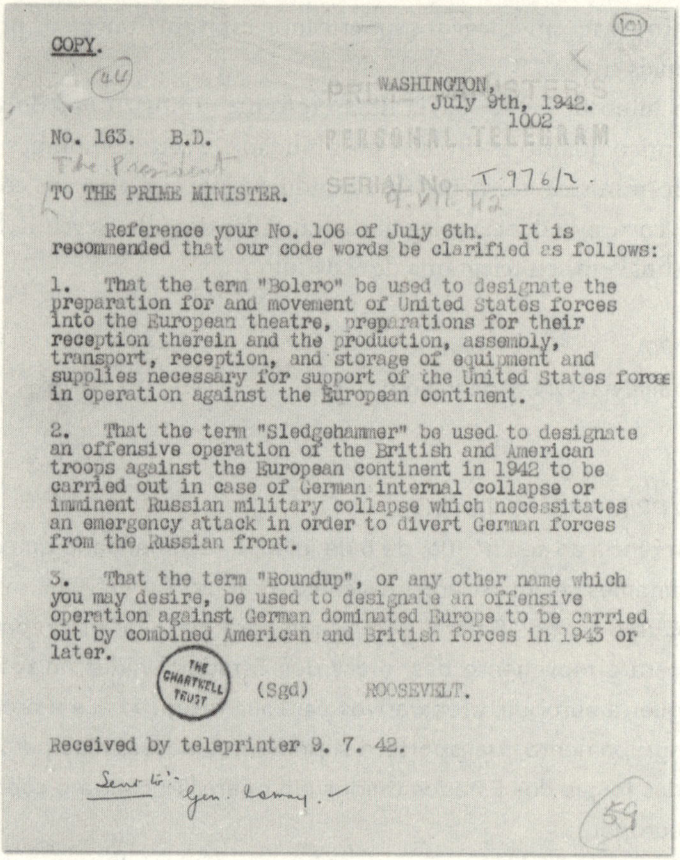

COPY.

WASHINGTON,
July 9th, 1942.
1002

No. 163. B.D.

PRIME MINISTER'S PERSONAL TELEGRAM SERIAL No. T 976/2.

TO THE PRIME MINISTER.

Reference your No. 106 of July 6th. It is recommended that our code words be clarified as follows:

1. That the term "Bolero" be used to designate the preparation for and movement of United States forces into the European theatre, preparations for their reception therein and the production, assembly, transport, reception, and storage of equipment and supplies necessary for support of the United States forces in operation against the European continent.

2. That the term "Sledgehammer" be used to designate an offensive operation of the British and American troops against the European continent in 1942 to be carried out in case of German internal collapse or imminent Russian military collapse which necessitates an emergency attack in order to divert German forces from the Russian front.

3. That the term "Roundup", or any other name which you may desire, be used to designate an offensive operation against German dominated Europe to be carried out by combined American and British forces in 1943 or later.

(Sgd) ROOSEVELT.

Received by teleprinter 9. 7. 42.

Telegrama de Roosevelt para Churchill, 9 de julho de 1942

O codinome para o ataque em escala total evoluiria com o tempo. Roundup se tornaria Super Roundup, que afinal se tornaria Overlord.

No curto prazo, o presidente aceitou que a Roundup só poderia ser contemplada depois da Bolero e da acumulação de forças. Também reconheceu que a Sledgehammer (a operação mais limitada) só seria provável em caso de emergência. Contudo, a natureza dessas operações ainda não precisava ser elaborada? Planos foram traçados para uma captura limitada da península de Cherbourg, seguida, se bem-sucedida, pela libertação das ilhas do Canal da Mancha.

Os britânicos continuaram a resistir, com Churchill determinado a estar no centro e na linha de frente das discussões. Ficou furioso quando o general Marshall e o almirante King chegaram, em julho de

1942, e se encontraram com membros do Estado-Maior britânico antes de vê-lo. Segundo relato de Butcher, Churchill ficou andando de um lado a outro numa sala em Chequers (a residência de campo oficial do primeiro-ministro), rasgando páginas de um livro sobre as leis de guerra britânicas, criticando Harry Hopkins e asseverando na mais vigorosa linguagem que "ele era o homem com quem se deve encontrar primeiro, que era o homem com quem a América deveria tratar e que os chefes do Exército-Marinha britânicos estavam sob seu comando".[13] Resolver a estratégia com os americanos e resistir aos seus planos para qualquer ocupação imediata na França eram claramente prioridades do primeiro-ministro.

Argumentos logísticos foram meticulosamente apresentados. A fragilidade evidente da concepção da Sledgehammer pelos Estados Unidos era de que levaria tempo para agrupar as forças americanas necessárias na Inglaterra. Em 1942, os Estados Unidos só podiam garantir três divisões e meia. Mesmo assim, havia questões complexas sobre como os soldados dos Estados Unidos atravessariam o Atlântico, o desembarque nas praias e o abastecimento em terra. Escoltas, tonelagem e lanchas de desembarque precisavam de tempo para ser reunidas na quantidade e nos locais certos. Não havia lanchas o suficiente para um desembarque em grande escala, em especial as com capacidade de transportar o número suficiente de tanques e veículos blindados.

Enquanto isso, os americanos esperavam que os britânicos providenciassem a maior parte das tropas, do apoio naval e da cobertura aérea para qualquer operação. E, com todos seus outros compromissos vigentes, os britânicos simplesmente não tinham os números necessários. Tampouco tinham o controle total dos céus do continente. Até mesmo o valor estratégico de estabelecer uma presença limitada do outro lado do Canal da Mancha era questionável. Não estava claro o quanto isso apoiaria os russos, pois os alemães já tinham uma forte presença na França e talvez não precisassem trazer tropas do leste. Em última análise, era improvável que uma cabeça de praia pudesse ser mantida por um longo período sem a capacidade de enviar reforços sustentáveis.

Ainda havia o risco de parecer não estar fazendo muito pouco ou nada. Se a Sledgehammer não fosse lançada, e se as forças anglo-britânicas se concentrassem só na Bolero e no acúmulo de forças na

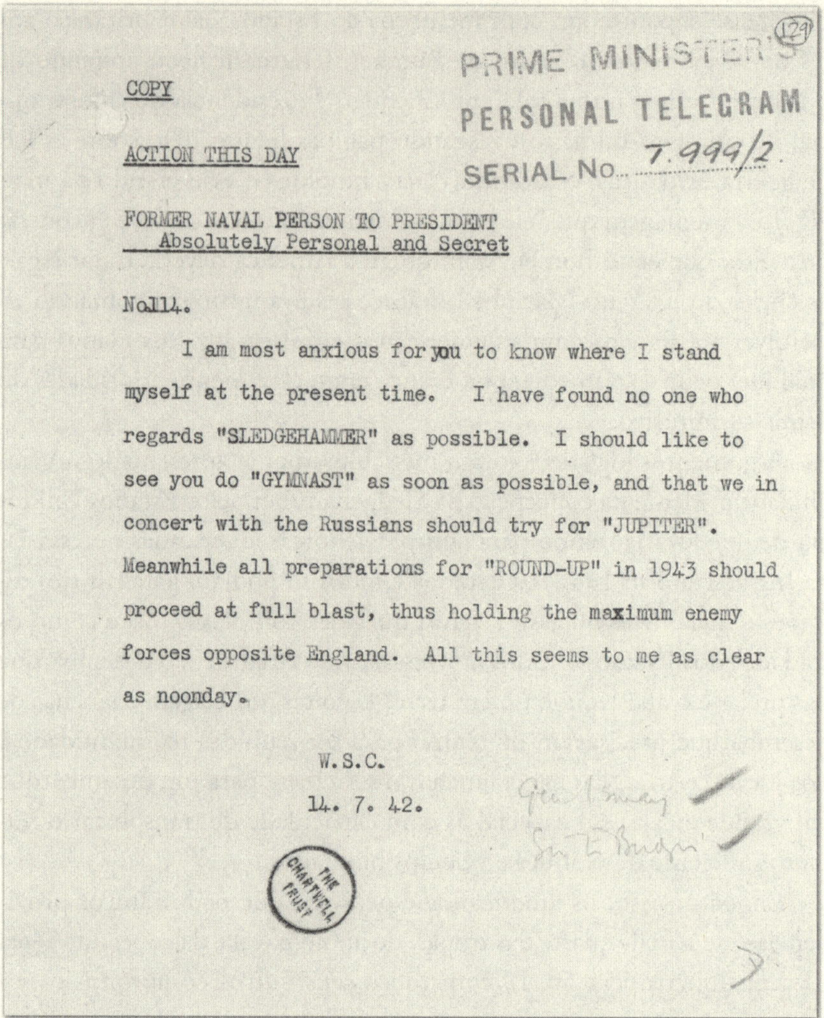

PRIME MINISTER'S
PERSONAL TELEGRAM
SERIAL No. T.999/2

COPY

ACTION THIS DAY

FORMER NAVAL PERSON TO PRESIDENT
Absolutely Personal and Secret

No.114.

I am most anxious for you to know where I stand myself at the present time. I have found no one who regards "SLEDGEHAMMER" as possible. I should like to see you do "GYMNAST" as soon as possible, and that we in concert with the Russians should try for "JUPITER". Meanwhile all preparations for "ROUND-UP" in 1943 should proceed at full blast, thus holding the maximum enemy forces opposite England. All this seems to me as clear as noonday.

W.S.C.

14. 7. 42.

THE CHARTWELL TRUST

Telegrama de Churchill para Roosevelt, 14 de julho de 1942

Grã-Bretanha para o posterior ataque em maior escala, isso não serviria como um apoio imediato aos russos e deixaria os Aliados ociosos no Ocidente enquanto o Exército Vermelho enfrentava toda a luta no leste, algo que tanto Churchill como Roosevelt relutavam em aceitar. E o tempo jogava contra eles. A janela para uma operação na França estava se fechando rapidamente, pois as condições meteorológicas do inverno no Atlântico e as marés altas implicavam que qualquer operação através do Canal da Mancha seria mais eficaz na primavera ou no verão.

Em julho, Eisenhower estava trabalhando nos detalhes de Sledgehammer com Paget, Douglas e Ramsay. O relatório admitiu que, "em vista de uma recente reavaliação do número de lanchas de desembarque que estarão disponíveis neste outono, não consideramos que a operação possa ser realizada antes de 15 de novembro".[14] Mesmo assim, eles não sabiam ao certo se teriam os planadores britânicos ou pilotos de planadores americanos necessários, não podiam depender do apoio de grupos da resistência local devido à intensa vigilância e atividade da Gestapo, e deixava claro que a operação só poderia ser considerada em caso de uma rachadura no moral alemão. A partir do final de setembro, eles só podiam contar com curtos períodos de dias de bom tempo e, sem um porto, consideravam impossível manter as cabeças de praia.

Churchill expressou suas opiniões de forma sucinta em 14 de julho de 1942 em um de seus celebrados telegramas *Action This Day* para o presidente Roosevelt. Definindo-se como um "Ex-Efetivo Naval", em reconhecimento ao fato de a correspondência entre os dois na guerra ter começado em 1939, quando ainda era Primeiro Lorde do Almirantado, ele escreveu:

CÓPIA
ACTION THIS DAY
EX-EFETIVO NAVAL AO PRESIDENTE
Absolutamente pessoal e secreto
Nº 114,

Estou muito ansioso para que saiba sobre como me posiciono no atual momento. Constatei que ninguém considera a "SLEDGEHAMMER" possível. Gostaria que você realizasse a "GYMNAST" o quanto antes e que, em coordenação com os russos deveria, tentasse a "JUPITER". Entrementes, todos os preparativos para "ROUNDUP" em 1943 procedem a toda velocidade, detendo assim o máximo de forças inimigas em oposição à Inglaterra. Tudo isso me parece tão claro como o meio-dia.

W. S. C.
14. 7. 42

Gymnast foi o codinome inicial para uma operação contra o Norte da África francês. Mais tarde seria rebatizada como Operação Tocha. Jupiter era um ataque às forças alemãs na Noruega. O telegrama é uma expressão do desejo de Churchill de tomar a ofensiva, mas não na França, onde os alemães eram mais fortes, e os riscos, maiores. Era uma posição que ele continuaria a manter. Em um telegrama mais detalhado ao presidente, ele explicou melhor algumas de suas razões: o desvio de navios de transporte, necessário para uma operação Sledgehammer limitada na França, prejudicaria as importações britânicas; mesmo se bem-sucedido, dificultaria, não ajudaria, o ataque Roundup maior e o esforço de guerra mais abrangente com a perda de lanchas de desembarque essenciais, atrapalhando o treinamento dos soldados, criando uma frente estreita pelo Canal da Mancha, que precisaria ser sustentada em detrimento da operação maior, e desviando os aviões que bombardeavam a Alemanha. Ele preferiu não mencionar as vantagens para a Grã-Bretanha em garantir o Norte da África e o Mediterrâneo, embora tenha definido a Gymnast como a melhor forma de aliviar a pressão sobre os russos e como "a verdadeira Segunda Frente de 1942" e como "o golpe mais seguro e frutífero que pode ser desfechado neste outono".

Assim, um ataque ao Norte da África francês foi apontado como a melhor alternativa para a Sledgehammer: uma invasão dos nominalmente neutros Marrocos e Argélia, ocupados por Vichy. Seria uma operação liderada pelos americanos, que traria os Estados Unidos para o teatro de guerra europeu. Afinal, as forças dos Estados Unidos poderiam ser bem recebidas como libertadoras, pois os britânicos ainda não tinham sido perdoados pela ação contra a Frota Francesa ancorada na Argélia. Se bem-sucedido, aliviaria a pressão na luta dos britânicos no Egito e na Líbia, abriria uma nova frente contra as forças de Rommel no deserto, facilitaria um final decisivo à campanha no Norte da África e liberaria forças britânicas para a campanha na França. Possibilitaria aos Aliados praticarem operações anfíbias e desembarques em uma costa menos bem defendida, onde os soldados inexperientes dos Estados Unidos não enfrentariam unidades veteranas dos alemães. A operação também poderia se dar com relativa rapidez, dada a esmagadora superioridade naval e aérea dos Aliados.

Foram essas considerações práticas que gradualmente predispuseram Roosevelt em favor da estratégia preferida de Churchill. O processo foi ajudado pela contínua fragilidade britânica no Norte da África. Os americanos entenderam mais a fundo que não poderiam deixar os britânicos perderem no Mediterrâneo. De qualquer forma, os comandantes dos Estados Unidos também tinham opiniões divergentes entre si. O almirante "anti-inglês" Ernest J. King, comandante em chefe da Frota dos Estados Unidos, continuou a exigir maiores recursos para o teatro de guerra do Pacífico, que tinha um inevitável efeito prejudicial em quaisquer suprimentos para a França.

Em seguida aconteceu a malfadada incursão a Dieppe de agosto de 1942, que era o passo seguinte na estratégia de Churchill de escalar as incursões contra a França. O objetivo era capturar e manter por um curto período a cidade de Dieppe na costa francesa, em uma complexa operação anfíbia envolvendo as três armas numa escala ainda não tentada por Mountbatten e sua equipe de Operações Conjuntas.

A operação foi precedida por uma discussão tensa numa reunião do Gabinete, em 30 de junho. O capitão John Hughes-Hallett, agora o assessor naval de Operações Conjuntas, recebeu a difícil tarefa de apresentar os planos ao primeiro-ministro:

> De repente, o sr. Churchill virou-se para mim e perguntou se eu poderia garantir o sucesso! O C.I.G.S. [general Brooke, mais tarde lorde Alanbrooke] interrompeu e me disse para não responder. "Se ele, ou qualquer outro, pudesse garantir o sucesso, na verdade não haveria nenhuma objeção em fazer a operação", replicou. "É só porque ninguém tem a menor ideia de qual será o resultado que a operação é necessária". O sr. Churchill disse então que não era um momento em que ele quisesse aprender sobre adversidade. "Nesse caso", disse Alanbrooke, "você deve abandonar a ideia de invadir a França porque nenhum general responsável estará associado a qualquer planejamento de invasão até termos atrás de nós uma operação pelo menos do tamanho da incursão a Dieppe para estudar e basear nossos planos".[15]

Operação Jubileu – Desastre em Dieppe

"...a última coisa que eles (os alemães) imaginariam é que seríamos idiotas a ponto de empreender a mesma operação de novo".[16] Com essas palavras, o vice-almirante Louis Mountbatten, comandante do Quartel General de Operações Conjuntas, autorizou o prosseguimento do plano da operação Jubileu, um ataque ao porto de Dieppe. Foi uma sucessora da operação Rutter, que era também um ataque planejado a Dieppe, mas foi cancelada um mês antes. Em 3 de julho de 1942, 6 mil soldados aliados foram informados em grande sigilo, a bordo de seus navios de transporte, de que seu objetivo era Dieppe. No entanto, com um atraso de seis semanas, quando a operação Jubileu foi lançada com o mesmo objetivo, em 19 de agosto, é inconcebível que os alemães não soubessem que Dieppe seria o foco do ataque. Em Dieppe, tanto soldados alemães como civis franceses ficaram apreensivos. "*Tommy kommt*" (Tommy está chegando, em alemão) era uma afirmação frequente. Eles estavam preparados.

A conta da carnificina de 19 de agosto – dos 6.086 homens que desembarcaram, 3.623 foram mortos, feridos ou feitos prisioneiros, membros em grande parte da 2ª Divisão de Infantaria Canadense – confirma a escala do desastre que foi a operação Jubileu. Proporcionalmente, foi uma das proporções de baixas mais elevadas na Europa Ocidental na Segunda Guerra Mundial. A isso se deve acrescentar a perda de um contratorpedeiro da Marinha Real e de 33 aviões de transporte, com mais 550 mortos e feridos, e cem aeronaves aliadas abatidas, principalmente Spitfire e Hurricane, com 109 aviadores mortos, feridos ou capturados. Em comparação, as perdas alemãs foram modestas: 591 mortos ou feridos em terra e 48 aviões abatidos. Para Winston Churchill, que estava no Cairo, recuperando-se de uma contundente reunião com Stálin em Moscou, a notícia do fracasso da Jubileu foi outra pílula amarga de engolir, menos de dois meses depois da queda de Tobruk, no Norte da África.

O propósito da operação Jubileu era lançar um assalto anfíbio ao porto de Dieppe, ocupado pelos alemães, para manter a cidade e o porto por um curto período e, assim, testar a viabilidade de organizar um ataque direto a um porto controlado pelo inimigo, antes de efetuar uma retirada de combate. Segundo o plano, haveria desembarques em seis praias diferentes, dos quais todos, exceto um, fracassaram. Para conceber algo positivo desse resultado negativo, uma das conclusões extraídas da Jubileu foi a de que, quando a Segunda Frente na Europa fosse afinal montada, o ataque deveria ser protegido pelo mais alto nível de segurança operacional efetuado em praias abertas e que a logística ocorresse em portos para tal finalidade – o que foi a gênese dos improvisados portos Mulberry.

Contudo, se houve falhas nos níveis operacional e tático da guerra, a Jubileu deve ser encarada no contexto estratégico mais abrangente da condução geral da guerra. Churchill estava sob enorme pressão dos americanos e dos russos para concordar com um rápido regresso à França, mas o fracasso da Jubileu demonstrou conclusivamente que a operação Sledgehammer – um retorno em grande escala ao norte da Europa em 1942 – seria um fracasso e levantou sérias dúvidas se a operação Roundup – uma invasão em 1943 – também não seria demasiado arriscada para ser contemplada. Embora esperasse um resultado local mais positivo da Jubileu – em grande parte para amenizar as queixas de Stálin sobre a relutância britânica em confrontar os alemães em terra –, Churchill conseguiu propor a seguir a Operação Tocha, um ataque anglo-americano à costa ocidental do Norte da África. Essa operação, e as subsequentes invasões da Sicília e do sul da Itália, ganhou tempo para uma análise aprofundada das falhas da Jubileu e para preparativos muito melhores para a operação Overlord em 1944.

Além de ter vencido o argumento estratégico com os americanos quanto à prioridade de derrotar a Alemanha primeiro, Churchill também os convenceu de que a rota para o sucesso era via

Mediterrâneo, e só depois voltar à França. Enquanto isso, Stálin teria de se contentar com o desvio das divisões alemãs em combate na Rússia exigido pelo Mediterrâneo, com bombardeios diuturnos da Alemanha a partir de aeródromos ingleses e as armas entregues pelos comboios do Ártico. Tudo isso deu fôlego para as lições da Jubileu serem analisadas e absorvidas.

A inteligência foi a maior falha. O reconhecimento e a identificação das disposições alemãs em Dieppe foram deficientes. Pensou-se que a 10ª Divisão Panzer estivesse de reserva nos arredores de Amiens, o que era incerto. Não se conhecia a capacidade de combate da 302ª Divisão Estática alemã na defesa. O estudo da topografia, particularmente da natureza das praias, foi deficiente. As praias de cascalho fizeram muitos tanques e outros veículos blindados atolar e empacar. A cooperação entre as forças de desembarque e aéreas foi inadequada, e o temor de perder um navio importante fez a Marinha Real se recusar a enviar um encouraçado para bombardear o local. Foi até compreensível, em vista da perda do HMS *Prince of Wales* e do HMS *Repulse* ao largo de Singapura no ano anterior, mas a solução para o futuro era a supremacia aérea sobre o campo de batalha, não uma recusa em comprometer um valioso poder de fogo. Em 1942 havia muito o que aprender. Felizmente, por ocasião da operação Overlord em 1944, essas lições haviam sido aprendidas. Contudo, os fantasmas de Galípoli, da Noruega e agora da Jubileu em nada aplacaram o Cão Preto de Churchill (termo vitoriano que ele usava para se referir aos seus estados depressivos).

No caso, havia muito a aprender. O fracasso da operação foi um claro lembrete das dificuldades de realizar um ataque anfíbio do gênero, e consequentemente foi mais um prego no caixão da Sledgehammer. Não seria fácil tomar um porto controlado pelo inimigo com um ataque frontal. Brooke viu isso como uma lição "para os que estão clamando por uma invasão da França". Churchill também viu isso como uma lição e não queria "ouvir a palavra 'fracasso'", mas a lição foi certamente a de que os Aliados ainda não estavam preparados para um regresso à França. Nas palavras do professor Paul Kennedy, a lição psicológica de Dieppe foi a de que, quando chegassem às praias da França, "eles teriam de ser muito, muito bons".

Hughes-Hallett viu tudo isso a bordo de um dos navios da marinha presentes. Coube a ele implantar algumas das lições aprendidas. Sua principal recomendação foi a criação de uma força permanente de assalto, para apoiar novas incursões, e iniciar o treinamento e a preparação detalhados necessários para um retorno ao continente. Recebeu ordens de organizar e comandar a Força J – de Jubileu, o codinome da operação em Dieppe. Estabeleceu seu quartel-general em Cowes, na Ilha de Wight, e começou com um punhado de barcos de assalto e algumas flotilhas de lanchas de desembarque. Foi um passo inicial essencial na criação da força profissional para o Dia D.

Churchill soube do resultado do ataque a Dieppe enquanto estava no Oriente Médio, prestes a retornar de sua última viagem ao exterior com uma dupla missão: destituir o general Auchinleck do comando no Norte da África e se encontrar pela primeira vez com o marechal Stálin em Moscou. Esses dois eventos não estavam desvinculados. A mudança de comando no Egito era vista por Churchill como vital para restaurar o moral e reenergizar a luta contra Rommel. A responsabilidade como comandante-geral do teatro de guerra foi passada ao general Alexander, com o general Montgomery – depois da morte súbita do general "Strafer" Gott – assumindo o comando do 8º Exército. A vitória no deserto continuava sendo a prioridade imediata dos britânicos. Eles precisavam vencer a batalha que já estavam lutando para poder se concentrar em outras frentes.

Esse foi também o cerne da mensagem que Churchill levou a Moscou: ou seja, que não haveria uma Segunda Frente na França em 1942 e que os aliados anglo-americanos tinham decidido priorizar a Operação Tocha e atacar o Norte da África francês. Mais tarde, o primeiro-ministro britânico compararia levar essa notícia ao Kremlin como "levar um grande pedaço de gelo ao polo Norte".

Não gosto do trabalho que preciso fazer.
Não consigo imaginar que minhas opiniões serão bem-aceitas.

Eu conseguiria convencê-los da nossa visão estabelecida?
Stálin blasfemará com imprecações caucasianas?
Ou posso encantá-lo com meu feitiço da meia-noite?
Estou realmente numa enrascada.
Não é uma coisa tão boa de se vender.
Nenhuma Segunda Frente em 1942.[17]

O trecho anterior faz parte de um poema chamado *Ballade of the Second Front* (Balada da Segunda Frente), escrito pelo general Wavell sentado no chão do bombardeiro Liberator B-24 que voltava com a comitiva britânica de Moscou a Teerã. Nele, Wavell dá um tom humorístico às ansiedades de Churchill ao entrar na reunião. Apesar de uma calorosa recepção inicial, definida por Churchill como "suntuosidade totalitária", o momento de uma Segunda Frente na França logo dominou as discussões, com Stálin usando uma reunião importante no seu gabinete no Kremlin, em 13 de agosto, para deixar bem claros seus pontos de vista.

Segundo Ian Jacob, um dos assessores militares de Churchill chamados para redigir as atas, "Stálin parecia bem à vontade, e fez seus comentários numa voz muito baixa e delicada, com um ocasional gesto com a mão direita e nunca olhando diretamente para o rosto do Primeiro-Ministro".[18] Contudo, o que Stálin disse em seu tom calmo e comedido foi calculado para atiçar Churchill. Os alemães não eram super-homens; faltava coragem ao Exército Britânico para enfrentá-los. Roosevelt e Churchill deveriam honrar seus planos de tomar a península de Cherbourg agora. Em última análise, foi necessário Churchill ameaçar partir da Rússia mais cedo, combinada com promessas de uma Segunda Frente em 1943 e uma sessão em particular tarde da noite para comer e beber com Stálin (outra suntuosidade totalitária, em que Stálin devorou um leitãozinho), para garantir um final cordial dos procedimentos, mas os britânicos partiram sem nenhuma dúvida quanto aos desejos soviéticos.

E esses desejos eram apoiados por grandes setores do Parlamento, da imprensa e da opinião pública britânicos, que também achavam que o país precisava fazer mais para apoiar seus aliados soviéticos. Esse sentimento se intensificou no outono de 1942, tendo como pano de fundo a Batalha de Stalingrado, noticiada por várias semanas nos jornais e nos cinemas como uma heroica defesa dos russos contra os invasores alemães, que contrastava com a rendição dos britânicos na Líbia e em Singapura. Como Roosevelt tinha declarado em abril: “O seu povo e o meu exigem a formação de uma frente para aliviar a pressão sobre os russos, e esses povos são suficientemente perspicazes para ver que os russos hoje estão matando mais alemães e destruindo mais equipamentos do que eu e você juntos”. O Fundo de Ajuda da Cruz Vermelha para a Rússia arrecadou da população britânica o primeiro milhão de libras para suprimentos essenciais e equipamentos médicos em apenas três meses, entre outubro e dezembro de 1941 – e isso apesar de todas as necessidades internas. E continuaria angariando dinheiro pelo resto da guerra com doações individuais, eventos especiais, concertos e uma série de atividades de arrecadação de fundos de alto nível. Churchill não podia ignorar o crescente movimento interno de apoio à Rússia, inclusive pela proximidade na própria casa – com sua esposa Clementine sendo a presidente do Fundo. Mesmo insistindo em mandar suprimentos vitais para a Rússia pela perigosa rota dos comboios do Ártico a Arcangel e a Murmansk, incentivando os bombardeios aliados à Alemanha e dando todo o seu apoio à Operação Tocha, muitos – na Rússia, nos Estados Unidos e na Grã-Bretanha – continuavam a pressionar por mais. Seu amigo e ex-rival, o magnata da mídia lorde Beaverbrook, renunciou ao ministério em fevereiro de 1942 e passou a usar seus jornais para liderar uma campanha exigindo uma “Segunda Frente Já”.

No final de 1942, Churchill tinha assegurado a estratégia britânica preferida: de lutar no Norte da África, e não na França. Fez isso a despeito da oposição de seus aliados americanos e soviéticos, enfrentando intensas críticas e pressões internas no país. Na realidade, a adoção dessa estratégia era um reconhecimento da fraqueza britânica e da sobrecarga imperial. Roosevelt e Stálin acabaram não tendo outra opção a não ser concordar, já que os americanos ainda não estavam suficientemente fortes para invadir a França por conta própria (e dependiam fundamentalmente do Reino Unido como base avançada para o ataque), enquanto os russos – apesar de suas duras palavras – encontravam-se sob ataque e não tinham alternativa senão aceitar toda a ajuda que seus aliados ocidentais pudessem oferecer.

É fácil entender por que o Dia D foi adiado para 1943. Nem os britânicos nem os americanos acreditavam na viabilidade de um ataque em larga escala, e a Sledgehammer era considerada muito limitada e arriscada demais. Contudo, não é tão fácil entender por que a invasão da França pelos Aliados só aconteceu em 1944. Parte da resposta tem a ver com a lei das consequências não intencionais. A decisão de prosseguir com a Operação Tocha e as subsequentes operações que se seguiram atrasaram ainda mais o acúmulo de forças no Reino Unido, o que não ficou imediatamente evidente para Churchill na época. Novembro de 1942 foi um bom mês para os exércitos anglo-americanos. O general Montgomery finalmente derrotou Rommel na segunda Batalha de El Alamein, conseguindo aquela tão aguardada vitória britânica, e começou a avançar pelo deserto líbio a partir do leste. Entrementes, na outra extremidade do Norte da África, o general Eisenhower desembarcou no Marrocos e na Argélia e avançou para o oeste. Os alemães ficaram encurralados por um movimento de pinça.

Esse sucesso inicial levou Churchill a reavaliar o quadro geral. Em nota para seus chefes do Estado-Maior no início de dezembro, considerou que o fator mais importante era a iminente derrota dos alemães na Rússia, que poderia reduzir 180 divisões alemãs a "pouco mais do que brigadas", o que provavelmente impediria a transferência de tropas inimigas do teatro de guerra oriental para o ocidental. Isso o levou a elaborar um cronograma otimista para 1943, prevendo a liberação da costa norte-africana até o final de janeiro, a abertura do Mediterrâneo até março, a montagem das lanchas de desembarque necessárias para a operação pelo Canal da Mancha na Grã-Bretanha até junho, a conclusão dos preparativos para a Roundup até julho e a libertação da França em agosto ou setembro.

Infelizmente, logo ficou claro que aqueles ataques anglo-americanos em pinça no Norte da África levariam muito mais tempo para se fechar. As tropas terrestres lideradas pelos americanos no oeste enfrentaram uma oposição inicial das forças francesas de Vichy maior do que a prevista; a situação política continuou volátil, e suas tentativas de avançar em direção a Túnis foram prejudicadas pelo clima úmido e por estradas intransitáveis. De início, o 8º Exército Britânico conseguiu explorar sua vitória no Egito atravessando o deserto da Líbia, recapturando o porto de Tobruk e avançando até a cidade costeira de Agheila. No entanto, depois disso, o avanço foi interrompido pelas dificuldades de abastecimento a longuíssima distância, com os alemães deixando o importante porto de Benghazi seriamente avariado. A resistência dos alemães na Tunísia continuou determinada e obstinada, e os Aliados encontraram em Rommel um comandante competente com um exército considerável. As estimativas da inteligência indicavam que ele tinha 50 mil alemães e 30 mil italianos. Mesmo considerando que nem todos eram soldados de linha de frente e que havia carência de tanques e de artilharia, essa força ainda representava um obstáculo respeitável que levaria muitos meses para ser derrotado.

Enquanto isso, na França, Hitler respondia aos acontecimentos eliminando todos os vestígios da independência de Vichy, fortalecendo ainda mais seu controle sobre o país e incrementando as fortificações na costa francesa. Em março de 1942, a Diretiva 40 do Führer reconheceu que agora desembarques aliados se tornavam prováveis e identificou corretamente o risco de os britânicos usarem lanchas de desembarque, paraquedistas e forças aerotransportadas para um ataque às praias. Exigiu a defesa das áreas-alvo mais prováveis, o que resultou na construção, entre 1942 e 1944, de milhares de fortificações de concreto, baterias antiaéreas e postos de comando e observação ao longo da costa do Atlântico. Tudo isso tornaria um ataque através do Canal da Mancha cada vez mais difícil. Nesse ínterim, as perdas contínuas por ataques de submarinos alemães na Batalha do Atlântico ameaçavam as linhas de abastecimento britânicas, e a guerra no Pacífico corroía a contribuição dos Estados Unidos em termos de transporte marítimo. O cronograma de Churchill logo pareceu irrealista.

Foi nesse contexto que Churchill, Roosevelt e seus chefes do Estado-Maior se reuniram mais uma vez para considerar os próximos passos. A conferência aconteceu em Anfa, nos arredores da cidade portuária de Casablanca, no Marrocos, entre 14 e 24 de janeiro de 1943. Simbolicamente, foi um momento importante. O presidente americano, apesar de sua deficiência (ele não conseguia andar sem ajuda por conta de uma poliomielite), atravessou o oceano Atlântico para se encontrar com o primeiro-ministro britânico no teatro de guerra onde agora seus soldados lutavam lado a lado. Harold Macmillan, o ministro britânico em Argel, comparou o evento à reunião de dois grandes imperadores romanos. Para Churchill e Roosevelt, foi uma escapatória da rotina de Washington e de Whitehall, mas também o momento de determinar a estratégia conjunta da guerra no futuro.

Segundo Ian Jacob, um importante integrante da comitiva britânica, Churchill queria comer o bolo inteiro. Queria explorar ao máximo o sucesso em todos os teatros de guerra, com a libertação do litoral norte-africano, seguida da captura da Sicília, acompanhada pela reconquista da Birmânia e uma invasão moderada da França. Estava determinado a resistir às demandas americanas pela primazia da França e preparou sua equipe para insistir na estratégia de persuasão gradual dos americanos, que comparou ao dito "água mole em pedra dura...". Churchill sabia que o general Marshall continuava favorável à operação Roundup – a invasão em larga escala da França –, o mais cedo possível. O comandante do Exército dos Estados Unidos continuava convencido de que o caminho mais rápido para Berlim passava pelo oeste da França.

Essas questões foram extensivamente debatidas nesse momento. Os chefes do Estado-Maior Conjunto se reuniam uma ou duas vezes ao dia para discutir uma estratégia militar combinada, enquanto o presidente e o primeiro-ministro usavam suas *villas* mais luxuosas para realizar reuniões menos formais com seus principais assessores, concentrando-se nas grandes questões políticas. As recomendações dos chefes de Estado-Maior foram depois discutidas e ratificadas em três sessões plenárias, com a presença de Churchill e Roosevelt, nos dias 15, 18 e 23 de janeiro. O resultado foi uma aceitação, mais ou menos na íntegra, do ponto de vista dos britânicos: o ataque em grande escala pelo Canal da Mancha seria mais uma vez adiado, subordinado a outras operações destinadas a assegurar o Mediterrâneo e a reduzir as forças da Alemanha antes de qualquer grande operação na França.

Na reunião plenária de 18 de janeiro, o general Alan Brooke conseguiu relatar que, depois de "dias de discussões", os chefes do Estado-Maior Conjunto concordaram com o esboço de um documento "definindo a política estratégica geral para 1943". A prioridade era lidar com a ameaça dos submarinos alemães. Esse seria o grande empenho dos recursos aliados, pois "proveria segurança para todas as nossas operações". Assim, a primazia da guerra contra a Alemanha foi confirmada em detrimento da guerra contra o Japão, com o objetivo de forçar o inimigo a retirar suas forças terrestres e aéreas da frente russa. Isso seria realizado por operações a partir do Norte da África, não do Reino Unido. O alvo seguinte foi identificado como a ilha da Sicília, na Itália. Ficou acordado que os Aliados continuariam "preparando forças e montando lanchas de desembarque na Inglaterra para um ataque pelo Canal da Mancha", mas só "no caso de uma redução da força alemã na França, seja pela retirada de suas tropas, seja por um colapso interno".[19] Foi dada luz verde para operações específicas no Pacífico, incluindo a captura de Rabaul e da Nova Guiné Ocidental (uma província da Papua-Nova Guiné), e planos foram definidos para uma ofensiva no final do ano contra a Birmânia e cabeças de praia no rio Chindwin. O grosso da ofensiva aérea conjunta seria dirigido contra a Alemanha a partir do Reino Unido, com o objetivo de solapar o moral alemão, e seriam empreendidos todos os esforços para induzir a Turquia a entrar na guerra ao lado dos Aliados.

O general Brooke mal conseguia acreditar na própria sorte. Churchill sentiu o mesmo. Representou uma aceitação quase no atacado de sua estratégia preferida, o que sem dúvida foi facilitado pelo fato de os americanos não estarem tão preparados ou com opiniões tão consensuais nas reuniões. O almirante King se mantinha determinado a ver operações navais dos Estados Unidos no Pacífico, que continuavam a depender em muito das cotas de produção da indústria americana, principalmente de navios de transporte marítimo e lanchas de desembarque. Mais tarde, os americanos se queixariam de terem sido superados em número e manipulados pelos britânicos em Casablanca, mas as atas das reuniões revelam muitas razões sólidas mostrando que o presidente, Marshall e os americanos tinham pouca escolha a não ser concordar com a estratégia conjunta.

Havia realmente lições a serem aprendidas com a Operação Tocha, que demonstrou a necessidade de mais preparativos antes do ataque à França. Os desembarques no Marrocos foram dificultados pelo tamanho das ondas do Atlântico. A resistência na Argélia foi mais intensa do que o previsto. E o ataque se deu em uma costa bem menos defendida. O primeiro confronto com os alemães na Tunísia ressaltou a dificuldade de enfrentar um inimigo já experiente em combate. Contudo, as operações no Pacífico não podiam ser simplesmente abandonadas, e agora havia uma disputa por recursos. A ameaça dos submarinos alemães no Atlântico tornava mais difícil o transporte de homens e materiais pelo mar em números necessários para um ataque pelo Canal da Mancha, principalmente com contratorpedeiros e escoltas comprometidos com os comboios, tanto no Atlântico como para a Rússia. As enormes dificuldades logísticas persistiam. Os americanos ainda não tinham divisões suficientes para assegurar e manter a costa norte-africana, lutar no Pacífico e considerar uma grande invasão no noroeste da Europa. Ainda faltavam navios e lanchas de desembarque, em especial as de transporte de tanques. Em comparação, um ataque à Sicília a partir do Norte da África era mais fácil de ser montado, o que poderia tirar a Itália da guerra e contribuir para o domínio do Mediterrâneo pelos Aliados, reabrindo uma rota de navegação mais rápida da Europa para o Pacífico e liberando assim os navios necessários para outros teatros de guerra.

Para Roosevelt e Churchill, o adiamento continuava tendo um importante peso político. Se os Aliados simplesmente parassem depois de assegurar o Norte da África e passassem a agrupar forças para um ataque no oeste da França, haveria uma lacuna considerável – enquanto as forças necessárias se agrupavam na Grã-Bretanha – durante a qual seus exércitos não estariam enfrentando o inimigo em nenhum lugar da Europa. Em Casablanca eles já estavam preocupados com a perspectiva de até mesmo alguns meses de atraso entre as operações na Tunísia e na Sicília. O período ideal para uma operação pelo Canal da Mancha, em termos de clima e marés, era entre maio e setembro. Problemas de transporte marítimo e produção implicavam que as forças e as lanchas de desembarque necessárias não poderiam ser montadas no Reino Unido a tempo para uma ofensiva na primavera ou no verão. Esses fatores, quando combinados, tornaram quase impossível um ataque em larga escala em 1943. Portanto, era melhor aproveitar o *momentum* existente no Mediterrâneo e preparar o terreno para uma grande operação em 1944.

Havia também uma cautela natural, decorrente do nível de complexidade e do risco associado ao fracasso, que levou os planejadores militares aliados a desenvolver relações e a refinar suas táticas no que se acreditava ser um teatro de guerra mais seguro. Dennis Wheatley, mais conhecido como escritor de livros policiais e romances com temas de ocultismo, trabalhava a poucas salas de distância do primeiro-ministro no prédio do Tesouro como integrante da inteligência de guerra, membro da Seção de Controle de Londres encarregada de criar elaborados planos de dissimulação para proteger operações britânicas. Como tal, era um dos poucos autorizados a ler todas as minutas do Gabinete de Guerra, do Comitê de Defesa e dos chefes do Estado-Maior. Sua visão, expressa mais tarde com o benefício da retrospectiva, era a de que Churchill não via a Roundup como uma grande invasão, mas sim, "como o codinome sugere, um desembarque para 'aprisionar' quaisquer unidades alemãs que ainda pudessem estar resistindo após a derrota e a desintegração do Exército alemão, conseguidas por algum outro meio".[20]

O nível de apoio do primeiro-ministro à operação pelo Canal da Mancha variou de um momento para o outro, dependendo dos eventos e de com quem ele estava falando. Em maio de 1943, Brooke ficou indignado com o que via como uma incoerência do primeiro-ministro e seu desejo enlouquecedor "de realizar TODAS as operações simultaneamente, independentemente da escassez de transporte marítimo!". Churchill queria a flexibilidade de explorar os sucessos quando e onde acontecessem, por mais que tivessem sido raros antes de 1942, e via grandes riscos em colocar todos os ovos britânicos numa cesta só. Por essa razão, ele tendia a sondar seus comandantes e explorar todas as opções. Também fazia parte de sua natureza sempre buscar novos caminhos de ação.

Entretanto, depois de Casablanca, Churchill não estava mais sozinho nem em desacordo com Brooke ao defender um novo adiamento na França. Foi a estratégia aceita pelos chefes de Estado-Maior britânicos. Em maio de 1943, mais ou menos ao mesmo tempo que Brooke se queixava de Churchill, Eisenhower se lembrou do Chefe do Estado-Maior Imperial britânico dizendo que "ficaria feliz em reconsiderar o projeto pelo Canal da Mancha, a ponto de eliminar esse audacioso conceito da estratégia aliada". Nesse mesmo mês, o diário de Brooke registra sua exasperação com o general Marshall por ainda querer atacar logo a França, levando a sua reflexão posterior de que "os americanos ainda não conseguiam entender que estávamos nos preparando para uma reentrada na França com nossas ações no Mediterrâneo". Havia uma diferença inegável de ênfase entre os Aliados, embora o debate fosse muito mais complexo do que às vezes é retratado agora.

O que Churchill e Roosevelt concordaram em Casablanca foi com a necessidade de impor uma rendição incondicional à Alemanha. Isso enviou um sinal claro ao aliado soviético ausente, às potências neutras e aos seus oponentes de que eles levariam as coisas até o fim.

Em 1943, os principais passos desse longo caminho foram acordados. O Mediterrâneo seria a prioridade imediata, mas seriam intensificados os preparativos para uma operação maior na França no início de 1944. Foi um acordo, mas o fato de o presidente, Marshall e Eisenhower concordarem foi um reconhecimento de que seria a maneira mais certa e segura para chegar à vitória, e a menos custosa para a vitória. Vendo em retrospecto e com o nosso conhecimento do sucesso da Overlord, é uma decisão que foi e pode ser questionada, mas, do ponto de vista militar, havia inúmeros e evidentes obstáculos que precisavam ser superados antes de lançar qualquer operação em larga escala pelo Canal da Mancha.

Isso não significa que Churchill estivesse disposto a abandonar totalmente as operações na França. Na reunião plenária de 18 de janeiro da Conferência de Casablanca, ele voltou à ideia de um ataque mais limitado, defendendo a captura e a manutenção de uma cabeça de praia do outro lado do Canal da Mancha. Em 1942 ele foi contra a operação Sledgehammer, mas agora, em 1943, disse aos chefes do Estado-Maior Conjunto que tinha uma visão mais favorável a respeito e que deveria ser "mais afiada", incluindo um comandante e uma data marcada. O presidente concordou e sugeriu elaborar um cronograma para o aumento das forças mês a mês. Também sugeriu que o comandante deveria ser britânico. Churchill respondeu que a questão do comando deveria ser definida mais tarde, mas que deveriam designar um comandante britânico naquele momento, um "que pudesse assumir o planejamento da operação". Em última análise, ele acreditava que o comando de tal operação deveria ser de um oficial do país que fornecesse o maior número de soldados. Em janeiro de 1943, ficou claro que qualquer operação limitada a curto prazo pelo Canal da Mancha teria de ser prioritariamente uma questão britânica, já que só havia uma divisão americana no Reino Unido.

A velocidade de qualquer aumento do contingente americano foi rediscutida na última reunião plenária, de 23 de janeiro. Quando Churchill expressou o descontentamento de ter apenas quatro divisões americanas totalmente equipadas no Reino Unido até 15 de agosto de 1943, Marshall replicou que o número provavelmente seria de cinco e que até o final do ano poderia haver até dezenove. Churchill ponderou se isso poderia ser agilizado usando transatlânticos de luxo para o transporte de soldados ou reduzindo a quantidade de equipamentos necessários para apoiar as tropas, estimada de início em oito toneladas por homem, com mais 1,3 tonelada mensal por homem. Também perguntou se seria possível economizar em veículos e reservas, afirmando que "homens de combate para as praias eram a prioridade essencial". Seus comentários devem ter causado surpresa entre os comandantes militares, mas foi um tema ao qual Churchill voltaria. Como produto do exército vitoriano, nem sempre ele era capaz de compreender a enorme cadeia logística exigida por um exército moderno.

No início de 1943, a invasão da França estava adiada, mas não cancelada. Foram estabelecidos princípios para seu comando e planejamento. Muitos dos desafios identificados em Casablanca passariam a influenciar seu desenvolvimento. Para Churchill, era a questão de aproveitar a oportunidade imediata. Havia uma vantagem óbvia em entrar na Sicília e assegurar o Mediterrâneo. A França continuava a ser uma proposta muito mais arriscada, e ele preferia se conter, ver o inimigo enfraquecido, reunir forças e estar preparado para atravessar o Canal da Mancha se e quando as circunstâncias mudassem.

GO HOME.

Winston Churchill,

White House,

Washington, D. C.

Carta e envelope enviados para Churchill e guardados por John Martin, junho de 1942

4

FAÇA FUNCIONAR, CUSTE O QUE CUSTAR

...tudo bem, se vocês não vão jogar conosco no Mediterrâneo, nós não vamos jogar com vocês no Canal da Mancha.[1]

Foi o ano de 1943 que tornou possível o Dia D. Em janeiro, na Conferência de Casablanca, ainda parecia uma possibilidade remota, uma operação a ser planejada, mas não necessariamente realizada. Churchill e Roosevelt tomaram a decisão de designar um comandante, mas até então não havia um plano concreto nem tropas para comandar. Como resultado, foi acordado não nomear um comandante supremo, mas sim alguém encarregado de produzir o planejamento detalhado. O general Frederick Morgan recebeu essa função e foi designado como Chefe do Estado-Maior do (inexistente) Comandante Supremo das Forças Aliadas (COSSAC na sigla em inglês). Sua entrevista, em 4 de abril, com o primeiro-ministro foi uma "deliciosa visita para um almoço em Chequers". Churchill reportou que Morgan parecia "um oficial capaz e sensato".

Morgan não era um comandante de campo de batalha. Serviu como oficial de artilharia na Primeira Guerra e depois na Índia. Lutou durante a retirada da França em 1940, e depois ganhou boa reputação em planejamento operacional. Quando os Aliados foram para o Norte da África, foi designado para planejar a ocupação do Marrocos espanhol; quando procuraram aproveitar o sucesso na Tunísia, ele foi encarregado de considerar uma invasão da Sardenha. No caso, nenhum dos planos foi necessário. Morgan estava acostumado com projetos que não levavam a lugar nenhum e não tinha ilusões quanto à natureza estranha e incerta de seu mais recente papel. Seu boletim da Escola de Estado-Maior de 1928 dizia que ele "tem um senso de humor aguçado, embora gentil, que deveria ser um grande recurso para ele". Após sua nomeação, o general Brooke disse a ele: "Bem, aí está. Não vai funcionar, mas você pode muito bem conseguir". Morgan escreveu mais tarde: "Seguiram-se meses de trabalho árduo em um persistente clima de dúvida e incerteza. Só no último momento pude ter certeza de não ter trabalhado em vão, que não tinha apenas contribuído com mais um projeto para a vasta biblioteca de rejeitos".[2]

Em 18 de abril de 1943, Churchill pautou seus chefes de Estado-Maior sobre o novo papel do COSSAC. Em Casablanca, Morgan sinalizou estar disposto a revisar a Sledgehammer e que poderia ser a favor de um ataque limitado à França no ano seguinte, em especial à luz de uma derrota alemã na frente oriental. Agora, ele revertia essa visão, escrevendo: "Sendo extremamente improvável um colapso alemão, com o qual não se pode contar neste ano, e sem reforços americanos nem lanchas de desembarque disponíveis, não podemos fazer a 'Sledgehammer' em 1943".[3] Em vez disso, o general Morgan deveria trabalhar com o Comando de Caças e Operações Conjuntas para preparar uma "*finta anfíbia*" para provocar uma grande batalha aérea e reduzir o poder da Luftwaffe. Ele deveria empregar "camuflagem e distração na mais sofisticada escala" para manter viva a ameaça da invasão e imobilizar o inimigo no oeste, e só depois continuar a Bolero (com o aumento gradual de forças) e o "estudo de longo prazo" para a Roundup (o grande ataque através do Canal, ao mesmo tempo que fazia "arranjos mensais para o caso de um colapso alemão". Se houvesse alguma dúvida sobre o nível de prioridade aplicado por Churchill a essa nova função, o primeiro-ministro especificou que "a organização do general Morgan não precisa ser muito grande ou numerosa". Em uma minuta anterior a Brooke, ele tinha deixado claro que era inútil prosseguir com "a criação desse imenso e complicado efetivo quando até agora apenas uma divisão americana chegou a este país e não há perspectivas imediatas de reforços pesados".[4]

O foco de Churchill estava claramente no Mediterrâneo e na futura operação contra a Sicília. As ordens então emitidas ao general Morgan pelos chefes de Estado-Maior eram formuladas de forma mais diplomática, mas continuavam sendo praticamente as mesmas. O objetivo dos Aliados era derrotar as forças de combate alemãs no noroeste da Europa:

> Para esse fim, os chefes do Estado-Maior Conjunto deverão se esforçar para manter as forças o *mais sólidas possível* (sujeitas a compromisso prévio em outros teatros de guerra) e em constante prontidão para reentrar no continente se a resistência alemã for enfraquecida na medida necessária em 1943. Ao mesmo tempo, os chefes do Estado-Maior Conjunto devem estar preparados para ordenar operações limitadas que possam ser praticáveis com as forças e o material disponíveis.[5]

Em particular, Morgan e sua equipe foram encarregados de preparar três planos. Primeiro, o sofisticado esquema de camuflagem e diversionismo, concebido para se estender durante todo o verão e manter viva a expectativa dos alemães quanto a um ataque pelo Canal da Mancha em 1943. Tinha como objetivo imobilizar as forças inimigas na França, aliviando assim a pressão sobre os russos na frente oriental e os exércitos anglo-americanos no Mediterrâneo. A necessidade de empreender a simulação anfíbia de Churchill foi especificada. Em segundo lugar, deveria haver um plano para um retorno ao continente no caso de uma desintegração dos alemães "a qualquer momento a partir de agora, com quaisquer forças que possam estar disponíveis no momento". Por fim, em terceiro lugar, Morgan deveria planejar um ataque em grande escala contra o continente "o quanto antes" em 1944.

Morgan foi prejudicado pelo fato de seu quartel-general ser administrativo, sem forças operacionais sob o comando direto e dependente da cooperação de outros. As forças do exército destinadas à invasão da Europa foram o 1º e 2º Exércitos, formando juntos o 21º Grupo de Exércitos, mas sob o controle do general Paget como comandante em chefe da Guarda Doméstica – uma situação espelhada pelo Exército Americano, onde o general Devers comandava as forças no Reino Unido sendo preparadas para uma campanha na França. O Marechal do Ar Leigh-Mallory logo assumiria o comando da Força Aérea Expedicionária Aliada, com o almirante Little como comandante em chefe em

Portsmouth. Tudo isso relacionado ao papel já atribuído a Mountbatten e seu quartel-general de Operações Conjuntas, o que efetivamente conferia um interesse em qualquer operação anfíbia. Foi nesse estranho mundo novo que Hughes-Hallett se viu navegando. No comando da força de ataque naval para qualquer operação contra a França, ele se reportava a Operações Conjuntas, enquanto utilizava recursos navais de Portsmouth e trabalhava com a nova equipe de Morgan, na qual logo passou a atuar como chefe do contingente naval. Em suas palavras, "havia uma boa dose de 'enganação' entre o general Morgan e os oficiais superiores do QGOC [sigla em inglês para o Quartel-General de Operações Conjuntas]".

É a partir desse ponto, quando a equipe de Morgan começa a trabalhar, em maio de 1943, que a operação Roundup – a invasão do norte de França – é rebatizada como Overlord. Seu desenvolvimento ainda tinha um longo caminho a percorrer. O capítulo anterior mostrou que seu planejamento não poderia ser considerado isoladamente. Foi parte de uma guerra global em que Churchill e Roosevelt lutavam para administrar recursos limitados, equilibrar as exigências conflitantes a que se viam submetidos e reagir a acontecimentos em constante mudança. Os atrasos e o progresso lento foram em grande parte devidos à priorização da guerra no Norte da África e no Mediterrâneo, mas a razão para essa priorização foi a série de precondições a ser cumprida antes que a libertação da França pelos Aliados pudesse ser seriamente contemplada. Elas podem ser resumidas da seguinte forma:

- Um sofisticado nível de cooperação militar entre britânicos e americanos;
- Controle dos mares;
- Domínio do ar;
- Um imenso acúmulo de homens e materiais;
- Um inimigo muito enfraquecido e sobrecarregado;
- A existência de lanchas de desembarque suficientes para levar o exército com segurança até a costa e mantê-lo abastecido;
- A formação de oficiais e soldados com experiência de combate e moral elevado.

Vale a pena examinar cada um desses itens. Será que algumas dessas precondições poderiam ter sido concluídas antes da primavera de 1944?

Um sofisticado nível de cooperação militar entre britânicos e americanos

John Martin foi o principal secretário particular de Churchill e o acompanhou a Washington em junho de 1942. Não foi uma visita discreta, e a presença do primeiro-ministro britânico como convidado do presidente na Casa Branca ficou bem conhecida. Uma carta com carimbo postal de Denver, Colorado, foi preservada nos arquivos de Martin. Era endereçada a "Winston Churchill, Casa Branca, Washington D.C.". Quando aberta, seu conteúdo era ainda mais sucinto. Apenas duas palavras datilografadas por um anônimo numa folha de papel branco: "*Go Home*". Com o benefício da retrospectiva, muito do que foi escrito sobre a parceria no período da guerra entre a Grã-Bretanha e a os Estados Unidos concentrou-se na proximidade, na criação de uma *relação especial* (um termo cunhado por Churchill, mas só popularizado por ele depois da guerra, depois de seu famoso discurso sobre a *cortina de ferro* no Westminster College, em Fulton, Missouri, em 1946). Contudo, tendemos a esquecer que esses sentimentos de fraternidade estavam longe de ser um consenso universal nos dois lados do Atlântico em 1942. Elementos da opinião pública americana ainda eram ferrenhamente isolacionistas e anti-ingleses, assim como elementos na Grã-Bretanha eram pró-russos e antiamericanos.

De cima para baixo, do primeiro-ministro e do presidente, levou tempo para construir laços políticos e militares e desenvolver a confiança e o trabalho em equipe que sustentaram a aliança e tornaram possível a Overlord. A cooperação anglo-americana e entre as respectivas forças armadas, o planejamento e o trabalho de equipe necessário para realizar um ataque à fortaleza de Hitler na Europa nunca seriam produzidos por funcionários administrativos trabalhando em seus escritórios; tudo isso teve de ser forjado e testado na guerra. Houve algumas conversações secretas entre funcionários governamentais britânicos e americanos antes de Pearl Harbor. Imediatamente depois, formou-se um quadro de parceria claro com a criação do Comitê Conjunto de Chefes de Estado-Maior, que reuniu os comandantes militares dos dois países (dos exércitos, das forças aéreas e navais) e conferiu aos chefes do Estado-Maior britânico uma representação permanente em Washington, estabelecendo um canal de comunicação constante com suas contrapartes americanas. As grandes decisões estratégicas relativas à Overlord e ao Dia D foram tomadas numa série de conferências ao longo de 1943, culminando na Conferência de Teerã em novembro, com a presença do marechal Stálin e seus aliados soviéticos. Essas reuniões foram muitas vezes difíceis, mas possibilitaram uma estratégia em comum. Crucial para a cooperação entre os Aliados foi o princípio, adotado desde o início de 1942, de que as forças britânicas serviriam sob o comando de um comandante no teatro de guerra americano, e vice-versa. Qualquer país que tivesse as maiores forças no teatro teria o comando. Churchill teve um papel claro na criação desse quadro, mas uma coisa era estabelecer uma estrutura, outra era desenvolver confiança e amainar desconfianças e rivalidades nacionais.

No COSSAC, o general Morgan e o seu adjunto americano, general Barker, inevitavelmente se viram no centro das desconfianças nacionais mútuas dos dois países. O general Barker "ganhou para si a reputação na sua própria arma de estar 'vendido aos britânicos'", enquanto os "esforços do general Morgan no sentido da internacionalização fizeram com que logo fosse considerado [...] 'vendido aos ianques'".[6] De forma geral, Morgan percebeu que nas reuniões com autoridades britânicas sobre a Overlord "era preciso estar ciente do ceticismo deles em relação à questão como um todo" e "que a noção de cooperação era a de que outros deveriam cooperar com eles, e não ao contrário". Houve momentos em que ele considerou "não ser fácil se convencer da boa-fé dos britânicos". Com os americanos, "era mais uma questão de manter o entusiasmo borbulhando dentro dos limites práticos" e, ao mesmo tempo, administrar suas reservas em relação aos interesses britânicos no Mediterrâneo, nos Bálcãs e no Egeu. Para os britânicos, Eisenhower era apenas uma "figura de proa político-militar"; para os americanos, Montgomery era tremendamente superestimado.

Nos mais altos níveis, Churchill, Eisenhower e Morgan tentavam combater esses preconceitos nacionais unificando os povos. Churchill liderava pelo exemplo, recebendo comandantes britânicos e americanos na Downing Street e em Chequers. Também abriu as portas do Churchill Club, criado no centro de Londres em uma das casas evacuadas da Westminster School. Esmeradamente decorado por Robert Lutyens e administrado por Pamela Churchill (depois Harriman) – nora do primeiro-ministro e uma anfitriã e articuladora muito habilidosa –, o clube estava aberto a todos os oficiais americanos e de Domínios, bem como de outras patentes com formação universitária, com concertos e palestras para divulgar a história, a cultura e a sociedade britânicas.* Em um nível mais prático, o general Morgan fez bom uso do restaurante e do bar em seu quartel-general da Norfolk House, em St. James's Square, para reunir membros da equipe britânica e americana e visitantes. Estabeleceu o precedente para desenvolvimentos posteriores. Em abril de 1944, Harry Butcher diria que a camaradagem era "muito ajudada pelo fato de termos café americano nas nossas mesas por volta das onze da manhã e chá britânico por volta das cinco".

Quando Eisenhower foi designado para o comando da Torch, um almirante britânico, Andrew Cunningham, foi nomeado comandante naval da operação. Depois de Casablanca, quando se tornou o comandante supremo dos Aliados no Norte da África, Ike teve representantes britânicos das três forças – Cunningham para a marinha, Tedder para a aviação e Alexander para o exército. Quando foi chamado de volta a Londres como o novo Primeiro Lorde do Almirantado, Cunningham foi substituído por outro britânico, o almirante Ramsay, o arquiteto da evacuação de Dunquerque, que tinha trabalhado nos planos iniciais da Roundup e coordenado o plano naval da campanha da Sicília. No Norte da África e na Sicília, os generais Bradley e Patton dos Estados Unidos serviram ao lado dos generais britânicos Montgomery e Anderson. Alexander se tornaria o comandante do teatro de guerra na Itália, mas Eisenhower levou consigo Montgomery, Ramsay e Tedder quando se tornou comandante da Overlord. Talvez nem sempre todos concordassem, e sem dúvida elementos de rivalidade e competição pessoais

* Nesse contexto, Domínios eram partes do Império Britânico que gozavam de alto grau de autonomia política, embora subordinados ainda à Coroa britânica, como o Canadá e a Austrália, por exemplo. (N.R.)

se mantiveram e às vezes se agigantaram (com Montgomery e Patton sendo os piores infratores), mas eles se conheciam bem e (quase sempre) conseguiam trabalhar bem juntos.

Esse vínculo não foi forjado instantaneamente. Em 1942, Eisenhower estava perfeitamente consciente de que

> toda a base da nossa alta organização era nova. Muitas e muitas vezes durante o verão velhos amigos do exército me alertaram que a concepção de unidade dos Aliados que tomamos como o fundamento do nosso esquema de comando era impraticável e impossível; que qualquer comandante na minha posição estava fadado ao fracasso, que poderia se tornar um bode expiatório e ser alvo do ódio pela derrota de toda a operação.[7]

E realmente houve incidentes. Nos estágios finais da campanha da Tunísia, em março de 1943, o comandante do corpo britânico, general Sir John Crocker, fez fortes críticas ao desempenho de uma divisão americana ao falar com a imprensa, provocando muito antagonismo e desavenças entre britânicos e americanos. No entanto, em junho de 1943, com o Norte da África assegurado e os Aliados prontos para invadir a Sicília, Churchill elogiava a liderança de Eisenhower, e o general Marshall estava disposto a argumentar que o maior desconforto dos alemães agora não provinha tanto da perda de soldados, mas sim do "fato de os Estados Unidos e a Grã-Bretanha terem trabalhado tão bem como equipe". Foi no Norte da África, em 1942-43, que os comandantes da Overlord tiveram sua primeira experiência de trabalho em conjunto contra o inimigo em comum: o general Erwin Rommel, o mesmo comandante inimigo que enfrentariam um ano e meio depois na Normandia.

O idioma em comum sem dúvida facilitou as coisas, mas as diferenças culturais permaneceram. Quando Eisenhower apoiou um plano para os britânicos abrirem suas casas aos americanos, o sr. Stevenson, chefe da Cruz Vermelha Americana, disse que normalmente demoraria dois ou três anos para uma família britânica convidar um estranho! As tensões aumentaram na proporção do número cada vez maior de soldados americanos na Grã-Bretanha. O tratamento racista dispensado aos soldados negros americanos por seus colegas brancos americanos gerou protestos de alguns cidadãos britânicos. Em setembro de 1942, Churchill se evadiu de perguntas sobre o assunto na Câmara dos Comuns, e em 13 de outubro a questão foi levada ao Gabinete de Guerra Britânico. Ficou decidido que as autoridades do Reino Unido nada fariam para interferir na segregação no exército americano, porém não permitiriam que ocorresse tal segregação nas instituições militares ou civis britânicas. Em vez disso – em documentos que hoje certamente parecem racistas –, sugeriram explicar o ponto de vista dos americanos brancos ao público, ao mesmo tempo que pediam aos britânicos para evitar contato com negros afro-americanos. A ênfase do Gabinete foi claramente uma tentativa de evitar conflitos com seus aliados dos Estados Unidos. Isso não impediu o surgimento de outras desavenças entre soldados britânicos e americanos, jovens com energia represada que lutavam rotineiramente entre si nas ruas das cidades portuárias do sul, como Southampton, onde estavam agora aquartelados. Jantares e bebidas oferecidos a oficiais só iam até certo ponto. A relação especial era verdadeira e funcionava, mas, como qualquer relação, precisava de tempo e sempre teve seus limites.

O controle dos mares

Em suas palavras, a única coisa que realmente o atemorizou durante a guerra foi o perigo dos U-boats: "Eu me senti ainda mais aflito com essa batalha do que com o glorioso combate aéreo chamado de a Batalha da Inglaterra".[8]

Churchill serviu duas vezes como Primeiro Lorde do Almirantado, o ministro civil responsável pela Marinha Real Britânica: primeiro em 1914-15, no começo da Primeira Guerra Mundial, e depois novamente por um período semelhante no início da Segunda, em 1939-40. Embora nenhum dos mandatos tenha sido um sucesso universal, sendo ambos marcados por atritos com seus almirantes, Churchill continuou extremamente confiante em sua compreensão e conhecimento das questões navais. No final de 1942, estava claro para ele e Roosevelt que a Batalha do Atlântico deveria ter precedência sobre todos os outros teatros de guerra, inclusive qualquer ataque pelo Canal da Mancha.

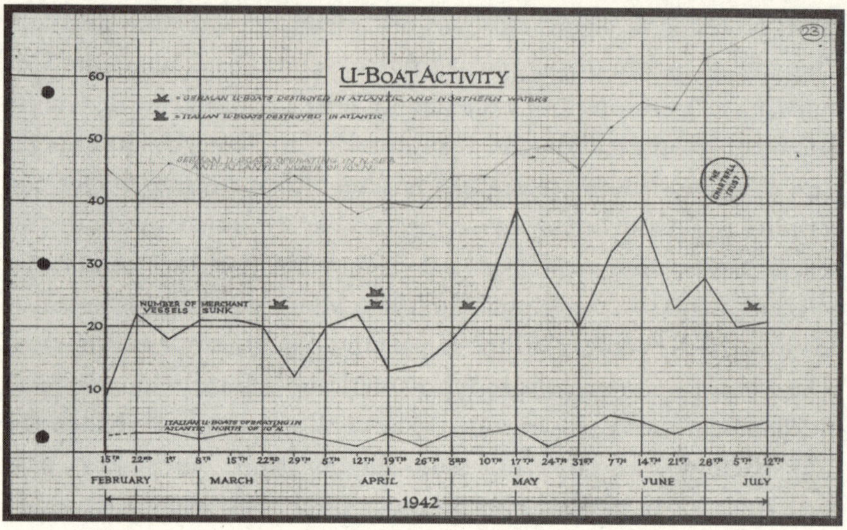

Gráfico mostrando a atividade de submarinos alemães (U-boats), fevereiro a julho de 1942

Foi uma batalha expressa em números – perdas na navegação mercante aliada em uma coluna, número de submarinos alemães destruídos em outra; números de produção *versus* perdas de ambos os lados. Churchill autodepreciava suas habilidades matemáticas. Em suas memórias autobiográficas *Uma vida*, escritas em 1930, descreveu:

> Certa vez, tive uma sensação em relação à matemática, o de ter visto tudo; as Profundezas mais profundas me foram reveladas; o Abismo e o Abissal. Vi, como se pode ver o trânsito de Vênus – ou mesmo o Lord Mayor's Show,* uma quantidade passando pelo infinito e mudando o sinal de mais para menos. Vi exatamente como isso aconteceu e por que a tergiversação era inevitável: e como um passo envolvia todos os outros. Era como a política. Mas foi depois do jantar e eu deixei passar![9]

Uma das maneiras como Churchill digeria a enorme quantidade de informações que chegavam a sua mesa era ter os números e estatísticas

* Lord Mayor's Show é um evento anual cuja tradição data do século XIII, realizado com um desfile comemorativo da posse de um novo prefeito. (N.T.)

complexos convertidos em gráficos e tabelas coloridos. Desenhados à mão especialmente para ele, esses documentos apresentavam a realidade por trás dos números de uma forma altamente visual e de fácil compreensão. A mensagem transmitida sobre as perdas da navegação mercante dos Aliados no Atlântico era inequívoca, e Churchill escreveria mais tarde: "Com que disposição eu teria trocado uma tentativa de invasão em grande escala por esse perigo disforme e imensurável, expresso em gráficos, curvas e estatísticas!".[10]

O pano de fundo da Conferência de Casablanca de janeiro de 1943 foi uma crise no Atlântico. Os alemães estavam agora com mais de duzentos U-boats operacionais caçando em matilhas e concentrando seus esforços na lacuna existente no meio do oceano, onde seus submarinos não podiam ser atacados por incursões aéreas, pois os Aliados não conseguiam chegar até eles a partir de suas bases na Terra Nova e Labrador [no Canadá] e na Islândia. No ano anterior, 1942, os Aliados tinham perdido 1.664 navios mercantes, quase 8 milhões de toneladas. Apesar da enorme capacidade de produção dos Estados Unidos, os alemães continuavam afundando navios num ritmo maior do que os Aliados conseguiam construí-los, ao mesmo tempo que construíam submarinos num ritmo maior do que os perdiam. As importações caíam e os suprimentos de petróleo, dos quais em última análise dependia o esforço de guerra aliado, estavam perigosamente baixos.

A Grã-Bretanha era uma ilha, isolada da maior parte da vizinha Europa continental pela ocupação de Hitler, e dependente – numa época anterior ao transporte aéreo comercial em grande escala – de importações por mar para a própria sobrevivência. Com o tráfego pelo Mediterrâneo quase impossível, suas principais rotas de abastecimento passavam agora pelo oceano Atlântico. Se não fossem mantidas, o país poderia ser posto de joelhos e forçado a negociar. E um país fortemente sitiado não estaria em posição de servir como base avançada para a libertação da França pelos Aliados. A campanha dos submarinos alemães não só ameaçava a capacidade de os americanos acumularem tropas e materiais na Grã-Bretanha como desviava recursos navais britânicos e americanos para a defesa dos comboios de transporte, dificultando a capacidade de tomar a ofensiva no Canal da Mancha.

Foi uma batalha que a jovem Christian Oldham acompanhou de perto. Nascida em 1920, ela sentiu o dever de fazer sua parte e, como filha de um almirante, logo percebeu que não tinha outra opção senão ingressar no WRENS. Após o treinamento básico, ela assumiu um cargo administrativo no quartel-general do WRENS perto do Admiralty Arch, em Londres. Assim como Joan Bright, trabalhou no período da Blitz, desfrutando de concertos e apresentações teatrais enquanto as bombas caíam. Seguiu-se um período em um estaleiro de East Tilbury, desmagnetizando cascos de navios mercantes para não atraírem minas magnéticas. À medida que ganhava autoconfiança, Christian procurou funções de mais responsabilidade.

No começo de 1942, ela se qualificou como oficial. Seu trabalho era supervisionar a plotagem precisa da movimentação de navios no mar e assumir a responsabilidade por equipes do WRENS, primeiro em Plymouth, depois em Edimburgo e finalmente em Belfast – todos centros de controle vitais na batalha pelo Atlântico. O trabalho podia implicar turnos de quinze horas retransmitindo as mais recentes localizações do radar e de informações de mensagens da inteligência, mapear o progresso dos comboios aliados e registrar os afundamentos. O trabalho não deixou margem para dúvidas: "Nós tínhamos de ganhar a Batalha do Atlântico. Perdê-la significaria perder a guerra".[11]

Não surpreende que em Casablanca essa ameaça fosse reconhecida pela liderança conjunta dos Aliados, que afirmavam que "medidas a serem adotadas para combater a ameaça submarina são uma prioridade para os recursos das Nações Unidas [o termo preferido dos EUA para os países lutando contra as potências do Eixo] *e proveem* segurança para todas as nossas operações".[12]

Demorou a primeira metade de 1943 para vencer a Batalha do Atlântico e conseguir o domínio dos mares. Isso foi alcançado por uma combinação de recursos, táticas, tecnologia e inteligência. Churchill usou o poder convocatório de seu gabinete para reunir as autoridades relevantes em um novo Comitê "Anti-U-boats", que ajudou a coordenar a reação britânica nas três forças armadas e em departamentos governamentais. Ordenou a suspensão dos comboios do Ártico, que transportavam suprimentos muito necessários para a Rússia, e concentrou todas as escoltas navais britânicas no Atlântico. Fez pressão para acelerar a fabricação de aeronaves Liberator, com capacidade de longo alcance, contribuindo assim para preencher as lacunas da cobertura aérea. Foi introduzida uma nova tecnologia: o radar de ondas curtas, indetectável pelos U-boats, possibilitou aos aviões britânicos detectarem submarinos inimigos na superfície. Novos morteiros antissubmarinos de lançamento frontal foram introduzidos. Os esforços para bombardear docas de submarinos e instalações de produção foram em grande parte malsucedidos devido à resistência dos abrigos de concreto, mas a introdução de novos "Grupos de Apoio" de navios de guerra, independentes dos comboios e dedicados à caça, à localização e à destruição de submarinos, teve um enorme impacto, particularmente quando acompanhada por porta-aviões de escolta (em geral navios mercantes convertidos para transportar aviões), eliminando efetivamente todas as lacunas aéreas e possibilitando às aeronaves formar redes defensivas ao redor dos comboios, para levar o combate diretamente ao inimigo.

O que não ficou evidente na época, nem permitido ser incluído nas primeiras histórias sobre a guerra no mar, foi o papel complementar desempenhado pela inteligência. A mudança nas encriptações britânicas ajudou a ocultar os comboios dos olhares aguçados dos decifradores alemães. A equipe de Bletchley Park também decifrou as configurações do código naval alemão *Shark* do tráfego de submarinos e passou a direcionar os novos grupos de apoio aos seus alvos. Em maio de 1943, a situação no Atlântico estava em processo de ser transformada.

Não que isso tenha sido imediatamente óbvio na época. Em Belfast, Christian planejou ansiosamente o curso do ONS-5, um vagaroso comboio de 43 navios com destino à América do Norte, acompanhando seu tortuoso trajeto pelos agitados mares do Atlântico e depois observando alarmada uma enorme matilha de U-boats se aproximando e começando a causar estragos. "Mensagens chegavam uma atrás da outra e o teletipo não parava de zunir."[13] Nessa ocasião, seu profissionalismo mascarou uma aflição pessoal específica. Seu noivo recente, John, era o primeiro-tenente a bordo do contratorpedeiro HMS *Oribi*. A certa altura, o navio em que ele estava bateu no U 125. Felizmente, o *Oribi* continuou à tona e John saiu ileso (e depois se casaria com Christian). O submarino afundou.

Esse comboio representou um ponto de inflexão. Os alemães começaram a sofrer pesadas perdas, e o almirante Dönitz retirou seus submarinos do Atlântico, um pré-requisito essencial para a Overlord. Ainda levou algum tempo para confirmar o sucesso e aproveitá-lo para aumentar as forças e o abastecimento da Grã-Bretanha, mas os Aliados agora estavam em posição de desviar recursos navais para operações ofensivas contra o continente. Contudo, ainda havia riscos consideráveis. Os submarinos alemães, na segurança de seus bem protegidos abrigos na costa da França, ainda poderiam ser importantes para evitar um ataque pelo Canal da Mancha. Também podiam contar com o apoio das flotilhas de pequenos e velozes barcos torpedeiros E-boats operando ao largo de Cherbourg ou de Le Havre – barcos capazes de lançar minas defensivas e de atacar lanchas de desembarque aliadas.

Domínio do ar

O domínio do ar era tão importante para o sucesso da Overlord quanto o domínio dos mares. Em 1942, os britânicos tinham discordado da Sledgehammer, a operação mais limitada na Bretanha ou na Normandia, argumentando que sua força de caças seria devorada muito rapidamente num engajamento contínuo com o inimigo sobre o continente. Esses receios pareceram justificados por conta do poder da Força Aérea Alemã em Dieppe no ataque subsequente, em agosto. Em qualquer batalha aérea sobre a França, os alemães teriam a vantagem de estar mais próximos de suas bases e de poder reabastecer mais rapidamente. Por isso, a supremacia aérea era considerada um importante pré-requisito para o sucesso de uma invasão da Europa, especialmente se tivesse como objetivo avançar para a Alemanha. Um dos pré-requisitos essenciais de Churchill para a Overlord era a de que "deveria haver uma redução substancial na força de aviões de caça alemães no noroeste da Europa antes do ataque ocorrer".[14]

A estratégia aliada foi desenvolvida em torno de uma política de desgaste e dispersão, acompanhada por uma enorme produção. O objetivo era aumentar a capacidade britânica e americana e ao mesmo tempo reduzir sistematicamente a da Alemanha e da Itália com bombardeios contínuos de centros industriais, inclusive as fábricas de lubrificante sintético e de rolamentos, que forneciam à Luftwaffe seu combustível de aviação e componentes vitais. Ao fazerem isso, de início Churchill e Roosevelt também esperavam demonstrar a Stálin que estavam desviando forças aéreas alemãs da frente oriental.

A estratégia aliada estabelecida na Conferência de Casablanca foi intensificar os bombardeios da Alemanha para destruir o moral e a capacidade de produção do inimigo, mantendo as operações no Mediterrâneo e a ameaça de operações contra a França por parte da Grã-Bretanha. As ordens de Churchill ao general Morgan foram de priorizar as operações de dissimulação designadas a atrair a Luftwaffe da França para uma batalha aérea geral a fim de reduzir sua força. Algumas das medidas e planos dissimulatórios resultantes se revelariam muito melhores que outros, mas não foi sobre o Canal da Mancha, e sim na frente russa, que o poder da Força Aérea Alemã foi finalmente enfraquecido.

De certa forma foi irônico. Os Aliados ocidentais esperavam usar o poder aéreo para aliviar a pressão sobre a União Soviética, mas foi a Força Aérea soviética, supostamente muito inferior, que teve um papel fundamental na redução do poder aéreo alemão. Em parte, isso se deveu à pura superioridade numérica. No verão de 1943, os russos conseguiram mobilizar cerca de 10 mil aeronaves da linha de frente, enquanto o total das forças alemãs no oeste e no leste somava apenas 3.551 aviões de combate utilizáveis. A capacidade de produção russa e americana era muito maior que a da Alemanha, e seus centros de produção estavam fora do alcance de possíveis ataques alemães. A queda de Mussolini e o armistício da Itália, em setembro de 1943, aumentaram ainda mais a pressão sobre a Luftwaffe com a retirada da força aérea italiana, a *Regia Aeronautica*, do teatro de guerra do Mediterrâneo. Os alemães eram cada vez mais incapazes de competir, mas levou tempo para aumentar as forças aliadas e desfalcar a Luftwaffe. Tal como aconteceu com a guerra no mar, houve uma mudança decisiva no equilíbrio de poder.

Outro fator foi o implacável bombardeio da Alemanha pelos Aliados. Era uma estratégia apoiada por Churchill desde o momento em que se tornou primeiro-ministro, um dos poucos meios pelas quais conseguiu levar a luta até o inimigo. Isso também levou tempo. Em 1942, houve a chegada da 8ª Força Aérea Americana à Grã-Bretanha e a nomeação do obsessivo Marechal do Ar Arthur Harris como chefe do Comando de Bombardeiros Britânico. Harris priorizou o bombardeio de áreas em cidades e centros de produção alemães, e introduziu ataques em maior escala. A Conferência de Casablanca acelerou ainda mais o ritmo, desencadeando a operação Pointblank contra alvos militares e industriais alemães. Com os americanos bombardeando a Alemanha durante o dia e a Aeronáutica britânica (RAF na sigla em inglês), à noite, a Luftwaffe foi forçada a desviar cada vez mais recursos para a defesa da Alemanha.

Em fevereiro de 1944, a avaliação dos Aliados era a de que a conclusão da operação Pointblank estava à vista. A Divisão de Economia da Guerra dos Estados Unidos calculou que a produção alemã de caças monomotores fora reduzida de 950 por mês para 250, com a produção de caças bimotores caindo de 225 para 50, e a produção de rolamentos cruciais reduzida em 40 a 50%.[15]

No entanto, nem tudo se tratava de números. As táticas aliadas também ficaram mais flexíveis, fazendo com que efetivos aéreos fossem transferidos mais facilmente entre teatros e operações – desempenhando um papel estratégico com os bombardeios num momento e um papel tático no apoio às tropas terrestres no momento seguinte. Cada teatro de guerra tinha um comando aéreo independente, trabalhando ao lado do comandante do exército no mesmo cenário. Não quer dizer que tudo fosse paz e harmonia. Em um dos próximos capítulos, vamos analisar o intenso debate envolvendo a estratégia de bombardeios no prelúdio imediato do Dia D, mas as estruturas de comando internacionais e das Forças dos Aliados permitiram que essas questões fossem discutidas e resolvidas. Basta dizer que, no final de 1943, os Aliados tinham os números, a experiência e a autoconfiança no ar para considerar a Overlord.

Essa grandiosa narrativa se reflete nas histórias pessoais de inúmeros indivíduos, muitas delas agora perdidas na história. Os Aliados contavam com grandes reservas de pessoal para utilizar. Suas tripulações de bombardeiros e caças vinham de todo o Império, da Commonwealth (Comunidade Britânica das Nações) e de toda a América do Norte. Em 3 de julho de 1941, Roland MacKenzie entrou em um posto de recrutamento em Calgary e se ofereceu como voluntário para a Aeronáutica Canadense. Bancário de profissão havia treze anos, tendo abandonado a escola aos dezesseis, ele foi descrito pelo seu entrevistador: "29 anos, 1,75 metro de altura, 66 quilos, autoconfiante, calmo, ereto, asseado, conservador, elegante, esguio, de fala clara, rápido, ponderado, alerta, sincero e reservado".[16] Não tinha nenhuma experiência anterior de voo, mas era um dos muitos canadenses que ainda sentiam uma ligação suficientemente forte com a Grã-Bretanha para interromper seu cotidiano e pôr a própria vida em perigo pelos próximos quatro anos. Em setembro de 1942, se formou com louvor na escola de treinamento de pilotos de Saskatoon e logo foi encarregado de treinar outros, uma tarefa muitas vezes perigosa. Roland fez parte do grande número de homens e materiais que tornou a Overlord possível. Em junho de 1943, ele foi mandado ao Reino Unido e começou a treinar com bombardeiros. Uma comovente anotação manuscrita no seu diário de bordo foi preservada: "Através da Adversidade, até as Estrelas* – 6 semanas de vida no Comando de Bombardeiros, 1 chance em 3 de sobreviver".[17] Roland estava se preparando para o papel que teria no apoio ao Dia D, muito ciente dos riscos.

Um imenso acúmulo de homens e materiais

O acúmulo de forças americanas e de outros países na Grã-Bretanha teve início logo depois de Pearl Harbor, mas começou em pequena escala. A 34ª Divisão Americana chegou à Irlanda do Norte em janeiro de 1942, seguida no mês seguinte pelos primeiros destacamentos da 8ª Força Aérea dos Estados Unidos no sul da Inglaterra. Um ano depois, havia mais de mil aeronaves americanas no país, muitas delas engajadas no bombardeio da Alemanha. Demorou mais tempo para reunir forças terrestres substanciais. A Operação Tocha e o deslocamento de soldados americanos para o Norte da África implicaram que, até o início de 1943, havia apenas uma divisão dos Estados Unidos no Reino

---

* Referência à expressão latina, atribuída a Sêneca (4 a.C.-65 d.C.), *per ardua* (ou *aspera*) *ad astra*, que também é o lema da RAF. (N.E.)

Unido. Não seria possível simplesmente transferir um grande número de homens pelo Atlântico sem criar a infraestrutura de apoio necessária para eles.

Em maio de 1942, Churchill autorizou a criação de um Comitê da Bolero em Londres para avaliar as exigências de uma maior presença dos americanos. Isso envolveu a desapropriação de terras agrícolas para a construção de aeródromos e áreas de treinamento. Os britânicos já previam receber mais de 1 milhão de militares americanos e a necessidade de construir mais de setecentos aeródromos. Com sua força de trabalho já sobrecarregada, não era algo que pudesse ser realizado de imediato, principalmente com o transporte marítimo sob ameaça no Atlântico. Demorou para agrupar as forças aliadas, assim como também levou tempo para desgastar o inimigo.

Um inimigo muito enfraquecido e sobrecarregado

Mas talvez a verdadeira mudança da maré tenha resultado de algo que Churchill preferiu minimizar em seu *Memórias da Segunda Guerra Mundial*, escrita no período da Guerra Fria, que foi o esfacelamento do exército alemão na frente oriental da Rússia em 1943. É notável que ele tenha dedicado apenas seis páginas ao cerco de Stalingrado [atual Volgogrado] no volume IV, e só três páginas à Batalha de Kursk no volume V. Na verdade, essas grandes batalhas terrestres, travadas por enormes exércitos – muito maiores que os mobilizados pelos britânicos e pelos americanos no Norte da África ou no Mediterrâneo –, foram responsáveis pela maior parte das perdas alemãs em combate. No outono, o Exército soviético tinha forçado a Wehrmacht a recuar centenas de quilômetros numa imensa frente e retomou Kiev, na Ucrânia.

É fácil entender por que Churchill não quis dar atenção à escala da vitória russa. Grande parte da lógica original para atacar a França era a de aliviar a pressão sobre os russos. Ao longo de 1942, Churchill tinha plena ciência de que os russos continuavam matando mais alemães e destruindo mais equipamentos que os britânicos e os americanos juntos. No início de 1943, quando Moscou foi informada da decisão tomada em Casablanca de atacar a Sicília em vez da França, o fato quase provocou um rompimento das relações entre a Inglaterra e a União Soviética. Em março, Stálin acusou Churchill de renegar as repetidas promessas de instaurar uma segunda frente na Europa Ocidental em 1943, escrevendo: "Considero meu dever alertá-lo da maneira mais forte possível do quanto seria perigoso do ponto de vista da nossa causa em comum mais um adiamento na abertura da segunda frente na França [...] sobre a qual sinto que não posso ficar em silêncio".[18] Em particular, Churchill admitia que se sentia "muito consciente da pouca contribuição que os exércitos britânico e americano estão fazendo ao só se ocupar talvez com uma dúzia de divisões alemãs durante a maior parte deste ano".[19]

No entanto, a natureza do temor dos Aliados em relação à União Soviética também estava mudando. Em 1942, a preocupação era a de que os russos pudessem desmoronar e que uma intervenção limitada na França pudesse ser necessária como um último baluarte para desviar a atenção dos alemães e ajudar os soviéticos a se manterem. Mas em meados de 1943 a situação se inverteu. A grande escala da vitória soviética no campo de batalha introduziu um novo elemento no planejamento dos Aliados: o temor de a Alemanha entrar em colapso e deixar os soviéticos de posse de grandes áreas do continente. Não era o resultado esperado pela Grã-Bretanha ao entrar em guerra em 1939.

Os alemães estavam realmente ficando cada vez mais sobrecarregados. Em fevereiro de 1943, a inteligência militar britânica notou a transferência de tropas da França para os teatros de guerra da Rússia e do Norte da África, concluindo que trinta divisões inimigas tinham sido perdidas ou rendidas em Stalingrado. Igualmente importante era a diluição da qualidade do exército alemão, que até então parecia tão forte. As divisões estavam sendo reformuladas e despachadas para a batalha com soldados sem treinamento, deficientes em número e equipamentos, e a transferência de forças de um teatro de guerra para outro era um indício de que suas reservas estavam diminuindo.

Outra das precondições de Churchill para o Dia D era a de que "Não poderia haver mais de doze divisões alemãs móveis no norte da França no momento em que a operação fosse lançada, e que não deve ser possível para os alemães agruparem mais de quinze divisões nos dois meses subsequentes".[20] Os números estavam seguindo na direção certa, principalmente considerando o tamanho e a qualidade das divisões alemãs, mas, em fevereiro de 1943, a inteligência britânica ainda indicava que os alemães tinham trinta divisões operacionais na França e nos Países Baixos. Infelizmente, esse número aumentaria à medida que os alemães começaram a prever a ofensiva dos Aliados na França.

Será que os Aliados deveriam ter entrado forçosamente na França em 1943, como alguns comentaristas americanos claramente acreditavam na época, e como alguns historiadores têm argumentado desde então? É claro que é impossível saber qual teria sido o resultado, mas, do ponto de vista de Westminster ou da Casa Branca, continuava sendo uma proposição muito arriscada. Pelo menos até meados de 1943, a Alemanha ainda ameaçava as linhas de abastecimento britânicas no Atlântico, tinha a capacidade de montar uma significativa defesa aérea sobre a França e poderia transferir um grande número de soldados da Rússia e do Mediterrâneo – inclusive porque o preço para os Aliados de um ataque pelo Canal da Mancha em 1943 teria sido parar após sua vitória na Tunísia e deixar a Itália como uma potência inimiga e o Mediterrâneo como um mar contestado. Mesmo assim, não se sabe se eles teriam conseguido reunir forças num ritmo suficiente para enfrentar um inimigo menos enfraquecido em uma data anterior na França. Implicaria um período de inatividade que poderia ter abalado a opinião pública britânica e americana, ao mesmo tempo permitindo que os alemães fortalecessem ainda mais suas defesas na França. O resultado de uma invasão rechaçada – uma Dieppe em escala muito maior – teria tido repercussões enormes para a estratégia de guerra dos Aliados. Parece improvável que o governo de Churchill teria conseguido sobreviver a uma derrota tão catastrófica. Roosevelt também teria ficado sob maior pressão política e talvez tivesse de reorientar os esforços americanos para o Pacífico. O moral dos Aliados, dos países do Império e da Commonwealth (Comunidade Britânica das Nações) teria sido gravemente abalado. O da Alemanha teria se fortalecido, talvez permitindo um reagrupamento e uma estabilização na frente oriental. É claro que tudo isso está no plano contrafactual, mas é o tipo de especulação que Churchill, Roosevelt, os chefes do Estado-Maior Conjunto e seus planejadores eram obrigados a considerar diariamente.

A existência de lanchas de desembarque suficientes para levar o exército em segurança à costa e mantê-lo abastecido

A capacidade de transportar soldados e equipamentos às praias é um fator muitas vezes subestimado no sucesso do Dia D. A Grã-Bretanha e os Estados Unidos tinham uma grande marinha e podiam levar seus exércitos pelo Canal da Mancha, mas, sem o controle de grandes portos de águas profundas (que inevitavelmente seriam fortemente defendidos), não tinham como desembarcar suas tropas. O planejamento do Dia D dependia de assegurar os navios e lanchas de desembarque em número e variedade suficientes. Eram essenciais para qualquer operação anfíbia, e simplesmente não existiam em números significativos no começo da guerra. Um relatório de abril de 1939 concluiu que a Grã-Bretanha não teria lanchas para desembarcar uma única brigada nos seis meses seguintes, e não seria capaz de capturar e controlar o território inimigo pelos próximos dois anos. Assim que a guerra começou, a produção acelerou. No final de 1941, o número de lanchas de desembarque em construção na Grã-Bretanha era de 348, e o programa de 1942 planejava entregar outras 1.168 até maio de 1943. Os americanos também se lançaram na produção em grande escala.[21]

Contudo, não era questão apenas de construir as lanchas de desembarque. Era também necessário ter uma marinha pequena e especializada para operá-las. Em outubro de 1941, Mountbatten já falava sobre a necessidade de treinar 16 mil homens.

Churchill, Roosevelt, os chefes do Estado-Maior Conjunto e suas equipes de planejamento passaram muito tempo se debatendo com a logística das lanchas de desembarque, necessárias no Norte da África, na Sicília, na Itália e em grande número no Pacífico. As lanchas precisavam ser mantidas e transportadas. Também tinham de estar disponíveis na Normandia em número suficiente, não somente para o ataque inicial, mas também para os cruciais dias seguintes, quando as cabeças de praia precisariam ser reforçadas e abastecidas por mar. Esse planejamento teve de levar em consideração as perdas causadas pelo mau tempo ou pela ação inimiga.

A operação Overlord final envolveria um número impressionante de 4.126 navios e lanchas de desembarque, incluindo 55 grandes navios de desembarque de infantaria, 236 lanchas de desembarque de tanques, 248 lanchas menores para desembarque de infantaria e 837 lanchas de desembarque de tanques, 502 lanchas de assalto e 464 lanchas para equipamento mecanizado, bem como uma gama de embarcações mais especializadas. Inevitavelmente, levou tempo para reunir, recrutar e treinar as tripulações e desenvolver os procedimentos e táticas para tal armada.

A formação de oficiais e soldados com experiência de combate e moral elevado

Ainda havia a questão do moral. As forças aliadas já podiam ter uma vantagem cada vez maior em termos de quantidade e qualidade de armamentos, mas, antes de 1943, ainda precisavam desenvolver a capacidade e cultivar a autoconfiança para usar essa vantagem de forma eficaz. Até a Segunda Batalha de El Alamein, em novembro de 1942, o Exército Britânico não tinha conseguido nenhuma vitória decisiva e em grande escala contra os alemães. Por isso, não surpreende que Churchill quisesse saborear e celebrar o momento, mandando tocar os sinos das igrejas da Inglaterra e anunciando orgulhosamente no almoço anual do Lord Mayor' Show, na Mansion House de Londres: "Nós conseguimos uma vitória – uma vitória notável e definitiva. O brilho radiante refletiu nos capacetes dos nossos soldados e aqueceu e alegrou todos os nossos corações".[22] Os soldados americanos tiveram de passar por seu batismo de fogo na Batalha do Passo de Kasserine, na Tunísia, em fevereiro de 1943, antes de também ganharem experiência e se tornarem mais aguerridos no campo de batalha.

Churchill, Eisenhower e Montgomery acreditavam no valor do moral alto. Winston certamente conhecia o ditame de Napoleão: "O moral está para o físico, assim como três está para um". Os três acreditavam que os comandantes deveriam ser vistos por seus homens. Eisenhower achava que isso rendia grandes dividendos em termos de moral, que, "em vista da dura igualdade em outras coisas, é supremo no campo de batalha". Montgomery considerava que "um dos principais fatores para o sucesso numa batalha é o fator humano". Churchill afirmava que "batalhas não são vencidas por cálculos aritméticos do poder das forças oponentes".

Tendo se colocado no centro do palco em 1940, tornando-se a principal voz e imagem do esforço de guerra britânico, ele sabia que tinha um papel a cumprir na construção e na manutenção dessa confiança. Se procurar na internet, você pode encontrar uma maravilhosa filmagem da época da Pathé News, com imagens de Churchill fazendo uma visita aos soldados no Norte da África, em junho de 1943. Vestido de forma excêntrica, porém elegante, com seu macacão com zíper, chapéu de explorador e óculos escuros, bengala e charuto, o primeiro-ministro é claramente a principal atração ao passar de unidade em unidade, de uma oportunidade para foto a outra. Também é retratado falando a uma grande plateia no anfiteatro de Cartago, visitando uma unidade americana, passando por soldados aplaudindo e acenando com seu característico V de Vitória e se dirigindo a outros na carroceria de um caminhão. É um papel com o qual certamente se deliciava. Era uma liderança intencional no front, um showman nato que gostava dos holofotes.

O moral é uma característica difícil de definir, mas dependia de ter o treinamento e o equipamento certos, de ter experiência de vitória e confiança nos comandantes e colegas.

No final de 1943, grande parte das precondições essenciais para a Overlord havia sido cumprida. Os Aliados tinham assegurado o controle do mar e ganhavam cada vez mais o domínio do ar. A Alemanha tinha perdido seu aliado na Europa e estava tremendamente sobrecarregada, lutando em várias frentes e incapaz de acompanhar o ritmo da produção aliada. Os britânicos e americanos tinham desenvolvido e testado seu sistema de comando conjunto. Seus soldados tinham lutado lado a lado no Norte da África e na Sicília, adquirindo uma valiosa experiência de planejamento e execução de desembarques anfíbios em ambas as costas defendidas pelo inimigo. Nada disso significava que o ataque à França fosse um fato consumado. Estava claro para todos os envolvidos no planejamento que seria uma operação de magnitude bem diferente.

Para começar, as invasões do Norte da África e da Sicília confirmaram as dificuldades inerentes a tais operações anfíbias. Na Sicília, em julho de 1943, os Aliados contavam com uma superioridade numérica esmagadora e enfrentaram um exército italiano já desmoralizado e uma força alemã de pouco mais de duas divisões, muito menor do que aquela que estava na França. Mesmo assim, tiveram dificuldades e sofreram baixas significativas. O clima mais uma vez causou problemas, com o ataque aéreo inicial enfrentando fortes ventos. Paraquedistas se dispersaram e planadores caíram no mar. Problemas na coordenação entre os bombardeios navais e aéreos e os desembarques nas praias resultaram na perda de aviões abatidos por "fogo amigo" e em soldados desembarcando em lugares errados. Mesmo com as praias asseguradas, os alemães conseguiram retardar o avanço das tropas de Montgomery, evitar serem capturados e escapar da ilha.

Thomas Rodgers, conhecido como T. L., de Andaluzia, no Alabama, foi um dos integrantes da Companhia C do 504º Regimento de Paraquedistas, parte da 82ª Divisão Aerotransportada dos Estados Unidos. Definido por um de seus companheiros como "calado, reservado e retraído", T. L. era um homem grande, mas que "fumava pouco e que [talvez incomum para um paraquedista americano] nunca bebia e nem praguejava". T. L. foi lançado na Sicília na escuridão, em 10 de julho, a segunda noite da operação, e teve sorte de chegar ao solo em segurança. Vinte e três aviões e alguns dos paraquedistas lançados foram abatidos por suas próprias tropas. Ele identificou um problema que precisava ser corrigido e que logo resultou na criação de uma unidade especial de batedores, voluntários especialmente treinados que saltariam atrás das linhas inimigas antes da força principal e usariam luzes e radares para orientar os outros em segurança. Como era de esperar, T. L. foi um dos que se apresentaram para esse treinamento especial. "Quando pediam para aceitar uma missão perigosa, ele refletia um momento e respondia calmamente: 'Eu vou.'" Dessa vez se revelaria uma decisão determinante que o levaria a desempenhar um papel fundamental na operação Overlord.

Contudo, no curto prazo, a Sicília mostrou o quanto a Normandia poderia ser difícil. A costa norte de França constituía a seção mais bem defendida da Muralha do Atlântico de Hitler – uma grande série de fortificações de concreto projetada para se estender da fronteira da França com Espanha até o norte da Noruega. Além disso, ainda havia o risco de submarinos, lanchas armadas e minas no Canal da Mancha. A Luftwaffe estava mais frágil, mas não ausente, e o exército alemão ainda mantinha muitas de divisões na França (inclusive formidáveis divisões blindadas). O sucesso não estava garantido. Ainda havia lições a serem aprendidas. John Selwyn Lloyd, um jovem oficial do Segundo Exército e futuro secretário das Relações Exteriores britânico, foi apenas um dos encarregados de estudar esses desembarques nas praias e desenvolver novas técnicas para movimentação de tropas dentro e fora da costa. Lloyd fez uma visita à Sicília em julho de 1943, onde testou lanchas de desembarque e estudou os obstáculos na praia.

A guerra também tinha sua própria dinâmica. Assim como o Norte da África levou à Sicília, o sucesso na Sicília culminou na derrubada de Mussolini e com uma movimentação tardia dos aliados anglo-americanos ao continente italiano, numa tentativa malsucedida de impedir o controle do país pelos alemães. Churchill foi um dos principais defensores de aproveitar o sucesso na Sicília para avançar pela Itália, insistindo teimosamente na operação, apesar do contínuo acúmulo de tropas americanas na Grã-Bretanha para a Overlord. Mesmo antes da invasão da Sicília e apesar de afirmar não ter intenção de interferir nos planos da operação pelo Canal da Mancha, ele insistiu para Eisenhower explorar logo qualquer oportunidade surgida da queda da ilha, e expressou seu receio de que Ike interpretasse sua missão de forma demasiado restrita. Em julho, Churchill estava convencido de que a estratégia certa para 1944 era um esforço máximo na Itália, avançando para a linha do rio Pó e preservando opções para tomar Viena ou se voltar para o sul da França. Depois disso, tornou-se o maior defensor de duas operações anfíbias sucessivas, destinadas a ultrapassar as forças inimigas na península. A primeira, com desembarques em Salerno, em setembro de 1943, pretendia tomar Nápoles; a segunda, em Anzio, em janeiro de 1944, planejada para facilitar a captura de Roma. Ambos os desembarques encontraram forte resistência, e os Aliados enfrentaram intensos contra-ataques alemães com o objetivo de forçá-los a voltar ao mar. As forças em Anzio lutaram para se retirar das cabeças de praia. Em uma carta franca ao general MacArthur, o general americano que comandava as forças aliadas no sudoeste do Pacífico, Churchill admitiu que o que ele esperava ser um gato selvagem corria o risco de ser uma "baleia encalhada".

Longe de ser o ponto fraco da Europa, conforme definido por Churchill, a Itália provaria ser uma espinha dorsal dura e montanhosa e extremamente custosa em homens e materiais. Churchill pediu especificamente que alguns paraquedistas americanos não fossem usados na França para serem lançados na Itália. Como resultado, T. L. Rodgers e o 504º iriam para Salerno e Anzio e passariam os próximos meses lutando arduamente para entrar na península. Alguns deles respondiam irritados com uma lista de campos de batalha quando alguém dizia que os paraquedistas tinham uma vida mansa e que eram os garotos glamorosos do exército: "Sicília, Salerno, Passo dos Estilhaços, as planícies de Nápoles, o Volturno, Cassino e 63 dias em Anzio. Vá plantar batatas, seu idiota!".[23] Contudo, com o passar do tempo e o aumento das perdas, a liderança militar americana começou a ver essas operações como um desperdício de recursos da batalha principal na França. Para Brooke e os chefes do Estado-Maior britânico, Salerno e Anzio foram alertas salutares sobre as dificuldades que seriam encontradas no ataque às praias da Normandia.

Mas foi a dinâmica natural da guerra e a dificuldade de se desengajar de operações já iniciadas que contribuíram para manter os Aliados longe da costa norte da França.

No decorrer da segunda metade de 1943, quando as forças americanas começaram a chegar em grande número à Grã-Bretanha e as precondições para um ataque pelo Canal da Mancha iam sendo atendidas, Churchill passou a apoiar a Overlord como a principal operação conjunta de 1944. No entanto, isso não significava que ele a visse com a única operação.

Churchill sem dúvida já estava de olho na situação do pós-guerra. Se a Grã-Bretanha quisesse continuar sendo uma potência imperial, o que certamente era sua esperança, seria necessário controlar o Mediterrâneo oriental. Estava apreensivo com a instabilidade nos Bálcãs e a dominação soviética na Grécia, especialmente depois da rendição da Itália, e ficou furioso quando Eisenhower se recusou a desviar recursos de seu comando no Mediterrâneo para os britânicos ocuparem as ilhas gregas do Dodecaneso, antes controladas pela Itália e agora capturadas pela Alemanha. A principal delas era Rodes. Churchill apelou a Roosevelt em um telegrama de 8 de outubro de 1943, rogando para que suas opiniões fossem consideradas naquela conjuntura crucial e ressaltando que "essa operação poderia ser enquadrada no nosso plano sem prejuízo tanto para o avanço na Itália, do qual você sabe que sempre fui um defensor, quanto da montagem da Overlord, que estou disposto a apoiar fielmente".[24] Deve-se notar o contraste revelador entre sua promoção ativa de campanhas no Mediterrâneo e seu apoio passivo à Normandia. Não surpreende a pronta reprimenda do presidente, que não tinha intenção de ser distraído pelo que considerava uma questão secundária na Grécia, argumentando: "Estrategicamente, se conseguirmos as Ilhas do Egeu [inclusive Rodes], eu me pergunto para onde iremos de lá e vice-versa, para onde iriam os alemães se por algum tempo mantivessem a posse das ilhas?".[25]

O telegrama de Churchill ao secretário das Relações Exteriores britânico, Anthony Eden, que estava numa visita a Moscou, mostra bem sua posição. Escrito em 29 de outubro, confirma que o primeiro-ministro continuava querendo o melhor dos dois mundos:

> [Este telegrama é especialmente secreto e não deve ser retido pelo destinatário autorizado nem passado à frente]
>
> <u>DO ESCRITÓRIO DE RELAÇÕES EXTERIORES A MOSCOU</u>
> Seguindo do Primeiro-Ministro para o Secretário de Estado
>
> 1.Não existe absolutamente a questão de abandonar Overlord, que continuará nossa principal operação para 1944. A retenção das lanchas de desembarque no Mediterrâneo para não perder a batalha de Roma pode causar um pequeno atraso, talvez até julho, e a classe menor de lanchas de desembarque não pode atravessar a Baía de Byscay nos meses do inverno e teriam de fazer a passagem na primavera. O atraso significaria, contudo, que o golpe, quando aplicado, seria com forças de alguma forma mais pesadas, e que o esforço de bombardeio total na Alemanha não seria abandonado tão cedo. Estamos também preparados para, a qualquer momento, avançar e se aproveitar de um colapso alemão. Esses argumentos podem ser úteis para sua discussão.
> 2. Veja também meu telegrama nº 171 Extra. Vejo que você tem desencorajado o secretário de Relações Exteriores turco de encontrá-lo no Cairo ou no seu caminho de volta, mas é claro que, se U. J. [*Uncle Joe*, apelido dado por Churchill a Stálin] gostasse da ideia

> sobre os Submarinos, poderia ser muito conveniente para você tratar da questão pessoalmente no Cairo. Ao mesmo tempo você teria, é claro, que pedir instalações para o uso de bases aéreas a partir das quais as ilhas do Egeu possam ser defendidas e atacadas, uma declaração militar do que nós queremos.

Churchill estava tentando manter o máximo de equipamentos, inclusive lanchas de desembarque vitais, no teatro de guerra italiano pelo maior tempo possível. Contrariado por Roosevelt, ele também tentou envolver a União Soviética e a Turquia em seus planos para uma ofensiva contra as ilhas do Dodecaneso. Os turcos tinham investido muito sangue, tempo e esforço para conquistar Rodes dos europeus nos séculos XV e XVI, e agora Churchill queria que eles saíssem de sua neutralidade e fornecessem bases aéreas e navais para ajudar os britânicos a tomar a ilha dos alemães. Não surpreende que eles tenham recusado.

Para Churchill, essas campanhas na Itália e no Mediterrâneo também eram uma questão de conquistar os louros da vitória. Agora era óbvio que os americanos contribuiriam com as maiores forças para a Overlord e que, portanto, o comandante na França seria americano – Marshall ou Eisenhower. Ike foi designado para a função em dezembro de 1943, e o general britânico "Jumbo" Wilson o substituiu como comandante supremo no Mediterrâneo. Isso deixou Brooke muito desapontado, pois Churchill tinha dado sinais de que o cargo poderia ser dele.

Churchill ainda precisou empreender uma ação de retaguarda durante todo o outono para eliminar sugestões dos americanos de que os teatros de guerra da Overlord e do Mediterrâneo fossem combinados em um gigantesco Supercomando Europeu. Ele claramente temia que o resultado fosse um único e todo-poderoso comandante em chefe americano, muito provavelmente o general George Marshall. Enquanto Wilson fosse o comandante supremo no Mediterrâneo e Alexander comandasse o 15º Grupo de Exércitos lutando na Itália, Churchill podia ao menos dizer que os britânicos continuavam no comando em uma frente de batalha. A captura de Roma parecia um troféu particularmente reluzente, do qual Churchill não estava disposto a abrir mão.

Foi com esse espírito que o primeiro-ministro britânico compareceu à Conferência de Teerã, o primeiro encontro dos "Três Grandes" – ele

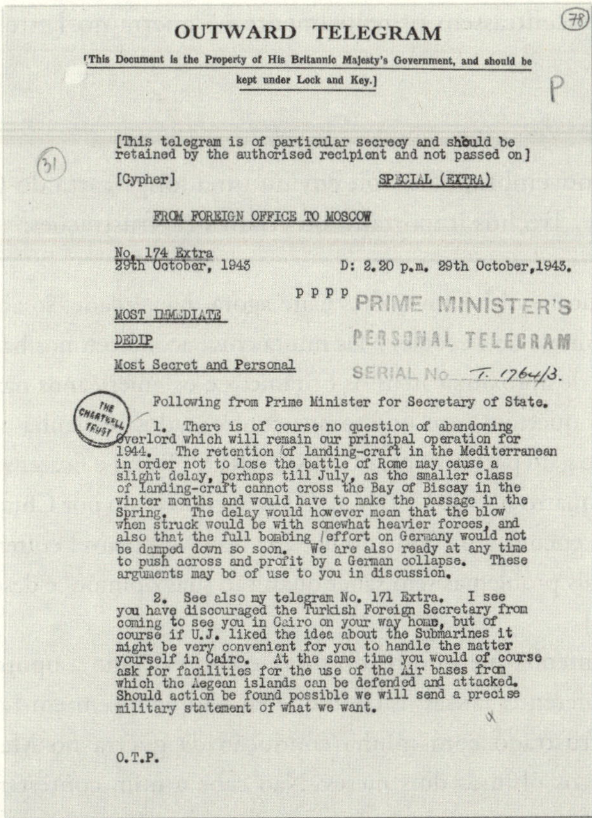

OUTWARD TELEGRAM

[This Document is the Property of His Britannic Majesty's Government, and should be kept under Lock and Key.]

[This telegram is of particular secrecy and should be retained by the authorised recipient and not passed on]

[Cypher] SPECIAL (EXTRA)

FROM FOREIGN OFFICE TO MOSCOW

No. 174 Extra
29th October, 1943 D: 2.20 p.m. 29th October, 1943.

PPPP

MOST IMMEDIATE

DEDIP

Most Secret and Personal

PRIME MINISTER'S PERSONAL TELEGRAM SERIAL No. T. 1764/3.

Following from Prime Minister for Secretary of State.

1. There is of course no question of abandoning Overlord which will remain our principal operation for 1944. The retention of landing-craft in the Mediterranean in order not to lose the battle of Rome may cause a slight delay, perhaps till July, as the smaller class of landing-craft cannot cross the Bay of Biscay in the winter months and would have to make the passage in the Spring. The delay would however mean that the blow when struck would be with somewhat heavier forces, and also that the full bombing effort on Germany would not be damped down so soon. We are also ready at any time to push across and profit by a German collapse. These arguments may be of use to you in discussion.

2. See also my telegram No. 171 Extra. I see you have discouraged the Turkish Foreign Secretary from coming to see you in Cairo on your way home, but of course if U.J. liked the idea about the Submarines it might be very convenient for you to handle the matter yourself in Cairo. At the same time you would of course ask for facilities for the use of the Air bases from which the Aegean islands can be defended and attacked. Should action be found possible we will send a precise military statement of what we want.

O.T.P.

Telegrama de Churchill para Eden, 29 de outubro de 1943

próprio, Roosevelt e Stálin –, realizado na capital do Irã, em novembro de 1943. A caminho de um encontro preliminar com o presidente dos Estados Unidos no Cairo, ele reclamou sobre as "maldades dos americanos". Estava claramente bem animado, e Brooke estava preocupado com a linha que seu chefe poderia adotar na conferência. Churchill parecia propenso a dizer ao presidente que "tudo bem, se vocês não vão jogar conosco no Mediterrâneo, não vamos jogar com vocês no Canal da Mancha", o que deixaria os Estados Unidos direcionarem seus principais esforços para o Pacífico. Seu humor não deve ter sido facilitado pela saúde debilitada, exacerbada pelo estresse da viagem. Sem dúvida piorou ainda mais com recusa de Roosevelt em discutir a estratégia europeia com ele na reunião prévia no Egito. A presença de Chiang Kai-shek, o líder nacionalista chinês, fez com que que as discussões no

Cairo se concentrassem principalmente na guerra no Leste Asiático e no Pacífico.

Em 26 de novembro, Winston enviou uma longa carta do Cairo para Clementine. Trechos importantes revelam suas frustrações:

> Já estamos aqui há cinco dias e até agora, na verdade, só abordamos a parte chinesa do negócio. Mas muita coisa aconteceu nos bastidores no sentido de aproximar mais os britânicos e os americanos nas grandes e terríveis questões com que somos confrontados. Amanhã ao primeiro canto do galo partimos para CAIRO TRÊS [Teerã] e ficaremos lá espero três ou quatro noites. U. J. [*Uncle Joe*, apelido dado por Churchill a Stálin] nos encontra na noite do dia 28. Não foi possível enfrentar nossos principais problemas sem saber quais são suas opiniões e desejos.
>
> [...]
>
> Mantenha-me informado sobre como vai indo a opinião pública sobre diferentes coisas. É claro que eu sei que dizem em Londres que fiquei frustrado com minha condução da guerra no Mediterrâneo durante os últimos dois meses. Não cabe a mim contestar isso. Não pretendo ter uma defesa adequada do que realmente ocorreu. Tenho lutado com as mãos amarradas nas costas, mas agora espero conseguir melhores arranjos e obter as decisões necessárias para futuros golpes em boa escala...
>
> Ainda não consegui resolver assuntos como espero e pretendo fazer aqui, mas tenho a sensação de que as coisas vão acontecer como desejo. Amanhã vamos partir tão cedo que agora vou dormir por uma hora antes de jantar na Embaixada no Cairo.
>
> Terno amor, minha querida Clemmie. Como eu gostaria que você estivesse aqui comigo para ver o espetáculo de variedades.[26]

Churchill ficaria desapontado em Teerã. Roosevelt fez questão de estabelecer uma relação bilateral com Stálin, e as opiniões e desejos de *Uncle Joe* sobre a Overlord estavam em sintonia com o presidente. Os líderes russo e americano se aliaram no claro desejo de um ataque pelo Canal da Mancha no final da primavera de 1944. Isso seria apoiado por

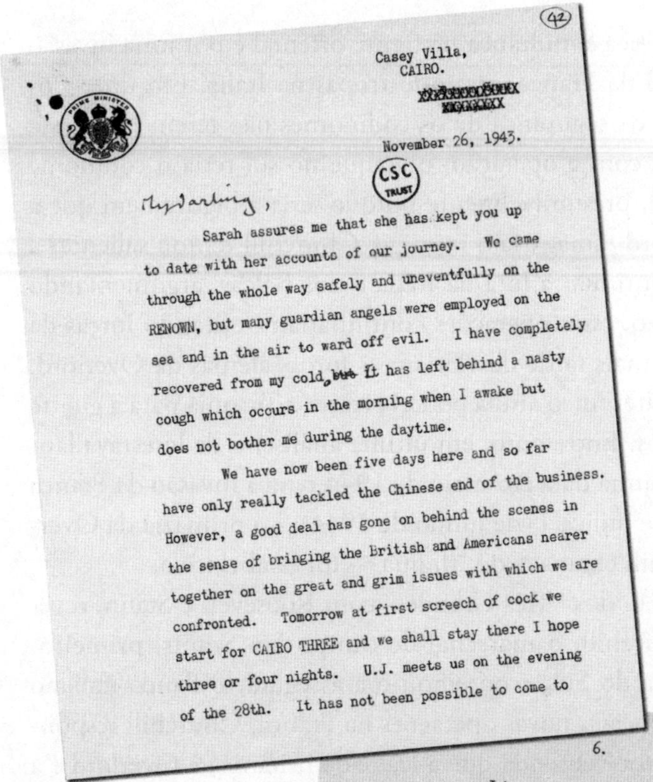

(42)

Casey Villa,
CAIRO.

November 26, 1943.

CSC TRUST

My darling,

Sarah assures me that she has kept you up to date with her accounts of our journey. We came through the whole way safely and uneventfully on the RENOWN, but many guardian angels were employed on the sea and in the air to ward off evil. I have completely recovered from my cold, ~~but~~ it has left behind a nasty cough which occurs in the morning when I awake but does not bother me during the daytime.

We have now been five days here and so far have only really tackled the Chinese end of the business. However, a good deal has gone on behind the scenes in the sense of bringing the British and Americans nearer together on the great and grim issues with which we are confronted. Tomorrow at first screech of cock we start for CAIRO THREE and we shall stay there I hope three or four nights. U.J. meets us on the evening of the 28th. It has not been possible to come to

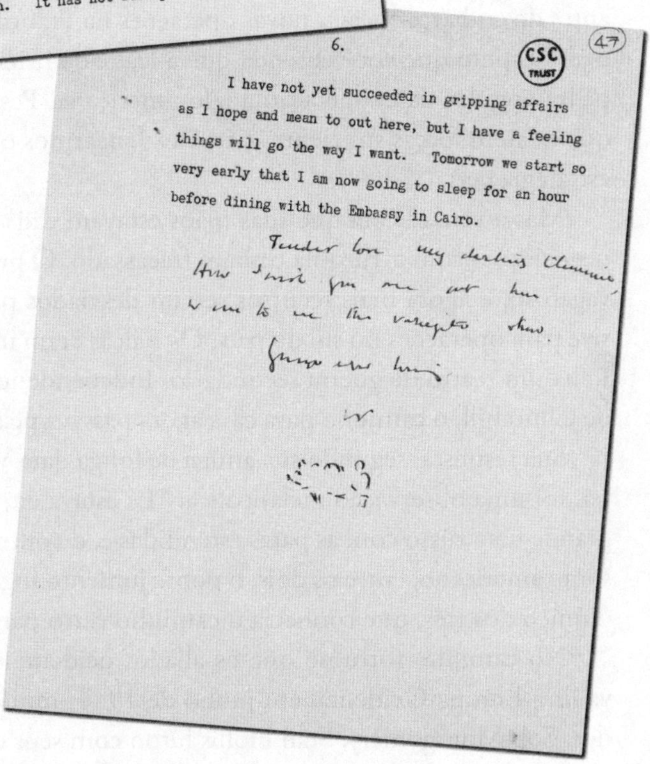

6.

CSC TRUST

(47)

I have not yet succeeded in gripping affairs as I hope and mean to out here, but I have a feeling things will go the way I want. Tomorrow we start so very early that I am now going to sleep for an hour before dining with the Embassy in Cairo.

Tender love my darling Clemmie,
How I wish you were out here to see this variegated show.
Your ever loving
W

Primeira e última páginas da carta de Churchill para Clementine Churchill, 26 de novembro de 1943

uma ofensiva soviética simultânea na frente oriental e por uma invasão dos Aliados no sul da França, atraindo tropas na Itália. Em uma violação ao princípio de segurança de os codinomes não terem nenhuma ligação discernível com a operação, o ataque no sul teria o codinome de Anvil (bigorna), presumivelmente porque seria a bigorna em que a marreta da Overlord esmagaria o inimigo. Churchill tentou salientar a importância de continuar a luta na Itália e nos Bálcãs, argumentando que, no curto prazo, essas operações continuariam retirando forças da frente russa e que mais tarde desviariam as forças alemãs da Overlord. O sucesso no Mediterrâneo ainda poderia trazer a Turquia para a guerra ao lado dos Aliados. Entretanto, em última análise, o dado estava lançado. Foi definida uma data em maio de 1944 para a invasão da França (o diário de Brooke indica 1º de junho de 1944), e a primazia da Overlord – que Churchill chamava de "tirania" – foi estabelecida.

Antes da reunião dos "Três Grandes" com Roosevelt e Stálin, o velho amigo de Churchill, o marechal de campo Jan Smuts, primeiro-ministro da África do Sul, aconselhou-o a assegurar o flanco italiano antes de embarcar nessas novas operações na França. Churchill respondeu: "Espero que você entenda que a lealdade britânica à Overlord é a pedra angular da cooperação anglo-americana. Pessoalmente, acredito que existem forças suficientes para nos lançarmos e considero ser esta a estratégia certa".[27]

Mas a verdade era que suas mãos estavam cada vez mais atadas. As negociações com a Turquia tinham fracassado. O progresso na Itália era vagaroso, e agora mais recursos seriam desviados para a França, inclusive para operações no sul do país. Os Bálcãs eram um beco sem saída, a Itália um teatro de guerra secundário. Independentemente das dúvidas de Churchill, o caminho para casa agora passava pela França até Berlim.

Sua resposta, segundo sua amiga de longa data Violet Bonham Carter, foi uma observação melancólica: "Lá estava eu, de um lado, com o grande urso russo com as patas estendidas e, de outro, com o grande bisonte americano; entre os dois, o pobre jumento inglês, que era o único, o único dos três, que conhecia o caminho certo para casa".[28]

No caminho tortuoso que os aliados ocidentais trilharam para invadir a Europa Ocidental em junho de 1944, muitos passos foram dados. Sob Montgomery, Stan Hollis lutou com seus companheiros do 6º

Green Howards de El Alamein até a Tunísia através do deserto ocidental, até se encontrar com os primeiros soldados dos Estados Unidos para entrar em combate depois de terem desembarcado no Marrocos francês e na Argélia, em novembro de 1942. Com o Norte da África libertado de todas as forças do Eixo, Stan Hollis fez parte do movimento estratégico seguinte de Montgomery na invasão aliada da Sicília, em 9 de julho de 1943. Enquanto Stan lutava, e quase morria, na Ponte Primosole na Planície da Catânia, o general Montgomery poderia dizer que estava consolidando sua compreensão de como lutar e vencer no campo de batalha nos meados do século XX. Ele havia observado e aprendido nos meses finais da Primeira Guerra que a coordenação habilidosa de blindados, infantaria, artilharia e poder aéreo com grandes estoques de munição poderia romper posições bem defendidas e restaurar a manobrabilidade no campo de batalha. Montgomery finalmente conseguiu isso em El Alamein – ainda que a um custo humano considerável –, na invasão da Sicília e na subsequente invasão da Itália, antes de ser chamado, em 23 de dezembro de 1943, para se preparar para a invasão da Europa.

Ao voltar a Londres, Montgomery viu-se mais uma vez sob o comando supremo do general Dwight D. Eisenhower, porém responsável por desenvolver os planos para o que se tornou a operação Overlord, a invasão da Europa. Tinha como legado o rescaldo do desastroso ataque ao porto de Dieppe, na operação Jubileu, em que quase mil soldados canadenses foram mortos e quase 2 mil feitos prisioneiros, demonstrando que capturar um porto bem defendido na costa francesa era algo entre o muito perigoso e o impossível. Sua decisão foi que a futura invasão seria pelas praias. Seu velho adversário, Erwin Rommel, agora no comando das defesas ocidentais da França, tinha chegado à mesma conclusão. A construção da Muralha do Atlântico, em grande parte erguida por trabalhadores forçados, foi acelerada. O palco estava sendo montado para o duelo final entre os aliados ocidentais e a Alemanha, em algum lugar e em algum momento na costa da França. Mas onde? E quando? Stan Hollis, agora convocado de seu 6º Batalhão Green Howards na Itália para se preparar para a batalha pela Europa, fazia a si mesmo as mesmas perguntas!

O caminho internacional para o Dia D: uma linha do tempo das principais conferências de 1943

O presidente, o primeiro-ministro e seus chefes do Estado-Maior Conjunto reuniram-se regularmente no decorrer de 1943 para desenvolver uma estratégia conjunta. Todas essas reuniões tiveram influência no momento e na natureza da Overlord.

Conferência de Casablanca

O ano começou com a Conferência de Casablanca (codinome SYMBOL), realizada entre 14 e 24 de janeiro de 1943, no Marrocos francês. A prioridade imediata era resolver os próximos passos políticos e militares, coordenar os avanços americanos e britânicos do oeste e do leste à Tunísia e tratar dos preparativos para a administração do Norte da África francesa. Em seguida, a conferência tomou a decisão de que o próximo objetivo dos Aliados seria contra a Sicília. Foi um reconhecimento de que ainda não estavam fortes o suficiente para avançar contra a costa atlântica bem fortificada da França, e efetivamente adiou o Dia D para 1944. A conferência reconheceu que a neutralização dos submarinos alemães no Atlântico e novos bombardeios na Alemanha eram precursores necessários para um ataque pelo Canal da Mancha. No entanto, foi tomada a decisão de designar um general britânico para elaborar planos de operações contra a França.

Terceira Conferência de Washington

Maio foi um mês em que Churchill se envolveu em uma diplomacia de mobilidade. Em Washington (codinome Trident, 12 a 25 de maio), ele se encontrou com o presidente e o Comando Conjunto. Em seguida, voou para Argel (29 de maio a 4 de junho) acompanhado pelos generais Marshall e Brooke, onde se juntou ao secretário de Relações Exteriores Eden e se encontrou com Eisenhower e os comandantes militares prestes a se engajar na operação Husky, a invasão da Sicília. Essas reuniões finalizaram os preparativos para o ataque à Sicília, mas deixaram em aberto a questão se depois continuariam para a Itália. Chegou-se à decisão de adiar o ataque através do Canal da Mancha para maio de 1944: por conta de outras operações, não seria possível reunir as forças e equipamentos necessários antes dessa data. Churchill estava particularmente interessado em explorar o sucesso na Sicília com ataques ao continente italiano, enquanto Marshall defendia convictamente a primazia da Overlord. Eisenhower se mostrou disposto a contemplar alguma ação adicional na Itália enquanto continuava o acúmulo de forças no Reino Unido para o ataque à França.

Conferência de Quebec

A Conferência de Quebec (codinome QUADRANT, 17 a 24 de agosto) aconteceu no Canadá após a queda de Mussolini e tendo como pano de fundo o sucesso da invasão aliada da Sicília. Churchill e Roosevelt foram recebidos pelo primeiro-ministro canadense William Lyon Mackenzie King, apesar de ter sido excluído das principais discussões entre os Aliados. Churchill aceitou o princípio da primazia da Overlord em detrimento do Mediterrâneo, mas continuou a insistir em operações na Itália, em parte como forma de deslocar as forças alemãs da França. Defendeu a tomada da Sardenha e da Córsega. A conferência também discutiu o plano de atacar simultaneamente o sul da França (operação Anvil) em maio de 1944, como mais uma forma de ocupar os alemães e impedir o agrupamento de forças contra a Overlord. Houve ainda discussões sobre a guerra no Pacífico e a cooperação futura em relação às armas atômicas que os Aliados estavam desenvolvendo.

Conferência de Teerã

O ano acabou com a Conferência de Teerã (codinome Eureka, 28 de novembro a 1º de dezembro), realizada entre duas reuniões de Churchill, Roosevelt e seus comandantes no Cairo, de 23 a 26 de novembro e de 4 a 6 de dezembro). Churchill queria usar a primeira Conferência do Cairo para coordenar a estratégia europeia com Roosevelt antes da reunião em Teerã com Stálin, mas foi frustrado pela relutância de Roosevelt em se envolver numa diplomacia bilateral antes de seu primeiro encontro com o líder soviético e pela presença de o líder nacionalista chinês Chiang Kai-shek, o que fez com que as discussões se concentrassem principalmente no Extremo Oriente. Em Teerã, Churchill teve de aceitar a decisão dos americanos e dos russos de priorizar a Overlord em detrimento das operações na Itália, embora a data do ataque pelo Canal da Mancha tenha sido adiada para o início de junho. Os soviéticos concordaram em lançar uma ofensiva simultânea na frente oriental (operação Bagration), e foram discutidas medidas de dissimulação, juntamente com os planos para o ataque ao sul de França (Anvil, agora com o codinome Dragoon). Houve ainda muitas discussões sobre a importância de a Turquia entrar na guerra ao lado dos Aliados, mas, na subsequente segunda Conferência do Cairo, o presidente İnönü se recusou a abrir mão da política de neutralidade de seu país.

Essas conferências salientaram o debate sobre o momento do Dia D, mas, no final de 1943, o cenário para a Overlord estava montado. Churchill, Roosevelt e seus comandantes em chefe só voltariam a se reunir novamente depois de 6 de junho.

Churchill onde mais gostava de estar: rodeado pelos comandantes aliados no Norte da África, 1943. Da esquerda para a direita: secretário de Relações Exteriores Anthony Eden, general Sir Alan Brooke, marechal do Ar Sir Arthur Tedder, Winston Churchill, almirante Cunningham, general Alexander, general Marshall, general Eisenhower e General Montgomery.

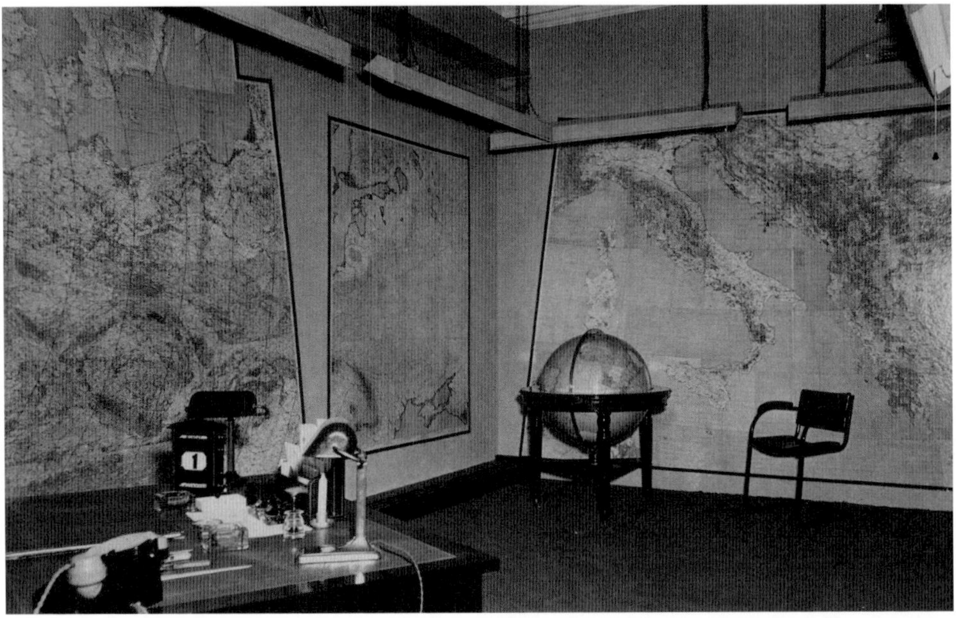

O segundo melhor lugar para estar na linha de frente: a sala de mapas de Churchill.

Churchill com paraquedistas dos EUA, março de 1944.

Observando treinamento para a invasão em Yorkshire, março de 1944.

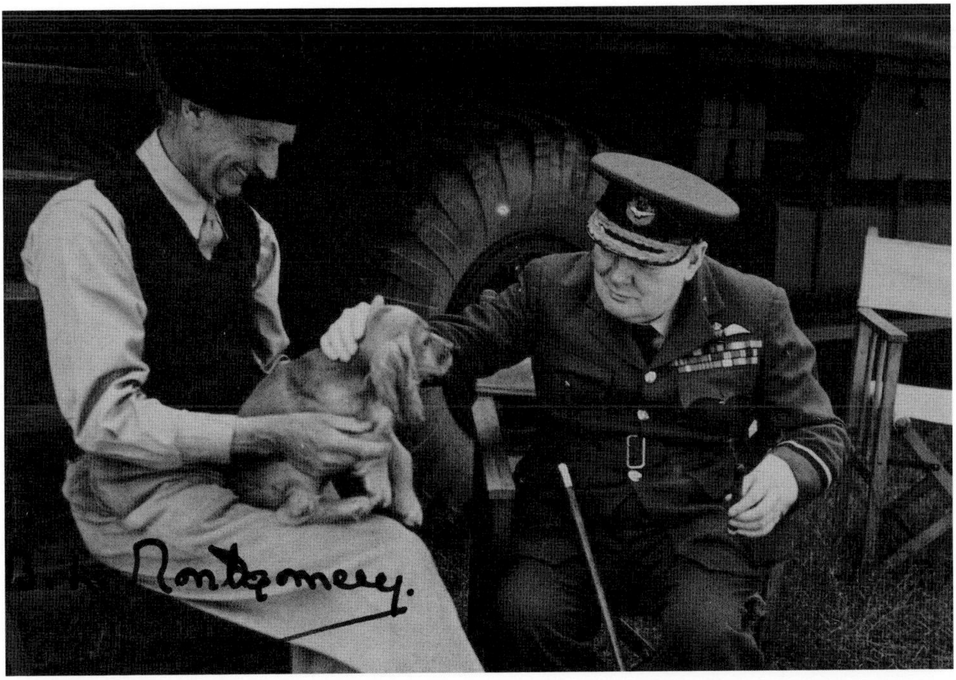

Com Monty na França, 1944.

Comandantes Supremos: com Eisenhower, *c.* março de 1945.

Domínio dos mares e dos céus, junho de 1944.

Rompendo a Muralha do Atlântico de Hitler, junho de 1944.

Pronto para desembarcar, junho de 1944.

Fogo antiaéreo e obstáculos nas praias, junho de 1944.

Assalto às praias, junho de 1944.

Comandos na praia, junho de 1944. A cena vivida por Tony Hugill.

O'Connor, Churchill, Smuts, Montgomery e Brooke, 12 de junho de 1944.

Churchill conversando com soldados britânicos e canadenses na Normandia, 22 de julho de 1944.

General de Gaulle falando na França, 1944.

Joan Bright Astley na Conferência de Yalta, fevereiro de 1945.

Roland MacKenzie, condecorado com uma DFC (Distinguished Flying Cross).

Christian Oldham (depois Lamb) como jovem membro do Wren (Corpo Feminino da Marinha Real).

Sargento-mor Stanley Hollis em parada usando fitas de medalhas, inclusive a Victoria Cross, e duas divisas de ferimentos na manga, *c.* final de 1944-45.

T. L. Rodgers com seus companheiros da unidade Pathfinders, junho de 1944. T. L. Rodgers é o terceiro a partir da esquerda na fileira superior – com o rosto escurecido para o salto noturno.

5
GUARDA-COSTAS DAS MENTIRAS

Em tempos de guerra [...] a verdade é tão preciosa que deve ser sempre acompanhada por um guarda-costas das mentiras.[1]

No fim da tarde de 30 de novembro de 1943, Winston Churchill comemorava seu aniversário de 69 anos no ambiente improvável do consulado da Rússia em Teerã, capital do Irã. Estava lá para participar de uma reunião plenária da primeira conferência dos "Três Grandes", com o presidente Roosevelt e o marechal Stálin. O primeiro-ministro britânico e o presidente americano foram acompanhados por seus principais assessores políticos e militares – Hopkins, Harriman, Marshall, King, Eden, Dill, Brooke, Cunningham, Portal e Ismay, com todos presentes. Stálin estava lá com Molotov, seu ministro das Relações Exteriores, e o herói militar soviético marechal Voroshilov. Um acordo sobre o lançamento da operação Overlord já havia sido fechado em maio de 1944. Fosse qual fosse a data exata, os britânicos e os americanos estavam agora comprometidos com uma operação pelo Canal da Mancha nos próximos seis meses, "na maior escala permitida pelas lanchas de desembarque disponíveis naquele momento".

Perto do final da reunião, a conversa se voltou para as dificuldades de esconder do inimigo os preparativos para tal ofensiva. Churchill referiu-se ao número de depósitos de equipamentos sendo construídos no sul da Inglaterra e à mudança da aparência do litoral com o surgimento de cada vez mais instalações militares. Perguntou a Stálin sobre

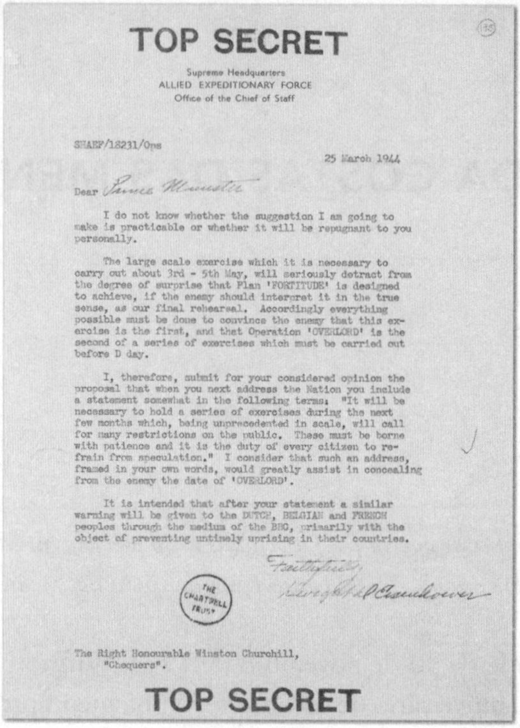

TOP SECRET

Supreme Headquarters
ALLIED EXPEDITIONARY FORCE
Office of the Chief of Staff

SHAEF/18231/Ops

25 March 1944

Dear Prime Minister

I do not know whether the suggestion I am going to make is practicable or whether it will be repugnant to you personally.

The large scale exercise which it is necessary to carry out about 3rd - 5th May, will seriously detract from the degree of surprise that Plan 'FORTITUDE' is designed to achieve, if the enemy should interpret it in the true sense, as our final rehearsal. Accordingly everything possible must be done to convince the enemy that this exercise is the first, and that Operation 'OVERLORD' is the second of a series of exercises which must be carried out before D day.

I, therefore, submit for your considered opinion the proposal that when you next address the Nation you include a statement somewhat in the following terms: "It will be necessary to hold a series of exercises during the next few months which, being unprecedented in scale, will call for many restrictions on the public. These must be borne with patience and it is the duty of every citizen to refrain from speculation." I consider that such an address, framed in your own words, would greatly assist in concealing from the enemy the date of 'OVERLORD'.

It is intended that after your statement a similar warning will be given to the DUTCH, BELGIAN and FRENCH peoples through the medium of the BBC, primarily with the object of preventing untimely uprising in their countries.

Faithfully,
Dwight D. Eisenhower

The Right Honourable Winston Churchill,
"Chequers".

TOP SECRET

Carta de Eisenhower a Churchill, 25 de março de 1944

"Não sei se a sugestão que vou fazer é praticável ou se será repugnante para você.

A grande escala do exercício que será necessário para ser realizado por volta de 3-5 de maio prejudicará seriamente o grau de surpresa que o Plano "FORTITUDE" está designado para alcançar, se o inimigo o interpretar no verdadeiro sentido, como nosso ensaio final. Consequentemente, deve ser feito todo o possível para convencer o inimigo de que este exercício é o primeiro, e que a operação "OVERLORD" é o segundo de uma série de exercícios que devem ser conduzidos antes do Dia D.

Portanto, submeto à sua considerada opinião a proposta de, quando você se dirigir a seguir à Nação, incluir uma declaração de alguma forma nos seguintes termos: "Será necessário realizar uma série de exercícios durante os próximos poucos meses, que, sendo sem precedentes em escala, exigirá muitas restrições em relação ao público. Estas deverão ser suportadas com paciência, e é dever de cada cidadão evitar especulação". Considero que tal declaração, articulada em suas próprias palavras, ajudaria muito a ocultar do inimigo a data da "OVERLORD".

A intenção é de que, após sua declaração, um alerta similar seja dado aos HOLANDESES, BELGAS e FRANCESES com o objetivo de evitar, em última análise, levantes em seus países."

os preparativos para um plano de cobertura em conjunto, o que levou o líder russo a descrever que, "nessas ocasiões, os soviéticos obtiveram sucesso com a construção de falsos tanques, aviões e aeródromos" em setores onde não se planejava nenhuma operação, sabendo que eles seriam localizados pela inteligência alemã. Às vezes isso tinha sido feito em grande escala e acompanhado pelo uso intencional de comunicações pelo rádio para induzir o inimigo a atacar os alvos errados. Em resposta, Churchill observou que "em tempos de guerra [...] a verdade é tão preciosa que deve ser sempre acompanhada por um guarda-costas das mentiras". A frase completa está em suas memórias da guerra; as minutas da época simplesmente registram "a verdade merece um guarda--costas das mentiras".

Enquanto conversava com Stálin em Teerã, Churchill sabia que a dissimulação era apenas uma parte do arsenal da inteligência que seria crucial para o sucesso do Dia D. Para enganar o inimigo, era fundamental saber o que ele pensava e planejava. Para mensurar o sucesso, era imperativo ver suas respostas em tempo real às ações dos Aliados. E seria sempre essencial se resguardar contra a espionagem inimiga e garantir que os planos dos Aliados fossem adequadamente protegidos. Simplificando, a inteligência e a dissimulação eram duas faces da mesma moeda, e Churchill sabia que um dos principais pré-requisitos para o planejamento da dissimulação era tentar descobrir por meio da inteligência o que o inimigo pensava que seria feito. Se bem-sucedido, seria possível elaborar um plano de dissimulação para reforçar as convicções (erradas) do inimigo sobre as futuras intenções. Contudo, é claro que o inimigo estaria tentando fazer a mesma coisa.

A área de inteligência e contrainteligência, de dissimulação e espionagem, era um campo pelo qual Churchill se interessava havia muito tempo. Ele gostava de ouvir sobre missões secretas e operações de espionagem bem-sucedidas, e em 1944 já tinha uma longa história de envolvimento pessoal com os serviços de segurança. De fato, como relatado por Warren Dockter, sua primeira missão em Cuba, entre novembro e dezembro de 1895, por volta da data de seu aniversário de 21 anos, foi oficialmente sancionada pelo Gabinete de Guerra precisamente por ter um claro valor em termos de inteligência. Churchill e seu amigo e colega oficial Reginald Barnes aproveitaram um período de licença do exército para assumirem o papel de observadores militares britânicos junto a uma coluna espanhola envolvida na repressão de um levante nacionalista cubano. Também foram encarregados de coletar informações sobre o armamento e as táticas espanholas. Antes de viajarem, os dois jovens subalternos foram convocados para uma reunião com o general Chapman, diretor da Inteligência Militar do Exército, que forneceu "mapas e muitas informações valiosas" e pediu que os dois "coletassem informações e estatísticas sobre vários pontos", inclusive o efeito da nova bala Mauser utilizada pelos espanhóis.

O jovem Churchill já havia visto por si mesmo o valor da inteligência militar como correspondente de guerra, e depois como soldado na Segunda Guerra dos Bôeres. Quando ingressou no Parlamento, como recém-eleito representante de Oldham, ele propôs a reorganização e o aumento do financiamento da divisão de inteligência do exército, que definiu como faminta "tanto de dinheiro como de cérebros".

Como secretário do Interior na Era Eduardiana, Churchill fortaleceu a criação dos novos serviços de segurança interna e de inteligência externa (que se tornariam o MI5 e o MI6), apoiando a inspeção clandestina da correspondência e a introdução de um registro dos residentes estrangeiros. Como Primeiro Lorde do Almirantado, em 1914-15, apoiou o trabalho de interceptação de mensagens, decodificação e análise da sala 40 da Marinha Real, precursora de Bletchley Park. Nos anos 1920, usou seus contatos na comunidade de inteligência como base de sua campanha contra o comunismo, antes de mudar seu foco para a Alemanha nazista na década seguinte. Ao ser nomeado primeiro-ministro em 1940, insistiu em se inteirar do máximo possível de dados brutos da inteligência, instaurando uma unidade de estatística no Almirantado e depois na Downing Street, para fazer suas próprias interpretações e análises.

A informação que fluía para o escritório de Churchill vinha de um amplo espectro de canais civis e militares. Sua filha Sarah era uma oficial da seção na Unidade de Interpretação Fotográfica do Ramo de Inteligência da RAF em Medmenham, onde às vezes trabalhava em turnos noturnos de doze horas analisando fotos de reconhecimento aéreo em apoio a operações na Europa e no Norte da África. Mais tarde, ela escreveria: "Enigmático e tedioso como costumava ser, havia momentos de empolgação e descobertas incríveis". As informações humanas eram coletadas de prisioneiros interrogados e da rede de agentes no exterior operada pelo Serviço Secreto de Inteligência (SIS, também conhecido como MI6). O tráfego de rádio alemão era interceptado e analisado para identificar a localização de unidades inimigas. Contudo, Churchill atribuía acertadamente a maior importância ao trabalho especial de inteligência de mensagens realizado pela Escola de Código e Cifra do Governo em Bletchley Park, de codinome ULTRA. Escondida bem à vista em Buckinghamshire, uma equipe de decodificadores e analistas tinha como função desencriptar as comunicações codificadas do inimigo, inclusive das diabólicas e complexas máquinas cifradoras Enigma, usadas pelos alemães para proteger suas mensagens diplomáticas e militares mais secretas.

No final de 1943, Churchill se posicionava como uma aranha no coração de sua teia de inteligência global. O MI5, o Serviço de Inteligência Doméstico, era responsável pela prisão de espiões alemães na Grã-Bretanha, e conseguia transformar quase todos em agentes duplos. Isso era coordenado pelo Comitê Vinte, assim chamado porque os algarismos romanos para vinte eram XX, uma dupla cruz. A Executiva de Operações Especiais infiltrava agentes em países ocupados para apoiar operações de sabotagem e guerrilha. A Executiva de Guerra Política (PWE na sigla em inglês) disseminava propaganda clandestina para solapar o moral do inimigo e incentivar a resistência. Planos diversionistas para proteger operações militares eram elaborados e coordenados pela Seção de Controle de Londres (LCS na sigla em inglês), uma operação militar clandestina que trabalhava em conjunto com o Estado-Maior de Planejamento Conjunto. Todas essas organizações foram desenvolvidas ou expandidas durante a guerra, e agora contavam com profissionais de alto nível, recursos, financiamento e poder inimagináveis em tempos de paz.

Não era fácil coordenar essa complexa estrutura de organizações secretas sobrepostas – e às vezes rivais. O Comitê de Inteligência Conjunto se reportava diretamente ao primeiro-ministro e aos chefes do Estado-Maior. Mas Churchill também tinha seu próprio e confiável oficial de ligação com os serviços de segurança, na pessoa de Desmond Morton. A exemplo de muitos outros envolvidos em inteligência durante a guerra, Morton havia servido com distinção na Primeira Guerra Mundial e ainda tinha uma bala alojada em algum lugar perigosamente perto de coração, sendo o tipo de personalidade aventureira cuja companhia o primeiro-ministro muito apreciava. Enquanto isso, Sir Stewart Menzies, chefe do SIS e conhecido como "C", alimentava Churchill em sua dieta diária de inteligência bruta selecionada vinda de Bletchley Park. Compreensivelmente, o acesso a esse material era extremamente controlado. Era levado a Churchill em uma caixa especial trancada, somente para seus olhos e da qual ele tinha a chave. Em outubro de 1940, seu secretário particular, Jock Colville, cometeu o erro de registrar esse segredo em seu diário, mas percebeu o equívoco e rabiscou a página inteira. Quando os principais decifradores pediram mais recursos, em outubro de 1941, Churchill imediatamente emitiu uma ordem para suas solicitações serem atendidas "com extrema prioridade". O trabalho de Bletchley Park só se tornou conhecido pelo público em 1974. Isso explica por que seu papel não fica evidente nas primeiras histórias da Segunda Guerra Mundial, nem mesmo nas memórias de Churchill e nas histórias oficiais britânicas do conflito. Mas foi o sustentáculo de todas as atividades de inteligência. O telegrama a seguir é um exemplo raro de Churchill mencionando a instalação em Bletchley no decorrer da guerra, e demonstra seu reiterado patrocínio à organização:

> Pessoal e Confidencial
>
> Meu caro diretor-geral dos Correios,
> Fico feliz ao saber do Diretor do estabelecimento em Bletchley sobre o valor da assistência que seu Departamento está lhe fornecendo, particularmente em relação a satisfazer as vastas necessidades de comunicação na provisão de certos maquinários altamente técnicos e delicados.
> Sinta-se à vontade para transmitir, confidencialmente, meu reconhecimento dessa inestimável contribuição para o esforço de guerra aos funcionários que estão diretamente engajados na assistência a essa organização.
>
> Atenciosamente,

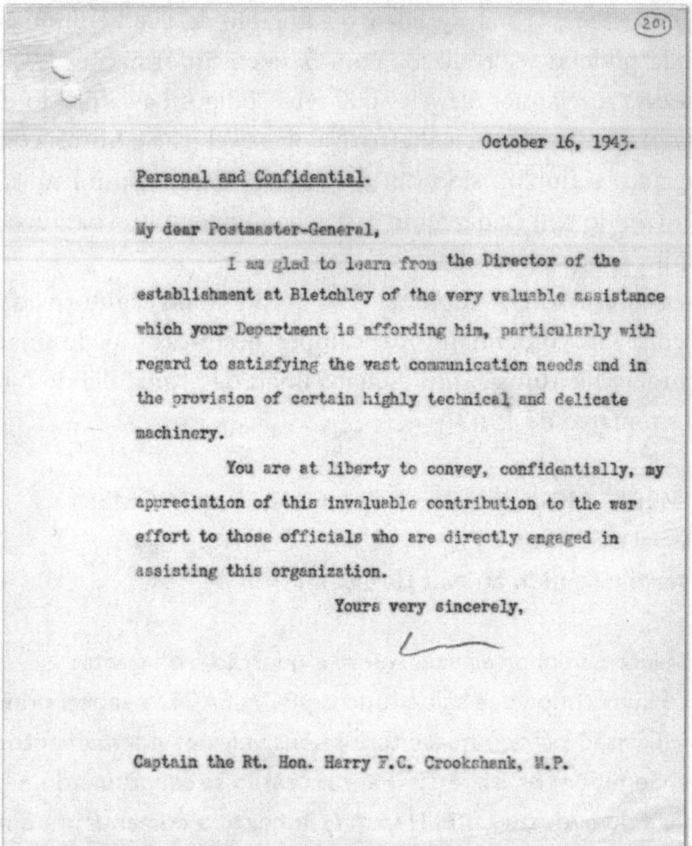

201

October 16, 1943.

Personal and Confidential.

My dear Postmaster-General,

I am glad to learn from the Director of the establishment at Bletchley of the very valuable assistance which your Department is affording him, particularly with regard to satisfying the vast communication needs and in the provision of certain highly technical and delicate machinery.

You are at liberty to convey, confidentially, my appreciation of this invaluable contribution to the war effort to those officials who are directly engaged in assisting this organization.

Yours very sincerely,

Captain the Rt. Hon. Harry F.C. Crookshank, M.P.

Telegrama de Churchill para o diretor-geral dos Correios, 16 de outubro de 1943

O primeiro-ministro britânico fazia questão de se encontrar com muitos dos envolvidos no trabalho clandestino de guerra, e claramente gostava de ouvir pessoalmente os detalhes de operações secretas. Nenhum ocupante anterior do número 10 da Downing Street chegou a ser tão bem-informado sobre questões de inteligência. Contudo, isso criou seus próprios problemas. Churchill tinha de arbitrar demandas concorrentes e rivalidades entre as diferentes organizações e decidir o que poderia ser revelado, quando e para quem. Bombardeava regularmente seus comandantes no campo com informações "*ultrassecretas*", ou informações Boniface derivadas de suas fontes secretas de inteligência, mas precisava ter o cuidado de não fazer isso de forma a pôr em perigo agentes ou comprometer o material extraído da decodificação das mensagens alemãs. Estabeleceu-se o princípio de que nenhuma operação aliada poderia ser realizada com base em informações ULTRA se isso pudesse revelar aos alemães que seus códigos haviam sido decifrados; deveria sempre haver a alternativa plausível para a história de como as informações tinham sido obtidas. Isso poderia assumir a forma de um avião sendo apressadamente despachado para sobrevoar uma localização inimiga recém-revelada.

A seguir está um exemplo de Churchill usando as informações Boniface com seu comandante no campo; neste caso, o destinatário é Montgomery na Tunísia, nos estágios finais da campanha do Norte da África, em março de 1943:

> PRIMEIRO-MINISTRO PARA GENERAL MONTGOMERY
> Pessoal e Secreto.
> (A ser transmitido através de "C").
>
> 1. Bravo: Eu tinha certeza. Agora a questão é o agente.
> 2. Presumo que você saiba tudo de BONIFACE, a saber: primeiro, a 164ª Divisão perdeu quase todos seus veículos e armamentos pesados. Segundo, os 21º e 15º Panzers estão se reagrupando nas montanhas do sudeste de El Hamma. Terceiro, o comandante em chefe italiano (aspas) das guarnições de Mareth (fecha aspas) pediu para a 15ª Divisão Panzer fornecer um grupo de batalha para cobrir sua última retirada em Zouitinat, um ponto cerca de 13 milhas ao sul de El Hamma e 13 milhas a sudoeste de Gabes. Você deve ter recebido tudo isso por outros canais, mas para garantir eu repito.
>
> Deus o abençoe.

Por ocasião da Conferência de Teerã, os britânicos tinham prendido agentes alemães na Grã-Bretanha, desenvolvido uma abrangente rede de agentes duplos para transmitir informações falsas, monitoravam em tempo real as comunicações alemãs e contavam com uma rede de grupos guerrilheiros e agentes na França ocupada, prontos para realizar operações de sabotagem.

Era um mundo que Joan Bright conhecia muito bem. Sua eficiência e sua atitude tranquila chamaram a atenção do general "Pug" Ismay,

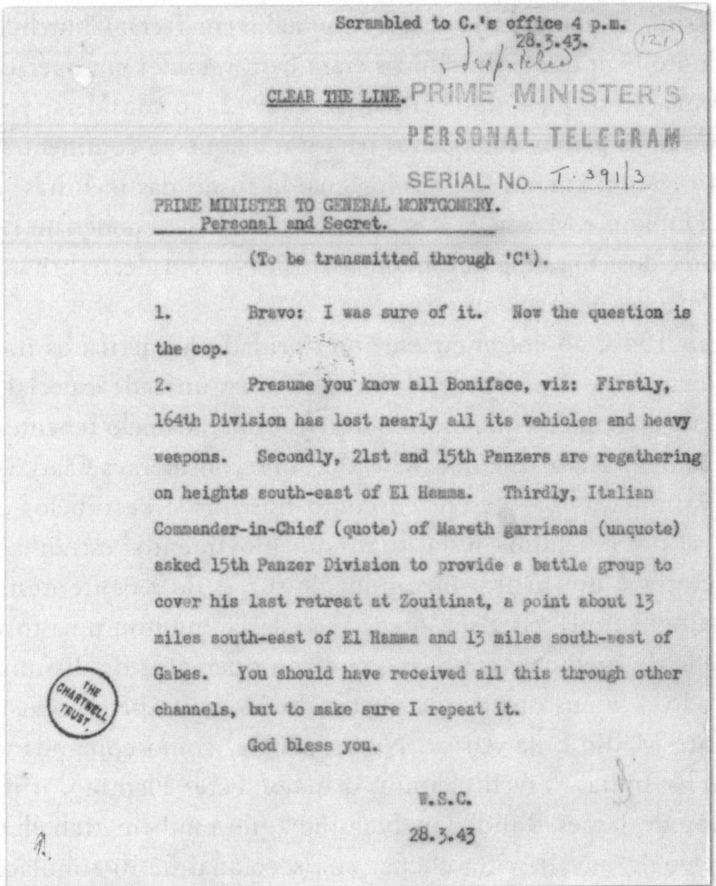

Scrambled to C.'s office 4 p.m.
28.3.43.

CLEAR THE LINE. PRIME MINISTER'S
PERSONAL TELEGRAM
SERIAL No. T. 391/3

PRIME MINISTER TO GENERAL MONTGOMERY.
Personal and Secret.

(To be transmitted through 'C').

1. Bravo: I was sure of it. Now the question is the cop.

2. Presume you know all Boniface, viz: Firstly, 164th Division has lost nearly all its vehicles and heavy weapons. Secondly, 21st and 15th Panzers are regathering on heights south-east of El Hamma. Thirdly, Italian Commander-in-Chief (quote) of Mareth garrisons (unquote) asked 15th Panzer Division to provide a battle group to cover his last retreat at Zouitinat, a point about 13 miles south-east of El Hamma and 13 miles south-west of Gabes. You should have received all this through other channels, but to make sure I repeat it.

God bless you.

W.S.C.

28.3.43

Telegrama de Churchill para Montgomery, 28 de março de 1943

assessor militar de Churchill e chefe do Estado-Maior, e Joan foi promovida para o andar "principal" de Whitehall, onde administrava um Centro de Informações Especiais para os comandantes militares britânicos e mantinha o registro para os chefes do Estado-Maior. Em suas próprias palavras: "Eu ganhei um carpete, uma grande mesa envernizada, mapas na parede, uma poltrona confortável e alguns segredos oficiais".[2] Na verdade, ela era uma das pessoas mais bem informadas da Grã-Bretanha – uma guardiã dos segredos oficiais. Como tal, foi também uma das poucas a conhecer a última peça no quebra-cabeça da inteligência – o planejamento das dissimulações que constituiria o guarda-costas das mentiras de Churchill.

Assim, enquanto fazia piadas com Stálin em Teerã, Churchill já sabia muito bem que os britânicos eram bem versados em operações de dissimulação daquele tipo. Em abril de 1942, ao considerar pela primeira vez os planos americanos para um ataque ao continente, ele já tinha pré-configurado seu termo "guarda-costas das mentiras" ao dizer a Hopkins e Marshall: "Os verdadeiros objetivos poderiam [...] ser obscurecidos com uma nuvem de boatos". Na verdade, os britânicos já eram mestres na magia negra.

Em 1940, ao enfrentar em inferioridade numérica os italianos no Norte da África, o general Wavell criou a unidade especial Força "A" para enganar os italianos no deserto, liderada pelo tenente-coronel Dudley Clarke. Dennis Wheatley, que considerava Clarke o "pai da dissimulação", o descreveu como franzino e de cabelos claros, "que se destaca numa festa, mas com movimentos estranhamente silenciosos e um hábito incomum de surgir de repente numa sala sem ninguém perceber sua chegada". Clarke montou uma formidável rede de agentes secretos e organizou operações de dissimulação em todo o imenso teatro de guerra do Mediterrâneo, inclusive no Oriente Médio e na África. Na sequência, como comandante em chefe na Índia, Wavell chamou o major Peter Fleming, irmão do criador de James Bond, Ian Fleming (que também trabalhava na inteligência naval), para chefiar sua seccional de dissimulação no subcontinente. Essas operações no exterior foram tão bem-sucedidas que, em outubro de 1941, originaram a criação da Seção Controladora de Londres, com a função de coordenar dissimulações dos Aliados no mundo todo e liderar o planejamento de dissimulações no teatro europeu.

Wavell escreveu a Churchill pedindo que a unidade fosse fortalecida. A seção começou a ter uma grande proeminência a partir de junho de 1942, em parte porque os Aliados estavam finalmente em posição de contemplar operações mais ofensivas na Europa, o que exigiria planos de dissimulação, mas também por causa da nomeação do tenente-coronel John Bevan como oficial controlador. A exemplo de muitos oficiais de inteligência na guerra, Bevan tinha se destacado na Primeira Guerra, mas não tinha nada parecido com uma carreira padrão como soldado. Em 1918, recebeu a tarefa de identificar a Ordem de Batalha dos alemães na ofensiva da primavera. Seu trabalho chamou a atenção de Churchill, na época ministro de Munições. Depois disso, Bevan passou o período entreguerras administrando a empresa familiar de corretagem de valores, com boas conexões nos círculos militares e políticos, sendo cunhado do general Alexander. Bevan logo desenvolveu um bom relacionamento pessoal com o general Brooke, garantindo assim que a voz da LCS fosse ouvida pelos chefes de Estado-Maior no topo da tomada de decisões dos Aliados.

Bevan se cercou de outros indivíduos bem relacionados, inteligentes, ligeiramente heterodoxos e criativos, como o escritor Dennis Wheatley – cujo sobretudo da RAF com forro vermelho e bengala o faziam parecer um personagem de um de seus romances de terror – e o major Ronald Wingate, adjunto de Bevan, formado pela renomada Balliol College e que atuou como oficial político em Aden na Primeira Guerra, antes de passar grande parte de sua carreira na Índia e ser governador de Baluchistão. A seção estava estrategicamente localizada nos edifícios do Tesouro, próxima aos gabinetes de Churchill e não muito longe de onde Joan Bright trabalhava com o general Ismay e os chefes do Estado-Maior. Isso implicava que a LCS ficasse bem posicionada para colaborar com as equipes de planejamento no período da guerra e outras agências de inteligência. Na verdade, nos seus primeiros dias, a unidade não tinha uma secretária própria, e Dennis Wheatley teve de recorrer a Joan Bright para datilografar um plano de dissimulação altamente secreto. A localização central também era ideal para conduzir questões clandestinas, em jantares regados a bebida na privacidade de Pall Mall, a região dos clubes de Londres.

A primeira experiência da LCS foi resguardar a Operação Tocha, os desembarques no Marrocos e na Argélia. Havia um temor muito real entre os planejadores aliados de que o acúmulo de forças na Grã-Bretanha ou no pequeno enclave britânico de Gibraltar fosse visto por agentes inimigos na Espanha, e de serem alvo de ataques da Luftwaffe ou de submarinos alemães durante os preparativos para o assalto às praias. A história de fachada inicial da LCS foi de que o acúmulo de tropas na Grã-Bretanha se destinava a um possível ataque à Noruega ou à França.

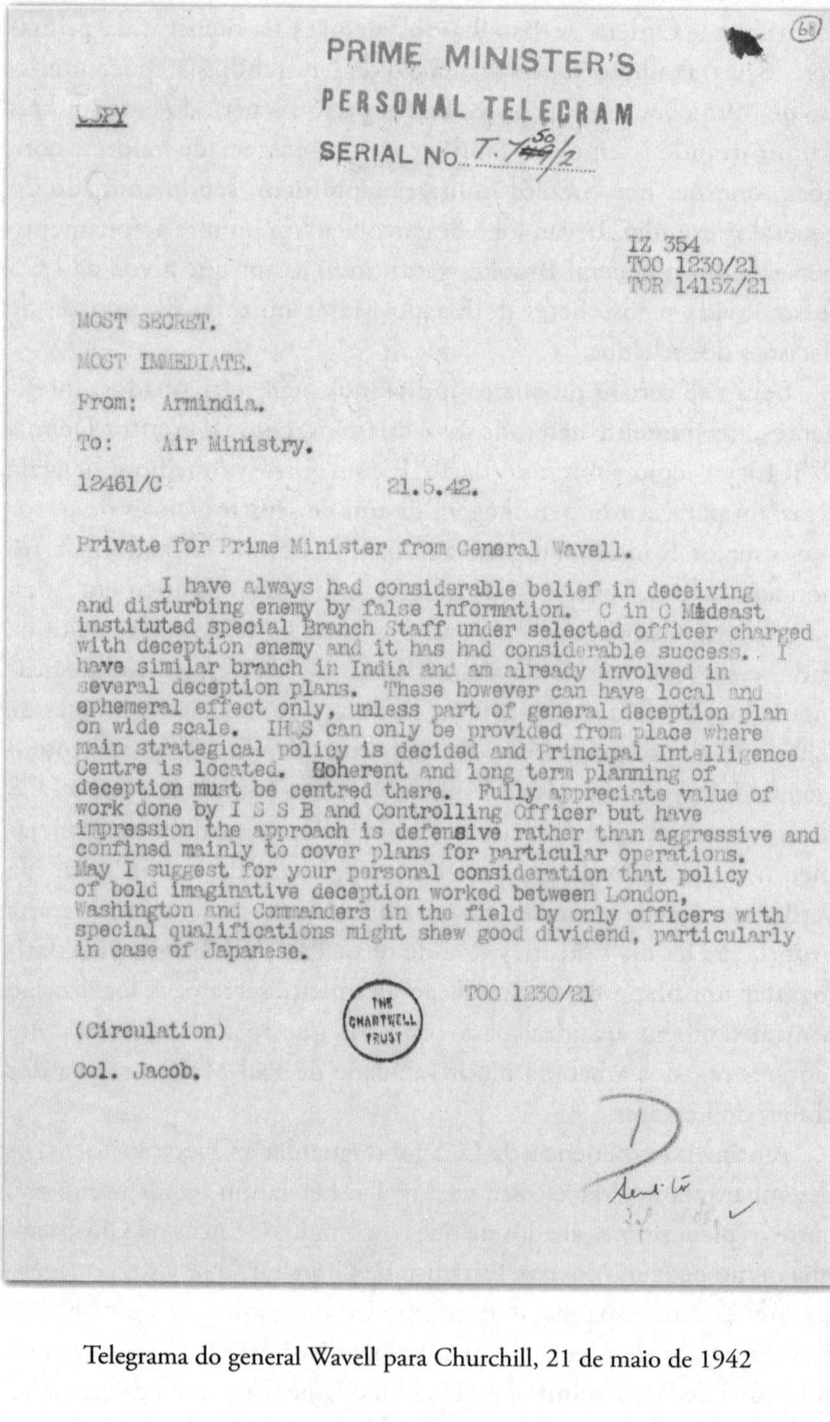

COPY

PRIME MINISTER'S

PERSONAL TELEGRAM

SERIAL No. T. 50/2

IZ 354
TOO 1230/21
TOR 1415Z/21

MOST SECRET.

MOST IMMEDIATE.

From: Armindia.

To: Air Ministry.

12461/C 21.5.42.

Private for Prime Minister from General Wavell.

I have always had considerable belief in deceiving and disturbing enemy by false information. C in C Mideast instituted special Branch Staff under selected officer charged with deception enemy and it has had considerable success. I have similar branch in India and am already involved in several deception plans. These however can have local and ephemeral effect only, unless part of general deception plan on wide scale. IHQS can only be provided from place where main strategical policy is decided and Principal Intelligence Centre is located. Coherent and long term planning of deception must be centred there. Fully appreciate value of work done by I S S B and Controlling Officer but have impression the approach is defensive rather than aggressive and confined mainly to cover plans for particular operations. May I suggest for your personal consideration that policy of bold imaginative deception worked between London, Washington and Commanders in the field by only officers with special qualifications might shew good dividend, particularly in case of Japanese.

TOO 1230/21

(Circulation)

Col. Jacob.

THE CHARTWELL TRUST

Telegrama do general Wavell para Churchill, 21 de maio de 1942

MUITO SECRETO.
MUITO IMEDIATO,
De: Armindia.
Para: Ministro do Ar.

Particular para Primeiro-Ministro do General Wavell.
Acreditei consideravelmente em enganar e confundir o inimigo com falsa informação. C em C Oriente Médio instituiu Ramo de Seção especial sob oficial selecionado encarregado de enganar o inimigo e tem tido considerável sucesso. Tenho seção semelhante na Índia e já me envolvi em diversos planos de dissimulação. Estes, porém, podem ter apenas efeito local e efêmero, a menos que parta de plano geral de dissimulação em larga escala. ISSO só pode ser proporcionado do lugar onde Centro estiver situado. Planejamento coerente e de longo prazo de dissimulação deve ser centrado ali. Reconheço inteiramente planejamento de dissimulação feito pelo I S S B e Oficial Controlador, mas tenho a impressão de que abordagem é defensiva e não agressiva, confinada principalmente para encobrir planos de operações específicas. Posso sugerir, para sua consideração pessoal, que política imaginativa e ousada, que funcionou entre Londres, Washington e Comandantes no campo somente com oficiais com qualificações especiais, poderia mostrar bom dividendo, particularmente em caso de Japonês.

(Circulação)
Col. Jacob

Não foi fácil. Para a história ser convincente, deveria haver tropas disponíveis e equipadas para tais operações no Reino Unido, e esses soldados precisavam acreditar estar prestes a serem mandados pelo mar do Norte ou pelo Canal da Mancha. Com todos os recursos disponíveis desviados para apoiar a Torch e encontrar equipamentos para lutar no Norte da África, era claramente difícil convencer as autoridades a fornecer roupas e suprimentos para o Ártico! Como explicou Wheatley, "*quase* todos que abordamos mal se preocupavam em esconder que achavam aquela nova tramoia dissimulatória uma coisa absurda".[3]

Os planos de cobertura para a convergência das forças aliadas no Norte da África foram mais bem-sucedidos. Foram divulgadas informações de que elas iriam reforçar Malta, invadir o sul da França ou atacar a Itália ou a Grécia. Essas informações foram passadas ao inimigo por agentes duplos, por canais diplomáticos, desorientando as tropas envolvidas e plantando inteligência falsa. O objetivo era criar incerteza e pelo menos deixar o inimigo preocupado. O fato de as forças aéreas e de submarinos da Alemanha terem sido retidas mais a leste dos verdadeiros objetivos indica algum sucesso da operação. Tudo isso foi parte das lições aprendidas e aplicadas no Dia D. Medidas semelhantes foram utilizadas na primavera seguinte, quando os Aliados fizeram sua grande movimentação para invadir a Sicília.

Uma dissimulação específica – a Operação Mincemeat – ganhou mais notoriedade. Em uma trama que mais tarde se tornaria tema de um livro e de um filme de sucesso, apropriadamente intitulado *O homem que nunca existiu* (refilmado em 2022 como *O soldado que não existiu*), o corpo de um andarilho galês portando documentos de identidade de um oficial britânico foi lançado no Mediterrâneo perto da costa da Espanha. Os falsos planos em posse do cadáver indicavam que os britânicos iriam atacar no Mediterrâneo oriental ou na Sardenha, não no Norte da África. Quando o corpo foi recolhido, os falsos despachos foram repassados aos alemães. Mesmo que eles não tenham engolido a isca "com casca e tudo" (como Wheatley certamente acreditava), criou-se uma incerteza que os fez não movimentar mais tropas para o oeste. Idealizado por um tenente aviador no MI5 (o Serviço de Inteligência Interna), mas executado em grande parte por uma equipe do MI6 (o Serviço de Inteligência Externa) e apoiado pela LCS de Bevan, a Mincemeat demonstra bem a natureza complexa e interdepartamental dessas operações. É também um bom exemplo da criação de um plano crível, pois os Aliados realmente cogitaram atacar a Sardenha. Na verdade, alguns membros da equipe de planejamento britânica continuaram acreditando que teria sido uma operação menos custosa que a da Sicília e mais eficaz para o restabelecimento do controle do Mediterrâneo. Churchill recebeu um informe pessoal em sua cabeceira sobre a Operação Mincemeat feito por Bevan.

Depois da nomeação do general Morgan, o coronel Bevan e sua equipe trabalharam com o COSSAC para manter a pressão sobre os alemães na França com várias outras dissimulações, ainda que menos bem-sucedidas, envolvendo supostas operações contra a Noruega ou a costa da França. Conforme especificado por Churchill em sua diretiva para Morgan, essas operações eram designadas a manter o inimigo ocupado e desorientado na França, atrair forças da Luftwaffe ao combate e, o mais importante, impedir o envio de reforços à Itália. Isso inevitavelmente levou a novos codinomes, com uma sucessão de operações de dissimulação inter-relacionadas sendo criada para manter os alemães na dúvida. Sob a designação genérica de Cockade, houve a Tindall, o suposto envio de cinco divisões da Escócia contra Stavanger, na Noruega, que seriam canceladas para liberar forças para a Starkey, um falso ataque com catorze divisões britânicas e canadenses a Boulogne, seguido quase de imediato pela operação Wadham, um ataque com duas divisões do exército americano à Bretanha, ambas também canceladas na última hora.

Em suas memórias, o general Morgan foi sincero em relação às dificuldades enfrentadas para montar essas dissimulações. Nem sempre era possível obter os recursos necessários para torná-las convincentes. Talvez não surpreendentemente, o Almirantado se recusou a emprestar seus navios de guerra obsoletos para simular uma frota de invasão, e o Comando de Caças da RAF não permitiu o acesso de aeronaves de reconhecimento inimigas ao espaço aéreo britânico para sobrevoar e fotografar seus falsos aviões e aeródromos.

No entanto, essas falsas operações foram realizadas com uma escala e sofisticação cada vez maiores, envolvendo movimentações reais de tropas e de navios, apoiados por ataques aéreos verdadeiros a posições inimigas. A Operação Starkey foi a maior delas. Aconteceu no final de agosto e início de setembro de 1943: um ataque simulado à costa da França no entorno de Calais por uma força naval genuína, designada a testar a reação dos alemães e atrair a Luftwaffe para uma batalha aérea real com a RAF. Uma enorme força foi reunida nas águas entre Gravesend e Southampton, composta por cem grandes lanchas de desembarque e 260 menores, mais 175 falsas lanchas de desembarque e 95 supostos barcos costeiros. Havia ainda uma frota especial de vinte navios oceânicos, com o objetivo de testar o envio de um comboio pelo

Canal da Mancha – algo não tentado desde a queda da França. Foi uma força naval três vezes maior que a usada no ataque a Dieppe.

O exército organizou um exercício de movimentação em larga escala para dar a impressão de várias divisões sendo concentradas no sul da Inglaterra. Comandos realizaram inúmeras incursões à costa francesa. O Comitê Vinte usou sua rede de agentes duplos para passar falsas informações aos alemães, insinuando um ataque iminente. Foram dedicados três dias à varredura de minas e à abertura de um caminho para uma incursão pelo Canal da Mancha. Unidades antiaéreas foram instaladas nos navios, com tanques alocados em lanchas de desembarque em Dover. Aeródromos alemães na região de Pas-de-Calais foram intensamente bombardeados. Poucos dos envolvidos tinham consciência de que estavam participando de uma grande farsa.

Churchill acompanhava o progresso com grande interesse, enviando um telegrama desejando boa sorte quando a operação era lançada. Para ele, certamente era de vital importância como distração para os desembarques aliados em Salerno, na Itália, atraindo as forças aéreas alemãs do Mediterrâneo.

Hughes-Hallett, agora comodoro, foi responsável pelo planejamento naval. Em 8 de setembro, os navios partiram de seus ancoradouros ao redor do Solent em direção a Dover, antes de se voltarem para Boulogne e às praias perto de Fécamp. Hallett estava a bordo do contratorpedeiro HMS *Albrighton* quando a falsa frota navegou pelo Canal da Mancha, mantendo contato via transmissão em VHF encriptada com o Marechal do Ar Leigh-Mallory, que fazia a cobertura de caças com suas forças de prontidão, para o caso de a Força Aérea alemã morder a isca. Uma cortina de fumaça foi providenciada por lanchas costeiras e de desembarque, com unidades móveis ao longo dos penhascos da costa sul da Inglaterra interferindo nas comunicações via rádio. Os navios chegaram a dezesseis quilômetros da costa da França antes de retornarem. Em 9 de setembro, todos os navios estavam de volta ao porto em segurança.

Nesse caso, a Starkey não conseguiu provocar a esperada batalha aérea. O tráfego de rádio interceptado indicou que os alemães suspeitaram de que fosse uma simulação, e contiveram suas forças. A operação foi considerada um fracasso por seus planejadores. Contudo, houve alguns aspectos positivos. Os navios conseguiram navegar as águas do Canal da Mancha quase sem oposição. As baterias costeiras inimigas ao redor de Calais abriram fogo, mas sem resultado. Ao fazerem isso, revelaram sua localização e ficaram expostas a ataques de bombardeiros americanos. No geral, a operação contribuiu para a incerteza geral dos alemães quanto às intenções dos Aliados e reforçou a visão de que o ataque dos Aliados seria em Calais. Também se provou um exercício de treinamento muito valioso para a marinha e o exército, testando a cooperação internacional, que era vital para desembarques bem-sucedidos, confirmando que a Força Aérea dos Estados Unidos e a RAF podiam trabalhar bem juntas. Ressaltou a dificuldade de mobilizar lanchas de desembarque em número suficiente e levou à melhoria e ao aperfeiçoamento dos procedimentos de carga e descarga. Talvez o mais importante tenha sido que forneceu lições valiosas para a grande dissimulação que acompanharia a própria Overlord.

O termo "guarda-costas das mentiras" de Churchill foi visto pelos membros da LCS, que tinham acesso a todos os documentos do Gabinete de Guerra. A resposta de John Bevan foi prestar uma homenagem e chamar a operação dissimulatória para a Overlord de Bodyguard (guarda-costas) – um codinome que mais uma vez parecia violar o protocolo básico de segurança por ser muito revelador de seu propósito. Todas as técnicas desenvolvidas pela unidade desde 1942 agora entravam em jogo e numa escala muito maior. No início de 1944, ficou claro para os alemães que as forças aliadas estavam se acumulando em grande número na Grã-Bretanha e que em breve deveriam tentar uma invasão do continente. Indícios de que essas tropas iriam para o Mediterrâneo ou o Pacífico não eram mais convincentes. A decisão de desembarcar nas praias da Normandia estava tomada. Agora era vital fazer o inimigo acreditar que os Aliados planejavam desembarcar em outro lugar no norte da Europa e, quando os desembarques ocorressem, convencê-los de que a Normandia era apenas uma distração e que o principal ataque ainda estava por vir em um local diferente. Se isso fosse conseguido, os alemães poderiam reter parte de suas forças por algumas semanas, dando aos Aliados um tempo vital para estabelecer, assegurar e reforçar sua cabeça de praia.

O plano elaborado por Bevan e pela LCS, e refinado pelo tenente-coronel David Strangeways, trazido da Itália por Montgomery, cumpriu essa tarefa, explorando os temores dos alemães. Estava claro que Rommel tinha identificado a região de Pas-de-Calais como um provável local para a invasão. Era o ponto mais próximo da Grã-Bretanha, portanto seria fácil para os Aliados se reforçarem por mar e se protegerem por ar. Um desembarque e um avanço bem-sucedidos abririam o caminho até Paris. Para reforçar essa impressão, era necessária uma dissimulação em uma escala imensa, nada menos que todo um grupo de exércitos fictício. Assim, enquanto as verdadeiras forças da invasão se acumulavam no sul do país, um fictício Primeiro Grupo do Exército dos Estados Unidos (FUSAG na sigla em inglês) estava sendo criado em Kent e em Essex, dos dois lados do estuário do Tâmisa. Isso foi feito com unidades de exércitos reais, que sabiam se encontrar na Inglaterra, e gerando um falso tráfego de rádio indicando que estavam sendo mobilizadas e treinadas no leste do país (mesmo que na maioria dos casos não estivessem). As mensagens eram reforçadas pela presença de falsas lanchas de desembarque, simulações de tropas e veículos com insígnias falsas e por falsas informações de vários agentes duplos. Havia até mesmo um comandante em chefe fictício na pessoa do general George Patton, recentemente caído em desgraça depois de um incidente na Sicília, quando esbofeteou dois soldados sofrendo de fadiga de batalha. Patton era conhecido por ser temido pelos alemães, que supunham corretamente que ele participaria de qualquer campanha na França. Essa parte do plano geral da Bodyguard tinha como objetivo enganar os alemães e esconder e resguardar a verdadeira mobilização para a invasão. Era conhecida como Fortitude South. Contudo, era apenas uma parte do plano integral.

A Fortitude North era também uma tentativa simultânea de usar medidas adicionais de dissimulação, para manter os alemães em dúvida na Escandinávia. Sabia-se do temor de Hitler de que os Aliados pudessem atacar na Noruega, o que era visto como uma ameaça viável. Os britânicos mantinham tropas na Escócia, tinham atacado Narvik em 1940 e, desde então, tinham incentivado operações de guerrilha na Noruega. Geoffrey Pyke, trabalhando para Mountbatten e com Operações Conjuntas, passou algum tempo desenvolvendo novos veículos montados em esquis, para se movimentarem no gelo e na neve. Na verdade, Churchill pressionou reiteradamente seus chefes de Estado-Maior a realizar exatamente esse tipo de ataque, e operações anteriores de dissimulação, como a Tindall, tinham intencionalmente semeado essa possibilidade. Agora os Aliados podiam explorar esses temores criando um fictício Quarto Exército Britânico, sob o comando do tenente-general Sir Andrew Thorne, o verdadeiro comandante das forças britânicas na Escócia, sugerindo falsamente que ele lideraria um ataque a Stavanger, coordenado com um ataque soviético à Noruega. Foi utilizada a gama habitual de táticas de distração para reforçar essa impressão: exercícios de tropas, tráfego de rádio enganoso e equipamentos fictícios. Também foram acompanhadas por uma inovadora iniciativa diplomática. As autoridades britânicas começaram a insinuar ao governo neutro da Suécia que poderiam estar prestes a libertar a vizinha Noruega. Parte desse exercício foi apresentar um cenário totalmente fictício à Suécia, sugerindo que talvez eles pudessem prestar assistência humanitária à Noruega e ajudar a policiar o país no caso de um colapso dos alemães depois de um ataque dos Aliados. Acreditava-se corretamente que a notícia vazaria para Berlim via elementos pró-alemães no governo sueco.

Não há espaço aqui para fazer justiça a toda a complexidade dos planos dos diversionistas. Uma enorme variedade de canais foi utilizada para sugerir que os Aliados estavam enfrentando atrasos na montagem de suas forças, aguardando uma ofensiva soviética ou novos resultados de sua campanha de bombardeio. Houve até uma insinuação de que poderia haver um ataque à baía da Biscaia. Pouco antes do Dia D, o ator Clifton James, um sósia de Montgomery, fez uma incrível apresentação pública em Gibraltar, interpretando o general britânico diante de agentes inimigos para convencer os alemães de que um ataque à França não poderia ser iminente enquanto um dos principais comandantes estivesse no Mediterrâneo. A ideia era manter o inimigo na dúvida. Há aqui uma ironia. Em 1942, Churchill tinha defendido atacar a Europa ocupada em vários locais ao longo da costa atlântica, da Noruega até a foz do Gironde, utilizando pelo menos meia dúzia de simulações, "que, se a sorte favorecer, podem ser exploradas". Isso nunca pareceu viável, e teria dividido os recursos aliados – Eisenhower e Montgomery expressaram explicitamente que o verdadeiro ataque precisava ser concentrado para obter o máximo impacto –, mas era claramente possível criar várias distrações e falsas ameaças. O inimigo deveria ser mantido confuso e em dúvida.

A Bodyguard estava agora em vigor, em uma escala e em um nível de sofisticação só possíveis em 1944, após anos de experimentos, prática e construção de redes. A dissimulação tinha provado seu valor e agora era parte totalmente integral do processo de planejamento. Churchill não se envolveu diretamente no desenvolvimento dessas operações de distração, mas adorava esse tipo de subterfúgio e atuou como patrono e defensor consistente do trabalho.

Sugestões de que anunciaria uma falsa reunião de cúpula com Roosevelt não deram em nada, mas o primeiro-ministro desempenharia um pequeno papel. Em 26 de março, ele fez um pronunciamento radiofônico à nação britânica e, em suas últimas palavras, avisou aos ouvintes que "para enganar e confundir o inimigo – e exercitar as forças – haverá muitos alarmes falsos, muitos blefes e muitos ensaios gerais".[4] Essas palavras foram incluídas a pedido de Eisenhower, que tinha enviado uma mensagem *Top Secret* a Churchill no dia anterior, para convencer os alemães de que o grande ensaio geral planejado na costa sul de 3 a 5 de maio era somente um de uma série de tais exercícios, na esperança de que a própria Overlord fosse inicialmente vista como um blefe.

Churchill certamente sabia que o plano de dissimulação era inevitavelmente uma sombra do plano real e que ambos precisavam funcionar. Os primeiros sinais foram positivos. Quando os preparativos começaram de fato, o exército alemão se manteve espalhado ao longo da costa francesa. Eles sabiam que o golpe estava chegando, mas não sabiam onde nem quando o martelo bateria.

6

PORTOS ARTIFICIAIS

Senhores, estou me preparando para esta operação.[1]

No planejamento militar, particularmente no nível operacional de guerra – a campanha –, existe uma relação muito próxima entre o comandante, a equipe, o plano e o resultado. Isso é essencial porque o plano e seu resultado são de responsabilidade pessoal do comandante. A equipe trata de grande parte dos detalhes, mas a essência do plano – a ideia operacional – pertence ao comandante. A investida começa e termina com o chefe.

Apesar de o general Dwight D. Eisenhower, o Ike, ser o comandante-geral na Europa, o general Bernard Montgomery seria o comandante das forças terrestres na fase de assalto, e foi o responsável pelo sucesso da Operação Overlord e da campanha na Normandia. Por sua vez, isso causou a derrota dos alemães no oeste em 1944/45 e impediu a maior expansão do Exército Vermelho de Stálin na Europa. Em última análise, foram as botas no solo das forças terrestres que determinaram o bom resultado, possibilitado, é claro, pela inestimável contribuição do apoio das forças navais e aéreas. Bernard Montgomery foi o arquiteto das fundações daquele sucesso, da Operação Overlord.

Como já vimos, em 1944 o planejamento para o retorno ao noroeste da França já havia passado por muitas mãos e mudanças de codinome. Mountbatten e sua equipe de Operações Conjuntas foram encarregados dos preparativos iniciais, mas estavam limitados pela falta

Cais para Uso em Praias

CONDIÇÕES DA PRAIA

1. Gradiente médio é 1 em 200 praias abertas para o sudoeste.

CONDIÇÕES DA MARÉ

2. Alcance de marés vivas é 10 pés, e a força da maré paralela à praia é 4 nós nas nascentes.

CAIS EM ANDAIMES

3. Um cais a ser usado para descarregar navios de 20 pés de calado teria que ter 1 milha de comprimento e 40 pés de altura no lado do mar. O tipo atual de andaime, mas de toda forma a conta do material exigido seria proibitiva.

CAIS DE FUNÇÃO

4. Um pontão seria semelhante em comprimento. Todos os cais flutuantes sofrem da desvantagem de ter de ser seguramente atracados com pesadas âncoras. Mesmo assim, eles são muito vulneráveis e não aguentarão um vento forte. A força da maré é tão grande que os atracadouros terão que ser muito grandes. Se grandes pontões forem atracados, a 20 jardas de distância, ao menos 200 âncoras seriam necessárias. O lado do mar de um cais flutuante deve ser particularmente bem atracado e as correntes de atracação formam um obstáculo para os navios chegando ao lado. Devido à baixa proporção entre o peso de um pontão flutuante e o peso que podem carregar, e sua vulnerabilidade ao vento marítimo e à maré, eles não são vantajosos em comparação com os cais em andaime em praias abertas.

Minuta sobre "Cais para uso em praias", escrita por Churchill, 26 de maio de 1942

Piers for Use on Beaches

CONDITIONS OF BEACH

Average gradient is 1 in 200 and beaches are open to the south west.

CONDITIONS OF TIDE

2. Range of spring tides is 30 feet and the strength of the tide parallel to the beach is 4 knots at springs.

SCAFFOLDING PIERS

3. A pier to be of use for unloading ships of 20 foot draught would have to be 1 mile in length and 40 foot in height at the seaward end. The present type of scaffolding pier does not exceed 20 foot in height. It is doubtful whether a pier of these large dimensions could be made with scaffolding, but in any case tha amount of material required would be prohibitive.

PONTOON PIERS

4. A pontoon pier would have to be similar in length. All floating piers suffer from the disadvantage of having to be securely moored with heavy anchors. Even then they are most vulnerable and will not stand up to a gale of wind. The strength of the tide is so great that the moorings will have to be very large. If large pontoons were moored, 20 yards apart, at least 200 anchors would be required. The sea-ward end of a floating pier must be particularly well moored and the mooring chains form an obstacle to ships coming alongside. Owing to the poor ratio between the weight of a floating pontoons and the weight they can carry, and to their vulnerability to sea wind and tide, they are not favoured in comparison with scaffolding piers on open beaches.

CCO

or Deputy

They must float up & down with the tide.

de recursos. As coisas mudaram com a chegada dos americanos e com os planos para um ataque em grande escala (codinome Roundup), desenvolvidos em 1942 por Eisenhower e os comandantes britânicos das Forças Domésticas – Paget, Douglas e Ramsay.

A sequência de conferências dos Aliados culminou na Conferência Trident, em Washington, em maio de 1943, quando ficou decidido que os aliados ocidentais abririam a segunda frente na Europa em 1944. Ike – o consumado organizador da cooperação aliada – foi nomeado comandante supremo do quartel-general das Forças Expedicionárias Aliadas, enquanto Monty (apelido de Montgomery) – o combatente de campo – seria o comandante do 21º Grupo de Exércitos encarregado de garantir o sucesso do plano geral. No entanto, em 1943, tanto Ike como Monty estavam envolvidos a fundo em operações no Norte da África, na Sicília e na Itália. Para dar início ao planejamento em andamento para o retorno à Europa e planejar várias outras contingências potenciais no continente, o tenente-general Frederick Morgan foi nomeado chefe do quartel-general do (ainda sem nome) comandante supremo das Forças Expedicionárias Aliadas (COSSAC na sigla em inglês). Como já vimos, foi um trabalho ingrato; mesmo assim ele esboçou um plano para a operação Overlord.

O plano inicial de Morgan era um ataque com três divisões em uma frente estreita direcionada a Caen, na Normandia, sendo também discutida a opção de atacar em Pas-de-Calais – mas a costa foi considerada muito bem defendida e mais difícil para desembarcar. Quando o plano do COSSAC foi apresentado a Eisenhower em Argel, em outubro de 1943, o general ficou surpreso e expressou dúvidas sobre seu desejo de ser o comandante-geral. "Não há impacto o bastante no ataque inicial", foi seu famigerado comentário. Ike não estava sozinho em sua crítica ao esboço do plano. Churchill e o Chefe do Estado-Maior Geral Imperial (CIGS na sigla em inglês) Brooke tinham pouca fé no plano do COSSAC, o que talvez explique ao menos parte de sua falta de entusiasmo inicial pela Overlord.

Ike pediu um encontro com Monty em Argel, em 27 de dezembro, para discutir a Overlord. Nessa reunião, os dois concordaram que o plano do COSSAC precisava ser reforçado, e que o preço a pagar por isso representaria um atraso de um mês, de maio para junho de 1944.

Os dois generais voltaram a se encontrar em Marrakech, onde Churchill se recuperava de uma experiência quase fatal.

Em dezembro de 1943, o primeiro-ministro britânico estava rodando na reserva. Totalmente exausto após as conferências dos Aliados em Teerã e no Cairo, viajou à Tunísia para se encontrar com Eisenhower. Foi esforço demasiado, e Churchill caiu de cama com pneumonia, o que quase custou sua vida. A crise aconteceu em 14 de dezembro, quando seu médico, lorde Moran, registrou:

> Ele estava muito ofegante e parecia ansioso. Senti sua pulsação: estava acelerada e muito irregular. As bases dos pulmões estavam congestionadas, e dava para sentir o contorno do fígado embaixo das costelas [...] Enquanto fiquei ao lado da cama, ouvindo sua respiração rápida, percebi que a coisa era grave. Demorou quatro horas para o coração retomar o ritmo normal, e fiquei aliviado ao contar uma pulsação regular de 120.[2]

Moran pediu a ajuda de outros médicos. Uma equipe de especialistas foi rapidamente reunida. Os médicos receitaram *digitalis*, usado para tratar doenças cardíacas, e o antibiótico sulfadiazina, para combater a pneumonia. O Gabinete de Guerra foi informado, e Clementine Churchill veio da Grã-Bretanha. Enquanto isso, Churchill falava sobre estar preparado para morrer em Cartago, dizendo à filha Sarah, que viajava com ele: "Não se preocupe, não importa se eu morrer agora, os planos para a vitória foram definidos, é a questão de tempo".[3] Um estudo recente desse episódio, conduzido por dois consultores médicos qualificados, Allister Vale e John Scadding, concluiu que o temor por sua morte não era exagerado, e que a taxa de mortalidade por pneumonia desse tipo no começo dos anos 1940 era de mais de 40% para alguém com a idade de Churchill e com um problema cardíaco associado.

Com o benefício dos melhores cuidados disponíveis, apoiado pela presença da mulher e da filha e protegido por um destacamento dos Guardas da Coldstream, Churchill conseguiu se recuperar. Depois do Natal, partiu para um período de recuperação em Marrakech (Marrocos), um de seus locais favoritos nos tempos do pré-guerra. Levou junto os planos da Overlord, e foi de sua cama, convalescendo, que começou a se envolver com os detalhes de uma operação que agora estava a apenas seis meses no futuro.

Na véspera de Ano-Novo, Eisenhower e Montgomery viajaram ao Marrocos. Churchill soube das mudanças e elogiou os recém-nomeados comandantes da Overlord. Ike acabara de renunciar a seu cargo como comandante supremo no teatro de guerra do Mediterrâneo e estava voltando aos Estados Unidos para um breve período de descanso antes de assumir seu novo papel. Montgomery iria direto para a Grã-Bretanha.

Um ataque alemão bem planejado à vila de Churchill em Marrakech poderia ter arruinado o Ano-Novo dos Aliados e ameaçado seriamente a libertação da França! Em vez disso, Montgomery se lembrou de um jantar divertido com a sra. Churchill e o lorde Beaverbrook. Churchill estava suficientemente bem para se envolver num intenso lobby com os dois generais. Bombardeou Eisenhower com demandas e perguntas sobre os desembarques aliados pendentes em Anzio, na Itália, e aproveitou a oportunidade para conversar com Montgomery sobre o plano da Overlord. Foi a primeira vez que Monty viu o plano completo, e Churchill se mostrou ansioso para obter suas primeiras impressões. Não sendo alguém para se juntar às celebrações pós-meia-noite do primeiro-ministro, o sempre austero Montgomery se retirou cedo e usou o tempo para escrever suas primeiras impressões. Sua principal questão era que o desembarque inicial seria em uma frente estreita demais e estaria confinado a uma área muito pequena, o que dificultaria as entradas e saídas das praias. Considerou necessário haver uma separação mais nítida e maior entre as áreas de desembarque dos britânicos e dos americanos. Segundo Montgomery, Churchill recebeu essa informação na cama na manhã seguinte, mas a lembrança de Winston dessa conversa é mais nuançada. Em sua versão, o importante diálogo se deu mais tarde do dia:

> Quando ele [Montgomery] chegou a Marrakech, fizemos uma viagem de duas horas para um piquenique aos pés do Atlas. Eu tinha entregado a ele logo de manhã o plano preparado ao longo de tantos meses pelo general Morgan e pelo Estado-Maior Conjunto Anglo-Americano em Londres. Depois de ler o plano sumariamente, ele falou de imediato: "Isso não vai dar certo. Eu preciso de mais na investida inicial".[4]

Como Montgomery ainda não estava atuando em caráter oficial e nem tivera oportunidade de consultar o Marechal do Ar Tedder nem o almirante Ramsay, que comandariam as forças aéreas e navais nos desembarques na Normandia, ele pediu a devolução de sua resposta por escrito. Churchill respondeu que ficaria com ela para sua informação pessoal. No entanto, ele a usou de imediato, enviando um telegrama de várias páginas aos chefes do Estado-Maior via general Ismay, em 2 de janeiro, citando a "crítica muito séria de Montgomery de que a proposta de movimentar tantas divisões pela mesma faixa estreita de praias seria totalmente impraticável e causaria *uma confusão inextricável*".[5] Na primeira página do telegrama, Churchill também enfatizou a necessidade de substituir palavras como "assalto" ou "invasão" por "entrada" e "libertação". Tentou arduamente acertar não só o tom, mas também os detalhes da operação. "Invasão" deveria ser reservada para a Alemanha. Era uma diferenciação importante. Em Londres, Brooke – prestes a ser promovido a marechal de campo – observou que o primeiro-ministro "está ficando muito ativo de novo!" E não foi o único. Montgomery começou logo a trabalhar na remodelação do plano.

A partir do momento em que Churchill mostrou o plano a Montgomery, as coisas começaram a mudar. Montgomery sabia que, se fosse assumir o comando, ele precisava elaborar o plano, se apossar dele e só depois garantir seu sucesso. Para Montgomery, os desembarques iniciais de três divisões, pelas quais passariam outras treze até D+12, conforme o plano do COSSAC, reproduziriam o caos e a confusão que caracterizaram os desembarques em Salerno, no sul da Itália, em setembro de 1943, e, como se viu, acontecendo de novo em Anzio em janeiro de 1944. Para Montgomery, o plano da campanha exigia:

- Desembarques iniciais realizados na frente mais ampla possível.
- Cada corpo desenvolver suas próprias operações, dentro do plano geral, a partir de suas praias, sem nenhum outro corpo desembarcando nessas praias.
- Exércitos britânico e americano se manterem separados.
- Operações desenvolvidas de maneira a assegurar um bom porto para as forças britânicas, e as forças americanas devem ter seu próprio porto.

Com essas ideias gerais expressas, foi montado o palco para três dias de reuniões extraordinárias em Londres, quando Montgomery foi formalmente pautado pela equipe do COSSAC sobre o plano. Às 9 horas do dia 3 de janeiro, Monty convocou sua primeira reunião sobre a Overlord. Talvez percebendo as deficiências de seu plano, Morgan deixou seus dois principais planejadores conduzirem a apresentação, explicando da melhor forma possível como haviam chegado às decisões tomadas. Na conclusão, Monty pediu um intervalo de vinte minutos antes de dar sua opinião. Quando tomou a palavra, expressou sua total discordância das propostas do COSSAC. Monty queria se concentrar numa cabeça de praia muito ampla, talvez abarcando de St. Malo, a oeste, até Dieppe, a leste. Com certeza não queria só um eixo estreito em direção a Caen. Queria mais tropas no ataque inicial, e deu aos planejadores 24 horas para reconsiderar.

No dia seguinte, houve uma nova reunião. Monty questionou todos os números que levaram ao plano de três divisões, insistindo em usar cinco divisões para fazer os primeiros desembarques. Aceitou que atacar pelo lado oeste da península de Cotentin era ambicioso demais, mas insistiu em um desembarque pelo lado leste – no que se tornou a praia Utah. Questionou a estrutura de comando e controle proposta. Pelo plano do COSSAC, o primeiro assalto seria realizado pelo 1º Exército dos Estados Unidos na primeira semana, comandando um corpo americano, um corpo britânico e um canadense. Em seguida, as tropas britânicas e canadenses passariam para o comando do 1º Exército Canadense, com o comandante britânico do 21º Grupo de Exércitos assumindo o comando geral. Morgan pode ter pensado que essa mistura multinacional poderia agradar Eisenhower, mas para Monty era uma receita para confusão e desastre.

No terceiro dia de reuniões, as principais questões foram resolvidas. Seria um ataque com cinco divisões e mais lanchas de desembarque. A cabeça de praia teria oitenta quilômetros de largura. As tropas aerotransportadas não se concentrariam logo na captura de Caen, mas nos flancos, entre o rio Orne a leste e a extremidade sul de Cotentin a oeste, principalmente para facilitar a captura do porto de Cherbourg pelo lado terrestre. Também ficou claro nessa fase que Monty era cético em relação ao conceito de usar um porto artificial, de codinome Mulberry (veremos em seguida). Todos os presentes na reunião ficaram impressionados com a determinação e a energia injetadas por Monty no processo de planejamento. Como representante de Eisenhower em Londres e comandante das forças terrestres, todos reconheceram a autoridade de Montgomery. A partir de 6 de janeiro de 1944, cinco meses antes do Dia D, começou a surgir uma sensação de otimismo no 21º Grupo de Exércitos, em nítido contraste com o clima derrotista que caracterizou a organização do COSSAC. Monty deixou bem claro que não haveria mais "choramingos".

A partir das descrições das encorajadoras ações de Montgomery na primeira semana de janeiro, seria um equívoco ignorar o papel de Eisenhower nesse planejamento inicial. Apesar de originalmente preferir o general mais afável Harold Alexander como comandante do grupo do 21º Exército, em vez de Monty, Eisenhower entendeu que era uma decisão dos britânicos, e, quando o CIGS Brooke convenceu Churchill de que Monty era a escolha certa, Eisenhower aceitou a decisão. Talvez ele tenha se sentido confrontado por Monty. Na verdade, Churchill pode ter pensado o mesmo de início. Afinal, Brooke o confrontava muito internamente. Será que ele precisava de outro general incômodo? No entanto, Brooke sabia que Monty, embora com todos os seus hábitos bombásticos e autopromocionais, era um lutador e um vencedor. A partir de suas experiências na Primeira Guerra Mundial, Monty aprendeu a importância de identificar os riscos das batalhas e mitigá-los com uma preparação e um planejamento minuciosos, inclusive com o acúmulo de estoques logísticos adequados. Ele gostava de um "campo de batalha bem-arrumado".

Montgomery esboçou o plano revisado para Eisenhower em 21 de janeiro. O custo da força de desembarque aumentada e da cabeça de praia mais ampla seria um atraso de um mês. A outra questão finalmente resolvida foi a rejeição dos planos de comando e controle de Morgan, e que Monty comandaria todas as forças terrestres no campo desde o início da Overlord, até Eisenhower decidir ativar formalmente o 12º Grupo de Exércitos dos Estados Unidos sob o comando do general Omar Bradley. Ike fez isso em 1º de agosto de 1944, assumindo ele próprio o comando geral quando a campanha da Normandia já terminava. A partir desse momento, a influência dos britânicos e de Churchill na condução das operações no oeste começaria a diminuir.

Com o controle da operação militar passando a Montgomery, que se reportava a Eisenhower, a capacidade de Churchill de influenciar efetivamente a estratégia militar desapareceu, e ele passou a supervisionar a entrega dos elementos práticos necessários para apoiar o sucesso da operação.

Um problema fundamental para Montgomery e sua equipe de planejamento era a sustentação das cabeças de praia sem dispor de um porto. Desde 1942, as praias da Normandia vinham sendo identificadas como os melhores locais de desembarque para as forças dos Aliados. Eram abrigadas das ondas do Atlântico e menos bem defendidas que a costa ao redor do Pas-de-Calais, e ainda ficavam dentro do alcance da cobertura aérea dos Aliados. Contudo, havia o problema crucial de não terem um ancoradouro de águas profundas para sustentar o transporte de suprimentos necessários para manter as tropas num teatro de guerra em rápida expansão. Esperava-se que Cherbourg, na ponta da península de Cotentin, fosse tomada rapidamente, mas por si só não seria suficiente para suprir um exército de mais de 1 milhão de homens, e a captura de Le Havre poderia levar várias semanas.

A resposta a esse problema surgiu ao longo dos dois anos anteriores e revelou-se bastante frutífera: a criação dos chamados Mulberries, portos artificiais para possibilitar o descarregamento e proteger os navios maiores das intempéries, e os Gooseberries, quebra-mares artificiais em águas mais rasas, para criar um ambiente de águas mais calmas para embarcações menores e para as importantíssimas lanchas de desembarque. As paredes desses portos artificiais seriam construídas com uma série de elementos de concreto especial e aço. Churchill ficou fascinado pelo potencial da ciência e da tecnologia e se mostrou muito interessado por esses detalhes.

Muitas vezes uma boa ideia tem muitos pais, e, na verdade, a concepção, criação e operação desses portos do Dia D envolveram um muitas equipes especializadas. Churchill poderia reivindicar seu papel de padrinho. Como mais tarde fez questão de salientar, seu texto sobre a futura política naval para Lloyd George em 1917 previu alguns desses mesmos desenvolvimentos. No texto, Churchill propôs a criação de uma base artificial nos bancos de areia rasos do recife de Horn, na costa da Dinamarca, que poderia ser criada a partir de:

> Um número suficiente de barcaças ou caixotes de fundo chato feitos não de aço, mas de concreto [...] Eles flutuariam quando vazios de água e poderiam assim ser rebocados até o local da ilha artificial [...] Dessa forma, um porto à prova de intempéries, como um atol, seria criado em mar aberto, com compartimentos para contratorpedeiros e submarinos e plataformas de desembarque para aviões.[6]

É evidente que Churchill não foi o único a pensar nesse sentido, nem em 1917 ou mais tarde, e não há nenhum indício de ele ter distribuído ou publicado seu ensaio sobre política naval da Primeira Guerra Mundial depois de se tornar primeiro-ministro, em 1940. Coube aos encarregados de planejar a volta à França chegar às mesmas conclusões quando diante de um problema semelhante. A solução veio em etapas, mas Churchill estava lá para dar apoio e patrocínio em cada uma. Primeiro surgiu a ideia da construção *in loco* de um temporário pontão flutuante, para possibilitar a descarga de navios nas praias. Foi proposto por Mountbatten do Comando de Operações Conjuntas, e desenvolvido pelo chefe dos engenheiros militares, coronel Bruce White. Os problemas eram formidáveis. As estruturas precisariam ter capacidade para lidar com as marés altas do Canal da Mancha, de até dez metros e quatro nós de força, além das tempestades do Atlântico. Se fossem usados pontões flutuantes, eles teriam de ser muito bem atracados.

O conceito foi aprovado pelo primeiro-ministro no final de maio de 1942. Ele usou sua caneta vermelha para escrever sua resposta no papel:

> Eles <u>devem</u> flutuar para cima e para baixo na maré. O problema da âncora deve ser resolvido. Os navios precisam ter uma aba lateral e uma ponte levadiça longa o suficiente para ultrapassar as amarras dos cais. Deixe-me trabalhar na melhor solução. Não discuta o assunto. As dificuldades argumentarão por si mesmas.[7]

Esse documento foi depois reproduzido como fac-símile em suas memórias de guerra, emoldurado e pendurado na parede de seu escritório em Chartwell. Foi o início de uma campanha coordenada pelo primeiro-ministro para tomar providências sobre a questão. Em 26 de setembro, ele mandou uma minuta aos chefes do Estado-Maior e ao ministro da Produção, expressando sua convicção de que "precisamos ter três ou quatro milhas desse equipamento de cais. É claro que pode ser usado em muitos lugares em seções menores. Por favor, não se precipitem em deixar isso de lado".[8]

O projeto ficou a cargo de Mountbatten, como chefe de Operações Conjuntas. No final de outubro, estava lutando com a logística, reportando que uma grande operação nas praias francesas exigiria uma sustentação contínua de 10 mil a 12 mil toneladas de suprimentos todos os dias e que seriam necessários quatro pontões para movimentar 50% desse total. Três projetos potenciais estavam sendo estudados. Churchill manteve o assunto na agenda dos chefes do Comitê do Estado-Maior, insistindo em relatórios regulares sobre o progresso e enviando repetidas cartas a Mountbatten encorajando-o a "ir em frente". Como seria de esperar, o primeiro-ministro quis saber a opinião de seu assessor científico, lorde Cherwell, que por sua vez trouxe o brigadeiro Jefferis da MDI (uma fábrica de brinquedos), chefe de uma unidade de pesquisa especializada de armamentos fundada com o patrocínio do primeiro-ministro e muitas vezes chamada de "*Loja de Brinquedos de Churchill*". O primeiro-ministro queria os melhores cérebros trabalhando no problema e não estava disposto a deixar o assunto de lado.

Em março de 1943, ele voltou ao ataque. Queria saber se os pontões poderiam servir para usar menos lanchas de desembarque na operação Husky, a invasão da Sicília, e reclamando:

> Essa questão está sendo muito negligenciada. Experimentos demorados com vários tipos e padrões resultaram em não termos nada. Já se passaram quase seis meses desde que recomendei a construção de vários quilômetros de pontões. O brigadeiro Jefferis foi consultado?[9]

Churchill insistiu em escrever ao general Eisenhower, salientando que "as condições são incomparavelmente mais favoráveis à utilização de cais de produção rápida na área da Husky do que no Canal da Mancha" – apesar de Mountbatten já ter informado que havia lanchas de desembarque suficientes para manter as forças necessárias na Sicília, onde só poderiam suprir as praias por um mês para uma divisão e meia, o que era uma fração mínima do que seria necessário na Normandia. Enquanto isso, os experimentos continuaram.

A questão também constava na agenda do general Morgan como parte de seu planejamento da Overlord. As dificuldades continuavam. Os pontões poderiam possibilitar o descarregamento diretamente nas praias, mas precisariam de proteção contra o mar sempre agitado, o que é comum no outono. Sem alguma proteção que pudesse ser instalada muito rapidamente, temia-se também que as lanchas de desembarque menores, usadas no ataque inicial, sofressem pesadas baixas no mar agitado. Isso implicava a criação, em grande escala, de portos e barreiras totalmente independentes e ameaçava inviabilizar toda a operação. Foi então que Hughes-Hallett, o comodoro naval no comando da força de assalto, teve uma ideia brilhante:

> No domingo, 20 de junho, fui com Brian Egerton e Richard Fenning, como era nosso costume, assistir à missa matinal na Abadia e, durante a maior parte da missa, fiquei revirando toda a questão na cabeça. Quando cantaram o Missal, de repente me ocorreu que precisávamos, e poderíamos criar, em uma escala napoleônica, uma área artificial de água protegida afundando uma série de navios para bloqueio, de modo a criar grandes quebra-mares dentro, talvez, das 12 horas após o desembarque original.[10]

Como se encontrava em um espaço religioso, Hughes-Hallett poderia atribuir sua ideia a uma inspiração divina. O uso de navios afundados possibilitava uma montagem rápida do núcleo do porto da Mulberry, pois as embarcações poderiam se posicionar antes de afundar. Então, o local poderia ser reforçado acrescentando-se todos os outros elementos: os enormes blocos de concreto e as estruturas de aço, que demorariam mais tempo para serem montados. Essa ideia fez o planejamento dos portos avançar intensamente. Ficou acordado na primeira Conferência de Quebec que deveria haver dois Mulberries, um americano ao largo de Omaha e um britânico em Arromanches. Hughes-Hallett ficou preocupado com o fato de o porto americano estar sendo construído por razões puramente políticas, por ter ouvido de um colega americano: "Nossos rapazes do Exército [...] estão determinados a ter um porto próprio".[11] Quando alertou que haveria uma impossibilidade técnica, pois não existia um baixio conveniente para afundar os navios de bloqueio e os caixotes ao largo das praias americanas, a resposta foi: "Mas eles estão emocionalmente motivados a ter um porto artificial próprio – quase como se fosse um símbolo de status – e vão conseguir de qualquer maneira, por mais que você ou eu expliquemos; então, é melhor concordar". Ainda voltaremos ao destino do porto americano. A contraparte britânica depois seria conhecida extraoficialmente como Port Winston (Churchill declinou a designação oficial de "Port Churchill").

Foi um nome apropriado. Churchill entendeu a necessidade desses portos artificiais e chamou para si a responsabilidade de supervisionar sua produção a tempo do Dia D, em junho. Tendo se recuperado de sua doença no Norte da África e ciente de que a data da Overlord estava definida, ele se dedicou aos preparativos. Dadas as demandas concorrentes da produção durante a guerra, Churchill temia que as metas não fossem alcançadas e que algumas inovações consideradas importantes não estivessem sendo buscadas.

O resultado foi um apelo a uma ação imediata. Ao retornar do Marrocos, em janeiro de 1944, ele enviou um memorando para Cherwell, Ismay e ao general Laycock, sucessor de Mountbatten como chefe de Operações Conjuntas, expressando sua preocupação com "os fracassos contínuos na questão do porto sintético". Em seguida, em 24 de janeiro, presidiu uma reunião tarde da noite nos salões do Gabinetes de Guerra, usando o poder de seu cargo para convocar os principais departamentos militares e políticos para uma reunião na qual "tudo relacionado aos Portos Sintéticos e aos pontões e estágios do desembarque deveria ser considerado". Era uma questão de "Ação Imediata".

Os ministros da Produção, de Transportes e de Suprimentos de Guerra reuniram-se com alguns comandantes militares do alto escalão da Overlord. Bruce White, o projetista dos portos artificiais, agora promovido a brigadeiro, estava presente. Eisenhower foi representado por seu chefe de Estado-Maior, o general americano Walter Bedell Smith. Cherwell estava lá para apoiar Churchill nas questões técnicas.

O primeiro-ministro iniciou o processo declarando estar "preocupado com os relatórios recentes sobre a posição 'Mulberry' e temia que alguns projetos estivessem atrasados no cronograma". Seguiu-se uma discussão franca. O Almirantado deixou claro que, além dos dois portos Mulberry que poderiam levar de três a quatro semanas para serem construídos, seriam necessários mais cinco quebra-mares Gooseberry para dar proteção imediata aos navios nas águas mais rasas ao largo das praias. O contra-almirante Tennant, da Força Expedicionária Naval Aliada, confirmou que, sem eles, as baixas nas lanchas de desembarque poderiam ser de 20 a 30% por dia se a água não estivesse razoavelmente calma nas praias de desembarque. O primeiro-ministro continuou pressionando e exigindo ação. Qual era o progresso mais recente nos diferentes elementos necessários para a construção desses portos e como a produção e a entrega poderiam "ser pressionadas com o máximo de energia?". Havia rebocadores suficientes para transportá-los pelo Canal da Mancha? Quantos navios de bloqueio seriam necessários e de onde viriam? O que os americanos poderiam fornecer?

Os presentes saíram sem dúvidas quanto à urgência da questão e o que estava em jogo. A escala do que estava sendo considerado era imensa. A produção de dois Mulberries e cinco Gooseberries exigia 7.600 metros de navios de bloqueio, mais o reboque de quase 1 milhão de toneladas de material através de 160 quilômetros de mar aberto. Os que estavam na reunião tiveram um prazo de apenas sete dias para apresentar seus relatórios. Quando voltaram a se reunir, no mesmo lugar e na mesma hora, às 22 horas, nos salões do Gabinete de Guerra, na segunda-feira seguinte, ficou claro que a pressão do primeiro-ministro tinha funcionado. As estimativas mais recentes para a produção de pontões de aço e de estradas flutuantes (codinome Whales), dos caixotes de concreto reforçado (Phoenixes) e as enormes cruzes de aço entrelaçadas (Bombardons) foram reportadas, e o primeiro-ministro se mostrou satisfeito, porque "uma parte muito substancial do requisito seria atendida no tempo adequado". O número de rebocadores continuava sendo um gargalo em potencial, mas seria dada prioridade ao envio de outros dos Estados Unidos.

ESTE DOCUMENTO É DE PROPRIEDADE DO GOVERNO DE SUA MAJESTADE BRITÂNICA

A circulação deste documento foi estritamente limitada.

É emitido para o uso pessoal de............

ULTRASSECRETO

GABINETE DE GUERRA

COMITÊ DE CHEFES DO ESTADO-MAIOR

NAVIOS MERCANTES REQUERIDOS PARA MULBERRIES

Memorando do Primeiro Lorde do Almirantado

Na Quadrant+ os Chefes do Estado-Maior Conjunto foram informados de que o primeiro-ministro deu o pontapé inicial à reunião declarando que a provisão de Portos Artificiais era necessária para o sucesso da Overlord. Depois da QUADRANT, os Chefes do Estado-Maior Conjunto foram informados:

(i) que dois portos eram necessários

(a) Um Porto Americano designado para Forças Americanas

(b) Um Porto Britânico designado para Forças Britânicas e Forças Canadenses

(ii) que navios afundados devem ser usados como possíveis componentes para quebra-mar em águas rasas com o máximo disponível.

2. Em 9 de outubro os Chefes do Estado-Maior se inteiraram que um MULBERRY Americano e um MULBERRY Britânico seriam necessários para a Overlord e em 12 de janeiro que, além dos dois MULBERRIES, abrigos seriam necessários para lanchas de desembarque, que receberam o nome de "GOOSEBERRIES".

3. Como instruído, o Almirantado analisou o requerimento operacional para a composição do Quebra-mar em conjunção com S. A. C. e o Gabinete de Guerra. Foi estabelecido que a solução mais satisfatória será uma combinação de BOMBARDON e PHOENIX em água de mais de 2 braças e navios de bloqueio em água de menos de 2 braças.

C.C.S. 307, C.C.S. 108ª Reunião e C.O.S. (Q) 8

C.C.S. 117ª Reunião e C.C.S. 307/2

C.O.S. (43) 243ª Reunião (O)

C.O.S. (44) 9ª Reunião (O) e C.O.S. (44) 17 (O)

C.O.S. (44) 1ª Reunião (O) e

C.O.S. (43) 776 (O) 2ª Revisão

Documento preparado para os chefes de Estado-Maior, relacionando requisitos para a construção de portos artificiais, 20 de janeiro de 1944.

C.O.S.(44) 53 (O)

20TH JANUARY, 1944

WAR CABINET

CHIEFS OF STAFF COMMITTEE

MERCHANT SHIPPING REQUIRED FOR MULBERRIES

Memorandum by the First Sea Lord

At Quadrant+ the Combined Chiefs of Staff were informed that the provision of Artificial Harbours was necessary to the success of OVERLORD. After QUADRANT the Combined Chiefs of Staff were informedx

(i) that two harbours were required

(a) An American Harbour assigned to American Forces

W.S.C.

(b) A British Harbour assigned to British and Canadian Forces.

(ii) that sunken ships should be used as possible components for the shallow water Breakwater to the full extent of their availability.

2. On the 9th October the Chiefs of Staff/ took note that an American Mulberry and a British Mulberry would be required for OVERLORD and on the 12th January/ that, in addition to two Mulberries, shelters would be required for landing craft which have been given the name "Gooseberries".

3. As instructed≠ the Admiralty has examined the operational requirement for the composition of the Breakwater in conjunction with S.A.C. and the War Office. It has been established that the most satisfactory solution will be a combination of Bombardon and Phoenix in water of over 2 fathams and blockships in water of under 2 fathoms.

\+ C.C.S. 307, C.C.S. 108th Mtg. and C.O.S.(Q) 8
x C.C.S. 117th Mtg and C.C.S. 307/2
/ C.O.S.(43) 243rd Mtg. (O)
/ C.O.S.(44) 9th Mtg. (O) and C.O.S.(44) 17 (O)
≠ C.O.S.(44) 1st Mtg. (O) and
C.O.S.(43) 776 (O) 2nd Revise

A reunião de 24 de janeiro também reconheceu algumas falhas. Nem todos os esquemas brilhantes dos cientistas e engenheiros se concretizaram. Foi anunciado que os planos para criar barreiras contra as ondas usando tubos soltando um fluxo constante de bolhas de ar ou bolsões inflados levando cortinas de concreto (codinome Lilo) foram abandonados. Houve novas discussões sobre a viabilidade das pistas de pouso temporárias (codinome Tentacle). Churchill se declarou "muito perturbado" pelo fato de o único protótipo existente nos Estados Unidos estar sendo desmantelado para outros usos. Ele via uma vantagem potencial no uso dessas estruturas para garantir a supremacia aérea vital sobre as praias, mas cedeu relutantemente quando o Marechal do Ar Leigh-Mallory, comandante em chefe da Força Expedicionária Aliada, confirmou que "nossos" caças teriam alcance suficiente para manter cobertura integral das praias a partir do Reino Unido, enquanto o aeródromo artificial levaria pelo menos 48 horas para ser montado, tempo em que a RAF esperava já ter construído dois aeródromos na costa.

Se as coisas tivessem se desenrolado de maneira ligeiramente diferente, eles poderiam ter discutido o uso de um porta-aviões feito de gelo! Por mais que pareça disparatada, foi uma ideia surgida da mente fértil de Geoffrey Pyke. Ele vinha estudando as propriedades moleculares do gelo em estado puro e descobriu que, se pequenas partículas de alguma outra substância, como polpa de madeira, fossem postas em suspensão na água e depois congeladas, o material resultante teria uma incrível resistência à tração. Além disso, não derretia com facilidade e podia ser facilmente reparado. Em setembro de 1942, ele enviou um memorando de mais de duzentas páginas a Mountbatten explicando como esse novo material venceria a guerra e mudaria o mundo. Começava com um "pykerismo", uma citação de *O escândalo do padre Brown*, de G. K. Chesterton: "O padre Brown largou o charuto e disse com convicção: "Não é que eles não consigam ver a solução. Eles não conseguem ver o problema".

O documento propunha um incrível número de usos para o novo material, que ficou conhecido como *pykerete*, sugerindo que poderia efetivamente vencer a guerra por si só. O que chamou a atenção do almirante Mountbatten foi a possibilidade de navios-iceberg inafundáveis que poderiam ser usados para transportar aviões pelo mundo todo. Muitos testes foram realizados. O codinome sugerido por Pyke foi Habbakuk, um erro ortográfico de Habacuque, um profeta menor da Bíblia Hebraica (Pyke era judeu).

Mountbatten realmente gostou da demonstração das propriedades do gelo reforçado. Parece ter ganhado a confiança do primeiro-ministro ao deixar cair um bloco na banheira com água quente de Churchill para mostrar que não derretia. Na Conferência de Quebec, em agosto de 1943, pediu que um bloco fosse trazido para uma reunião do Estado-Maior Conjunto e abriu fogo contra o gelo com seu revólver. Brooke viu horrorizado "a bala ricochetear no bloco e zumbir em volta das nossas pernas como uma abelha furiosa". Os que esperavam do lado de fora pensaram que seus chefes tinham chegado a tamanho nível de desentendimento que começaram a atirar uns contra os outros, o que fez Churchill escrever secamente em suas posteriores memórias da guerra: "Mas quem na guerra não rirá em meio às caveiras? – e lá estava um caso".

Por fim, os transportadores de gelo se mostraram muito difíceis e talvez revolucionários demais para serem desenvolvidos, particularmente num momento de escassez de recursos tão necessárias para muitas armas convencionais. Contudo, em junho de 1943, Churchill ainda nutria esperanças de que algo pudesse ser posto em funcionamento a tempo de "desempenhar um papel decisivo na guerra contra o Japão" ou de que o pykrete fosse utilizado para plataformas estáticas – "drones marítimos" – na invasão da França. Não foi o que aconteceu.

Outro problema relacionado ao Dia D foi o de como desembarcar as forças aliadas nas praias ante os obstáculos e a artilharia pesada dos defensores. As praias eram protegidas por várias camadas de defesa. Começavam com obstáculos enterrados que ficavam submersos na maré alta, além de estruturas de aço irregulares e estacas de madeira com minas para detonar lanchas de desembarque ou veículos que chegassem à costa. Uma vez na praia, as tropas de assalto enfrentariam arame farpado, outros obstáculos e minas terrestres, sendo submetidas a um intenso fogo cruzado de posições de artilharia, ninhos de metralhadoras e fortificações. Para sair da praia, os soldados precisavam romper a muralha de concreto. O bombardeio pelo ar e do mar seria vital para atenuar essas defesas, mas não as eliminaria. O sucesso dependia de ter um bom número de veículos blindados pesados para apoiar a infantaria de perto, bem como equipes especializadas para abrir caminho a fim de sair da praia o mais rápido possível. A incursão em Dieppe mostrou a dificuldade de desembarcar tanques em uma costa controlada pelo inimigo e ilustrou a terrível vulnerabilidade da infantaria encurralada na praia. Esse cenário era um pesadelo para Churchill, por isso não surpreende seu grande interesse no desenvolvimento de soluções.

A associação de Churchill com o desenvolvimento do tanque nos leva de volta – mais uma vez – à Primeira Guerra Mundial. Como Primeiro Lorde do Almirantado em 1914-15, ele se recusou a se restringir a assuntos puramente navais e aderiu ao desenvolvimento de novas tecnologias que pudessem ajudar a romper o impasse na Frente Ocidental. A mesma motivação que o levou a defender a operação Dardanelos também o levou a apoiar o desenvolvimento do Serviço Aeronaval Real (até mesmo tendo aulas de voo) e a patrocinar as primeiras pesquisas sobre "navios terrestres" solidamente fortificados que possibilitariam às tropas britânicas retomarem a ofensiva. Em um memorando ao primeiro-ministro Asquith, escrito em janeiro de 1915, Churchill detalhou o problema de como "atravessar de 100 ou 200 jardas de espaço aberto e emaranhados de arame", sugerindo que a solução seria:

> Montar uma série de tratores a vapor com pequenos abrigos blindados, nos quais homens e metralhadoras poderiam ser colocados, que seriam à prova de balas [...] O sistema de lagartas possibilitaria que as trincheiras fossem atravessadas com muita facilidade, e o peso da máquina destruiria todos os emaranhados de arame.[13]

No mesmo documento, ele propôs a produção de grandes escudos e o uso de cortinas de fumaça como cobertura para os soldados no ataque. Assim, na Segunda Guerra Mundial, Churchill já conhecia bem o desafio enfrentado pelos planejadores do Dia D, e também se dispôs a apoiar inovações técnicas. Isso o levou a identificar um espírito semelhante no major-general Percy Cleghorn Stanley Hobart.

Hobart foi um dos pioneiros da moderna guerra de tanques. Defensor apaixonado de um exército móvel e mecanizado, era uma figura inflexível que passou a maior parte da carreira discordando do estamento militar. O historiador e estrategista Basil Liddell Hart o comparou a Guderian ou a Rommel, que desenvolveram as forças blindadas alemãs e os princípios da *Blitzkrieg* na guerra, observando que "no lado britânico, ele [Hobart] nunca teve a mesma oportunidade de comando na guerra que os outros tiveram". O primeiro a mencionar Hobart a Churchill foi o escritor e parlamentar independente Alan Herbert, que escreveu ao primeiro-ministro em outubro de 1936, referindo-se a Hobart como "o maior especialista (ou quase) em tanques, penso eu", que "tem um monte de coisas interessantes a dizer para alguém que sabe sobre Defesa como você". À época, Hobart comandava a 1ª Brigada de Tanques, enquanto Churchill empreendia sua campanha pelo rearmamento da Inglaterra e se opunha ao apaziguamento de Hitler. É claro que os dois se encontraram e que Hobart alertou Churchill sobre a necessidade de mais tanques. Naquela época, como muitos outros, Churchill não tinha avaliado o quanto as forças blindadas poderiam transformar a guerra moderna. Uma vez nomeado primeiro-ministro, e ante o sucesso das forças blindadas alemãs na Europa Ocidental em 1940, Churchill percebeu que precisava correr para aumentar massivamente o número de tanques britânicos.

A essa altura, Hobart já tinha sido exonerado do exército. Depois de ter sido mandado para o Egito incumbido de formar uma força móvel para guerra no deserto (que mais tarde se tornaria a 7ª Divisão Blindada, famosa sob o comando de Montgomery por suas vitórias no Norte da África e conhecida como os "Ratos do Deserto"), Hobart se desentendeu com seu comandante em chefe, que o definiu como "indevidamente otimista" quanto à capacidade do Corpo Blindado Real. No verão de 1940, ele morava em Chipping Campden, em Cotswolds, melancólico com sua exoneração e participando da força de voluntários de defesa local, conhecida como Guarda Doméstica. Felizmente, ainda tinha amigos em altos cargos, que levaram sua situação aos ouvidos do primeiro-ministro. Depois de uma reunião em Checkers em outubro, Churchill foi inflexível ao afirmar que Hobart era exatamente o tipo de comandante de tanques de que ele precisava agora, enviando uma minuta ao general Dill, o então chefe do Estado-Maior Imperial (chefe do exército), confirmando o comando de Hobart de uma das novas divisões de tanques.

Hobart assumiu a responsabilidade de criar e treinar a 11ª Divisão Blindada, mas, em setembro de 1942, sua personalidade abrasiva, suas opiniões radicais a respeito de guerra de tanques, de problemas de saúde e da idade (aos 57 anos, era considerado velho demais para comandar a divisão em combate) continuavam causando atritos, e Churchill teve de intervir e salvar sua carreira pela segunda vez, escrevendo ao secretário de Estado para a Guerra e definindo Hobart como:

> Um homem de capacidade mental excepcional com grande força de caráter, e, apesar de ter dificuldades em trabalhar com outros, é uma pena que não tenhamos mais pessoas como ele no Exército. Fiquei chocado com a perseguição a que foi submetido [...] O Alto Comando do Exército não é um clube.[14]

O momento foi oportuno. O general Alan Brooke era agora chefe do Estado-Maior Imperial e se mostrou disposto a apoiar Hobart, com os preparativos para a invasão da França firmemente de volta à agenda. Já estava claro que seria necessário armamento pesado para invadir as praias, e o general Hobart parecia ser o homem mais experiente para essa tarefa. Ele assumiu o comando da nova e inovadora 79ª Divisão – um nome usado até hoje no exército para denominar uma unidade com pensamentos originais –, com a liberdade, sob o patrocínio de Churchill e Brooke, de desenvolver uma força capaz de liderar o ataque às praias da Normandia.

Como previsto por Churchill em 1915, o tanque já havia sido adaptado para derrubar obstáculos, e tanques especialmente equipados com debulhadoras já tinham sido usados para limpar campos minados na Batalha de El Alamein. Contudo, Hobart conseguiu alçar essas modificações a outro patamar. Todos os prováveis obstáculos alemães foram estudados, em busca das melhores soluções. Foram desenvolvidas esteiras especiais em forma de casco de navio, possibilitando aos tanques navegar até as praias; tanques lançadores de bombas, que podiam romper fortificações de concreto; tanques com esteiras que podiam consolidar um caminho em áreas de areia fofa; tanques com pontes que podiam superar obstáculos; e outros com lança-chamas ou cortadores de arame. Crucial para o pensamento de Hobart era que esses tanques especializados também fossem capazes de atirar e lutar, tanto para se defender quanto para ter um papel ofensivo para além da remoção de obstáculos.

Contudo, Hobart não estava trabalhando isoladamente nas inovações para os desembarques. Operações Conjuntas e a MDI também participaram do desenvolvimento de novas armas e novos equipamentos. O assessor científico do primeiro-ministro, lorde Cherwell, acompanhava tudo de perto, e seu apoio a projetos específicos costumava ser vital para chamar a atenção de Churchill. Enquanto isso, Churchill adorava dar uma escapulida de Londres para assistir às mais recentes demonstrações. Nem todas as inovações funcionaram ou se mostraram úteis. Tanques com potentes holofotes para incursões noturnas deixaram de ser necessários quando que se decidiu que o ataque seria durante o dia (e os próprios tanques se tornavam alvos potenciais para o fogo inimigo). A proposta de um dispositivo para transpor penhascos – que levaria os tanques e o transporte mecanizado diretamente dos navios ao topo dos penhascos – foi considerada "tecnicamente viável", mas não "taticamente aplicável" na costa da Normandia. Uma inovação vital logo após os desembarques foi a instalação de um oleoduto submarino (Pluto),* que garantiu um constante fluxo de combustível desde a Ilha de Wight até a Normandia.

As táticas também eram importantes. Desembarcar tanques nas praias antes da infantaria em mares agitados exigia uma incrível coordenação. A produção de lanchas de desembarque em número suficiente, em especial as maiores para os tanques, foi um gargalo e fonte de sérias preocupações até o começo de 1944. Lanchas de desembarque de tanques eram mais pesadas e mais lentas que as de desembarque de soldados. Isso implicava todas as lanchas serem meticulosamente dispostas no mar ao largo das praias e com seu despachado à costa cronometrado cuidadosamente pelos oficiais navais responsáveis. Uma vez nas praias, o ataque tinha de ser direcionado de tal forma que equipes especializadas e tanques pudessem trabalhar juntos para eliminar os obstáculos e campos minados de forma rápida e eficaz, caso contrário o constante fluxo de soldados nas praias seria retardado e se tornaria um alvo fácil para o fogo inimigo. Quando uma praia fosse tomada, os chefes

---

* Espécie de acrônimo de ***pipeline under the ocean***. (N.E.)

de desembarque, oficiais navais especialmente treinados, entravam em cena para dirigir o tráfego dentro e fora dos locais de desembarque.

Tudo isso exigiu um treinamento considerável. O primeiro-ministro sempre acompanhava tudo. Passava algum tempo em visitas às forças britânicas e americanas, incluindo os paraquedistas americanos perto de Winchester, dizendo que eles tinham um "grande papel a cumprir" e que eram a "expressão mais moderna da guerra". Na manhã de 31 de março de 1944, ele estava em Yorkshire, onde visitou a Divisão Blindada de Guardas, e viu um caminhão sendo conduzido pela água. Enquanto isso, havia preparativos em outros locais.

Hughes-Hallett, como comandante da força de assalto naval, trabalhou duro para ampliar seu contingente. No final de 1943, a Força J contava com 15 mil soldados e oficiais e era capaz de desembarcar uma divisão completa de soldados em várias praias. Hallett tinha 28 navios de assalto, duzentas lanchas de desembarque de tanques e um número muito maior de lanchas de desembarque de infantaria, além de canhoneiras motorizadas, canhoneiras a vapor, lanchas motorizadas e embarcações de apoio sob seu controle direto, enquanto outros recursos navais britânicos e americanos se agrupavam em outros locais no entorno da costa da Inglaterra. Também desenvolveu, testou e treinou suas forças em procedimentos de montagem, transporte e lançamento do ataque. Sua recompensa foi o comando do cruzador pesado HMS *Jamaica*, que – provavelmente para seu pesar – não participou do Dia D.

A jornada de Roland MacKenzie o levou à Escócia. Chegando em julho de 1943, passou por um treinamento em Banff e em Edzell, familiarizando-se com as táticas e equipamentos utilizados no teatro de guerra europeu. Depois, seguiu para Staffordshire, para se juntar à sua tripulação e passar por um treinamento operacional intensivo antes das missões de combate. Em janeiro de 1944, foi avaliado como "acima da média" e considerado pronto para a ação.

T. L. Rodgers e o 504º Regimento de Infantaria Paraquedista chegaram a Liverpool e foram transferidos para Camp Stoughton, em Leicestershire. Quando sua unidade começou a se familiarizar com as mulheres e a cerveja locais, causando sarna e gravidezes na população local, coube ao abstêmio Rodgers cuidar dela. Enquanto o restante de sua unidade se comportava, em suas palavras, como "bárbaros incultos",

Rodgers e outros 24 homens se ofereceram como voluntários para servir como batedores na Normandia. As palavras de despedida de Rodgers a seu amigo Ross Cater foram: "Vou ser o mais cuidadoso que puder, Ross, mas desta vez posso não ser cuidadoso o bastante".

Christian Oldham (agora casada e com o nome de Christian Lamb) também estava fazendo sua parte. Recrutada em fevereiro de 1944 para um trabalho ultrassecreto, agora estava sozinha numa salinha no subsolo de Whitehall, rodeada por mapas detalhados da costa da Normandia. Seu meticuloso trabalho era "delimitar tudo o que pudesse ser visto em qualquer bússola de cada posição de desembarque, visível do convés de qualquer lancha de desembarque em aproximação, para uma confirmação identificável". Christian tinha pouco mais de vinte anos e conhecia um dos maiores segredos da guerra: quais seriam as verdadeiras praias de desembarque. Às vezes via Churchill nas escadarias. Para ele, aqueles mesmos segredos tornavam aquele momento especialmente preocupante.

Os equipamentos especializados e o treinamento eram vitais para a vitória no Dia D, mas a verdadeira dor de cabeça era a enorme escala de recursos comuns que precisavam ser reunidos – os homens, seus fuzis, os uniformes e os kits básicos. O desafio logístico de agrupar soldados no sul da Inglaterra e fornecer mantimentos para uma longa e abrangente campanha na Europa era assustador. Eisenhower trabalhava com a estimativa de que "uma divisão reforçada, em operações ativas, consome de seiscentas a setecentas toneladas de suprimentos por dia". Combatendo em uma posição fixa, gastaria munição; quando em movimento, precisaria de gasolina. E sempre precisaria de alimentação. Poucas semanas depois do ataque, haveria 36 divisões no continente. Todas precisariam de serviços médicos, administração, apoio de engenharia, entretenimento e bem-estar.

Churchill se impactava com o tamanho do exército moderno e temia que a cadeia logística fosse longa demais, ameaçando a liberdade de manobra do exército. Seus ídolos históricos, grandes comandantes como Alexandre, o Grande, e Napoleão, conseguiram sucesso no campo de batalha pela capacidade de se movimentar rapidamente, mas viviam numa época mais simples, quando os exércitos podiam sobreviver de produtos da terra. Além disso, Churchill temia uma situação de atoleiro e outra guerra prolongada e sangrenta de impasse nas trincheiras. Nisso suas opiniões eram semelhantes às de Hobart e Liddell Hart, que defendiam uma campanha rápida e mecanizada.

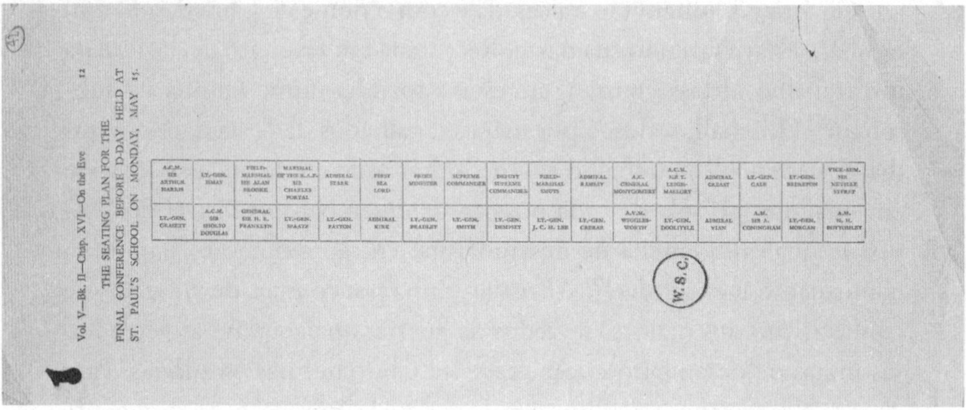

Vol. V—Bk. II—Chap. XVI—On the Eve 12

THE SEATING PLAN FOR THE FINAL CONFERENCE BEFORE D-DAY HELD AT ST. PAUL'S SCHOOL ON MONDAY, MAY 15.

A.C.M. SIR ARTHUR HARRIS	LT.-GEN. ISMAY	FIELD-MARSHAL SIR ALAN BROOKE	MARSHAL OF THE R.A.F. SIR CHARLES PORTAL	ADMIRAL STARK	FIRST SEA LORD	PRIME MINISTER	SUPREME COMMANDER	DEPUTY SUPREME COMMANDER	FIELD-MARSHAL SMUTS	ADMIRAL RAMSAY	A.C. GENERAL MONTGOMERY	A.C.M. SIR T. LEIGH-MALLORY	ADMIRAL CREASY	LT.-GEN. GALE	LT.-GEN. BRERETON	VICE-ADM. SIR NEVILLE SYFRET
LT.-GEN. GRASETT	A.C.M. SIR SHOLTO DOUGLAS	GENERAL SIR H. E. FRANKLYN	LT.-GEN. SPAATZ	LT.-GEN. PATTON	ADMIRAL KIRK	LT.-GEN. BRADLEY	LT.-GEN. SMITH	LT.-GEN. DEMPSEY	LT.-GEN. J. C. H. LEE	LT.-GEN. CRERAR	A.V.M. WIGGLESWORTH	LT.-GEN. DOOLITTLE	ADMIRAL VIAN	A.M. SIR A. CONINGHAM	LT.-GEN. MORGAN	A.M. N. H. BOTTOMLEY

W.S.C.

Distribuição dos lugares para a reunião sobre a Overlord
na St. Paul's School, 15 de maio de 1944

À medida que o plano militar evoluía, Churchill se mantinha informado em reuniões regulares com Eisenhower. Com o progresso na Itália mais lento do que o esperado, devido às dificuldades encontradas pelos Aliados para sair da cabeça de praia de Anzio, foi tomada a decisão de só prosseguir com a operação Anvil, os desembarques no sul de França, depois do ataque à Normandia. A decisão agradou Churchill, pois ele sabia que a Anvil retiraria recursos da Itália. Montgomery queria cancelar definitivamente a Anvil, mas Eisenhower continuou achando que teria um papel vital na abertura de outra rota para transportar homens e suprimentos à França. A questão ressurgiria depois do Dia D e provocou uma grande desavença entre o comandante supremo e o primeiro-ministro britânico. Contudo, por ora, Churchill parecia aceitar o reajuste no plano da Overlord. Seu secretário particular, Jock Colville, anotou em seu diário, em 4 de abril: "A perspectiva da 2ª Frente o preocupa, embora ele diga que está 'se preparando para ela'".

Três dias depois, na Sexta-Feira Santa, Churchill discursou em uma reunião de todos os líderes militares na St. Paul School, o quartel-general de Montgomery, escrevendo depois a Roosevelt que "não concordo com as conversas irrefletidas acontecendo dos dois lados do Atlântico sobre as baixas indevidamente pesadas que sofreremos. Na minha opinião, serão os alemães que sofrerão baixas muito expressivas quando nosso bando de irmãos em armas chegar até eles".[15]

Em 15 de maio, Churchill voltou a St. Paul para participar da reunião final sobre os preparativos para o Dia D. Os chefes de Estado-Maior e todos os principais comandantes militares estavam presentes. Churchill falou depois do rei. Harry Butcher não compareceu, mas, ao falar com os que estiveram lá, entendeu que "o primeiro-ministro começou devagar, mas terminou rápido com um discurso exaltado. Enalteceu a coragem, a engenhosidade e a persistência como características humanas de maior valor em comparação com equipamentos".[16] Eisenhower definiu sua fala como "um de seus [de Churchill] típicos discursos combativos", mas ressaltou que os americanos foram tocados, "com uma força peculiar", por uma de suas expressões. Churchill repetiu aos presentes o que já havia dito a Colville: "Senhores, estou me preparando para essa empreitada". Para o general Ismay, aquilo simplesmente significava que, quanto mais seu chefe pensava a respeito, mais ele se convencia de seu sucesso. Contudo, Eisenhower – e os americanos desde aquele momento – interpretou a frase como: "Apesar de há muito ter dúvidas sobre a viabilidade e de ter defendido um adiamento em favor de operações em outros lugares, ele finalmente, nesta data tardia, veio a acreditar, assim como o restante de nós, que este era o verdadeiro curso de ação para conseguir a vitória".[17] Escrevendo mais tarde, Churchill afirmou com convicção que usou essa frase "no sentido de querer atacar, se for humanamente possível, mesmo que as condições limitantes que estabelecemos não tenham sido exatamente concretizadas". Por melhor que tenha sido seu discurso, Churchill forneceu, sem querer, munição para os que procuravam evidências de ele ter chegado muito tarde àquela festa.

Nos últimos meses antes do Dia D, Churchill teve tempo para refletir sobre a operação iminente. O aparente desequilíbrio entre as forças de combate na linha de frente e o grande número de veículos do efetivo necessário para apoiá-las foram algo a que voltou várias vezes. Em 17 de maio, ele chamou Brooke à sua cama e o repreendeu pelo fato de o plano de invasão incluir "mil funcionários do 3º escalão" e "prever um caminhão para cada 5 homens". Dois dias depois, ele jantou com Montgomery e sua equipe. A lembrança de Churchill dessa reunião difere da de Monty, mas parece que o primeiro-ministro queria falar com a equipe do general para interrogá-los detalhadamente sobre alguns números. Segundo Montgomery, ele puxou Churchill de lado e disse que era tarde demais para fazer alterações, que já havia tomado a decisão final e não permitiria discussões com sua equipe, que tinha feito "um excelente trabalho na preparação da invasão". Ademais, se Churchill achava que o plano de Montgomery estava errado, "isso só pode significar que você perdeu a confiança em mim". Houve um silêncio constrangedor, mas, pouco depois, os olhos de Churchill lacrimejaram. Quando se recompôs, voltou para a sala ao lado e se dirigiu à equipe de Monty, "com um brilho nos olhos, dizendo: 'Não me permitiram ter nenhuma discussão com os senhores'". Foi um choque entre aqueles dois grandes líderes da guerra. O humor de Churchill podia mudar rapidamente, e sua frustração deu lugar ao reconhecimento do peso da responsabilidade de Montgomery e à compreensão da necessidade de apoiá-lo diante de sua equipe.

Em suas memórias, Churchill confirmou essa história, mas negou que Montgomery ameaçou renunciar. Também se recusou a deixar de lado a questão dos números, escrevendo: "Posso acrescentar, contudo, que ainda considero a proporção de veículos de transporte para os homens de combate na fase inicial da invasão pelo Canal da Mancha muito alta e que a operação sofre tanto em risco quanto em execução por causa desse fato".[18]

Churchill pode não ter desenvolvido o plano do Dia D, mas estava ciente dos principais problemas e usou de seus poderes de patrocínio para estimular e apoiar os que trabalhavam para superá-los. Assim que se concentrou na data de junho, seis meses à frente, ele se debruçou nos detalhes, embora algumas de suas intervenções fossem claramente mais bem-aceitas por alguns comandantes que por outros. Interessou-se particularmente pelos aspectos militares, que estudava desde a Primeira Guerra, mas não conseguia deixar de pensar que a operação teria enormes consequências para a população civil – partes do país estavam prestes a entrar em lockdown. Churchill pode ter se convencido a concordar com o empreendimento, mas a verdade é que ainda tinha muito com que se preocupar.

Mulberries e Gooseberries: um guia para leigos

Os portos artificiais usados para apoiar a Overlord foram resultado de um grande programa de construção, realizado em todo o Reino Unido e envolvendo enormes quantidades de aço e concreto. Foi o equivalente aliado à altamente fortificada Muralha do Atlântico de Hitler. Os dois portos Mulberry se constituíam dos seguintes elementos:

Navios de bloqueio: velhos navios mercantes e de guerra que podiam atravessar o Canal da Mancha e ser afundados para fazer parte da muralha do porto. Funcionariam como um quebra-mar inicial enquanto outros elementos eram rebocados pelo Canal da Mancha e montados.

Bombardons (Bombardinos): enormes estruturas cruciformes de aço, cada uma pesando 1.000 toneladas e com 60 metros de comprimento, designadas a formar estruturas interligadas e criar as fundações para os portos Mulberry.

Gooseberries: quebra-mares artificiais montados perto das praias para proteger as lanchas de desembarque e navios menores do mar agitado.

Lilos: tubulações de ar comprimido, que, quando liberado, criaria um quebra-mar com cortina de ar ascendente. Essas tubulações não se provaram tecnicamente viáveis e não foram construídas.

Phoenixes (Fênices): grandes unidades ocas de concreto, cada uma pesando milhares de toneladas e com 60 metros de comprimento, que podiam ser posicionadas por rebocadores e em seguida afundadas para formar parte do porto Mulberry ou do quebra-mar Gooseberry.

Tentacles (Tentáculos): planos para pistas artificiais flutuantes que poderiam ser usadas para possibilitar uma cobertura aérea constante sobre as praias. Acabaram não sendo usadas por ser possível manter uma cobertura aérea a partir da Inglaterra.

Whales (Baleias): um pontão e estradas flutuantes projetadas para descarregar suprimentos a partir do porto Mulberry em águas profundas.

Operação Overlord: as praias de desembarque e as zonas de desembarque

Quando o comandante supremo, general Dwight Eisenhower, aprovou o plano revisado pelo comandante-geral das forças terrestres, Bernard Montgomery, para um ataque em uma frente mais ampla do que a do plano original proposto pelo COSSAC, a seleção detalhada das praias e zonas de desembarque pôde ser confirmada. Onde fosse possível – o que era coerente com um dos princípios de Monty –, cada praia deveria ser tomada de assalto, separadamente, pela formação principal de cada eixo de avanço de cada corpo militar, reduzindo assim a possibilidade de confusão logística. As forças aerotransportadas protegeriam os flancos dos ataques à praia.

Do oeste ao leste, as praias de desembarque foram definidas como:

Utah: entre Saint-Martin-de-Varreville e Pouppeville, na costa leste da península de Cotentin, a praia Utah seria atacada pelos 8º e 22º Regimentos de Infantaria da 4ª Divisão de Infantaria dos Estados Unidos, a formação principal do VII Corpo dos Estados Unidos sob o comando do major-general J. (Lightning Joe) Lawton Collins.

Pointe du Hoc: esta não era uma praia de desembarque, mas o 2º Batalhão Ranger dos Estados Unidos recebeu a tarefa de escalar os penhascos de Pointe du Hoc e capturar a bateria de canhões pesados que poderiam ser usados contra as praias Utah ou Omaha.

Omaha: entre Vierville-sur-Mer e Colleville-sur-Mer, a praia Omaha seria atacada pelo 16º Regimento de Infantaria da 1ª Divisão de Infantaria dos Estados Unidos (a *Big Red One*) e pelo 116º Regimento de Infantaria da 29ª Divisão de Infantaria, sob o comando da 1ª Divisão de Infantaria dos Estados Unidos no assalto inicial. A 1ª Divisão de Infantaria foi a formação principal do V Corpo dos Estados Unidos sob o comando do major-general Leonard T. (Gee) Gerow.

Gold: entre Arromanches-les-Bains e La Rivière, a praia Gold seria atacada pela 69ª Brigada (incluindo o 6º Green Howards de Stan Hollis) e a 231ª Brigada da 50ª Divisão Britânica (Tyne--Tees), a formação principal do XXX Corpo Britânico sob o comando do tenente-general Gerald Bucknall. O 47º Comando Real de Fuzileiros Navais também desembarcaria no extremo oeste da praia Gold.

Juno: entre La Rivière e Saint-Aubin-sur-Mer, a praia Juno seria atacada pela 7ª Brigada e pela 8ª Brigada da 3ª Divisão de Infantaria Canadense, uma das duas formações principais do I Corpo Britânico sob o comando do tenente-general John Crocker.

Sword: entre Saint-Aubin-sur-Mer e o rio Orne, a praia Sword seria atacada pela 8ª Brigada da 3ª Divisão de Infantaria Britânica, pelo 41º Comando e o 48º Comando Real dos Fuzileiros Navais da 4ª Brigada de Serviços Especiais no Oeste e pelo 4º Comando Real de Fuzileiros Navais da 1ª Brigada de Serviços Especiais no Leste. A 3ª Divisão de Infantaria era a segunda formação principal do I Corpo Britânico.

Com os desembarques propostos nas praias Juno e Sword, o I Corpo Britânico tinha o maior número de unidades sob comando de que qualquer outra grande formação no Dia D. Esse tinha sido o foco principal do plano anterior do COSSAC, e talvez continuasse assim, com a expectativa de capturar Caen no primeiro dia.

A proteção para os flancos das forças de assalto à praia seria suprida do seguinte modo:

No oeste: 82ª e 101ª Divisões Aerotransportadas dos Estados Unidos, centradas em Sainte-Mère-Église. Sua missão era proteger o flanco oeste da praia Utah e proporcionar às forças dos Estados Unidos a oportunidade de tomar o porto de Cherbourg o mais cedo possível na campanha.

No leste: a 6ª Divisão Aerotransportada Britânica ficou encarregada de capturar e manter as travessias sobre o rio Orne e o canal do Orne, para evitar a ameaça de forças alemãs contra-atacarem o flanco leste da operação anfíbia. Também tinha como objetivo capturar a bateria de canhões pesados de Merville, que poderia ameaçar o extremo leste da praia Sword.

A análise dos desembarques em todas as praias e zonas de desembarque será descrita no Capítulo 10.

PARTE DOIS

EXECUÇÃO

7
CONFINAMENTO

Precisamos ter cuidado para não espalhar incômodos só para incomodar.[1]

Churchill estava preocupado. A Grã-Bretanha era agora um acampamento armado. Por melhor que fosse o plano de dissimulação, era impossível esconder a escala dos preparativos da Overlord. No início de 1944, ficou claro que enormes forças estavam se agrupando em todo o Reino Unido com a intenção de atravessar o Canal da Mancha.

Em junho de 1944, haveria mais de 1,6 milhão de homens e mulheres militares dos Estados Unidos no país. Havia ainda unidades navais, aéreas e terrestres canadenses, além de outras forças, algumas do Império e da Commonwealth (Comunidade Britânica das Nações) e outras de países europeus ocupados.

Toda a extensão das costas sul e leste da Grã-Bretanha estava agora coberta por bases e campos de treinamento. Aeródromos haviam surgido por todo o interior. Pelo menos isso ajudava a confundir o inimigo quanto ao local exato onde o golpe seria desferido, mantendo em aberto as possibilidades de um ataque a partir da Escócia ou da Escandinávia, do leste da Inglaterra em direção à Bélgica ou a Pas-de-Calais. Contudo, quanto mais longo o período de espera, maior o risco de um vazamento na segurança.

Apreensivo com a especulação crescente nos jornais sobre a natureza e o momento da volta à França, em 28 de janeiro Churchill escreveu a Eisenhower comentando sobre uma notícia publicada na imprensa,

IMEDIATO
De: Sextant
Para: Ministro do Ar

Primeiro Ministro para General Ismay.

Sua minuta de 1º de janeiro sobre organizações de segurança para a Overlord.

1. Não acho que será possível esconder do inimigo que grandes preparativos estão sendo feitos ao longo de nosso litoral. Contudo, pode ser possível evitar que imaginem quando, onde ou com que poderio nossas forças serão usadas.

2. Não sou a favor de tais restrições abrangentes que você propõe, particularmente a proibição de visitantes, nem uma data tão cedo como 1º de fevereiro. Precisamos ter cuidado para não espalhar incômodos só para incomodar. A questão pode ser levada ao Gabinete de Guerra, mas Sir Edward Bridges pode levar ao conhecimento dos membros a expressão desta minha opinião.

3. Estou totalmente de acordo com o parágrafo 5 da sua minuta. Em relação a isso, ver um desagradável artigo no *Sunday Times* de 2 de janeiro, de Scrutator, parágrafo 1, no qual um mês específico está claramente indicado. Sem dúvida muitas dessas considerações estão presentes na mente dos correspondentes militares e outros, mas ainda assim podem prejudicar. Neste caso, eu li nas notícias locais que o *Sunday Times* "afirmou que a operação não se dará até o mês mencionado" e isto sem dúvida é mandado para o mundo todo. Você deveria pedir para o Ministro da Informação considerar se alguma ação pode ser feita contra o *Sunday Times* e que as mais restritas injunções devem ser dadas a todos os jornais, em especial aos seus correspondentes militares, contra discussões e especulações sobre as perspectivas e possibilidades da Overlord.

Telegrama de Churchill para
Ismay, 4 de janeiro de 1944

(34)

COPY

FROZEN No. 1087.

TOO 041220Z.
TOR 041620z.

IMMEDIATE

From:- Sextant.

To:- Air Ministry.

FROZEN No. 1087. 4th January, 1944.

Prime Minister to General Ismay.

Your minute of January 1 about security arrangements for OVERLORD.

1.. I do not think it will be possible to conceal from the enemy that large preparations are being made along our coasts. It may, however, be possible to prevent his guessing when, where or in what strength our forces will be used.

2. I am not in favour of such sweeping restrictions as you now propose, particularly the visitors ban, nor of so early a date as February 1. We must beware of handing out irksome for irksome's sake. The question may be brought before the War Cabinet, but Sir Edward Bridges is to make the members acquainted with this expression of my opinion.

3. I entirely agree with para 5 of your minute. In this connection see a disgraceful article in the Sunday Times of January 2 by Scrutator, para. 1. in which a specific month is clearly indicated. No doubt many of these considerations are present in the minds of military correspondents and others, but none the less harm may be done. In this case I read in the local news that the Sunday Times "has stated that the operation will not take place until the month mentioned" and this no doubt is sent all over the world. You should ask the Minister of Information to consider whether any action can be taken against the Sunday Times and also that the strictest injunctions must be given to all the newspapers, and especially to their military correspondents, against discussing and speculation upon the prospects and possibilities of OVERLORD.

T.O.O. 041220z.

> informando que não deve haver tentativas de prever datas mesmo do mês ou da estação; que a discussão sobre o interesse ou probabilidade de desembarques em lugares específicos, seções da costa ou território deveria ser evitada; e, acima de tudo, que não deveriam ser feitas estimativas da escala em que os ataques seriam conduzidos, seja em termos de homens, seja em termos de material.[2]

O primeiro-ministro estava particularmente ansioso para que Eisenhower aplicasse a mesma "atitude rigorosa" aos correspondentes da imprensa credenciados em seu quartel-general. O receio era de que os repórteres conseguissem reunir e trocar pequenos fragmentos de informação e assim montar e publicar um quadro preciso dos eventos planejados. Os instintos naturais de Eisenhower eram de confiar nos correspondentes e construir relacionamentos positivos com eles, mas ficou acordado o uso da discrição e que nenhum repórter seria credenciado no seu quartel-general antes da operação.

Essas especulações não eram surpreendentes, principalmente nos jornais britânicos. A grande presença de militares no Reino Unido impunha uma tensão cada vez maior sobre o povo britânico e sua já debilitada infraestrutura e economia. Em 1944, a população civil tinha aguentado quatro anos de toques de recolher, racionamento e confinamentos durante a guerra. O fato de a vitória agora estar à vista só tornava ainda mais difícil suportar restrições à liberdade de expressão ou de movimentação. Entretanto, era isso que os militares exigiam agora para proteger a segurança de sua operação.

Churchill foi pego no meio do dilema. Como primeiro-ministro e ministro da Defesa, cabia a ele administrar o difícil problema de auxiliar a operação militar e ao mesmo tempo preservar as liberdades civis e uma aparência de vida normal. Não foi apenas sobre as implicações militares do plano da Overlord que ele começou a ponderar enquanto se recuperava em Marrakech. Em 4 de janeiro, em uma minuta para o general Ismay, ele expressou suas reservas quanto às restrições propostas na Frente Doméstica e quanto a "não espalhar incômodos só para incomodar".

Quando voltou a Londres, ele propôs uma reunião semanal, a ser realizada na Downing Street, às dezoito horas, todas as quartas-feiras (um horário que antes era usado para seu comitê, agora redundante, relacionado aos submarinos alemães), para tratar de questões civis, não militares. A participação foi limitada aos ministros mais diretamente envolvidos.

A primeira reunião se deu em 2 de fevereiro, e ouviu do ministro da Produção, Oliver Lyttelton, sobre o impacto potencial da Overlord no sistema de transporte interno. Havia o temor de que o movimento em larga escala de tropas e materiais impusesse uma enorme pressão adicional nas ferrovias, que poderia paralisar tudo. O aumento do tráfego operacional foi estimado em 900 mil toneladas, o que exigiria o transporte de mais 400 mil toneladas de carvão para manter os trens em movimento. Ao mesmo tempo, seriam necessários mais 6 mil homens para acelerar o carregamento de um maior número de vagões. O tráfego normal "em direção à costa" precisaria ser reduzido para dar lugar às necessidades militares especiais. As estradas e canais teriam de ser mais utilizados. O abastecimento das tropas no exterior seria afetado, e Lyttelton recomendou que a população civil no país fosse alvo de uma campanha publicitária "para deixar claro a todos os habitantes dessas ilhas a absoluta necessidade de economizar em transporte de todas as formas".

Na primavera, a capacidade de atender a essas metas de produção ainda vinha sendo prejudicada por movimentações de trabalhadores da indústria. Os mineiros de Yorkshire entraram em greve, assim como aprendizes dos estaleiros de Tyneside, de Clyde e de Yorkshire (protestando contra o alistamento obrigatório nas minas). Se não fosse resolvido, isso teria o potencial de se tornar o que Churchill chamou de "uma situação de extrema gravidade" e de exigir "medidas excepcionais".

Era um quadro sombrio, que só ficaria mais difícil. O general Morgan, agora trabalhando com Eisenhower nos preparativos da Overlord, escreveu para os chefes do Estado-Maior afirmando que a proibição de visitantes a cidades costeiras do sul e do leste era vital para o sucesso da operação e precisava entrar em vigor até 15 de março. Foi sugerido que o primeiro-ministro fizesse o anúncio. Vários argumentos foram apresentados apoiando a posição militar. A proibição reduziria a população não residente, facilitando a detecção de agentes inimigos. O vazamento de informações vitais era considerado mais provável por meio de visitantes do que por residentes. A pressão sobre o transporte seria reduzida. Bombardeios inimigos causariam menos perturbações se não houvesse visitantes de fora, enquanto a implantação dessas medidas mostraria ao público e ao exército dos Estados Unidos a seriedade com que o governo britânico encarava a operação. A questão contrapôs as autoridades militares às autoridades civis, representadas pelo Ministério do Interior (responsável pela ordem pública interna), pelo Ministério da Segurança Interna e pelo Ministério Escocês, que não se convenceram com argumentos apresentados. Eles questionaram se a ausência de não residentes realmente tornaria mais fácil identificar agentes inimigos ou reduzir o perigo de vazamento de informações, e consideraram que a polícia só conseguiria impor parcialmente a proibição por meio de verificações de surpresa. Eles apoiaram conceder à polícia nesses locais maiores poderes discricionários para prender pessoas sem documentos de identidade, fechar locais de reuniões públicas, controlar a movimentação de refugiados e introduzir uma censura mais rigorosa nas comunicações.

Os dois lados esperavam a arbitragem do primeiro-ministro. Nessa fase, Churchill ainda não se mostrava convencido pelos argumentos militares. Em uma minuta para o general Ismay e para Edward Bridges, secretário do Gabinete, antes da próxima reunião do Comitê da Overlord, ele deixou claro que não era "favorável às recomendações abrangentes agora propostas". Não estava disposto obedecer a ordens dos americanos em seu próprio solo, escrevendo: "Não queremos restringir o nosso povo só para impressionar os Estados Unidos". O assunto deveria ser considerado somente em questões de segurança, e nisso ele continuava cético. A ideia de que a proibição de visitantes aliviaria as estradas do congestionamento causado por bombardeios inimigos parecia "mais um eco de 1940", e ele achava igualmente provável que violações de segurança pudessem acontecer tanto por residentes como por visitantes.

> Em particular, desaprovo o caráter generalizado dessas ordens. Providenciem em uma folha de papel uma lista das coisas que vocês não querem que visitantes vejam, diferentemente de residentes, e onde elas estão basicamente localizadas. Eu me proponho fazer pessoalmente em breve uma turnê por algumas dessas cidades.[3]

Na reunião de 9 de fevereiro, decidiu-se que mais informações eram necessárias antes de se tomar uma decisão sobre a proibição, mas a polícia ganhou mais poderes. No geral, o comitê aceitou a visão, apoiada por Churchill, de que a perturbação da vida civil deveria ser minimizada pelo maior tempo possível, mas já era claro que a ênfase estava mudando em favor dos militares na medida em que se contavam os dias para o Dia D. Também havia um argumento de segurança a favor desse adiamento, pois o anúncio de qualquer proibição indicaria ao inimigo que grandes operações estavam em andamento.

Discussão semelhante envolveu a questão de decretar uma proibição de viagens entre o Reino Unido e a Irlanda. O Estado Livre Irlandês, composto pelos condados da Irlanda do Sul, ou Eire, havia conquistado sua independência da Grã-Bretanha em 1922 e – para grande irritação de Churchill – optou pela neutralidade na Segunda Guerra Mundial. Contudo, os seis condados da Irlanda do Norte continuaram sendo parte do Reino Unido, e a fronteira entre o norte e o sul continuou aberta. Quando trabalhava em Belfast, em 1943, Christian Oldham e suas colegas do WRENS escapuliam da austeridade e do racionamento da guerra fazendo incursões regulares a Dublin, para comer o máximo possível e comprar roupas, que elas contrabandeavam passando na volta pelos inspetores da alfândega. Como eram mulheres na casa dos vinte anos, elas não eram consideradas um risco de segurança, mas tanto alemães como japoneses mantinham uma representação diplomática em Dublin, e as viagens entre o Reino Unido e a Irlanda proporcionavam um canal óbvio para o vazamento de informações sobre o acúmulo e a movimentação de tropas para o Dia D.

Contudo, mais uma vez os argumentos se equilibravam numa linha tênue. Eisenhower, apoiado pelos chefes do Estado-Maior britânicos, considerava o fechamento da fronteira "vital para o sucesso" de sua operação e queria que fosse imposto o mais rapidamente possível, no máximo até 15 de março. Do outro lado, os ministérios civis queriam que fosse o mais tarde possível, preocupados com seu impacto na mão de obra irlandesa. Eles estimavam que cerca de 100 mil trabalhadores irlandeses estivessem empregados no Reino Unido, muitos em trabalhos vitais para a guerra, e sabiam que precisavam de outros mais para cumprir os prazos de construção e transporte para o Dia D. Eles temiam que uma proibição – ou o medo de uma proibição – fizesse muitos largarem o emprego e voltarem para casa. Para mitigar o problema, eles propuseram que quaisquer restrições só deveriam ser impostas com 24 horas de antecedência, e ressaltadas como temporárias.

O comitê resolveu seguir em frente com os preparativos. Roosevelt tentou sem sucesso convencer o governo irlandês a romper relações diplomáticas com as potências do Eixo, o que proporcionaria a cobertura perfeita para a ação britânica. A proibição acabou sendo anunciada em 12 de março, entrando em vigor no dia seguinte. Em defesa dessa medida na Câmara dos Comuns em 14 de março, Churchill fez questão de vincular a proibição à recusa de Dublin de expulsar as representações do Eixo e de dissociar suas críticas da política do governo irlandês ao elogiar "o grande número de irlandeses que estão lutando tão bravamente nas nossas forças armadas e os atos de heroísmo pessoal com que têm mantido viva a honra marcial da raça irlandesa".[4] E ressaltou: "Ninguém, acredito, pode nos reprovar por precipitação. Nenhuma nação no mundo teria sido tão paciente". Seguindo o conselho de seus colegas do Gabinete de Guerra, sua declaração foi alterada para deixar claro que a ação não fora tomada unilateralmente, mas sim por insistência dos Estados Unidos e em resposta à necessidade de proteger as forças americanas. Algumas partes mais inflamadas também foram cortadas para assegurar a ênfase na segurança, e não nas contínuas objeções de Churchill à reabertura de discussões sobre a divisão da Irlanda (que contavam com uma considerável simpatia dos americanos). Isso não impediu o parlamentar comunista escocês Willie Gallacher de vincular as duas questões:

> **Gallacher**: eu não gostaria de dizer nada que tornasse mais difícil uma situação muito difícil, mas gostaria de perguntar se não é possível, em quaisquer novas abordagens a Eire, sugerir que a questão da divisão seja um tema a ser discutido quando a paz estiver sendo decidida.
>
> **Primeiro-Ministro**: dificilmente eu poderia pensar em uma abordagem mais mal concebida para a unidade da Irlanda.

Churchill era rigorosamente contra essa atitude, particularmente da Irlanda e dos Estados Unidos. Em 19 de março, ele enviou um telegrama preventivo a Roosevelt confirmando sua intenção de deter navios e aviões irlandeses a caminho de países estrangeiros. Fez questão de enfatizar que essas medidas não estavam sendo adotadas por desdém, mas para preservar as vidas de soldados britânicos e americanos e impedir que "nossos planos sejam traídos por emissários enviados por mar ou por ar pelo ministro alemão em Dublin". Churchill deixou claro que não tinha intenção de interromper o comércio entre a Grã-Bretanha e a Irlanda, mas também não queria facilitar as coisas para De Valera, o Taoiseach (chefe do governo) da Irlanda. Churchill era firmemente contra conceder muitas garantias a Dublin sobre as medidas, afirmando que "não faz muito sentido um médico dizer a um paciente que o procedimento que acaba de prescrever para seus problemas nervosos seja apenas água colorida", argumentando que "precisamos deixar o medo cumprir seu processo saudável".

Uma porta pode ter sido fechada a vazamentos de segurança, mas ainda havia muitas outras pelas quais as informações poderiam sair do país. Diplomatas estrangeiros baseados no Reino Unido, inclusive os de potências neutras, tinham o direito de se comunicar por canais diplomáticos não censurados, normalmente chamados de "mala diplomática". Isso deveria ser suspenso? E quanto a navios e aeronaves deixando o país? Poderiam ser detidos? Se sim, por quanto tempo, sem prejudicar ainda mais a economia?

O genro de Churchill, o político conservador Duncan Sandys, foi um dos autores de um abrangente relatório sobre os "Preparativos de Segurança para a Overlord", que tentou abordar essas questões e identificar as medidas que poderiam ser adotadas antes da operação militar. O relatório defendia restrições abrangentes às comunicações. Todos os governos neutros deveriam ser proibidos de usar suas malas diplomáticas e códigos secretos (telegramas codificados). As comunicações deveriam ser censuradas e seus representantes, proibidos de deixar o país. O relatório reconhecia a Irlanda como um elo fraco entre a Grã-Bretanha e o mundo exterior e recomendava a censura de todas as cartas para a Irlanda do Norte.

De forma geral, o relatório sugeria várias medidas para intensificar ainda mais a censura aos correios e controlar a exportação de jornais locais, que poderiam revelar a localização exata de bases militares (reconhecendo que os jornais nacionais tinham um papel importante na propaganda, mas também o perigo de agentes inimigos usarem as colunas de pequenos anúncios para enviar mensagens). Propunha ainda um maior controle do transporte marítimo, inclusive a exclusão de barcos pesqueiros da costa sul da Inglaterra, e que o número de cidadãos de países aliados entrando no Reino Unido fosse mantido ao mínimo. O minúsculo enclave britânico de Gibraltar, fronteiriço com a Espanha de Franco, foi identificado como um ponto fraco específico, onde os serviços de segurança poderiam desempenhar um papel na verificação das tripulações que entravam e saíam da Grã-Bretanha.

O mais crucial no relatório era apoiar a ideia de uma proibição de visitantes defendendo a implantação de restrições em uma faixa costeira que ia do Wash (o estuário de Ânglia Oriental, separando Norfolk e Lincolnshire) até a Cornualha, incluindo a área na Escócia adjacente ao estuário de rio Forth. Contudo, Churchill ainda resistia. Na reunião do Comitê da Overlord de 1º de março, ele continuou "muito relutante em impor mais inconveniências ao público se não estivesse certo de haver um ganho real em segurança", e o subcomitê de segurança foi instruído a verificar se a proibição poderia ser limitada a certas partes da costa, sem proibir todo o acesso. Embora isso pudesse agradar os turistas, havia um furo óbvio na lógica, e, uma semana depois, o subcomitê apontou que uma definição mais precisa de áreas a serem excluídas de qualquer proibição "identificaria os lugares onde os preparativos estavam concentrados e daria pistas ao inimigo sobre a direção do ataque". Quando foi levada ao Comitê de Preparativos para a Overlord, em 8 de março, a questão foi encaminhada para uma instância superior. Chegou dois dias depois ao Gabinete de Guerra, onde Churchill cedeu e concordou a contragosto com sua instauração. Continuou em dúvida se a proibição melhoraria a segurança, mas "era muito importante dar às Forças envolvidas na 'Overlord' a garantia de estar sendo feito todo o possível para o sucesso da operação". À época, ele sabia que Eisenhower havia escrito aos chefes do Estado-Maior pressionando pela proibição. Depois de mais de um mês de indecisão, a medida entrou em vigor em 1º de abril.

A questão de limitar as comunicações diplomáticas foi particularmente sensível. Ia contra uma convenção de longa data nas relações internacionais, que resguardava o direito de os diplomatas se comunicarem livremente com seus governos de origem. Para ser eficaz, considerava-se necessário se aplicar tanto a aliados quanto a países neutros. As únicas exceções seriam os Estados Unidos e a União Soviética, com quem não se poderia arriscar um conflito diplomático. De Gaulle e seu Comitê Francês de Libertação Nacional também seriam incluídos. Havia um temor justificado de represálias por parte dos países afetados, que poderiam reagir censurando as comunicações de representantes britânicos no exterior. Apesar de se pensar que isso poderia ser contornado com os diplomatas britânicos usando as instalações seguras de seus aliados americanos, surgiu uma objeção de segurança inesperada. Em 7 de março, o secretário do Gabinete Edward Bridges enviou uma nota propositalmente breve a Churchill propondo uma reunião no dia seguinte – antes da reunião do Comitê de Preparativos para a Overlord – com o ministro das Relações Exteriores (Anthony Eden), o lorde presidente do Conselho (Clement Attlee), "C" (o chefe do Serviço Secreto de Inteligência MI6, Stewart Menzies) e talvez os chefes do Estado-Maior para tratar de "pontos de sigilo específicos que são vitais para a consideração da proibição das comunicações diplomáticas". As anotações de Churchill para a subsequente reunião do Comitê de Preparativos oferecem mais uma visão do lobby da comunidade de inteligência nos bastidores, observando que o Ministério das Relações Exteriores e o MI6 propunham que uma proibição de comunicações diplomáticas sem censura seria contra

> nossos interesses, porque nos deixaria no escuro sobre quais informações estavam vazando do país e chegando ao inimigo. (A extensão do nosso conhecimento sobre o que vaza pelos canais diplomáticos será explicada oralmente); e porque boa parte de informações erradas – inclusive nosso material do plano de cobertura – chega ao inimigo via comunicações diplomáticas.[5]

Essa era a prova de que a Grã-Bretanha não só interceptava ilicitamente comunicações diplomáticas supostamente seguras de poderes neutros para obter inteligência, como também utilizava ativamente esses canais como parte do plano de dissimulação da Overlord. A questão foi encaminhada pelo Comitê de Preparativos ao Gabinete de Guerra, que decidiu contra a decretação da proibição naquele momento, que afinal só foi instaurada à meia-noite de 17 de abril. Churchill mandou o seguinte telegrama ao presidente Roosevelt:

> PRIMEIRO-MINISTRO PARA PRESIDENTE ROOSEVELT
> Pessoal e Ultrassecreto
> Para salvaguardar a segurança da "OVERLORD" nós decidimos proibir representantes estrangeiros neste país de enviar ou receber comunicações, sejam telegramas cifrados, sejam malas diplomáticas. Também proibiremos mensageiros ou outros membros de corpos diplomáticos de deixar o país. A proibição entrará em vigor a partir da meia-noite de segunda-feira, 17 de abril, e continuará até após o lançamento da operação. Não se aplicará, é claro, aos seus representantes nem ao representante soviético, mas cobrirá representantes neutros e representantes de outros Governos Aliados, inclusive representantes do Comitê de Libertação da França e governos no exílio neste país.
> Estamos impondo essa proibição por ser nosso o desejo não deixar de fazer o que possa promover o sucesso da "OVERLORD", e temos sido muito influenciados pela visão do General Eisenhower, que pressionou bastante por isso.
> Explicaremos aos governos estrangeiros que a proibição está sendo imposta por prementes razões militares, e que muitas outras restrições estão sendo impostas ao nosso próprio povo no interesse da segurança.
> Esperamos que nenhum governo estrangeiro seja tentado a retaliar e proibir nossos representantes diplomáticos de enviar comunicações não censuradas. Se, contudo, algum fizer isso, podemos contar com a ajuda de seus representantes no país para nos possibilitar continuar enviando e recebendo comunicações não censuradas?
> Tantas informações sobre planos militares estão constantemente passando entre aqui e Washington que informações valiosas poderiam muito bem chegar ao inimigo por telegramas cifrados enviados por representantes de Governos estrangeiros nos Estados Unidos.
> Não tenho dúvida de que esteja disposto a considerar evitar algumas ações equivalentes por meio de representantes diplomáticos nos Estados Unidos.

Distribuição:

O Rei

Secretário das Relações Exteriores

Sir E. Bridges

General Ismay

Para informação:

Gabinete de Guerra

Secretário de Estado da Commonwealth

Lorde do Selo Privado

Ministro da Produção de Aviões

Ministro da Informação

Ministro de Serviços

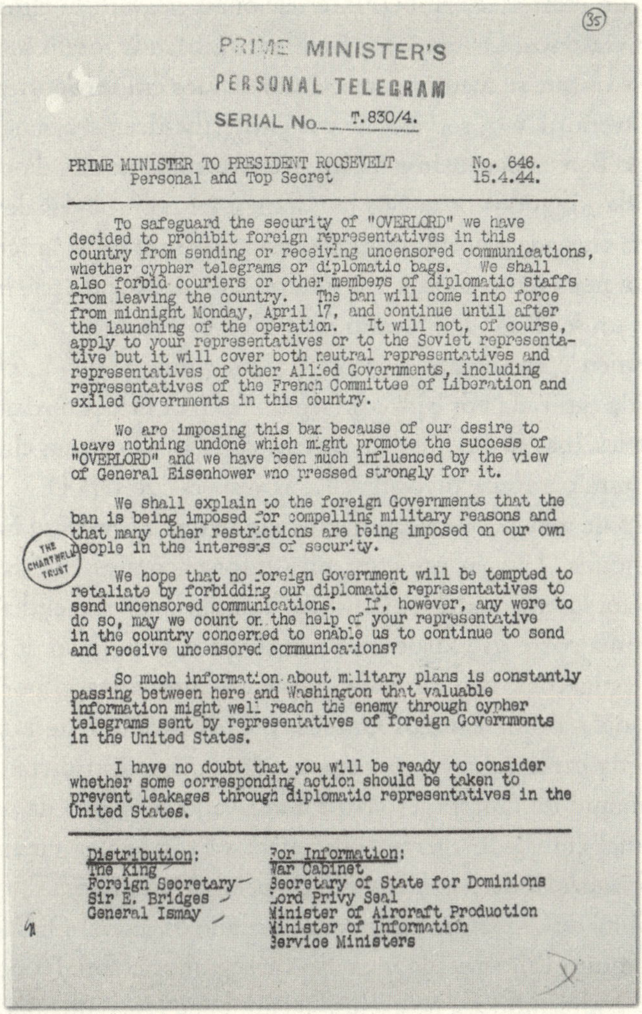

(35)

PRIME MINISTER'S

PERSONAL TELEGRAM

SERIAL No. T.830/4.

PRIME MINISTER TO PRESIDENT ROOSEVELT No. 646.
Personal and Top Secret 15.4.44.

To safeguard the security of "OVERLORD" we have decided to prohibit foreign representatives in this country from sending or receiving uncensored communications, whether cypher telegrams or diplomatic bags. We shall also forbid couriers or other members of diplomatic staffs from leaving the country. The ban will come into force from midnight Monday, April 17, and continue until after the launching of the operation. It will not, of course, apply to your representatives or to the Soviet representative but it will cover both neutral representatives and representatives of other Allied Governments, including representatives of the French Committee of Liberation and exiled Governments in this country.

We are imposing this ban because of our desire to leave nothing undone which might promote the success of "OVERLORD" and we have been much influenced by the view of General Eisenhower who pressed strongly for it.

We shall explain to the foreign Governments that the ban is being imposed for compelling military reasons and that many other restrictions are being imposed on our own people in the interests of security.

We hope that no foreign Government will be tempted to retaliate by forbidding our diplomatic representatives to send uncensored communications. If, however, any were to do so, may we count on the help of your representative in the country concerned to enable us to continue to send and receive uncensored communications?

So much information about military plans is constantly passing between here and Washington that valuable information might well reach the enemy through cypher telegrams sent by representatives of foreign Governments in the United States.

I have no doubt that you will be ready to consider whether some corresponding action should be taken to prevent leakages through diplomatic representatives in the United States.

Distribution:
The King
Foreign Secretary
Sir E. Bridges
General Ismay

For Information:
War Cabinet
Secretary of State for Dominions
Lord Privy Seal
Minister of Aircraft Production
Minister of Information
Service Ministers

Telegrama de Churchill para Roosevelt, 15 de abril de 1944

De forma gradual, inexoravelmente, o cerco estava sendo apertado. A reunião do Comitê de Preparativos de 15 de março aprovou muitas das medidas apresentadas no relatório de segurança anterior: confirmando a censura de 100% das cartas ao Eire, a países estrangeiros e a Gibraltar, e igualmente a Irlanda do Norte. Também deu margem a atrasos "artificiais" na correspondência para o exterior, garantindo um atraso de um mês entre o envio e o recebimento da maioria das cartas a países estrangeiros. A exportação de jornais locais foi restrita ao Império e aos Estados Unidos e proibida para países estrangeiros, Gibraltar, Eire e Irlanda do Norte. Telegramas internacionais estavam sujeitos a interpretações e atrasos. Os serviços aéreos para a Irlanda foram fortemente restritos, e os que se mantiveram eram operados em aeroportos fora da área da Overlord, e os serviços aéreos entre Aberdeen e a Suécia foram suspensos. Barcos pesqueiros foram excluídos dos portos da costa sul, e as partidas de todos os navios passaram a ser controladas de forma a atrasar sua chegada a portos estrangeiros. Os controles da imigração foram ainda mais reforçados, e até mesmo os cidadãos de países aliados que queriam se alistar agora eram mantidos ao mínimo.

O aumento na segurança ocorreu num clima de tensão crescente, sem dúvida agravada por lapsos na segurança. Por razões óbvias, poucos sabiam deles, mas Churchill com certeza sabia, e esses lapsos claramente contribuíram para suas preocupações às vésperas do Dia D.

Em 23 de março, os americanos acharam que a Overlord havia sido comprometida. Um pacote contendo informações essenciais sobre a operação foi interceptado em Chicago, a caminho de um endereço particular numa parte da cidade com uma grande população de alemães. Após investigações, descobriu-se que havia sido enviado por engano por um soldado dos Estados Unidos, que distraidamente escrevera o endereço da irmã no envelope, em vez do destinatário pretendido no Departamento de Guerra. O erro foi agravado pelo fato de os planos estarem mal embalados, terem sido abertos e vistos por várias pessoas não autorizadas; tudo isso levou tempo para ser apurado.

Por volta desse mesmo período, os britânicos estavam lidando com um tipo muito diferente de violação de segurança. Em 10 de março, Duncan Sandys almoçou no exclusivo Park Lane Hotel de Londres com o capitão Basil Liddell Hart, um eminente historiador e estrategista militar e muito influente no desenvolvimento de teorias sobre guerra mecanizada moderna. Depois da refeição, os dois se retiraram para a sala de estar privativa do capitão Hart no hotel, onde, segundo Sandys, "No curso de uma conversa genérica sobre questões militares de caráter não sigiloso, ele mencionou que tinha fortes dúvidas sobre a sensatez do nosso plano para a invasão do continente".[6] Isso fez os ouvidos de Sandys se aguçarem. Apesar de bem relacionado nos círculos militares, o capitão Liddell Hart não tinha nenhuma razão oficial para saber sobre os planos da Overlord. No entanto, no decorrer de seus comentários subsequentes, ele falou que o plano era desembarcar na costa da Normandia, em praias que conhecia bem desde criança, tendo possivelmente mencionado Caen, e "disse que Montgomery tinha feito várias melhorias menores no plano desde que havia assumido". Sandys "teve a impressão de que o capitão Liddell Hart estava de posse de informações precisas sobre futuras operações militares". Alarmado, informou ao general Ismay e a Anthony Eden.

Ismay levou a questão à atenção do primeiro-ministro, que ordenou uma investigação. Churchill decidiu não dizer nada a Eisenhower nessa fase, pois queria descobrir exatamente quem havia conversado com Liddell Hart e se só havia oficiais britânicos implicados.

Ismay logo constatou que Liddell Hart também tinha se encontrado com Sir Stafford Cripps, o político trabalhista e ministro da Produção de Aeronaves, em um fim de semana numa casa de campo em 4 de março, onde disse a Cripps "que estava bem claro que não empreenderíamos operações contra a Europa sem cobertura de caças, o que limitava o ponto de ataque ao norte da França, e sua opinião era que seria melhor atacarmos na baía de Biscaia".[7] Em seguida, entregou um texto a Cripps, subsequentemente encaminhado ao adjunto do primeiro-ministro, Clement Attlee, intitulado "Algumas reflexões sobre o problema de invadir o continente". Escrito no final de janeiro, era uma especulação sobre um provável ataque no norte da França e sugeria que nossas táticas eram dominadas por "convenções de tempo e espaço do passado"; que o perigo era que, se conseguíssemos chegar à costa, só formaríamos "uma cabeça de praia rasa e estreita, tão vagarosa na expansão que os alemães teriam tempo para se concentrar contra ela".

Havia muito ali para irritar Churchill: o ataque às táticas britânicas, o lobby de membros do alto escalão de seu governo (dos dois principais partidos políticos) e a possibilidade de Liddell Hart estar obtendo informações privilegiadas sobre os futuros desembarques. Ademais, havia ainda um temor, relacionado às próprias reservas de Churchill, de que o capitão Liddell Hart pudesse estar certo. Com certeza o material suscitava uma entrevista, e Liddell Hart foi chamado para uma embaraçosa reunião com o general Ismay e o brigadeiro Jacob, às 17h15 do dia 19 de março. Ele admitiu ter dado cópias de seu texto ao lorde Beaverbrook, a Stafford Cripps, a Duncan Sandys e a dois ou três generais americanos, inclusive a Patton e a Gerow, mas negou ter recebido informações classificadas sobre o plano e afirmou que "os generais tinham falado com ele, como uma pessoa responsável e muito franca, sobre a concepção geral".

Churchill ficou furioso e queria transformar a questão em um processo judicial, dizendo a Ismay: "Se esse homem se mantivesse preocupado com o assunto por algumas semanas, seria uma lição para ele, mesmo se não levássemos até o fim". Na verdade, não havia fundamento para tal curso de ação. Churchill passou a informação a Eisenhower e ficou irritado ao saber que Liddell-Hart continuava frequentando quartéis-generais americanos. Isso levou a um último acesso de raiva de Churchill sobre o assunto com Ismay:

> Acho que ele deveria ser repreendido e ter o nome estampado no portão de todas as Forças Armadas neste país. A culpa é nossa por ele ser uma das nossas ovelhas negras e você deveria reconsiderar a carta ao general Eisenhower a partir desse ponto de vista, deixando claro que a culpa é nossa.[8]

Liddel-Hart, que não estava bem de saúde, foi aconselhado a voltar para sua casa em Westmoreland por um período prolongado – onde o serviço de segurança o manteve sob vigília.

Ironicamente, anos depois, em 1969, Liddell Hart teria a última palavra ao contribuir com um ensaio para um livro controverso intitulado *Churchill: Four Faces and the Man*. Em seu ensaio sobre Churchill, "The Military Strategist", ele concluiria que, "a partir do momento em que o desembarque na Normandia foi realizado", Churchill deixou de "ter qualquer influência importante no curso da guerra – ou na sua sequência".[9]

No final de maio, na iminência do Dia D, Churchill teve a mesma experiência quanto à presença de J. Loy Maloney no Reino Unido, editor do *Chicago Tribune* e conhecido como um crítico feroz da política britânica na imprensa dos Estados Unidos. Maloney foi impedido de deixar o país. Brendan Bracken, o ministro da Informação, ficou indignado por Maloney ter sido autorizado a entrar no Reino Unido num momento em que a maioria das viagens estava sendo restrita, inclusive para diplomatas, escrevendo que preferiria "ver um convite enviado a Himmler para vir à Inglaterra do que a Maloney". O episódio ocorreu exatamente quando Eisenhower pedia que a proibição de viagens diplomáticas se estendesse por um período após o Dia D, o que provocou uma resposta irritada de Churchill a Ike em 31 de maio:

> Provavelmente você não tem ideia do enorme inconveniente e desgaste que esse sistema [a proibição de viagens diplomáticas] tem causado. O Comitê Francês de Libertação Nacional é apenas um exemplo; mas, em todos os casos, o Ministério das Relações Exteriores está gravemente prejudicado.
>
> [...] Devo confessar que não percebi que representantes americanos não oficiais estariam livres para ir e vir entre aqui e os Estados Unidos durante todo o período em que estamos impondo essa proibição a todas as embaixadas. Entre os casos recentemente a nós apresentados estava o do editor do "Chicago Tribune".
>
> Eis aqui um verdadeiro inimigo, trabalhando em um jornal que publicou que os americanos decifraram o código japonês, e um jornal que o Presidente definiu como "Quinta Coluna nos Estados Unidos".[10]

Adicione-se a isso o lapso de um oficial sênior americano embriagado e a aparição estranha (e aparentemente casual) de vários codinomes da Overlord nas palavras cruzadas do *Daily Telegraph*; é fácil entender o nervosismo do momento. Soldados comuns cometendo erros acidentais; especialistas fazendo suposições sobre planos muito próximos da verdade. E o tempo todo com constantes especulações da imprensa. Ninguém estava imune. Até mesmo a confiável Joan Bright depois confessou ter vivido um momento de aflição ao perceber de repente que tinha acabado de deixar uma pasta com documentos oficiais numa agência dos correios. Felizmente, quando ela voltou às pressas, a pasta ainda estava lá.

Quanto mais longa a espera pelo início das operações, maior o risco de novos incidentes. Churchill gostava de estar no centro dos grandes acontecimentos e de tomar decisões, mas era uma pressão diferente – um período prolongado de espera pelo momento decisivo. Isso afetou sua saúde.

Churchill estava com 69 anos e ainda se recuperava da pneumonia que quase o matou antes do Natal. Ocupava o cargo de primeiro-ministro havia quase quatro anos, e talvez fosse inevitável que a tensão começasse a transparecer. Não sofreu um derrame ou ataque cardíaco, mas os de seu entorno sabiam que as coisas não andavam muito bem.

Sua filha Mary estava com ele no começo de fevereiro, quando foram juntos assistir à peça *There Shall Be No Night*, ambientada na Finlândia entre 1938 e 1940:

> A primeira cena era em 1938 – em Munique. No intervalo eu falei: "Isso nos leva um pouco de volta ao passado, nós percorremos um longo caminho desde então". Meu pai disse: "Naquela época eu sabia o que aconteceria, e agora, não; essa é a diferença".
>
> Nas últimas vezes que vi meu pai, fiquei impressionada com sua preocupação e ansiedade com o futuro – sua incerteza. Sei que ele prevê muito mais problemas, tristezas e lutas à frente do que podemos imaginar.[11]

Alexander Cadogan, o principal diplomata do país como subsecretário de Estado, acompanhou de perto as ações de Churchill desde o começo da guerra, participando de reuniões do Gabinete e viajando com o primeiro-ministro. Na primavera de 1944, várias anotações de seu diário registram sua preocupação com a saúde física e mental de Churchill.

> Segunda-feira, 20 de março – primeiro-ministro estava corado e parecia muito confuso. Espero que não esteja indisposto.

Terça-feira, 21 de março – primeiro-ministro confessou nesta manhã que estava cansado – ele está quase exaurido.

Quarta-feira, 19 de abril – temo que primeiro-ministro esteja entrando em colapso. Divaga sem uma pausa, e realmente não chegamos a lugar algum até as 7h40 [...] Estou realmente preocupado com o primeiro-ministro. Não é mais o homem que era doze meses atrás, e realmente não sei se ele pode continuar.[12]

Em 7 de maio, a apenas um mês da operação Overlord, Churchill fez uma rara admissão de fraqueza ao general Brooke. Depois de assistir a um filme em Chequers, os dois se retiraram para um pequeno escritório onde Churchill se sentou perto da lareira, tomou um pouco de sopa e – parecendo muito velho e cansado – disse que não era mais o homem que costumava ser:

> Ele disse que continuava dormindo bem, comendo bem e principalmente bebendo bem como sempre, mas que já não pulava da cama como antes, e que achava que se sentiria muito contente em passar o dia todo na cama. Eu nunca o tinha ouvido admitir que estava começando a falhar.[13]

Harry Butcher notou que o discurso pelo rádio de Churchill de 26 de março "carecia de seu habitual vigor inspiracional", enquanto Jock Colville considerou o discurso indiferente. A linguagem usada dava sinais de cansaço e frustração. Churchill começou agradecendo sua audiência por toda a bondade com que o trataram "a despeito de (minhas) muitas falhas". Admitiu que "nosso progresso não foi tão rápido ou decisivo quanto esperávamos", mencionando os atrasos no avanço na Itália e referindo-se a sua decepção com o fracasso dos Aliados em dominar as ilhas do Egeu. Um rascunho anterior continha até mesmo um trecho apagado em que se queixava do trabalho em tempo integral que era "manter as coisas mansas entre nós e todas as outras potências, grandes e pequenas". Apesar de ter concluído com a confiante assertiva de que "a Grã-Bretanha pode aguentar. Ela nunca hesitou nem falhou", não foi exatamente um "lutar nas praias".*

Em alguns momentos sua raiva transparecia. Eisenhower contou que o primeiro-ministro advertiu energicamente um oficial britânico que inadvertidamente se referiu aos soldados britânicos como "corpos" em sua apresentação: "Ele disse que era desumano falar de soldados de maneira tão fria, e que soava como se fossem apenas carga – ou, pior, cadáveres!".[14]

Não há indícios de que Churchill estivesse assim o tempo todo. Certamente havia momentos mais leves. Joan Bright adorava contar a história de quando o general Leslie Hollis estava de plantão no escritório de Churchill numa manhã de sábado em meio ao planejamento da Overlord. Os três chefes do Estado-Maior britânicos – Brooke, Cunningham e Portal – estavam pescando no interior e, diante de um dia potencialmente tranquilo, o general Ismay tinha ido para casa. Inevitavelmente, o telefone tocou. Era Churchill ligando de Chequers; será que o chefe do Estado-Maior Imperial poderia ir se encontrar com ele, pois havia uma ou duas coisas que gostaria de discutir. Hollis teve de explicar que ele não estava em Londres. Então, o primeiro-ministro perguntou sobre o chefe do Estado-Maior da Aeronáutica. Com o coração apertado, Hollis teve que dar a mesma resposta. Ele sabia o que viria a seguir. Churchill perguntou pelo Primeiro Lorde do Almirantado. Mesma resposta.

> Então, houve um silêncio significativo [...] "E o que todos eles poderiam estar fazendo?" E Hollis, depois de muito pensar, respondeu: "Primeiro-ministro, eles estão pescando". "Pescando", ele repetiu, em curto-circuito, "pescando", e depois houve uma longa explicação sobre estar havendo uma grande guerra com um dos maiores preparativos acontecendo para a maior invasão da história e eles vão pescar! E continuou dizendo "pescando" e "pescando", e depois perguntou se poderia falar com o general Ismay e foi informado de que ele estava no interior.

* Referência ao discurso "We shall fight on the beaches", feito por Churchill em junho de 1940, em meio ao período de confronto na França. (N.E.)

Em seguida, exasperado, o primeiro-ministro falou: "Bem, Hollis, talvez você possa vir".[15]

Uma história maravilhosa, provavelmente enriquecida pela repetição da narrativa, que também consta nas memórias de Hollis. Ilustra o estado de inquietação de Churchill nesse período, fazendo questão de manter uma visão geral dos preparativos. Conforme o inverno de 1943 se mesclava ao verão de 1944, a intensidade dos preparativos de pessoal, das unidades e das formações para a invasão da Europa aumentava. O sucesso da maior operação anfíbia multinacional já concebida só seria conseguido com um treinamento rigoroso e ensaios realistas de todas as unidades navais, terrestres e aéreas designadas para a ordem de batalha da Overlord. O acampamento armado em que se transformou o sul da Inglaterra foi o cenário para alguns dos exercícios finais antes do lançamento da operação. Slapton Sands, na costa sul de Devon, tinha uma topografia semelhante à da praia Utah, na península de Cotentin, onde a 4ª Divisão de Infantaria dos Estados Unidos faria seu assalto.

Com os vilarejos ao redor evacuados e cerca de 3 mil moradores locais obrigados a deixar suas casas, o treinamento em Slapton Sands começou no final de 1943, mas, nos dias 27 e 28 de abril de 1944, o raio caiu duas vezes no mesmo lugar. O Exercício Tiger estava programado para se dar entre 22 e 28 de abril, culminando no desembarque de 30 mil soldados americanos da 4ª Divisão de Infantaria. Para acrescentar mais realismo, o ensaio dos desembarques seria realizado com o trovejante apoio de baterias navais passando por cima dos jovens soldados atacando a praia, como parte da inoculação para a batalha. O primeiro dos desembarques foi agendado para as 7h30 do dia 27 de abril; contudo, várias lanchas de desembarque se atrasaram devido a condições marítimas difíceis, e o comandante naval dos Estados Unidos ordenou o adiamento da Hora H do exercício para as 8h30. O apoio do fogo naval ficou a cargo do navio britânico HMS *Hawkins*. Infelizmente, houve falhas de comunicação entre as tropas britânicas e americanas durante o exercício. Apesar de o plano do exercício incluir uma pausa de trinta minutos entre o final do bombardeio da praia e os desembarques de assalto, os novos horários não foram recebidos por todas as unidades. O resultado trágico foi o de soldados americanos começarem a desembarcar em Slapton Sands com o navio de guerra britânico ainda desferindo seu fogo letal na praia. Até hoje não se sabe quantos americanos perderam a vida naquela manhã, mas o pior ainda estava por vir.

A fase final do Exercício Tiger seria um desembarque ainda maior em Slapton Sands na manhã seguinte. É notável que o exercício não tenha sido interrompido depois da primeira tragédia, mas continuou mesmo assim. Mesmo com a segurança operacional e a dissimulação sendo considerações predominantes nos preparativos para o Dia D, informações sobre o Exercício Tiger tornaram-se conhecidas pela Kreigsmarine [Marinha] alemã. Apesar de a maioria dos principais navios alemães ter sido afundada ou neutralizada, havia flotilhas de E-boats armados com torpedos (conhecidos pelos alemães como S, ou *Schnellboote*) baseadas em Cherbourg e nas ilhas do Canal da Mancha. Quando as frotas de lanchas de desembarque de tanques e da infantaria se formaram para o exercício e partiram da baía de Lyme, na noite de 27/28 de abril, em direção a Slapton Sands, nove E-boats alemães os avistaram e se prepararam para atacar. O comboio de T-4 deveria ter sido protegido por dois encouraçados britânicos, mas um deles, o HMS *Scimitar*, foi avariado numa colisão e retirado do exercício. O radar britânico detectou a aproximação dos E-boats alemães, mas presumiu-se que faziam parte do exercício. O navio de escolta restante, o HMS *Azalea*, não entrou em ação. "Navegamos em uma ignorância fatal", escreveu o tenente Eugene E. Eckstam, um médico a bordo da primeira das duas lanchas de desembarque de tanques (LST na sigla em inglês) a serem atacadas.

Pouco depois da 1h30 de 28 de abril, os E-boats da Kreigsmarine atacaram. Ao longo da caótica hora seguinte, duas LST foram afundadas, com uma enorme perda de vidas. Outras embarcações foram gravemente avariadas. Veículos e homens haviam embarcado totalmente carregados de combustível e munição, para simular os desembarques reais, e isso só intensificou os incêndios nos navios atingidos. Estranhamente, os soldados não tinham sido treinados para usar propriamente seus coletes salva-vidas. Muitos se afogaram com os coletes amarrados incorretamente ao redor da cintura, que os viraram de cabeça para baixo na água. A uma temperatura de menos de 6 °C, muitos morreram de hipotermia antes de serem resgatados. A confusão noturna foi exacerbada pelo fato de o exercício ter sido conduzido com os rádios em silêncio e pela subsequente constatação de os navios de escolta britânicos e as lanchas de desembarque americanas estarem sintonizados em frequências diferentes.

Com o amanhecer, veio o conhecimento chocante de ter ocorrido uma grande tragédia. No total, cerca de 749 soldados e marinheiros dos Estados Unidos perderam a vida naquela noite, duas LST foram afundadas e outras duas seriamente avariadas. Os barcos alemães escaparam sem baixas, mas, no início de junho, o Quartel-General Supremo das Forças Expedicionárias Aliadas (SHAEF, na sigla em inglês) despachou bombardeiros Lancaster da RAF para eliminar as bases dos E-boats com bombas *Tallboy* de 12 mil libras. Outras lições foram aprendidas com a tragédia do Comboio T-4. Os navios deveriam ziguezaguear, não navegar em linha reta; as frequências de rádio deveriam ser as mesmas em toda a frota; haveria barcos de resgate entre as lanchas de desembarque para salvar soldados no mar, e todos os militares de todas as patentes deveriam ser treinados para usar corretamente os coletes salva-vidas. Depois dos desastres de 27 e 28 de abril, a suprema ironia foi a 4ª Divisão de Infantaria ter desembarcado com sucesso na praia Utah em 6 de junho de 1944, com apenas 197 soldados mortos ou feridos. O sucesso foi decorrente do preço horroroso pago durante o Exercício Tiger, que na época foi definido como informação classificada e não revelada. As perdas decorrentes do Exercício Tiger só foram reportadas pelo SHAEF em agosto de 1944, e absorvidas entres baixas contabilizadas nos verdadeiros desembarques do Dia D. Atualmente, há um memorial na praia Utah em homenagem aos 946 militares americanos conhecidos que morreram nas duas tragédias ao largo da costa de Slapton Sands durante o Exercício Tiger. O sacrifício não foi em vão. O ensaio foi essencial para a vitória final, mas tais perdas só aumentaram a aflição de Churchill em relação aos verdadeiros desembarques. Tudo isso ilustra por que os preparativos, a dissimulação, a segurança e o confinamento eram tão importantes.

Apesar de estar ciente da necessidade de segurança, o primeiro-ministro deixou seu secretário particular de 29 anos, Jock Colville, voltar a integrar a RAF e passar por um curto período de voos operacionais por volta do Dia D. Churchill admirava a coragem e lembrava com carinho e nostalgia suas próprias aventuras militares da juventude. Ao conceder sua permissão, falou de seu próprio desejo de entrar em ação, dizendo a Colville que ele [Churchill], "se pudesse, estaria entre os primeiros na cabeça de praia [...] – e como seria divertido chegar lá antes do Monty". Uma ideia foi plantada à qual ele voltaria. Contudo, mesmo liberar seu secretário particular foi um risco. Colville tinha sido fotografado ao lado do primeiro-ministro. Se fosse abatido e capturado, saberia de muitos segredos, inclusive a data e o local prováveis da Overlord. Ficou acordado que ele só voaria sobre a França depois do Dia D. Quando se juntou ao seu esquadrão, Colville constatou que muito se falava sobre a data da operação, e com especulações perigosamente acuradas. Quando seus novos colegas acertavam a data e o local prováveis do ataque, ele "só podia esperar que os alemães fossem menos inteligentes em suas deduções".

Era da natureza de Churchill demonstrar suas emoções, e nos meses que antecederam o Dia D as emoções dominantes eram de impaciência e frustração crescentes. Ele conseguia supervisionar e influenciar os preparativos civis, mas queria muito ter um papel maior nas operações militares. Eisenhower mantinha Churchill informado por intermédio dos chefes do Estado-Maior Conjunto, mas mantinha certa distância, trabalhando em seu quartel-general em Bushy Park, fora de Londres, perto do Palácio de Hampton Court. O primeiro-ministro ainda não se dispunha a renunciar a toda a sua influência. O político nem sempre podia ser tão facilmente desvinculado do militar. Continuava a haver questionamentos sobre o controle e o uso do poder aéreo. O palco estava montado para uma última incursão ministerial na estratégia da Overlord.

8
O ÚLTIMO RESQUÍCIO DE FORÇA

Havia um limite para o morticínio, e para a raiva e para o ressentimento que isso suscitaria entre os franceses, limite além do qual não poderíamos ir.[1]

O confinamento não era o único conflito de Churchill. Ele também ponderava sobre a natureza que a ofensiva dos Aliados assumiria. A supremacia aérea sobre a França era uma das precondições para a Overlord, e, no início de 1944, os Aliados tinham uma enorme força aérea concentrada na Grã-Bretanha. Contudo, isso não significava que houvesse acordo total sobre como utilizar essa força.

A estrutura de comando era complicada. O comandante-adjunto de Eisenhower era o marechal-chefe do ar britânico, Arthur Tedder, mas a Força Expedicionária Aliada tinha sua própria força aérea, sob o comando do Marechal do Ar Trafford Leigh-Mallory. Essas forças consistiam em caças, bombardeiros leves e médios, que podiam ser usados no apoio às tropas terrestres, e aeronaves especializadas em reconhecimento, transporte e reboque de planadores.

O controle dos bombardeiros pesados americanos, parte da 8ª Força Aérea do Exército dos Estados Unidos, estava com o tenente-general James Doolittle. Ele se reportava ao tenente-general Carl Spaatz, comandante das Forças Estratégicas dos Estados Unidos na Europa, que, por sua vez, se reportava a Eisenhower, o comandante supremo do teatro de guerra americano. Entretanto, os bombardeiros pesados britânicos eram controlados separadamente pelo Comando de Bombardeiros, dirigido pelo Marechal do Ar Arthur Harris, subordinado ao chefe do

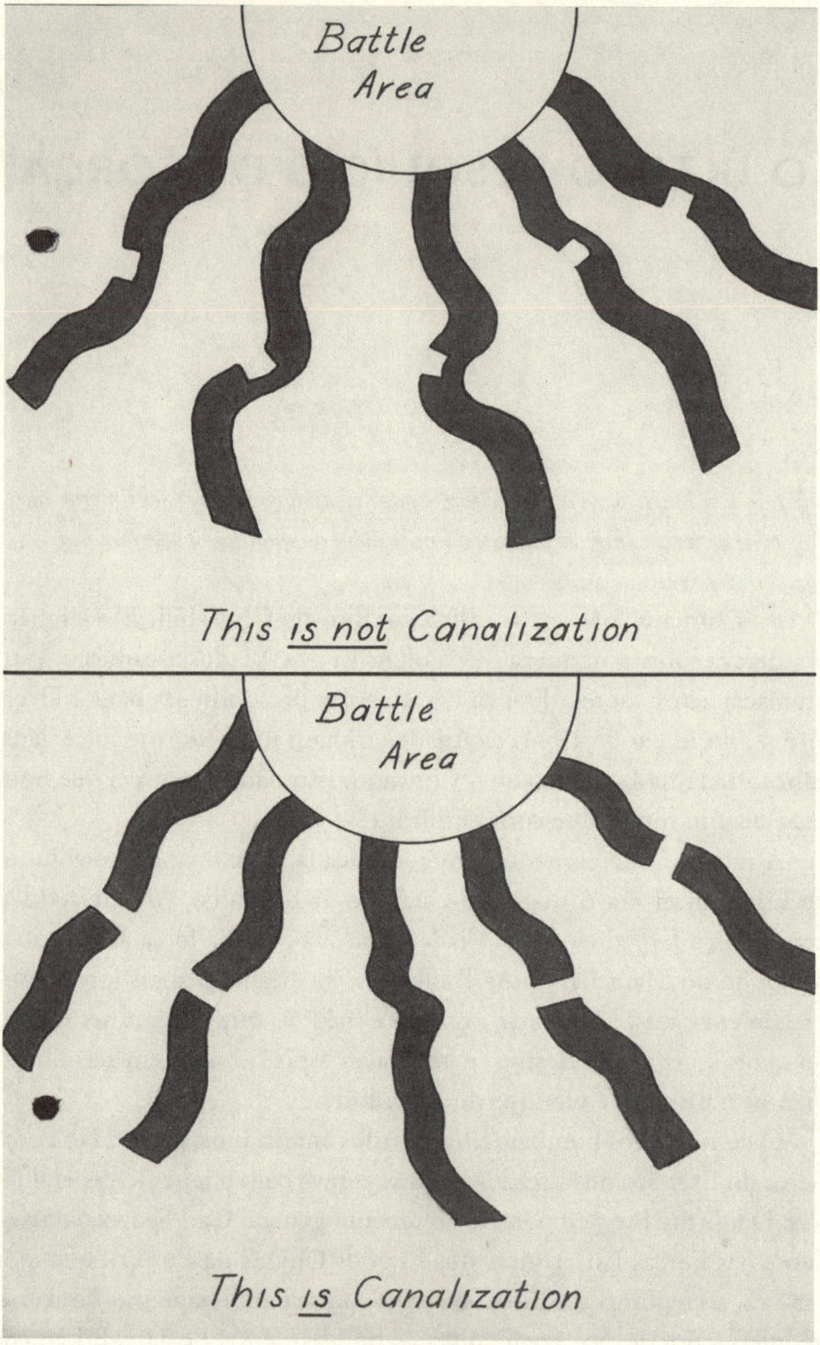

Diagrama de documentos do vice-marechal do ar Bufton ilustrando os danos necessários às linhas ferroviárias para desorganizar o inimigo, c.1944

Estado-Maior da Aeronáutica, Charles Portal. O Comando Costeiro da RAF também era independente, sob o comando do marechal-chefe do ar Sholto Douglas. Acima de todos estavam os chefes do Estado-Maior Combinado, Churchill e seu Comitê de Defesa, o Gabinete de Guerra e Roosevelt, como comandante em chefe americano. Isso não teria sido um problema se todos tivessem concordado com uma estratégia clara para a utilização do poder aéreo, mas não havia esse acordo.

Eisenhower acreditava que todas as forças aéreas aliadas operando no teatro de guerra da Europa Ocidental deveriam estar subordinadas ao seu comando no período imediatamente anterior e no seguinte à operação do Dia D, argumentando que, "quando uma batalha precisa da última gota de força disponível, o comandante não pode estar em posição de depender de solicitação e negociação para consegui-la". Spaatz e Harris argumentaram que o melhor uso de suas forças estratégicas de bombardeiros pesados seria continuar o que já faziam, que o bombardeio contínuo em grande escala das cidades e de indústrias alemãs paralisaria a economia do país e abateria o moral do inimigo, enfraquecendo, assim, a resistência à Overlord. Em particular, Spaatz via o ataque aos suprimentos de petróleo alemães como a melhor forma de paralisar o inimigo. Eles não acreditavam que fosse certo utilizar o enorme – mas geralmente impreciso – poder destrutivo de suas forças no apoio a tropas terrestres ou em objetivos militares específicos, como linhas férreas, estradas e pontes, que poderiam ser destruídos com mais precisão por aviões menores ou por sabotagem. Harris foi caracteristicamente direto:

> O único apoio eficiente que o Comando de Bombardeiros pode dar à Overlord é a intensificação dos ataques a centros industriais adequados na Alemanha, se e quando houver oportunidade. Se tentarmos substituir esse processo por ataques a plataformas de artilharia, defesas de praias, comunicações ou depósitos em território ocupado, cometeremos o erro irremediável de desviar nossas melhores armas da função militar, para a qual foram equipadas e treinadas, para tarefas que não podem ser efetivamente realizadas. Apesar de poder dar uma aparência ilusória de "apoio" ao Exército, na realidade seria o mais grave desserviço que poderíamos prestar. Isso levaria diretamente ao desastre.[2]

Eisenhower não se convenceu. Continuou insistindo na necessidade de uma ofensiva de bombardeios massiva contra fortificações e infraestruturas alemãs para apoiar um ataque dessa escala e que os bombardeiros eram necessários para muito mais que "um mero complemento do Comando Aéreo Tático". Ike conseguiu o que queria. O Comando de Bombardeiros e a Força Aérea do 8º Exército foram postos sob seu controle supremo no período imediatamente anterior à Overlord.

Para Churchill, isso levantou diversas questões: seria adequado desviar tantos recursos dos bombardeios da Alemanha? Qual seria a melhor forma de utilizar as forças de bombardeiros para apoiar as operações na França? E qual seria o impacto na população francesa de uma campanha de bombardeios na escala proposta agora por Eisenhower? Churchill já havia expressado apreensão, em novembro de 1943, quanto aos alemães "ganharem um alívio muito sensível de ataques aéreos em consequência do lançamento da Overlord", mas também reconheceu que seria muito difícil resistir a uma reivindicação do comandante em chefe "de controlar todas as forças de bombardeiros estratégicos no momento real da Overlord por elas serem parte vital de sua operação". Na prática, o controle sempre passaria a Eisenhower no período próximo ao Dia D; era uma questão de quando, não de se. Contudo, isso não significava que o primeiro-ministro tivesse perdido o interesse na forma como as forças de bombardeiros seriam usadas.

Churchill tinha uma longa experiência com o desenvolvimento e o uso do poder aéreo. Como secretário de Estado da Guerra e do Ar logo após a Primeira Guerra, presidiu a criação da RAF e, como ministro responsável pelas colônias britânicas, tentou aproveitar esse novo poder para fins políticos, usando aviões em vez de tropas para policiar os desertos da Mesopotâmia e da Transjordânia (atuais Iraque e Jordânia). No decorrer dos anos 1930, foi um defensor ferrenho do rearmamento, em particular o desenvolvimento de uma força de bombardeiros moderna. Ao se tornar primeiro-ministro, em 1940, uma de suas primeiras medidas foi sancionar bombardeios contra o inimigo, e continuou a defendê-los como uma forma de tomar a ofensiva, fustigando a Alemanha para prejudicar sua capacidade econômica, abater o moral e aliviar a pressão na frente russa e no Mediterrâneo. Em seu célebre discurso no auge da Batalha da Inglaterra, depois de enaltecer a bravura dos pilotos de caça – "Nunca no campo dos conflitos humanos tantos deveram tanto a tão poucos" –, Churchill passou a prestar homenagem aos tripulantes dos bombardeiros:

> Mas nunca devemos esquecer que, durante o tempo todo, noite após noite, mês após mês, nossos esquadrões de bombardeiros viajam para o interior da Alemanha, encontram seus alvos na escuridão com as mais altas habilidades navegacionais, dirigem seus ataques, muitas vezes sob o fogo mais pesado, muitas vezes com perdas graves, com discriminação meticulosa e intencional, e desfecham golpes devastadores em toda a estrutura técnica e bélica do poder nazista.[3]

Na Conferência de Casablanca, ele apoiou a diretiva que intensificou a Ofensiva Aérea Conjunta contra a Alemanha e defendeu solidamente os ataques cada vez maiores a cidades alemãs como um meio de apoiar os soviéticos. Apoiou a operação Pointblank, a campanha estratégica de bombardear a Alemanha noite e dia a fim de paralisar o sistema militar, industrial e econômico do país.

Churchill via a campanha de bombardeios como um pré-requisito e um acompanhamento para a Overlord. Tendo visto a Grã-Bretanha sofrer sob a Blitz, tinha poucas restrições quanto ao impacto das bombas na população civil alemã, influenciado pelo seu assessor científico, lorde Cherwell, que argumentava que isso ajudaria a abater o espírito do povo alemão. Contudo, compreensivelmente, ele não estava interessado em abater o espírito do povo francês. Na verdade, desde 1940, ele vinha encorajando ativamente suas forças de resistência, sempre acreditando que elas poderiam e iriam desempenhar um papel importante na libertação do próprio país, sublevando-se contra os ocupantes nazistas. Como esperar que fizessem isso enquanto sofriam com uma campanha cada vez mais intensa de bombardeios dos Aliados?

A Grã-Bretanha e seus aliados vinham bombardeando alvos alemães na França desde 1940, e a escala e a intensidade dessas ações aumentaram gradualmente à medida que mais recursos se tornaram disponíveis. Richard Overy, em seu excelente livro *The Bombing War*, documentou o processo. Em julho de 1940, o Gabinete de Guerra concordou que qualquer alvo *militar* poderia ser bombardeado nas partes ocupadas da

França, o que foi ampliado um ano depois com o bombardeio de fábricas – mas somente à luz do dia, para garantir uma melhor precisão e assim minimizar as baixas civis. Depois, no início de 1942, as regras foram mais uma vez relaxadas, e Churchill consentiu no bombardeio geral de alvos na Europa. Logo em seguida, uma gigantesca incursão de bombardeiros, a maior já realizada pelos Aliados, lançou 419 toneladas de bombas na fábrica de motores Renault e nas moradias vizinhas dos trabalhadores, nos arredores de Paris, matando quase quatrocentas pessoas. Na sequência, no início de 1943, a situação desesperadora da Grã-Bretanha na Batalha do Atlântico resultou em ataques devastadores à cidade portuária de Lorient, com as bombas destruindo quase tudo – menos seu alvo, os aparentemente indestrutíveis abrigos de concreto dos U-boats alemães.

No começo de 1944, já havia sinais de uma crescente hostilidade dos franceses aos bombardeios. O temor de Churchill era que a situação ficasse muito pior. O plano aeronáutico de Eisenhower defendia a utilização de bombardeiros para maximizar a destruição da infraestrutura de transporte antes, durante e depois do Dia D. O objetivo era ganhar um tempo crucial para as tropas aliadas assegurarem suas posições e impedir a transferência de reforços e suprimentos vitais pelos alemães às cabeças de praia da Normandia. O plano ressaltava especificamente o bombardeio de entroncamentos ferroviários e estações de triagem, onde as tropas e o equipamento provavelmente se mobilizariam. Infelizmente, boa parte desses alvos localizava-se em áreas urbanas densamente populosas.

No final de fevereiro, Churchill sabia que as forças aéreas aliadas estavam divididas. O apoio ao plano de transporte era contrabalançado pelos que defendiam ferrenhamente o bombardeio de alvos ligados à Força Aérea Alemã ou aos suprimentos de petróleo do inimigo. Havia críticas ao "Plano de Transporte". Desviaria recursos de outros alvos, seria ineficaz, a menos que todas as instalações ferroviárias fossem destruídas, e os "ataques na escala proposta teriam um efeito adverso sobre os franceses".

Preocupado em minimizar a perda de vidas civis, inicialmente o Gabinete de Guerra impôs restrições operacionais quanto aos alvos que poderiam ser atacados pela Grã-Bretanha. Isso implicava que somente 13 dos 74 centros ferroviários franceses e belgas identificados por Eisenhower como cruciais para o sucesso de seu plano poderiam ser bombardeados. Eisenhower queria que todos fossem atacados "de dia ou de noite, sem quaisquer restrições operacionais". Como chefe do Estado-Maior da Força Aérea, Portal escreveu a Churchill, em 29 de março, confirmando que havia sido acordado que "o chamado 'Plano de Transporte' era a melhor maneira de os bombardeiros estratégicos pavimentarem o caminho para uma Overlord bem-sucedida", mas também alertava que, "na execução desse plano, baixas muito pesadas entre os civis que moram perto dos principais centros ferroviários no território ocupado serão inevitáveis, por mais cuidadosos que possamos ser com o bombardeio em si". O Ministério de Segurança Interna estimou que, sem uma evacuação, o número de vítimas civis ficaria entre 80 mil e 160 mil, "das quais um quarto seria morta". Os chefes de Estado-Maior consideraram que tal ação precisava da aprovação do primeiro-ministro e argumentaram que a população civil francesa, particularmente os trabalhadores ferroviários, deveria ser avisada. Portal apresentou o pedido de Eisenhower ao Gabinete de Guerra em 3 de abril. Churchill expressou de imediato "algumas dúvidas quanto à sensatez dessa política". Encaminhou a questão ao Comitê de Defesa e escreveu a Eisenhower expressando suas preocupações em termos inequívocos:

> O Gabinete assumiu hoje uma posição muito séria e no geral adversa quanto à proposta de bombardear tantos centros ferroviários franceses, em vista do fato de que muitos milhares de civis franceses, homens, mulheres e crianças, perderiam a vida ou seriam feridos. Considerando que são todos nossos amigos, isso pode ser considerado um ato de grande gravidade, causando muita hostilidade às forças aéreas aliadas.[4]

Churchill temia que o plano fornecesse um presente para a propaganda inimiga e sugeriu que o general de Gaulle fosse notificado. Eisenhower foi intransigente na sua resposta, argumentando que "não podemos deixar de fazer um uso preliminar desta força [aérea] que mais tarde nos ajudará em nosso momento de crise". Ele acreditava que as prováveis baixas tinham sido exageradas e argumentou que, em última análise, "o povo francês está escravizado. Só uma Overlord bem-sucedida pode libertá-los agora".

O Comitê de Defesa Britânico se reuniu em 5 de abril, com Churchill na presidência. Compareceram as principais lideranças políticas e os chefes do Estado-Maior, além de vários renomados especialistas em aeronáutica como Tedder, Norman Bottomley (chefe-adjunto do Estado-Maior da Força Aérea) e Sydney Bufton (diretor de Operações de Bombardeio). Os cientistas foram representados por lorde Cherwell e Solly Zuckerman (diretor científico da Unidade Britânica de Avaliação de Bombardeios). A reunião expôs divergências profundas, não só entre os militares e os políticos, como também dentro dos estamentos militares e científicos, sobre se o "Plano de Transporte" seria a estratégia de bombardeio mais eficaz.

O primeiro-ministro preparou o cenário ao anunciar seu receio de que, "mesmo que as baixas não forem tão grandes como estimadas, podem muito bem ser suficientes para causar uma ruptura incurável entre a França, a Grã-Bretanha e os Estados Unidos". Também questionou se

> o efeito que seria alcançado por ataques de bombardeios a entroncamentos ferroviários justificaria a matança em massa de franceses amigos, que estão ansiosos por nos ajudar quando o dia chegasse, e que demonstraram seus sentimentos amigáveis prestando uma ajuda ilimitada a todos os nossos aviadores forçados a cair entre eles. Uma coisa era lançar ataques que resultariam em grandes perdas de vidas civis no calor da batalha; outra bem diferente era iniciar, quando não houvesse combates, uma política que inevitavelmente resultaria na morte de inúmeros franceses indefesos.[5]

Foram palavras fortes, e provavelmente ainda mais fortes na própria reunião, pois o rascunho da minuta de Churchill mostra que ele apagou o termo "a sangue-frio".

O primeiro-ministro questionou se bombardear as estradas de ferro seria a estratégia correta. Opinou que seria igualmente fácil para o inimigo transportar tropas e materiais pelas estradas. A questão dividiu a sala de reunião. Os dois cientistas tinham opiniões contrárias. Cherwell achava improvável que os ataques causassem danos suficientes para interromper os transportes do inimigo e que alternativas não haviam sido exploradas adequadamente. Por outro lado, Zuckerman defendeu seu estudo realizado sobre as campanhas da Tunísia e da Sicília, que demonstrou que o maior efeito na interrupção das comunicações inimigas fora devido aos ataques sistemáticos aos centros ferroviários. Os aviadores presentes estavam igualmente divididos: Portal, Tedder e Leigh-Mallory se manifestaram a favor do plano, enquanto o comodoro Bufton defendeu ataques mais diretos aos aeródromos, às oficinas de manutenção e às fábricas da Força Aérea Alemã, bem como o bombardeio de centros de treinamento militar. Entre os políticos, Attlee se mostrou preocupado com o antagonismo que seria despertado nos franceses, enquanto Eden considerou que os ataques poderiam afastar os franceses e belgas dos britânicos e americanos e jogá-los nos braços dos russos. "Depois da guerra, nós teríamos de viver numa Europa que já olhava mais para a Rússia do que ele gostaria". Quando Churchill sugeriu bombardear os campos petrolíferos da Romênia como alternativa, privando assim os alemães do tão necessário combustível, Portal replicou que isso não teria impacto sobre a Overlord, uma vez que os alemães já tinham estoques de combustível suficientes na França para sustentar as operações por muitos meses.

Chegou-se a um impasse. Foi decidido continuar com ataques experimentais contra três centros ferroviários em que havia um risco menor de vítimas civis. O diário de Brooke registra sua frustração por ter ficado até as 12h45 por causa daquela discussão. Ele sofreria um destino semelhante nos dias 13 e 19 de abril, quando a questão foi devolvida ao Comitê de Defesa para ser considerada em reuniões semanais. Os argumentos apresentados foram semelhantes em todas as reuniões, com Churchill protelando uma decisão final, mas deixando os bombardeios continuarem temporariamente. Contudo, não deixou suas dúvidas de lado e sempre voltava a sua preocupação principal. Em 13 de abril, ele se queixou de que:

> Este morticínio provavelmente voltaria os franceses contra nós, e tinha dúvidas se os resultados alcançados pelo plano justificariam isso. Havia um limite para o morticínio, e para a raiva e para o ressentimento que isso suscitaria entre os franceses, limite além do qual não poderíamos ir.[6]

Em 26 de abril, ele estava preocupado com o fato de que,

> ao continuarmos os ataques por um longo período, criaríamos um volume de ódio inconformado na França que afetaria as nossas relações com aquele país por muitos anos à frente e faria com que a Aeronáutica, até então considerada com admiração, fosse vista com ódio e acusada de matar amigos com bombardeios noturnos e às cegas.[7]

Na tarde seguinte, na reunião do Gabinete de Guerra, ficou acordado que o plano para bombardear alvos em território ocupado pelo inimigo deveria se limitar a ataques aos centros ferroviários, com poucas estimativas de baixas, e que deveriam ser considerados mais uma vez os ataques a depósitos de munições, acampamentos militares e estacionamentos de veículos. Churchill aceitava agora que o total de baixas resultantes do programa seria muito inferior ao inicialmente previsto, talvez de 12 mil pessoas, mas ainda achava que o programa favoreceria a propaganda dos alemães no controle de Vichy. A tarefa de bombardear alvos franceses recaía desproporcionalmente sobre a RAF, que, com seus bombardeios noturnos, tinha lançado um peso de bombas doze vezes maior que os americanos, e Churchill temia que a perda de vidas fosse "atribuída aos bombardeios noturnos às cegas realizados pelos britânicos". No geral, ele considerava que os bombardeios "poderiam fazer mais mal do que bem" e comprometeu-se a discutir o assunto com Eisenhower e a escrever um telegrama para o presidente. Os chefes de Estado-Maior discordaram e anexaram um documento próprio às atas oficiais endossando os bombardeios como o único plano eficaz para apoiar as tropas e evitar uma contraofensiva alemã.

A essa altura, os bombardeios já tinham começado, e Churchill recebia atualizações diárias da inteligência sobre os impactos, o que só aumentava sua aflição. O relatório sobre as reações aos bombardeios nas últimas 24 horas até as 13h30 de 29 de abril de 1944 confirmou que "as incursões na área de Paris não foram satisfatórias, pois houve demasiadas vítimas civis. Os de Rouen, Lille e Villeneuve-St-Georges foram 'catastróficos' para o moral dos franceses".[8] O sublinhado foi de Churchill e acompanhado por um bilhete manuscrito: "Para o General Eisenhower ver".

Ike não deu muita atenção e escreveu a Churchill em 2 de maio explicando que "baixas entre civis são inerentes a qualquer plano de plena utilização do poder aéreo para preparar nosso ataque".[9] O comandante supremo argumentou que "centros ferroviários sempre foram reconhecidos como alvos militares legítimos, e o ataque a eles é evidente para a população em geral como uma operação estritamente militar". Na sua opinião, e na do chefe do Estado-Maior da Força Aérea, não havia "nenhum plano alternativo eficaz", e, se as operações fossem limitadas da forma agora sugerida, "emasculariam o plano como um todo".

No mesmo dia, Churchill recebeu um bilhete de Brendan Bracken, seu amigo próximo e ministro da Informação, alertando-o de que

> nós estamos assumindo uma terrível responsabilidade ao consentir em ataques constantes a uma cidade como Malines, que, como centro da vida religiosa e educativa da Bélgica, tem um grande significado espiritual para o povo belga. Não há dúvida de que o ódio em que estamos incorrendo será intenso e duradouro.[10]

Churchill ficou acuado entre as necessidades operacionais da Overlord e uma possível ruptura política com a França e a Bélgica, o que poderia levar esses países a saírem do conflito com sentimentos hostis em relação à Grã-Bretanha. Os trabalhadores poderiam ser atraídos pelo comunismo.

Naquela noite, Churchill relatou ao Gabinete de Guerra a dura resposta de Eisenhower. Apesar de reconhecer que "consequências muito grandes poderiam advir de uma interferência com o plano [de Eisenhower] por motivos políticos", ele declarou com pesar que não tinha "percebido plenamente que o nosso uso do poder aéreo antes da Overlord assumiria uma forma tão cruel e insensível", e sugeriu que

> essas operações aéreas deveriam ser regidas por algumas leis de guerra estabelecidas pelo Gabinete de Guerra e acompanhadas por um imenso programa de lançamento de panfletos, para alertar os habitantes das áreas ameaçadas, mesmo que isso envolvesse algum risco adicional para nossos aviadores.[11]

O Comitê de Defesa voltou a se reunir no dia seguinte. Agora faltava cerca de um mês para o Dia D. Churchill queria avaliar mais uma vez o nível de bombardeios a alvos ferroviários em proporção ao número total de bombardeios entre aquele momento e três meses depois da invasão. Ante a recusa de Eisenhower, ele quis usar a reunião para colher opiniões para um comunicado ao presidente Roosevelt. Também queria que os americanos "aceitassem sua parcela de responsabilidade pelas pesadas baixas que seriam infligidas à população civil e amiga dos países ocupados".

Portal e Leigh-Mallory traçaram os planos da campanha aérea, que envolveriam quatro fases. A primeira compreenderia os ataques a alvos ferroviários, seguidos por ataques a alvos táticos – unidades e fortificações inimigas, começando cerca de três semanas antes do assalto; depois, ocorreriam as operações de apoio aos desembarques, e, finalmente, haveria o apoio tático à campanha que se seguiria. No período preparatório da invasão, cerca de 35 a 40% dos bombardeiros seriam dirigidos contra os alvos ferroviários, com 30% a aeródromos e 15% concentrados nas baterias que cobriam a área do ataque. Para preservar o sigilo sobre as praias a serem utilizadas e reforçar os planos de dissimulação, seriam também efetuados ataques a baterias em outras zonas costeiras.

Outros alvos programados para os ataques incluíam depósitos de munição, entroncamentos de transporte militar e estações de radar. Os que mais poderiam causar pesadas baixas civis seriam as centrais telefônicas, os entroncamentos de transporte, os portos e os quartéis-generais. Churchill disse que, com exceção dos centros ferroviários, ninguém poderia se opor a que os outros alvos fossem atacados, pois eram claramente de natureza militar. Contudo, temia que a propaganda inimiga e a de outros países comparasse os exércitos alemão e russo, lutando "bravamente, apesar da falta de supremacia aérea", ao "uso implacável do poder aéreo" pelos britânicos e americanos "sem considerar o custo em baixas civis". Churchill continuava particularmente preocupado com a possibilidade de os britânicos serem apontados como os "maiores infratores" por causa de seus bombardeios noturnos, que, por serem menos precisos, espalhavam as bombas por uma grande área, "enquanto os americanos faziam bombardeios de precisão à luz do dia". Encomendou um estudo específico com argumentos a favor e contra a utilização de bombas de ação retardada e pediu especial atenção para alertar os civis franceses sobre "quais áreas eram perigosas".

Retomando sua preocupação com o bombardeio de centros ferroviários, Churchill tentou mais uma vez limitar as vítimas civis, perguntando se Tedder aprovaria um plano que as reduzisse a 10 mil. Cherwell interveio, pressionando por ataques alternativos a depósitos de munição e pontes. Tedder se recusou pensar nas vítimas, estimando o número de mortos até o momento entre 3 e 4 mil. Defendeu o plano ferroviário. Nos ataques a pontes, muitas bombas erravam o alvo e eram desperdiçadas; nos ataques a centros ferroviários, "cada bomba que caía na área do centro causava algum dano de valor militar".

Os políticos presentes, Clement Attlee, Anthony Eden e Oliver Lyttelton, concordaram com as reservas de Churchill. Attlee estava preocupado com a possibilidade de que o plano ferroviário pudesse "arruinar nosso futuro político na Europa", considerando que as desvantagens políticas do plano superavam as vantagens militares. Era um ponto específico que o primeiro-ministro fazia questão de enfatizar, e ficou acordado que ele redigiria uma carta ao Departamento de Estado dos Estados Unidos, a ser comunicada ao presidente. Seria feito ainda mais um apelo a Eisenhower no sentido de limitar as vítimas civis a menos de 10 mil.

A essa altura, a campanha de bombardeios já durava semanas e provavelmente era tarde demais para ser revertida. De qualquer forma, a ofensiva aérea passaria em breve para sua fase tática, que incluía ataques a ferrovias e a outros alvos.

O primeiro-ministro estava ficando sem tempo e sem opções. Em 7 de maio, escreveu a Roosevelt informando-o sobre as divisões dentro dos círculos aeronáuticos em relação ao "Plano Ferroviário". Esforçou-se para salientar que as questões passavam por divisões nacionais e que suas preocupações eram compartilhadas por alguns americanos, antes de confirmar que "pessoalmente não estou de forma alguma convencido de ser essa a melhor maneira de usar as nossas Forças Aéreas no período preliminar e ainda acho que a G.A.F. [Força Aérea Alemã] deveria ser o alvo principal". Seu receio era de que, ao prosseguirem com o plano existente, os Aliados pudessem "deixar um legado de ódio" e que "devesse ser lembrado, por um lado, que esse morticínio ocorre entre um povo amigo que não cometeu nenhum crime contra nós, e não entre o inimigo alemão, com todo o seu histórico de crueldade e impiedade".[12] Contudo, talvez ciente das crescentes preocupações dos americanos quanto ao seu nível de comprometimento com a Overlord, Churchill concluiu em tom mais assertivo: "Por outro lado, entendemos a natureza perigosa da operação Overlord e estamos empenhados em torná-la um sucesso".

A resposta de Roosevelt chegou em 11 de maio e foi inequívoca em seu apoio a Eisenhower:

> Por mais lamentável que seja a consequente perda de vidas civis, não estou em posição de impor a essa distância qualquer restrição à ação militar dos comandantes responsáveis que na opinião deles possa ir contra o sucesso da Overlord ou causar mais perdas de vidas às nossas Forças Aliadas de invasão.[13]

Isso efetivamente pôs fim ao debate político. O episódio mostra os limites do poder de Churchill para influenciar a estratégia militar. Às vésperas da maior operação aliada já empreendida, quando confrontado com um comandante supremo determinado, que, em última análise, contava com o apoio dos chefes do Estado-Maior Conjunto e do presidente dos Estados Unidos, Churchill não teve outra opção senão aprovar os planos militares, apesar de suas reservas pessoais. Sua intervenção garantiu que o assunto fosse exaustivamente debatido e pode ter desempenhado um pequeno papel na redução das baixas francesas, ao limitar o início dos bombardeios e pela insistência durante todo o tempo para que fossem emitidos alertas apropriados. Por outro lado, a demora na tomada de uma decisão firme e as discussões ocuparam os principais comandantes – Eisenhower, Tedder e Leigh-Mallory – num momento em que todos já estavam muito ocupados finalizando seus preparativos.

Infelizmente, os bombardeios no início de 1944 não foram de mão única. Ante o evidente acúmulo das forças aliadas, Hitler lançou uma miniblitz contra a Inglaterra, o que obviamente aumentou as preocupações de Churchill. Entre janeiro e maio de 1944, os bombardeiros alemães retornaram aos céus do Reino Unido, particularmente em Londres, embora não tão numerosos quanto em 1940. Harry Butcher registrou uma bomba de mil quilos atingindo a St. James's Square, no centro de Londres, avariando as janelas da Norfolk House, onde parte da equipe de planejamento da Overlord ainda tinha sua base. Foi ele quem encontrou um abrigo antiaéreo adequado para Eisenhower perto de seu quartel-general em Londres. Sua escolha foi o porão de uma casa de propriedade do Oxford Group, que pregava a solidariedade cristã e revelou-se um tanto controversa, o que logo levou Churchill a providenciar um alojamento alternativo quando Eisenhower declarou ao primeiro-ministro que "parecia um pouco incongruente para ele como líder militar ficar num abrigo antiaéreo dirigido por pacifistas". Não foi muito justo para com o Oxford Group, pois muitos deles pegaram em armas contra o fascismo.

Em retrospecto, a campanha alemã conseguiu pouca coisa, apesar de alguns temores iniciais quanto à vulnerabilidade de algumas forças de invasão dos Aliados mobilizadas na costa sul. Felizmente, a Luftwaffe não tinha mais o poder de outrora e os efeitos nos preparativos da Overlord foram mínimos. Contudo, os bombardeios foram mais uma provação para a população civil e tiveram um impacto negativo no moral. Em última análise, contribuiu para desgastar as forças aéreas alemãs antes da operação pelo Canal da Mancha, pois cada bombardeiro perdido sobre a Grã-Bretanha não estaria disponível para contra-atacar na França. Isso só ficou aparente em retrospecto; no momento, a ameaça foi agravada pelo temor cada vez maior de que aquele novo ataque aéreo alemão fosse um prenúncio do lançamento das novas armas secretas de Hitler.

A partir do final de 1942, os Aliados começaram a receber informações de que os alemães estavam testando foguetes de longo alcance (mais tarde conhecidos como V2). Sua origem foi logo identificada em um centro de pesquisa em Peenemünde, na costa alemã do Báltico. Em abril do ano seguinte, o primeiro-ministro foi notificado, e uma comissão especial de investigação foi criada sob a presidência de Duncan Sandys. As informações foram coletadas a partir de reconhecimentos fotográficos, interrogatórios de prisioneiros e análise de cientistas britânicos, mas os detalhes da arma continuaram indefinidos. Em junho, o Ministério de Segurança Interna estimou que um foguete contendo dez toneladas de explosivo poderia arrasar um raio de 250 metros, e

Churchill foi informado de que, "se um desses foguetes caísse na região de Londres a cada hora durante trinta dias, as baixas acumuladas poderiam chegar a 108 mil mortos e o mesmo número de gravemente feridos". Churchill consultou Cherwell, que estava cético, questionando se tais armas poderiam ser produzidas em número suficiente, e até mesmo ponderando se tudo não poderia ser uma fraude inventada. O governo não podia se dar ao luxo de ignorar uma ameaça potencial dessa escala. Na noite de 17 de agosto de 1943, Peenemünde foi alvo de uma grande incursão do Comando de Bombardeiros da RAF, usando 597 aeronaves e lançando 1.937 toneladas de bombas. A produção de foguetes foi afetada e retardada, mas não interrompida.

Em seguida, surgiu a notícia de uma possível segunda arma. Em setembro de 1943, sabia-se que os alemães também vinham desenvolvendo aeronaves sem piloto (V1), apesar de haver uma grande confusão sobre o que exatamente estava sendo produzido. O Comitê de Defesa se reuniu em 25 de outubro. Cientistas foram mobilizados, o reconhecimento fotográfico aumentou (Sarah Churchill estava entre os que analisaram as fotografias) e incursões de bombardeiros contra possíveis locais de produção se intensificaram. A pressão aumentou. Canteiros de obras começaram a aparecer no norte da França, inclusive com "estações de esqui" com rampas apontando para Londres. No final de 1943, 88 já haviam sido identificadas, e suspeitava-se de pelo menos mais cinquenta. O reconhecimento fotográfico e outras fontes de inteligência logo os associaram às bombas voadoras sem piloto, que substituíram os foguetes como a ameaça mais imediata. As novas armas alemãs receberam o codinome CROSSBOW, e operações de bombardeio foram iniciadas contra os locais de lançamento, que não eram fáceis de localizar nem de destruir.

Tudo isso aumentou as preocupações do primeiro-ministro naquele período crucial. Se as bombas voadoras e os foguetes fossem lançados em números significativos, poderiam causar um grande deslocamento populacional em Londres ou nos portos do sul, perturbando ainda mais a produção e o transporte (já sobrecarregados pelas exigências da Overlord) e ameaçando a necessária concentração de tropas terrestres e de forças navais. Em seu discurso à nação pelo rádio, de 26 de março, Churchill advertiu que a Grã-Bretanha poderia se tornar "objeto de novas formas de ataque do inimigo". Era uma ameaça a mais que precisava ser acompanhada diariamente. Também resultou no desvio de algumas forças de bombardeiros estratégicos de outros alvos.

Foi nesse contexto que Roland MacKenzie foi designado para o Esquadrão 166 e chegou ao aeroporto de Kirmington, da RAF, em 2 de abril de 1944. Desde então, e até 6 de junho, MacKenzie realizou dezoito missões em seu Lancaster Mark III. Essas incursões ilustram o espectro de missões perigosas exigidas das forças de bombardeiros estratégicos na corrida para a Overlord. Nas noites de 9, 10 e 18 de abril, MacKenzie bombardeou estações de triagem em Villeneuve-Saint-Georges, nos arredores de Paris, em Aulnoye e em Rouen. Esses ataques eram parte do plano ferroviário de Zuckerman antes dos desembarques na Normandia. Em seguida, nos dias 20, 22, 24 e 27 de abril, atacou alvos na Alemanha, respectivamente em Colônia, Düsseldorf, Karlsruhe e Friedrichshafen. Estes eram parte da campanha aérea estratégica do Comando de Bombardeiros contra a indústria alemã, com alguns alvos relacionados a possíveis centros de produção de armas V. Os riscos eram altos. A anotação do diário de bordo de Roland em referência a Colônia dizia que "eles jogaram tudo o que tinham, mas não nos acertaram". Em seguida, voltou à França para prestar apoio tático à iminente invasão atacando um depósito de munição perto de Rouen (30 de abril), um acampamento militar de blindados alemães em Mailly (noite de 3 de maio, quando 42 Lancaster, inclusive três de seu esquadrão, foram perdidos), o depósito de munições em Rennes (7 de maio) e as defesas costeiras de Dieppe (10 de maio). Em 12 de maio, MacKenzie estava lançando minas no mar do Norte, e, no dia 19, estava atacando os entroncamentos ferroviários de Orléans. Suas três missões seguintes foram na Alemanha, mas em 2 de junho ele estava atacando as defesas de Calais como parte do plano de dissimulação da Overlord, antes de sobrevoar a frota de invasão a caminho de Cherbourg, já no Dia D.

Tedder enviou um relatório sobre a operação contra Mailly ao primeiro-ministro, o que gerou uma nota de Cherwell em 25 de maio declarando que, apesar das pesadas perdas, tinha sido um sucesso notável. Mesmo assim, Cherwell se recusou a renunciar aos seus argumentos contra o plano ferroviário, dizendo que "tais resultados diretos são certamente muito preferíveis às consequências individuais e discutíveis dos ataques aos entroncamentos ferroviários, em especial porque poucas, ou nenhuma, baixas francesas estão envolvidas". Churchill concordou totalmente, respondendo a Tedder em 29 de maio:

> Pareceria correto pressionarmos para dar alta prioridade a operações desse tipo que contribuem diretamente para a desorganização dos exércitos alemães e não envolvem baixas francesas. Você está acumulando uma enorme carga de ódio. Não concordo que tenham sido escolhidos os melhores alvos. Você excedeu o limite de 10 mil?[14]

As baixas civis francesas resultantes da campanha de bombardeios nunca atingiram os níveis dos piores temores de Churchill, mas as perdas chegaram a milhares. Churchill não sabia disso em maio de 1944, mas o pior ainda estava por vir. Não deve ter servido de muito consolo a nota recebida de Tedder em 13 de julho: "Não acredito que o valor de 10.000 que você deu tenha sido muito excedido. Mas receio que essas baixas estejam sendo ofuscadas pelas baixas envolvidas na libertação de Caen e de outras cidades e aldeias da Normandia".[15] O resultado seria um quadro funesto. Churchill não sabia em 1944, mas o número total de civis mortos pelas bombas aliadas nos países ocupados pelos alemães durante a guerra chegaria afinal a 75 mil.

Churchill estava exaurido pela espera. Vinha lutando arduamente, muitas vezes em vão, para se fazer ouvir no plano militar, preocupado com a proporção entre tropas da linha da frente e veículos e serviços de apoio e estava apreensivo com as implicações políticas e éticas dos planos de bombardeios e com violações de segurança de última hora. O país se encontrava em estado de quase confinamento, com a capacidade de transporte e produção sobrecarregada ao limite, com as comunicações normais e as relações diplomáticas suspensas e enfrentando o risco de um ataque direto de novas armas de proporções desconhecidas. O clima também continuava sendo uma variável imprevisível, que Churchill observava de perto. A partir do final de maio, ele passou a exigir atualizações diárias do Almirantado. Tudo agora dependia do próximo movimento, que caberia a Eisenhower como comandante supremo. Não surpreende ele ter dado uma escapulida temporária de Whitehall.

TOP SECRET AND PERSONAL.

Office of Allied Naval Commander-in-Chief, Expeditionary Force,
c/o Admiralty,
London, S.W.1.

16th May, 1944.

My dear Prime Minister,

I did not have a further opportunity yesterday to discuss the plan you asked me to make, so I though it advisable to give you an outline of it by letter.

Briefly the plan is that you should embark in H.M.S. "Belfast", Flagship of Rear-Admiral F. Dalrymple Hamilton, in Weymouth Bay in the late afternoon of D – 1, the ship being called in on her passage from the Clyde for the purpose, and rejoining her squadron at full speed.

I consider that nothing smaller than a cruiser is suitable for you during the night and the approach. She is one of the bombarding ships attached to the centre British Force. Next day, it should be possible to transfer you to a destroyer which has completed her bombardment and which is due to return to England to re-ammunition. You could make a short tour of the beaches, with due regard to the unswept mine areas, before returning in her.

I shall not make any detailed arrangements until I know that the above arrangements are satisfactory to you. You told me not to mention this plan to the First Sea Lord and I have not done so, but you will appreciate that, as Supreme Commander, it was essential that General Eisenhower should know of what was in the air, and I must tell you that he is very averse to your going. You mean so much to the Nation at this

/stage in.........

Carta do almirante Ramsay para Churchill, 16 de maio de 1944

TOP SECRET E PESSOAL.

Escritório do Comandante-em-Chefe Naval Aliado, Força Expedicionária, c/o Almirantado, Londres, S.W.1.

16 de maio, 1944

Meu caro Primeiro-Ministro,

Não tive uma nova oportunidade ontem de discutir o plano que me pediu para fazer, então achei aconselhável apresentar um esboço por carta.

Em resumo, o plano é você embarcar no H.M.S. "Belfast", cruzador do Contra--Almirante F. Dalrymple Hamilton, em Weymouth Bay, no final da tarde de D-1, o navio sendo chamado em sua passagem de Clyde pelo propósito, e se reunindo a sua esquadra a toda a velocidade.

Considero que nada menor que um cruzador é apropriado para você durante a noite e a abordagem. É um dos navios de bombardeio anexados ao centro da Força Britânica. No dia seguinte, deve ser possível transferi-lo para um contratorpedeiro para a Inglaterra para municiar novamente. Você pode fazer uma pequena turnê pelas praias, com o devido cuidado com áreas minadas ainda não varridas.

Não farei nenhum arranjo detalhado até saber que os arranjos acima são satisfatórios para você. Você me disse para não mencionar este plano com o Primeiro Lorde do Almirantado, e eu não fiz isso, mas você deve considerar que, como Comandante Supremo, seria essencial que o General Eisenhower soubesse de sua ida. Você significa tanto para a nação neste / estágio…

Churchill já tinha planos de fazer uma visita às tropas na costa sul antes do Dia D. Sabia que sua presença era importante para o moral e que os soldados da linha da frente gostariam de ver seus comandantes antes de embarcar. O rei George VI, Eisenhower e Montgomery fizeram o mesmo. Ademais, Churchill resolveu dar um passo adiante e realmente acompanhar as tropas aliadas na travessia do Canal da Mancha e presenciar a batalha pessoalmente, escrevendo: "Achei que não seria errado assistir ao bombardeio preliminar nessa batalha histórica, em um cruzador de nossas esquadras". Foi na conferência final na St. Paul's School que ele pediu para Ramsay elaborar um plano. O comandante naval atendeu ao pedido, produzindo um cronograma para embarcar Churchill no HMS *Belfast* no D-1, para depois ser transferido para um contratorpedeiro para fazer uma turnê pelas praias no Dia D.

Fica claro no texto que tanto Churchill como Ramsay sabiam o quanto aquele pedido era controverso. Churchill deu instruções específicas para Ramsay não dizer nada ao almirante Cunningham, o Primeiro Lorde do Almirantado, por saber que ele se oporia. Ramsay não disse nada, mas se sentiu obrigado a comunicar ao general Eisenhower, o comandante supremo e com responsabilidade total por todos os aspectos militares da Overlord, inclusive a operação naval. Não surpreende que Eisenhower tenha sido contrário. Mesmo reconhecendo que o pedido de Churchill "era sem dúvida inspirado por seus instintos naturais como guerreiro e por sua impaciência ante a perspectiva de ficar em Londres à espera de relatórios", o comandante supremo não podia correr o risco de o primeiro-ministro britânico se tornar uma baixa acidental, nem queria que outros se distraíssem da operação pela necessidade de protegê-lo. Churchill não se deixou convencer tão facilmente, explicando que Eisenhower não tinha controle administrativo sobre a composição de nenhuma companhia naval britânica e que, se ele integrasse como "membro legítimo complementar da tripulação de um navio, estaria além de sua [de Eisenhower] autoridade impedir minha ida".

Eisenhower teve de ceder, e a questão ficou em suspenso até terça-feira, 30 de maio, quando Churchill compareceu ao seu almoço semanal com o rei. Em seu diário, George VI registrou o que aconteceu a seguir. Ele perguntou ao primeiro-ministro onde ele estaria no dia D ou na noite anterior e ele me disse descaradamente que pretendia ver o primeiro ataque a bordo de um dos navios de bombardeio [...] Não fiquei surpreso e, quando sugeri que eu também deveria ir (já estava pensando na ideia havia algum tempo), ele reagiu bem, e eu e ele vamos conversar sobre isso com o almirante Ramsay na quinta-feira [...] W[inston] não pode dizer não, se ele próprio for, e eu não quero ter de dizer a que ele não pode. Então?

...Eu contei a E [rainha Elizabeth] que foi maravilhosa e me encorajou. A.F. L. [Sir Alan Lascelles] foi mais reticente.[16]

Talvez Churchill acreditasse não ter escolha senão concordar com os desejos do rei, por serem idênticos aos seus. Talvez tenha percebido que, constitucionalmente, o monarca era a única pessoa que poderia ordenar que não fosse. Em suas memórias, ele disse que submeteria o pedido ao Gabinete depois de discutirem o assunto com Ramsay.

Para Sir Alan Lascelles, o secretário particular do rei, isso nunca aconteceria, e seu diário menciona sua resposta:

Acho que perturbei o Rei ao perguntar se ele achava que o projeto seria justo para a Rainha; e se ele estava disposto a enfrentar a possibilidade de ter que aconselhar a princesa Elizabeth sobre a escolha de seu primeiro-ministro, no caso de seu pai e Winston irem parar no fundo do Canal da Mancha. Outro ponto, é claro, é o efeito paralisante que a presença a bordo do Soberano ou do primeiro-ministro, ou de ambos, teria inevitavelmente sobre o infeliz capitão tentando lutar com seu navio em meio ao que só pode ser um inferno.[17]

31 de maio de 1944

Meu caro Winston,

Tenho pensado bastante sobre nossa conversa de ontem e cheguei à conclusão de que não seria correto nem para você nem para mim estar onde planejamos estar no Dia D. Acho que não preciso enfatizar o que significaria para mim pessoalmente, e para toda a causa Aliada, se nesta conjuntura uma casual bomba, um torpedo ou mesmo uma mina retirarem você da cena; da mesma forma, uma mudança de Soberano neste momento seria uma grave questão para o país e o Império. Sei que nós dois adoraríamos estar lá, mas, com toda a seriedade, eu pediria que reconsiderasse seu plano.

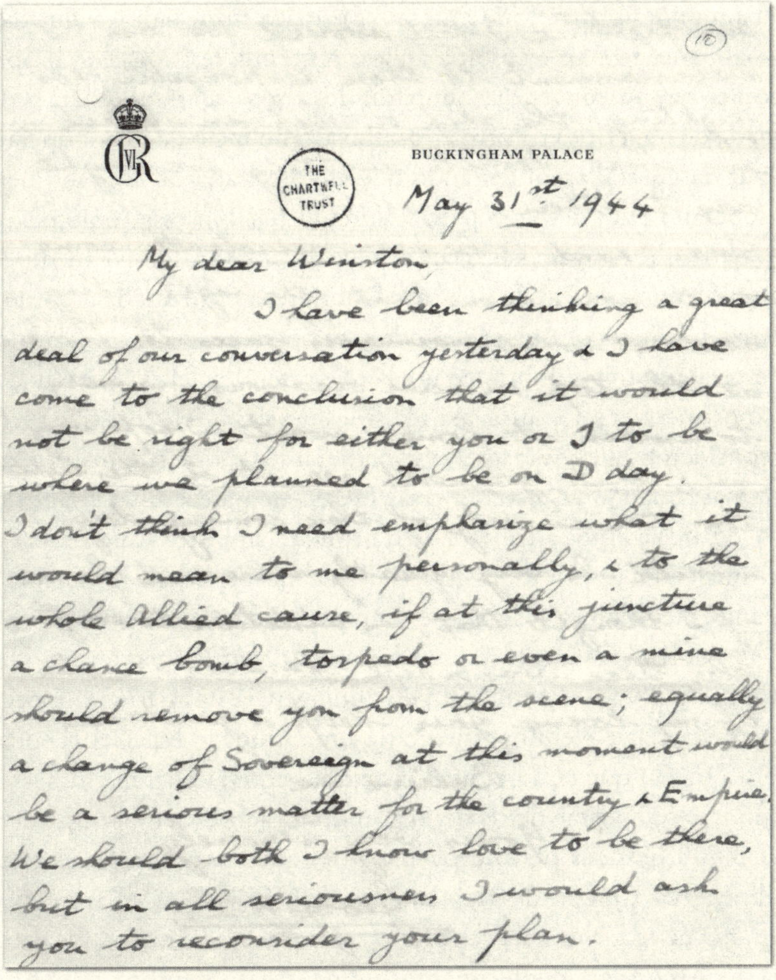

BUCKINGHAM PALACE

May 31st 1944

My dear Winston,

I have been thinking a great deal of our conversation yesterday & I have come to the conclusion that it would not be right for either you or I to be where we planned to be on D day.

I don't think I need emphasize what it would mean to me personally, & to the whole Allied cause, if at this juncture a chance bomb, torpedo or even a mine should remove you from the scene; equally a change of Sovereign at this moment would be a serious matter for the country & Empire.

We should both I know love to be there, but in all seriousness I would ask you to reconsider your plan.

Carta do rei George VI para Churchill, 31 de maio de 1944

No dia seguinte, Lascelles conversou com o rei e o convenceu da necessidade de conter seu primeiro-ministro. George VI enviou uma carta manuscrita a Churchill recomendando que reconsiderasse seu plano, para o caso de "uma bomba casual, um torpedo ou mesmo uma mina retirarem você da cena".

Churchill e o rei se encontraram com Ramsay, com Lascelles e com Ismay na sala de mapas do primeiro-ministro no Anexo do Tesouro, às 15h15, de 1º de junho. O almirante apresentou seu plano ao primeiro-ministro, mas "reagiu violentamente" quando informado de que o rei também poderia querer ir. Churchill disse que isso exigiria a aprovação do Gabinete, mas se recusou a aplicar a mesma restrição a si próprio. Lascelles tentou convencer Churchill dos riscos, alertando para a dificuldade de uma troca de primeiro-ministro no meio da maior operação militar da guerra, argumentando que ele precisaria do consentimento do soberano para deixar o país. Churchill rejeitou essas objeções. Os preparativos já estavam nas mãos de seu sucessor (presumivelmente Anthony Eden, secretário de Relações Exteriores), e ele estaria a bordo de um navio britânico. Apesar de toda a sua persistência, ficou claro que ele estava em uma minoria de um – que o rei, Lascelles, Ramsay e até mesmo Ismay eram contra sua ida. Mesmo assim, ele insistiu. Lascelles considerou que "Winston sabe perfeitamente que não deveria fazer isso, mas, quando cisma com essas ideias, ele parece uma criança teimosa". Parecia autodestruição. Se o primeiro-ministro fosse morto nas fases iniciais da Overlord, "a notícia de sua morte poderia facilmente ter tamanho efeito nos soldados que transformaria a vitória em derrota".

Um dos soldados que se preparavam para partir era o jovem oficial naval Tony Hugill. Recrutado pela inteligência da marinha, especificamente por Ian Fleming, integraria uma unidade especial (Unidade de Assalto 30) que entraria na Normandia no Dia D com a função de localizar e se apossar de tecnologia militar alemã. Seu acampamento para 3.500 homens perto de Felixstowe, que ele chamava de gaiola, lembrava seu Campo de Treinamento de Oficiais: "O mesmo cheiro de grama pisada, a mesma carne dura, as mesmas latrinas".[18] Ele procurava se distrair dos acontecimentos iminentes se envolvendo na rotina da vida no campo, organizando seu pequeno grupo de fuzileiros navais e tentando não lidar com as funestas previsões dos níveis de baixas, que chegavam a 60%.

Agora o Dia D era iminente. O rei partiu para Windsor. Churchill foi para a costa sul. Ainda não estava decidido se ele iria mais longe.

Tipos de poder aéreo

Poder aéreo tático envolve o uso de forças aéreas no apoio a unidades em terra ou no mar. Forças táticas podem ser chamadas para fornecer proteção com caças no ar acima do campo de batalha e bombardear posições inimigas, fortificações, veículos ou embarcações que ameacem tropas aliadas. Também cumprem funções especializadas como reconhecimento fotográfico e transporte aéreo de soldados e suprimentos para o campo de batalha. As aeronaves que protegiam o ataque do Dia D em 6 de junho operavam taticamente.

Poder aéreo operacional envolve o uso de forças aéreas para conseguir objetivos operacionais específicos, como o bombardeio prévio de uma linha costeira ou a destruição de alvos específicos. A famosa incursão "detonadora de represas" do Esquadrão 617 da RAF contra as represas de Möhne e Edersee na Alemanha, na noite de 16 de maio de 1943, é um exemplo de poder aéreo operacional.

Poder aéreo estratégico envolve o uso em larga escala de poder aéreo, sobrevoando o campo de batalha em busca de um objetivo estratégico ou político específico. A operação Pointblank, ofensiva conjunta de bombardeiros aliados designada para paralisar a produção de caças alemães, e que foi conduzida por um período prolongado, entre o verão de 1943 e a primavera de 1944, é um exemplo de poder aéreo estratégico.

Em 1944, a Força Expedicionária Aliada tinha sua própria força aérea tática sob o comando de Leigh-Mallory, também capacitada para realizar operações essenciais para o sucesso da Overlord. A Força Aérea do 8º Exército dos Estados Unidos e o Comando de Bombardeiros Britânico operavam como forças estratégicas independentes, envolvidas numa campanha de bombardeios em massa contra a Alemanha no noroeste da Europa, mas agora chamados para prover apoio operacional e até mesmo tático à operação.

9
ESTE MOMENTO AGONIZANTE

Você percebe que, no momento em que acordar de manhã,
20 mil homens podem ter sido mortos?[1]

Sexta-feira, 2 de junho. D menos 3. Faltam apenas 48 horas para o lançamento da proposta libertação da França, agora marcada para segunda-feira, 5 de junho. O Reino Unido estava praticamente em confinamento. Onde estava o primeiro-ministro? Não se encontrava no número 10 da Downing Street, nem em seus escritórios no Parlamento, nem mesmo no Anexo do Tesouro. Numa época em que as viagens pela Inglaterra eram severamente restritas, Churchill partiu para a costa sul em seu trem particular. Não aguentou ficar longe do centro dos acontecimentos, e ainda alimentava esperanças de seguir com a força de assalto pelo Canal da Mancha.

Acompanhado por seu amigo, o primeiro-ministro da África do Sul e marechal de campo Smuts, e pelo ministro do Trabalho Ernest Bevin, saiu do trem para o carro e passou algum tempo na sexta-feira tentando ver pessoalmente um pouco daquela força, antes de aparecer no quartel-general de Eisenhower em Southwick House, cerca de oito quilômetros ao norte de Portsmouth. Não foi fácil localizar a ação. Segundo o adido naval de Eisenhower, Harry Butcher, a carreata do primeiro-ministro "teve o azar de chegar aos locais de carga certos no momento errado", e, por essa razão, o assessor naval de Churchill, comandante Thompson, disse a Butcher que seu chefe estava "mal-humorado".

Churchill era um homem de ação, que gostava de estar no centro dos acontecimentos. Sabia que muitos dos soldados que desejava ver embarcando provavelmente não voltariam. Continuava desejando compartilhar parte dos mesmos riscos e ainda não havia respondido à carta manuscrita do rei. Portanto, podemos presumir que não tenha ficado muito satisfeito ao receber um segundo comunicado de seu soberano pouco antes de partir de Londres na sexta-feira. Nele, George VI fez "...mais um apelo para você não ir ao mar no Dia D", explicando que:

> Você verá muito pouco, correrá um risco considerável, ficará inacessível em um momento crítico em que decisões vitais terão de ser tomadas, e, por mais discreta que possa ser, sua mera presença a bordo tende a ser uma responsabilidade adicional muito pesada para o Almirante e o Capitão.[2]

O rei estava tão nervoso com a possibilidade da ida de Churchill que Lascelles ligou tarde da noite para o trem de Churchill. A conversa foi aparentemente amigável, e Churchill, por fim e relutantemente, cedeu aos desejos do rei, admitindo a Lascelles que, "se esse pobre navio for para o fundo, todos vocês vão dizer: 'Eu não disse?'". Sua resposta por escrito, ditada nas primeiras horas da manhã daquele sábado e despachada a Londres via um jovem motociclista, foi mais reveladora de seu estado mental. Apesar de redigida numa linguagem apropriada e deferente, em que relutantemente cedia "aos desejos e às ordens de sua majestade", o primeiro-ministro deixou claro que:

> ...como Primeiro-Ministro e Ministro da Defesa, eu deveria ser autorizado a ir aonde considero necessário para o cumprimento do meu dever e não admito que o Gabinete tenha qualquer direito de impor restrições a minha liberdade de movimento. Confio no meu julgamento, invocado em muitas questões sérias, sobre quais são os limites de risco adequados que uma pessoa que desempenhe minhas funções tem o direito de correr.[3]

As palavras fortes davam indícios de sua irritação. Churchill estava agora tão perto da linha de frente quanto poderia chegar, ao menos por ora. O escritório e seu quarto ficavam num vagão de trem; seu hotel era um ramal ferroviário arborizado e isolado, perto do pacato vilarejo de Droxford, em Hampshire. Hoje os trilhos não existem mais, transformados numa trilha, vítimas dos cortes do dr. Beeching [presidente da *British Railways*] na rede ferroviária britânica nos anos 1960. A estação é agora uma casa particular, com o papel do local na guerra marcado apenas por uma pequena placa redonda embaixo de uma caixa postal. À primeira vista, parece um local incongruente para o quartel-general do primeiro-ministro naquele momento, mas foi cuidadosamente escolhido exatamente por sua localização combinar isolamento – portanto, segurança – com a proximidade dos principais pontos de embarque do Dia D. Para Churchill, aquele era o seu "quartel-general avançado", mas o desejo do primeiro-ministro de chegar perto da ação impôs enormes dificuldades práticas a sua equipe e não facilitou as coisas para ele mesmo.

Na manhã de sábado, o general Ismay acordou e se viu diante de um primeiro-ministro que queria falar com todo mundo – "com o presidente na Casa Branca, com Eden no Ministério das Relações Exteriores e com os chefes do Estado-Maior em Whitehall" – de um trem em um ramal ferroviário remoto só ligado ao mundo exterior por um entroncamento local. Churchill queixou-se a Joan Bright em Londres:

> Isto aqui é um inferno – impossível conseguir um momento para si mesmo, e só UM telefone, muito ineficiente, numa sala de quatro pés por três pés ocupada por três pessoas [...] Sem banheira, exceto um triste chuveiro – tremendamente abafado e sem privacidade [...] Estamos irremediavelmente fora de contato aqui; e há decisões vitais a tomar que só podem ser apropriadamente tomadas se nos sentarmos ao redor de uma mesa e reunirmos todos os fatos e argumentos relevantes. Como eu odiei as últimas 48 horas.[4]

Quando visitou o general de Gaulle no dia seguinte, Duff Cooper definiu a situação como um "esquema perfeitamente absurdo", anotando em seu diário que um dos membros da equipe de Churchill disse "que ele pretendia mudar de vida no futuro porque agora sabia como era o inferno". A gravidade do momento, combinada com o caos do novo ambiente, implicava que todos estavam no limite. Churchill não poderia estar pior, reclamando dos atrasos; quando Ismay sugeriu, "exasperado, que poderia ser melhor voltar à civilização", quase teve "a cabeça arrancada. Nós não estamos ao lado de Eisenhower e no centro dos acontecimentos?".

Durante o dia, Churchill ia de Droxford à cidade portuária de Southampton. Lá, com Smuts e Bevin ainda a reboque, observava a enorme armada reunida em Solent, navios de todos os tamanhos e funções preenchendo o estreito trecho de água entre o continente e a Ilha de Wight e se estendendo até onde a vista alcançava. Viu o embarque das tropas de Tyneside, parte da 50ª Divisão da Nortúmbria, prestes a desembarcar na praia Gold. Ele estava lá para levantar o moral dos soldados, mas seus aplausos devem ter sido igualmente úteis para animar seu espírito perturbado. Seu guarda-costas, o inspetor Thompson, lembrou-se de um soldado perguntando se Churchill estava com sua passagem. Quando Churchill perguntou qual passagem, o homem mostrou um pedaço de papel que garantia o direito a uma viagem gratuita à França. "Eu gostaria de ter. Se ao menos fosse alguns anos mais novo...", respondeu Churchill. O soldado nunca soube o quanto Churchill tinha tentado conseguir aquela passagem. Em seguida, a comitiva do primeiro-ministro saiu para a água, viajando num barco a motor até Portsmouth para ver a montagem das lanchas de desembarque, antes de visitar mais uma vez o comandante supremo na Southwick House. O primeiro-ministro voltava a Droxford ansioso, mas cordial.

Para Tony Hugill, o embarque também estava acontecendo e se mostrava um processo lento. Tudo tinha começado na sexta-feira. Os soldados se encaminhavam para as lanchas de desembarque, sob os acenos da população local. Hugill tentava se consolar com "uma última visão familiar – uma casa do início do século XIX com rosas na frente. Magnólias à beira da estrada, uma mãe segurando os ombros dos filhos...".[5] Sessenta e seis homens e mais alguns veículos se atulhando numa lancha de desembarque, empurrada por duas escavadeiras. Os soldados se acomodavam onde encontrassem espaço, com uma lata de sopa autoaquecível para ajudar a dormir. Tinham passado o sábado esperando no porto, na expectativa de zarpar cedo no domingo. Contudo, durante o dia, o clima só piorou.

Quando Churchill e sua comitiva se sentaram para jantar a bordo do trem naquela noite de sábado, já era tarde, e nuvens de tempestade se formavam. As últimas notícias do quartel-general de Eisenhower não foram boas. A previsão do tempo para a noite seguinte era de ventos fortes, mar agitado e nuvens baixas. No meio da refeição, Ismay atendeu a uma ligação confirmando que um adiamento parecia muito provável e que a decisão final seria tomada por Eisenhower nas primeiras horas da manhã de domingo. Alguns navios já estavam no mar, com muitos soldados embarcados esperando a partida. Seria de esperar que o estado de espírito ficasse sombrio, mas foi aí que Churchill e seus companheiros de viagem escolhidos se reanimaram. Eden se juntou a Bevin e Smuts. Jantaram com champanhe e conhaque de 1926, e Smuts relembrou os dois momentos mais difíceis de sua vida: quando da exigência de rendição dos bôeres aos britânicos em 1900 e depois quando do convencimento dos sul-africanos a lutar ao lado da Grã-Bretanha em 1939. A escolha do assunto foi claramente para distrair Churchill. A conversa sobre a Guerra dos Bôeres deve ter levado o primeiro-ministro a relembrar sua fuga do cativeiro dos bôeres em 1899. Naquela época, também havia um trem, um transporte de tropas blindado. Com apenas 24 anos e trabalhando na África do Sul como correspondente de guerra, Churchill foi capturado numa emboscada. Não ficou preso por muito tempo, tendo pulado o muro da prisão e escapado passando por uma série de aventuras, coincidentemente envolvendo outros dois trens. Sem dúvida, a conversa foi uma oportunidade de evocar brevemente o passado para se evadir das pressões do dia. Reanimado pela bebida e pela conversa, o primeiro-ministro chegou a indicar que ficaria feliz em passar o cargo a Bevin ou a Eden – mas não naquele momento. A festa terminou depois da meia-noite, e, quando indagado se queria ser acordado com a notícia da decisão de Eisenhower, Churchill respondeu: "Claro que não… O que eu posso fazer a respeito?".

Churchill precisava ser revigorado por lembranças de ação e do consolo de compartilhar alguns riscos enfrentados pelos que despachava para o perigo. É o mesmo espírito, o mesmo lado impulsivo de sua personalidade que o fizeram querer fugir da prisão dos bôeres em 1899, supervisionar pessoalmente o cerco a anarquistas em uma casa na Sidney Street em Londres quando era ministro do Interior em 1911, assumir o comando das defesas em Antuérpia enquanto ainda era Primeiro Lorde do Almirantado em 1914 e renunciar ao governo e comandar um batalhão na Frente Ocidental em 1916. Churchill detestava esperar pelos acontecimentos. A verdade é que já não havia nada que pudesse fazer para influenciar as fases finais da operação do Dia D. A decisão de partir cabia ao comandante supremo. A excursão de Churchill a Droxford era para manter a visibilidade, impressionar os comandantes militares com sua presença e atenuar suas frustrações pessoais.

O adiamento de 24 horas foi confirmado nas primeiras horas de domingo. Talvez previsivelmente, Churchill chamou e repreendeu Ismay por não ter sido acordado: "Suponho que não lhe ocorreu me informar de imediato. Suponho que acredita estar comandando esta guerra?". A ansiedade estava de volta. Os navios já no mar estavam sendo chamados de volta, e os soldados já embarcados (como Tony Hugill e seus camaradas) iriam passar um longo e desagradável dia balançando nas ondas esperando ansiosamente por notícias a bordo. O pior era a incerteza contínua. Parecia haver pouca esperança de o tempo melhorar logo. A janela de oportunidade propiciada pela lua cheia e a maré baixa podiam ser perdidas. Isso tinha enormes implicações para Churchill. Por quanto tempo as medidas de segurança eficazes e os planos de dissimulação poderiam ser mantidos? O que aconteceria se a operação fosse realizada mais tarde em data não ideal? Haveria um risco maior de fracasso? Para piorar a situação, seguiu-se a notícia de uma datilógrafa da Associated Press ter acidentalmente escrito no teletipo ao vivo uma declaração de que os Aliados estavam invadindo a França. A notícia foi rapidamente cancelada, mas não antes de se espalhar pelo mundo. Contudo, essa não foi a pior coisa que o primeiro-ministro enfrentou naquela manhã incerta. O humor de Churchill, segundo todos os relatos já "irritado" e frustrado, estava prestes a ser testado ainda mais pela chegada do general Charles de Gaulle.

De Gaulle tinha chegado "animado" de seu quartel-general em Argel, então parte do Norte da África francês, atendendo a um pedido pessoal de Churchill e a bordo do luxuoso avião Avro York do primeiro-ministro. Como líder das forças dos Franceses Livres, ele precisava ser informado sobre a libertação do solo francês, especialmente porque o Ministério da Guerra Econômica e a Executiva de Operações Especiais consideravam que uma transmissão pessoal do general no Dia D teria um "imenso efeito psicológico" nos movimentos de resistência na França, afirmando: "Não há como escapar ao fato de que sua influência pessoal junto aos elementos combatentes entre os franceses é da maior importância". Contudo, houve enormes dificuldades, e a conversa acabou sendo deixada para o último momento. Apesar de britânicos e americanos temerem pela falta de segurança dos canais de comunicação dos Franceses Livres e de sua sede em Argel vazar como uma peneira, as verdadeiras tensões eram políticas. O presidente Roosevelt continuava a se opor veementemente a qualquer reconhecimento formal do Comitê de Libertação Nacional de de Gaulle como governo provisório da França, insistindo na defesa de eleições livres após a restauração do país. Tudo isso tornou de Gaulle extremamente relutante em ajudar os aliados anglo-americanos na administração civil pós-libertação da Normandia.

Churchill ficou acuado entre seus aliados americanos e franceses. Roosevelt foi inflexível ao afirmar que os representantes dos Estados Unidos na Grã-Bretanha não poderiam falar com de Gaulle sobre quaisquer futuros acordos políticos para a França. O presidente tampouco estava disposto a convidar o general francês para uma visita a Washington, pois de Gaulle era apenas o chefe de um comitê, e não um chefe de Estado. Sua única concessão foi concordar em estender "uma afirmativa imediata e cordial" caso de Gaulle solicitasse uma visita aos Estados Unidos, o que parecia improvável. De fato, implicaria de Gaulle admitir não ser o líder de França, algo que consideraria uma afronta à sua posição, inclusive porque o seu Comitê de Libertação Nacional tinha decidido, pouco antes de sua partida, adotar o título de governo provisório da França. A visita de de Gaulle ficou pendente até o último momento, com telegramas voando de um lado a outro entre Churchill e Duff Cooper, o representante britânico no Comitê dos Franceses Livres em Argel. Ciente do confinamento na Grã-Bretanha, de Gaulle insistia na total liberdade para se comunicar com seu quartel-general africano de forma cifrada e sair da Grã-Bretanha sempre que desejasse. Também deixou claro que queria conversar com os britânicos e americanos sobre o governo da França.

Valentine Lawford, secretário particular de Eden, acordou cedo para receber de Gaulle e sua comitiva no aeroporto de Northolt.

A comitiva automobilística entrou em Carlton Gardens, quartel-general dos Franceses Livres em Londres, antes de partir em direção ao trem de Churchill na zona rural de Hampshire. Para Lawford, a paisagem do interior inglês pareceu "verde e maravilhosamente bela". No entanto, a exemplo de Hugill, ele se sentiu mais emocionado ao passar por caminhões transportando soldados em direção à costa: "Suas feições eram jovens e plebeias, mas havia uma impressão tensa e fixa em todos, que era resultado da consciência do que enfrentariam nos próximos dias".[6]

Seguiu-se inevitavelmente um constrangedor almoço de domingo no trem. Duff Cooper, Smuts, Bevin, Anthony Eden (secretário de Relações Exteriores) e Pierre Viénot (embaixador dos Franceses Livres no Reino Unido) estavam presentes, bem como os generais franceses Béthouart Billotte e Koenig. Foi um dia quente de verão, e o vagão devia estar lotado.

Os dois líderes se cumprimentaram e logo começaram a tratar de negócios. De Gaulle, alto e taciturno; Churchill, baixo e volúvel. Ambos sob pressão. Churchill sabendo que a operação fora adiada por pelo menos 24 horas, talvez mais, e receoso de que qualquer informação passada à comitiva francesa pudesse vazar de Argel; de Gaulle estava determinado a não deixar os Franceses Livres serem ignorados. Recusando-se a confiar em Lawford como intérprete e insistindo em falar no seu melhor francês improvisado e misturado, Churchill fez algumas tentativas de ser conciliador. Fez um brinde à França, mas, como observou Lawford, "O almoço foi longo e nada cordial [...] De Gaulle não quis conversa-fiada [...] e se recusou a rir das pilhérias de W[inston] [...] Esses dois nunca vão se dar bem".[7]

O registro oficial das conversações do Gabinete é revelador. Os diários de Lawford e de Duff Cooper daquela época só convergem em uma conversa documentada ocorrida antes e depois do almoço. Isso ilustra bem as preocupações de Churchill, que enfatizou a escala da operação militar em termos de navios, tropas de assalto e divisões de reforço, discorrendo longamente sobre as razões do adiamento, que acreditava poder ser de dez ou doze dias, caso em que temia que os Aliados perdessem "as vantagens da lua, da maré, do clima e do vento". "Como reconhecia o general de Gaulle como chefe de um grande império, achava impossível ele não ter livre direito de comunicações", mas isso não o impediu de insistir em uma garantia de "nenhum detalhe militar da operação ser comunicado pelo general a qualquer um de seus colegas, exceto os presentes na reunião". De Gaulle, por sua vez, expressou sua gratidão ao convite do primeiro-ministro, ressaltando que "era importante para o futuro dos nossos dois países estarmos juntos quando a operação começasse".

Até aí, tudo bem. Depois disso, as coisas degringolaram. Quando Churchill instou de Gaulle a ir a Washington em busca do reconhecimento de Roosevelt, o general respondeu que o governo francês já existia e que "não tenho nada a pedir, a esse respeito, aos Estados Unidos da América e nem à Grã-Bretanha". Segundo o relato posterior de de Gaulle, sua subsequente recusa em reconhecer a "chamada moeda francesa" sendo emitida para as tropas britânicas e americanas provocou uma explosão de Churchill, quando o líder britânico declarou:

> Vamos libertar a Europa, mas é porque os americanos estão de acordo conosco que o fazemos. Isto é algo que vocês deveriam saber: sempre que tivermos de escolher entre a Europa e o mar aberto, escolheremos o mar aberto. Sempre que tiver de escolher entre você e Roosevelt, escolherei Roosevelt.[8]

A versão oficial britânica registra palavras ligeiramente diferentes, mas com o mesmo significado. De Gaulle se declarou "bastante satisfeito com a batalha, que acreditava mostrar que os Estados Unidos, a Grã-Bretanha e a França estavam todos juntos [...] mas com dificuldades na questão prática da administração dos territórios".[9] Ao que Churchill respondeu:

> Os Estados Unidos e a Grã-Bretanha eram duas grandes nações que estavam dispostas a arriscar a perda de dezenas de milhares de seus homens em uma operação destinada a libertar a França [...] Ele deveria dizer [a de Gaulle] sem rodeios que, se depois de todos os esforços terem sido esgotados, o Presidente estivesse de um lado e o Comitê Francês de Libertação Nacional do outro, ele, Sr. Churchill, estaria quase certamente ao lado do Presidente e que de qualquer forma nunca surgiria qualquer disputa entre a Grã-Bretanha e os Estados Unidos por causa da França.

Ademais, o primeiro-ministro tinha certeza de que essa opinião seria apoiada pela Câmara dos Comuns. Nisso, ele poderia estar enganado. Nem todos os colegas de Churchill partilhavam uma linha tão binária, pró-americana e antifrancesa. Anthony Eden escreveu mais tarde: "Não gostei desse pronunciamento, nem o sr. Bevin, que se manifestou estrondosamente numa conversa à parte. A reunião foi um fracasso". Os dois líderes foram juntos falar com Eisenhower depois do almoço, no que deve ter sido uma reunião embaraçosa, mas o estrago já estava feito, e os dois jantaram separadamente. De Gaulle se recusou a voltar a Londres no trem do primeiro-ministro naquela noite, deixando Churchill remoendo e nutrindo sentimentos negativos em relação ao seu até então aliado. O clima quente descambou em uma uivante ventania.

A partida de Churchill da costa foi claramente bem recebida por Ismay e pela atarefada equipe do Gabinete. Também deve ter aliviado a pressão sobre Eisenhower e sua equipe, alvo de repetidas visitas de Churchill no decorrer daquele longo fim de semana. O lugar do primeiro-ministro era em Londres, junto do Gabinete de Guerra e do Parlamento. O fracasso de seu plano de acompanhar as tropas e o atraso da operação o obrigaram efetivamente a regressar à capital. Uma vez lá, trabalhou continuamente até quase às quatro da manhã de segunda-feira, 5 de junho.

Quando Churchill acordou, um dos documentos que o esperavam era uma curta e simples nota manuscrita por sua esposa, Clementine. Como muitos casais, os dois se tratavam carinhosamente, usando nomes de animais de estimação. Ela assinava suas cartas pessoais com o desenho de um gato; Churchill costumava responder com uma raposa ou porquinho rabiscado às pressas. A carta de Clementine dizia:

5 de junho de 1944

Downing Street, 10, Whitehall
Segunda de manhã

Meu querido,

Sinto muito por você neste momento angustiante – tão cheio de suspense, que me impede de me deliciar com Roma.

Não vejo a hora de vê-lo no jantar – escreva uma bela carta ao pobre Rei – enviei em anexo a Margaret Alexander
Terno amor
de Clemmie
[Desenho de um gato]
Estou indo para o Hospital dela.

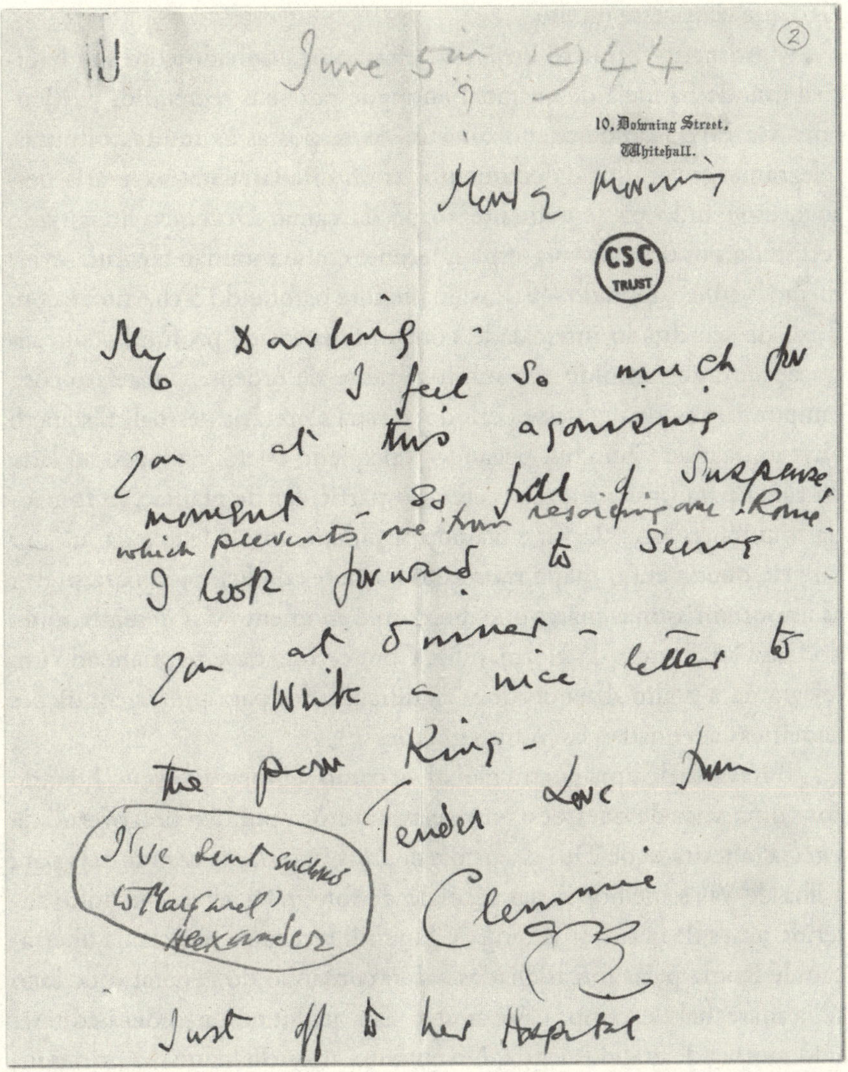

June 5th 1944

10, Downing Street,
Whitehall.

Monday Morning

CSC TRUST

My Darling
I feel so much for you at this agonising moment – so full of suspense, which prevents me from rejoicing over Rome.
I look forward to seeing you at dinner – write a nice letter to the poor King –
Tender Love from
Clemmie

I've sent succour to Margaret Alexander

Just off to her Hospital

De Clementine para Winston Churchill, 5 de junho de 1944

Clementine estava indo a uma reunião de rotina do comitê na Maternidade Fulmer Chase, um hospital para as esposas de oficiais das três forças e uma das várias instituições de caridade que ela apoiou durante a guerra. O casal sabia que acontecimentos relevantes eram iminentes, e, depois de quase 36 anos de casamento, Clementine entendia melhor que ninguém o que o marido estava sentindo. Também sabia por sua longa experiência que era muito mais provável que o marido notasse algo que ela tivesse escrito.

O primeiro-ministro britânico estava engalfinhado com sua habitual grande bandeja de entrada, entregue por seus secretários particulares via caixas de despacho oficiais. As respostas às muitas minutas, telegramas, relatórios e documentos eram ditadas a sua secretária pessoal, esperando pacientemente ao pé da cama. Devemos imaginá-lo recostado nos travesseiros, resplandecente em seu roupão favorito – vermelho, verde e dourado – e ocasionalmente baforando o charuto, e com fluxo de seu ditado intercalado com momentos de profunda concentração ou interrompido por súbitos brados de ordens. Um relato contemporâneo por volta desse período, de sua secretária pessoal, Elizabeth Layton, fala de Churchill pegando o pequeno telefone branco ao lado da cama para ligar para seu secretário particular de plantão (o funcionário público John Peck), e falando rispidamente: "Me fale da lua". O que ele queria era o mapa mostrando as fases da lua, vital para prever as importantíssimas marés que ditariam o momento dos desembarques do Dia D nas praias da Normandia. Com certeza deve ter mandado um telegrama a Stálin dizendo que "as dificuldades para prever condições climáticas adequadas são muito grandes".

Tratava-se de uma guerra global, e, como sempre, ele estava lidando com uma série de questões: entre elas, o futuro político do governo da Grécia, a retirada de Tito e seus partidários iugoslavos comunistas para a ilha de Vis e melhorias nas técnicas de fotografia aérea. Na noite anterior, antes de se deitar já tarde, Churchill recebeu a notícia da libertação de Roma pelas forças aliadas sob o comando do general (que logo seria marechal de campo) Alexander. Em qualquer outro dia isso teria sido motivo de grande alegria. No entanto, naquela manhã, o primeiro-ministro estava claramente distraído.

Agora sabia que a importante decisão de Eisenhower havia sido tomada. Em uma nova reunião na Southwick House na noite de domingo, 4 de junho, o meteorologista britânico e capitão de Grupo, dr. James Stagg, tinha previsto uma possível melhoria no mau tempo na manhã de terça-feira, 6 de junho, e identificado uma estreita janela para os desembarques. O general Eisenhower aproveitou a oportunidade e autorizou a operação Overlord. Estaria certo ao fazer isso? Era a pergunta que inevitavelmente dominava os pensamentos de Churchill naquela manhã de segunda-feira.

A decisão de Eisenhower desencadeou uma sequência de acontecimentos que não podiam mais ser revertidos e que levariam as forças britânicas, americanas e canadenses e seus aliados a iniciar a tentativa de libertar a França no dia seguinte, terça-feira, 6 de junho. Enquanto tentava se concentrar em sua papelada, Churchill sabia que as tropas aerotransportadas se preparavam para embarcar em seus planadores para tomar pontes importantes, e que a imensa armada se preparava para zarpar da costa sul da Inglaterra. O tempo estava correndo; a contagem regressiva tinha começado. Era o "momento angustiante – tão cheio de suspense" mencionado na carta de Clementine.

A lancha de desembarque de Tony Hugill finalmente estava a caminho. Não foi uma viagem agradável. "Esta vaca velha está balançando bastante". Muitos vomitariam.

Na hora do almoço, Churchill estava otimista. Seus companheiros de refeição foram os chefes do Estado-Maior britânico: Cunningham, Brooke e Portal. Os três sentiam o peso da operação nos ombros, mas não podiam recusar o convite de Churchill. Cunningham registrou um "bom almoço" no número 10 da Downing Street, "como sempre com muito vinho. O primeiro-ministro [estava] muito preocupado com a 'Overlord' e realmente [estava] em estado de histeria. Muita conversa. Ele é mesmo um otimista incorrigível". O marechal de campo Sir Alan Brooke, chefe do Estado-Maior Imperial (chefe militar do Exército Britânico), observou o mesmo, confidenciando ao seu diário que tinha achado Churchill "muito otimista em relação às perspectivas da invasão pelo Canal".

Talvez Churchill só estivesse dando uma de corajoso na frente de seus comandantes mais graduados. As pessoas ao seu redor diziam que ele se dava muito bem em tempos de crise. Talvez estivesse sendo levado pela emoção do momento e pelas possibilidades que agora se abriam. Nada lhe agradava mais do que discutir operações militares enquanto comia, e podemos imaginá-lo movendo os pratos e talheres para representar unidades militares. Foi também com certeza a manifestação de uma sensação palpável de alívio. Uma decisão havia sido tomada. Era o fim do período de espera. Ao menos as dificuldades e os perigos associados ao atraso estavam eliminados, mas ainda havia muitos outros perigos.

Quando Hugill olhou ao redor e viu um mar com navios se estendendo até o horizonte, as maiores lanchas de desembarque parecendo trirremes romanas, ele refletiu: "Deve haver um bocado de gente na área de Whitehall andando de um lado a outro com os dedos cruzados".[10]

O Gabinete de Guerra se reuniu às 18h30. Leo Amery, secretário de Estado da Índia, conhecia Churchill desde os tempos da escola em Harrow. Achou que "Winston estava evidentemente muito agitado e contendo seu estado de nervos, e não é para menos. É o momento mais aflitivo de toda a guerra". Churchill começou a informar seus colegas sobre o adiamento. A agenda formal começou com a libertação de Roma, e ficou acordado que Churchill deveria mandar uma mensagem de congratulações ao general Alexander e fazer uma declaração na Câmara dos Comuns. Seguiu-se um relatório sobre as operações navais, terrestres e aéreas dos últimos seis dias. No teatro de guerra doméstico (ou seja, no noroeste da Europa), o Comando de Bombardeiros tinha realizado 2.550 incursões, os bombardeiros dos Estados Unidos, 4.900, e a Força Expedicionária Aliada e a Força Aérea Tática, 13.000. Ao todo, foram lançadas mais de 22 mil toneladas de bombas, principalmente nos territórios ocupados (ou seja, França e Bélgica). Churchill ainda se sentia tremendamente aflito quanto ao impacto no moral e no apoio dos civis franceses.

Também continuava preocupado com as represálias alemãs contra o continente britânico, e deve ter ficado contente ao saber que as instalações das Crossbow tinham sido mais uma vez atacadas. Igualmente agradável deve ter sido a notícia de não ter havido perdas de navios em junho por conta de ações do inimigo – ao menos por ora.

Contudo, a principal discussão daquela tarde aumentava sua pressão arterial. De Gaulle só concordaria em fazer seu pronunciamento pelo rádio depois de Eisenhower no Dia D se os Franceses Livres assumissem o controle do restabelecimento do governo civil na França. Argumentando que a "administração civil efetiva da França deve ser providenciada por franceses", ele se recusou a mandar oficiais de ligação para trabalhar ao lado das forças anglo-americanas. Nem mesmo a linguagem diplomática das atas oficiais consegue disfarçar a resposta irada de Churchill:

> O Primeiro-Ministro disse que, se o General de Gaulle se recusasse a concordar com os oficiais de ligação nos procedimentos da operação "Overlord", não nos seria possível ter quaisquer discussões adicionais com o General de Gaulle sobre questões civis ou militares. Poderia até ser necessário indicar que um avião estaria pronto para levá-lo imediatamente de volta a Argel.[11]

Segundo Sir Alexander Cadogan, subsecretário de Estado do Ministério das Relações Exteriores (o diplomata mais graduado do país) – e um inveterado escritor de diários: "Nós aguentamos a lenga-lenga habitual e apaixonada contra de G[aulle] do primeiro-ministro. Nesse assunto, nos afastamos da política, da diplomacia e até do bom senso". Churchill realmente gostava de ter alguém contra quem reclamar. Em diferentes momentos da guerra, esse papel coube ao líder nacionalista indiano Mahatma Gandhi, ou ao político trabalhista e crítico do governo Aneurin Bevan. Em junho de 1944, a intransigência do general de Gaulle foi a válvula de escape para sua raiva e frustração reprimidas.

Em uma carta redigida a de Gaulle, mas que acabou não enviando, Churchill desabafou. Reclamou que "tentou arduamente e em muitas ocasiões durante quatro anos estabelecer alguma base razoável para uma camaradagem amigável com você. Sua atitude neste momento me convence de que essa esperança não mais existe". Criticou o "caráter hediondo" da postura do general e concluiu: "Não consigo conceber nenhum propósito útil em sua permanência por mais tempo, e que os aviões estarão à sua disposição amanhã à noite, se o clima permitir".[12] No fim, de Gaulle acabou fazendo o pronunciamento, e alguns oficiais de ligação franceses se juntaram à força de assalto, mas o relacionamento pessoal de Churchill com o líder francês estava em baixa.

Felizmente, os demais pontos da agenda eram menos controversos e devem ter parecido menos relevantes à luz da enorme operação prestes a acontecer. Impedir a exportação de Wolfram (o metal tungstênio) de Portugal para a Alemanha, determinar a composição da delegação britânica à conferência do Fundo Monetário Internacional em Bretton Woods, nos Estados Unidos, criar um campo de refugiados na Tripolitânia (Líbia) e reconhecer as Repúblicas da União Soviética. Sem dúvida eram todas questões importantes, mas, na cabeça dos que estavam reunidos à mesa do Gabinete, elas devem ter sido reduzidas à insignificância ante a iminência da Overlord. Foi uma longa reunião do Gabinete, mas não marcou o fim de um longo dia.

Mais tarde naquela noite, Churchill jantou sozinho com Clementine, que depois foi com o marido até sua sala de mapas antes de se retirar. Lá, os dois viram em detalhe as praias. Talvez até houvesse um modelo tridimensional de papel machê, providenciado pelos americanos. Interrompendo sua análise das disposições finais para o Dia D, Churchill virou-se para Clementine e disse: "Você percebe que, quando acordar de manhã, 20 mil homens podem ter sido mortos?".

Como já vimos, suas preocupações não se limitavam às baixas militares. Durante semanas, ele considerou o impacto dos bombardeios aliados nos civis franceses e belgas. O sul da Inglaterra foi transformado num acampamento militar, com áreas da costa totalmente isoladas. Os níveis de restrição em vigor não podiam ser mantidos por muito tempo. Ademais, havia sinais de que os alemães se preparavam para lançar novas armas mortais contra o Reino Unido.

Um fato normalmente subestimado é que Churchill também tinha outra preocupação, e muito pessoal. Seu filho, seu único menino, Randolph, fazia parte de uma missão militar britânica no quartel-general do marechal Tito, líder dos partidários iugoslavos. Como Churchill sabia muito bem por seus telegramas diários, o esconderijo nas montanhas de Tito na Bósnia fora invadido por paraquedistas alemães, e o líder da Resistência iugoslava estava foragido e sendo implacavelmente perseguido pelos alemães. O paradeiro exato de Randolph era desconhecido, e havia dúvidas sobre sua segurança.

O filme *Churchill*, de 2017, retrata o primeiro-ministro britânico nesses momentos como um líder solitário, atormentado por dúvidas e assombrado pelos fantasmas da operação Dardanelos. Muito tem sido escrito sobre o "cão negro" da depressão de Churchill, um termo que só aparece em uma de suas cartas. É um aspecto de sua saúde que sem dúvida continuará a ser debatido pelos historiadores. O mais recente estudo, realizado por dois renomados consultores médicos, concluiu que "Churchill não sofria de nenhum distúrbio psiquiátrico grave", e que "os desalentos de Churchill – sempre em resposta a acontecimentos – eram rapidamente seguidos de recuperação". Não há dúvida de que ele sofria com períodos de inatividade forçada e que detestou esse período de espera antes do Dia D, provavelmente exacerbado pela saúde física debilitada, mas sua reação instintiva foi visitar as tropas, em busca de consolo na ação, e se revoltar contra os que considerava o estar restringindo. Na véspera, podemos vê-lo vivenciando uma gama de emoções; do excesso de otimismo à irritação com de Gaulle e à aflição pelas possíveis vítimas. Tudo isso são sintomas de sua preocupação generalizada com o preço do fracasso.

Churchill estaria errado em se preocupar? As consequências do fracasso seriam imensas. Se os Aliados não conseguissem estabelecer uma cabeça de praia nas praias, a guerra no Ocidente certamente se prolongaria. As baixas seriam elevadas, e o impacto no moral seria enorme. Será que o povo da Grã-Bretanha e dos Estados Unidos teria vontade de tentar novamente? Churchill e Roosevelt continuariam em seus cargos? Iriam ressurgir pressões para algum tipo de acordo, deixando Hitler no domínio de partes da Europa Ocidental? Os Estados Unidos abandonariam a Europa para se voltarem para o Oriente, contra o Japão? Tudo isso era imponderável, mas uma preocupação muito real para Churchill na segunda-feira, dia 5 de junho.

Fica claro a partir dos diários e cartas de todos os do entorno de Churchill à época, tanto em seu gabinete particular como entre os comandantes militares superiores, que o sucesso da operação não podia ser dado como certo. O almirante Ramsay se preocupava com "o período crítico por volta da Hora H, quando, se os voos iniciais fossem adiados, o sucesso estará em jogo".[13]

O general Brooke pedia "a Deus para tudo acabar bem",[14] e mais tarde refletiu:

Eu conhecia muito bem todos os pontos fracos do plano de operações. Em primeiro lugar, o clima, do qual éramos inteiramente dependentes; uma tempestade repentina poderia arruinar tudo. Depois, a complexidade de uma operação anfíbia desse tipo, quando a confusão pode degenerar em caos em pouco tempo. A dificuldade de controlar a operação depois de lançada, a falta de elasticidade no suprimento das reservas, o perigo de vazamento de informações com a consequente perda desse sigilo essencial".

Até mesmo o general Eisenhower, comandante supremo, escreveu e lacrou uma carta assumindo a responsabilidade em caso de fracasso:

> Nossos desembarques na área de Cherbourg-Havre não conseguiram ganhar um posicionamento satisfatório, e retirei os soldados. Minha decisão de atacar neste momento e local foi baseada nas melhores informações disponíveis. Os soldados, a aviação e a Marinha fizeram tudo o que a coragem e a devoção ao dever podiam fazer. Se alguma culpa ou falha estiver associada à tentativa, será só minha.[15]

Foi um longo dia para todos os envolvidos – assim como uma longa noite. Sir Hari Singh, o marajá ["grande rei"] de Jammu e Caxemira, de 48 anos, estava em Londres como representante do governo imperial da Índia. Por conta de seu cargo, foi convidado a participar da reunião noturna do Gabinete e, assim, soube da iminência da invasão do Dia D. Segundo o principal secretário particular de Churchill, John Martin, "o efeito imediato sobre sua mente foi tão forte que ele não conseguiu dormir e teve de pedir um sonífero". Parece improvável que tenha dormido muito tempo. Joan Bright disse ter ouvido uma trepidação grave de madrugada, que às seis da manhã se transformou num trovão. Eram os aviões no ar. "Estava acontecendo". Valentine Lawford também ouviu, ajoelhou-se ao lado da cama e rezou para que "todo esse sacrifício e ansiedade não sejam em vão". É difícil imaginar que alguém tenha dormido muito depois disso.

10
COMEÇAREMOS A GUERRA POR AQUI

Como foi no começo, que continue até o fim.[1]

Convencidos de que o clima estava muito ruim para os Aliados lançarem seu ataque na Europa continental no período de 5 e 6 de junho, os comandantes alemães tomaram várias decisões que teriam consequências catastróficas. O marechal de campo Erwin Rommel, comandante do Grupo B do Exército alemão, defendendo a Muralha do Atlântico, resolveu ir à Alemanha para comemorar o aniversário da esposa. O general Friedrich Dollman, comandante em chefe do 7º Exército alemão no norte da França, optou por reunir seus comandantes divisionais em Rennes para um exercício anti-invasão no posto de comando. O major-general Edgar Feuchtinger, comandante da 21ª Divisão Panzer, cujos tanques eram os mais próximos da costa da Normandia, decidiu passar a noite com sua amante em Paris. Os comandantes mais graduados não estavam em seus postos em um momento crítico. Decisões têm consequências.

Ao sobrevoarem a costa da França, a cantoria dentro do planador Horsa, pilotado pelo sargento-major Jim Wallwork, silenciou. Os 139 soldados do Regimento de Infantaria Leve de Oxfordshire e Buckinghamshire, sob o comando do major John Howard, perceberam que chegara o momento para o qual haviam treinado. O silêncio se intensificou quando seu planador, juntamente com outros cinco planadores transportando seus companheiros de regimento, se separou do avião rebocador e começou a descida silenciosa em direção a seus objetivos – as duas pontes sobre o rio Orne e o canal de Caen. Capturar essas pontes intactas era uma parte crucial do plano geral da Overlord e contribuiria para se defender de um contra-ataque alemão ao flanco esquerdo da invasão aliada. O céu estava claro, e a lua brilhava quando Jim Wallwork avistou a estreita faixa de terra entre as duas pontes e dirigiu seu carregado planador em direção ao local de pouso – tão pequeno que os defensores alemães não se incomodaram em erguer estacas antiplanadores. Em uma manobra aérea do Regimento de Pilotos de Planadores que o Marechal do Ar Sir Trafford Leigh-Mallory mais tarde definiu como uma das "mais notáveis façanhas aeronáuticas da guerra", Jim Wallwork aterrissou seu planador a poucos metros da ponte a ser tomada. Ele e seu copiloto Johnny Ainsworth ficaram inconscientes com o impacto do pouso, mas os soldados do Regimento de Infantaria Leve de Oxfordshire e Buckinghamshire atravessaram a ponte – desde então conhecida como *Pegasus Bridge* – e a asseguraram em apenas dez minutos. O tenente Den Brotheridge, que liderou o assalto, foi mortalmente ferido, mas o primeiro objetivo em terra do ataque aliado foi um sucesso total. Momentos depois, a primeira casa francesa a ser libertada foi invadida, o *Café Gondrée*, para deleite de seu proprietário, Georges Gondrée, que imediatamente desenterrou uma garrafa de champanhe do jardim, escondida havia anos dos alemães, para celebrar com os soldados britânicos. Até hoje sua filha, Arlette, então com cinco anos, abre um champanhe para os soldados britânicos todos os anos à meia-noite dos dias 5/6 de junho. Contudo, em 1944, a batalha estava só começando.

Decolando de aeródromos em todo o sul da Inglaterra, paraquedistas da 6ª Divisão Aerotransportada Britânica e das 82ª e 101ª Divisões Aerotransportadas dos Estados Unidos sobrevoaram o céu noturno em direção a seus objetivos na Normandia, enquanto varredores de minas liberavam caminhos para os navios de transporte de tropas se aproximarem das praias de invasão. Os navios jogavam e balançavam, muitos soldados sentiram forte enjoo, lamentando o desjejum, mas, ao amanhecer, o palco estava montado para a maior operação anfíbia que a história já viu e talvez nunca mais veja. Aviões rugiam no céu enquanto alvos na costa e no interior eram atingidos, e a frota aliada trovejou seu enorme poder de fogo à frente das lanchas de desembarque e dos tanques anfíbios a caminho das praias Sword, Juno, Gold, Omaha e Utah. A investida chegou a um crescendo quando o início dos ataques pelo mar anunciou o primeiro ato dessa aventura mortal. Na Inglaterra, Churchill, Eisenhower e Montgomery prendiam a respiração. Stan Hollis desceu para sua lancha de desembarque. Os dados estavam lançados. Não haveria uma segunda chance.

Enquanto a 6ª Divisão Aerotransportada Britânica assegurava objetivos no flanco esquerdo da invasão aliada, as 82ª e 101ª Divisões Aerotransportadas dos Estados Unidos saltaram no interior da praia Utah para assegurar o flanco direito e ameaçar os defensores alemães da península de Cotentin e do importante porto de Cherbourg. O tempo fechado e o intenso fogo antiaéreo obrigaram muitos aviões de transporte de paraquedistas e rebocadores de planadores a adotar medidas evasivas, resultando na dispersão de inúmeros soldados americanos aerotransportados por áreas muito grandes, com vários se afogando tragicamente em pântanos intencionalmente inundados. Em meio à escuridão e à dispersão, os soldados tentavam se reunir com suas unidades. Entrementes, um forte ataque foi lançado por várias unidades da 82ª Divisão Aerotransportada na aldeia de Sainte-Mère-Église. Entre os verdadeiros soldados, também foram lançados bonecos de paraquedistas com dispositivos que simulavam tiros, aumentando a confusão dos comandantes alemães locais, que lutavam para identificar a força e os objetivos dos ataques aerotransportados. Ao amanhecer, começaram os assaltos anfíbios.

Encabeçada pelo cruzador pesado USS *Augusta*, uma flotilha de cerca de vinte encouraçados aliados começou seu bombardeio preliminar contra as posições alemãs das 709ª e 243ª Divisões de Infantaria e da 91ª Divisão de Infantaria da Luftlande, que defendiam a praia Utah. A onda de assalto do 8º Regimento de Infantaria da 4ª Divisão de Infantaria dos Estados Unidos, apoiada por 32 tanques anfíbios especiais Sherman DD, tinha sua chegada marcada às praias meia hora depois do amanhecer, às 6h30. Fortes correntezas afastaram as lanchas de desembarque quase 2,5 quilômetros mais a leste do que o planejado, com o problema de navegação exacerbado pela perda de três das quatro embarcações de controle destinadas a servir como guias. A sorte favoreceu o 8º Regimento de Infantaria, pois a praia em que desembarcaram era bem menos defendida que seu objetivo original. Percebendo alguma confusão topográfica e em dúvida, o general de brigada Theodore Roosevelt, vice-comandante da Divisão, fez sua famosa declaração tranquilizadora: "Vamos começar a guerra a partir daqui!". Ao meio-dia, as tropas avançadas entraram em contato com os paraquedistas da 101ª Divisão Aerotransportada, e, até o final do dia, a 4ª Divisão já tinha penetrado cerca de seis quilômetros para o interior. As unidades mais a oeste estavam a menos de dois quilômetros de se encontrar com a 82ª Divisão Aerotransportada em Sainte-Mère-Église. A 4ª Divisão de Infantaria teve apenas 197 mortos ou feridos no Dia D (tendo aprendido lições de Slapton Sands), mas as duas divisões aerotransportadas perderam cerca de 2.500 homens entre mortos, feridos ou desaparecidos nas primeiras 24 horas da Overlord.

A 4ª Divisão desembarcou com poucas baixas, mas a situação na praia Omaha para as 1ª e 29ª Divisões de Infantaria dos Estados Unidos foi muito diferente. Enquanto um Batalhão Ranger dos Estados Unidos escalava heroicamente os penhascos de Point du Hoc seis quilômetros a oeste para silenciar uma bateria de canhões alemães, as primeiras ondas de assalto se aproximavam da praia para o desembarque, também às 6h30. De suas lanchas de desembarque, com os pesados projéteis do bombardeio naval zunindo acima desde as 5h50, os soldados viram mais de trezentos bombardeiros Fortress e Liberator da 8ª Força Aérea dos Estados Unidos lançarem mais de mil bombas a partir das 6h05. Contudo, os bombardeiros pesados, mais acostumados a atacar grandes alvos industriais na Alemanha, não tinham a precisão necessária, e suas bombas não caíram sobre as defesas da praia da 716ª Divisão de Infantaria alemã e dos efetivos avançados da experiente 352ª Divisão de Infantaria, e sim mais para o interior. As queixas a respeito das lanchas de desembarque foram de que todo o bombardeio só serviu para acordar os alemães. Ainda pior, apesar das condições muito agitadas do mar, alguns comandantes das lanchas de desembarque de tanques seguiram rigidamente suas ordens originais e pararam a mais de três quilômetros da costa para lançar os 32 tanques anfíbios Sherman DD do 741º Batalhão de Tanques. Dos 32 tanques, 27 naufragaram com as tripulações, e só dois tanques desse batalhão desembarcaram com sucesso. Em comparação, os oficiais que controlavam o lançamento dos tanques do 743º Batalhão de Tanques decidiram levar seus 32 tanques anfíbios até a praia. Envolvendo-se na subsequente confusão dos desembarques da infantaria, nove membros do 743º foram agraciados com a Cruz de Serviço Distinto por suas ações no Dia D.

Desde o reconhecimento original da praia, sempre se soube que a luta em Omaha seria difícil, com apenas cinco possíveis saídas da praia, através de brechas nas falésias. O resultado nessa praia ficou pendente durante a maior parte do Dia D. Cerca de três horas após os primeiros desembarques, o general Leonard T. Gerow, comandante do V Corpo dos Estados Unidos, descreveu uma situação tão desalentadora para o comandante do 1º Exército dos Estados Unidos, general Omar Bradley – que aguardava ansiosamente relatórios no navio de comando USS *Augusta* –, que Bradley começou a considerar suspender novos desembarques em Omaha. Finalmente, ao cair da noite e graças a uma liderança heroica e uma determinação abnegada em meio ao derramamento de sangue e ao caos, a praia foi assegurada e as tropas avançadas começaram a se deslocar para o interior. A praia se manteve sob fogo da artilharia alemã, enquanto equipes de demolição continuavam a destruir os cruéis obstáculos da praia e a limpar os destroços do campo de batalha para possibilitar o desembarque de reforços e suprimentos. As baixas na praia Omaha no Dia D foram de início relatadas em cerca de 2.300, com 1.465 mortos. Com uma taxa de baixas dez vezes maior do que em Utah, não surpreende que o governo dos Estados Unidos tenha decidido posteriormente erguer seu memorial nacional na Normandia no terreno elevado acima da praia Omaha.

Mais a leste, foi o relativo sucesso do desembarque da 50ª Divisão Britânica (da Nortúmbria) na praia Gold que aliviou parte da pressão sobre as forças dos Estados Unidos em Omaha. O brigadeiro Dietrich Kraiss, comandando a 352ª Divisão de Infantaria, foi forçado a mandar um de seus batalhões de reserva bloquear os britânicos em Crépon, cerca de dez quilômetros no interior, em vez de contra-atacar em direção a Omaha. Chegando uma hora depois dos americanos devido a diferenças de maré, as brigadas de assalto da 50ª Divisão começaram a desembarcar às 7h30. A 231ª Brigada desembarcou em Le Hamel, apoiada por dois esquadrões de tanques Sherman DD do Batalhão

Ranger da Cavalaria Yeomanry, que também ignoraram a ordem de lançamento a 5 mil jardas e só entraram na água a mil jardas da costa. Contudo, mesmo essa pequena diferença na aproximação acarretou um atraso, e o 1º Hampshire Real travou uma luta difícil no entorno de Arromanches--les-Bains. Apoiados pelo 1º Regimento de Dorset e pelo 2º Regimento de Devon, eles só conseguiram atingir seus objetivos no fim do dia. Os Fuzileiros Reais do Comando 47 também desembarcaram na praia Gold, avançaram para oeste em direção a Port-en-Bessin e seriam as primeiras tropas britânicas a se juntar à 1ª Divisão de Infantaria Americana de Omaha. Mais a leste, foram o 6º Green Howards de Stan Hollis e o 5º East York que se aproximaram de La Rivière, apoiados pelos tanques do 4º e 7º Regimentos de Blindados dos Dragões da Guarda, também lançados a poucos metros da costa. O tenente-coronel Robin Hastings, do 6º Green Howards, sabia que seu batalhão estava exatamente no lugar certo, pois uma casa com uma proeminente entrada circular, que aparecia em todas as fotografias em suas instruções, surgiu logo à frente de onde sua lancha de desembarque chegou à praia. A experiência do desembarque de Hastings foi bem diferente da de Omaha, cujo desembarque foi dilacerado pelo intenso fogo de metralhadoras assim que as rampas das lanchas de desembarque se abriram na praia. A rampa da lancha de desembarque de Hastings emperrou. Dois corpulentos fuzileiros reais tiveram de abrir a rampa com um forte empurrão. Sem saber a profundidade à frente da lancha, Hastings sondou a água com os pés sentado na borda. A água só chegou a seus joelhos, e ele e seu grupo de comando seguiram pela praia. A luta se intensificou no interior, e, ao longo do dia, o sargento-major Stan Hollis realizou as duas ações que lhe renderiam a única Victoria Cross concedida no Dia D. Ao anoitecer, o 2º de Essex e os tanques do Regimento Blindado de Sherwood chegaram bem perto de Bayeux. A 50ª Divisão sofreu cerca de 1.100 baixas no Dia D, com 350 mortos.

Ainda mais a leste, ao se preparar para desembarcar na praia Juno, a 3ª Divisão Canadense estava determinada a deixar para trás os fantasmas do fracassado ataque a Dieppe. Às 5h30, o cruzador HMS *Belfast* e uma flotilha internacional de navios de guerra britânicos, franceses, noruegueses e canadenses começaram seu bombardeio. Na primeira leva, a 7ª Brigada Canadense seguiu para Courseulles-sur-Mer, enquanto a

8ª Brigada tomou a direção de Saint-Aubin-sur-Mer, ambas apoiadas pelos tanques anfíbios do 1º Hussardos e do Fort Garry Horse (um regimento blindado canadense). Apesar do peso esmagador do fogo inimigo, os defensores alemães de dois batalhões da 716ª Divisão de Infantaria só disparam quando as rampas das lanchas de desembarque foram baixadas. Os soldados desembarcaram sob intenso fogo de metralhadoras e de artilharia. Os canadenses sofreram 961 baixas, com 340 mortos. A linha costeira era quase toda urbanizada, com casas e prédios comerciais, o que proporcionava uma considerável proteção aos alemães. Foram necessários tanques para abrir caminho para o interior a partir das praias. Mesmo com as praias sendo liberadas lentamente, as levas de reforços e suprimentos logísticos continuaram chegando. Essa movimentação gerou certa confusão nas praias, o que retardou o avanço para o interior. No entanto, no fim do dia, os canadenses tinham avançado cerca de onze quilômetros e tinham chegado a Le Fresne-Camilly e a Villons-les-Buissons – tendo penetrado mais fundo no interior que quaisquer outras tropas aliadas –, mas ainda sem ter atingido seu objetivo, o de cortar a estrada Caen-Bayeux e capturar o aeródromo de Carpiquet. Se esse grau de penetração no interior no primeiro dia era ou não viável continua sendo uma questão em aberto. Seria necessário mais um mês de ferozes combates contra a 12ª Divisão Panzer SS *Hitler Jugend* para o aeródromo de Carpiquet ser tomado.

Mais a leste, aconteceram os desembarques da 3ª Divisão Britânica, a divisão que Bernard Montgomery tinha comandado na França e em Dunquerque em 1940. Foi a essa divisão que Montgomery atribuiu a tarefa mais ambiciosa do Dia D: capturar Caen. Diferentemente da 50ª Divisão, que desembarcou na praia Gold, que lutou ao lado de Montgomery no deserto do Norte da África, na Sicília e na Itália, a 3ª Divisão ficou na Inglaterra fora de combate, preparando-se para operações futuras. Esse momento chegou em 6 de junho de 1944.

Assim como as outras divisões de assalto, a 3ª Divisão de Infantaria do major-general Tom Rennie foi apoiada por um intenso bombardeio naval liderado pelos encouraçados britânicos HMS *Warspite* e *Ramillies* e outros dezoito navios de guerra, inclusive um da Polônia. Eles não dispararam apenas por cima dos soldados da 8ª Brigada de Infantaria e das unidades de Comandos da Marinha Real na onda de assalto, mas também em apoio aos tanques anfíbios DD dos 13º/18º Hussardos e do Staffordshire Yeomanry. O bom senso foi usado no lançamento dos tanques ao mar, com a maioria resistindo às ondas de um metro e meio de altura na aproximação, alguns chegando antes da infantaria de assalto. Com a captura de Caen como o objetivo mais valorizado do Dia D, pairava a dúvida quanto à eficácia do planejamento sobre como explorar os primeiros desembarques bem-sucedidos da 3ª Divisão. Pontos fortes, de codinomes *Morris* e *Hillman*, defendidos pelo 736º Regimento de Infantaria Mecanizada alemão, tinham de ser tomados pela 8ª Brigada antes de a 185ª Brigada passar por eles nas colinas de Périers para lançar seu ataque a Caen. O congestionamento na praia atrasou o avanço dos tanques do Staffordshire Yeomanry para apoiar o 1º Suffolk na tomada de *Hillman*. Para piorar as coisas, o oficial de apoio de artilharia naval tinha sido morto, o bombardeio inicial deixou *Hillman* intacto e a inteligência não identificou essa posição como um quartel-general fortemente defendido pelo regimento responsável. Apesar de atos individuais de heroísmo, como o do soldado "Tich" Hunter, depois condecorado com a Medalha de Conduta Distinta, *Hillman* só foi dominado no final da tarde. O 1º Norfolk da 185ª Brigada, ansioso para pressionar o ataque a Caen, contornou *Hillman* cedo demais e sofreu mais de 150 baixas de posições alemãs não eliminadas. Ao cair da noite, apesar de ter sofrido mais de mil baixas no decorrer do dia, a 3ª Divisão não conseguiu atacar Caen e cumprir essa parte do plano de Montgomery para a Overlord. Levaria mais seis semanas e custaria uma enorme perda de vidas aliadas e francesas até Caen ser libertada, em 19 de julho.

Os relatórios e notícias sobre os desembarques na Normandia chegaram aos poucos durante a manhã e a tarde de 6 de junho. Os anúncios públicos precisavam ser cautelosos, pois a operação Fortitude continuava em andamento, para convencer os alemães de que o principal desembarque dos Aliados não seria na Normandia e para eles continuarem atentos a Pas-de-Calais. Contudo, a população da Europa e da América do Norte precisava saber o que estava acontecendo.

Churchill passou a manhã de terça-feira, 6 de junho, em sua sala de mapas, tentando interpretar as informações mais recentes sobre os desembarques antes de seu pronunciamento à tarde, na Câmara dos

Comuns. As névoas da guerra continuavam envolvendo tudo em incertezas, mas os relatórios iniciais pareciam bons. Os alemães não tinham interpretado corretamente o aumento do tráfego de mensagens provenientes da frota aliada e não perceberam um alerta antecipado quando alguns navios avançados foram chamados de volta por ocasião do adiamento de Eisenhower nas primeiras horas da manhã de domingo. Seus serviços meteorológicos não detectaram a mudança do clima. A surpresa tática foi conseguida.

Bletchley Park estava lendo as comunicações navais alemãs quase em tempo real, mas não com rapidez suficiente para evitar a perda do contratorpedeiro norueguês *Svenner*, afundado por E-boats alemães que operavam ao largo de Le Havre. O contratorpedeiro americano USS *Corry* também foi perdido pela ação inimiga, provavelmente atingido pelo fogo de uma bateria costeira, mas a frota conseguiu atravessar o Canal quase ilesa. A superioridade aérea parecia absoluta. Chegaram notícias sobre as dificuldades dos americanos em Omaha, mas os desembarques nas outras praias pareciam progredir bem. O número de baixas ainda estava indefinido, mas era muito menor do que os 20 mil temidos por Churchill.

O primeiro-ministro almoçou com George VI no Palácio de Buckingham. Sir Alan Lascelles sentiu toda a força do olhar de Churchill no primeiro encontro. Concluiu que ainda não fora perdoado por seu papel na prevenção da ida do primeiro-ministro à França. Em seguida, Churchill acompanhou o rei ao quartel-general de Leigh-Mallory, em Stanmore, e depois ao quartel-general de Eisenhower, em Bushy Park, onde os dois podiam acompanhar a ação nos grandes mapas e gráficos em que o progresso era traçado. Ainda não havia comunicações por satélite nem imagens em tempo real, mas as informações continuavam chegando. Um quadro começou a surgir. O clima tinha pegado os alemães desprevenidos, mas também criado algumas dificuldades para os Aliados. O céu nublado limitou a eficácia do grande bombardeio naval e aéreo que precedeu o ataque, e o vento na costa criou uma maré mais alta que o esperado, dificultando a aproximação das praias, principalmente para os tanques anfíbios, e escondendo alguns obstáculos mortais que se tornaram verdadeiras armadilhas mortíferas. Mesmo assim, as tropas aliadas estavam desembarcando. Havia também sinais animadores de que o inimigo estava confuso. Importantes Divisões Panzer ainda não haviam sido liberadas para a batalha.

Lascelles percebeu com ironia que, "apesar de eles [o rei e Churchill] terem almoçado juntos e viajado muitos quilômetros no mesmo carro, nenhum deles, aparentemente, fez qualquer alusão à recente troca de cartas entre os dois!".[2]

Enquanto Churchill fazia um tour pelo quartel-general, seu secretário particular Jock Coville, agora servindo em seu esquadrão da RAF e finalmente autorizado a sobrevoar a França, participava de dois voos de reconhecimento e via "um mar fervilhando de navios de todos os tipos a caminho das praias dos desembarques" e uma parte de "um enorme esquadrão aéreo, bombardeiros e caças amontoados como estorninhos formando ninhos". Talvez fosse a primeira vez que ele tinha uma visão geral melhor que a de seu chefe.

Ao menos na frente militar, parece ter havido uma palpável sensação de alívio. Os Aliados estavam na praia. O pior cenário não tinha se concretizado, e Lascelles observou que "todos a quem foi confiado o segredo muito bem guardado parecem dez anos mais jovens". Churchill havia recebido um bilhete de Montgomery em 6 de junho, enviado antes de o general atravessar para a França, admitindo que "os últimos cinco meses não foram fáceis para nenhum de nós. Mas sempre achei que você veria que estava tudo bem, e que seu apoio esteve disponível em todos os momentos".[3] Com certeza esse apoio pode ter às vezes beirado a interferência.

Havia uma clara sensação de alívio no telegrama disparado por Churchill ao marechal Stálin. Finalmente, depois de anos de atrasos e de mudanças de estratégia, ele conseguia cumprir sua promessa de uma Segunda Frente no noroeste da Europa. Finalmente conseguia manter a cabeça erguida e reportar uma operação aliada em escala comparável à das grandes batalhas da frente oriental.

PRIMEIRO-MINISTRO PARA MARECHAL STÁLIN
Pessoal e ultrassecreto
Tudo começou bem. As minas, obstáculos e baterias terrestres foram em grande parte superados. Os lançamentos aéreos foram muito

bem-sucedidos e em grande escala. Desembarques da infantaria estão procedendo rapidamente e muitos tanques e canhões autopropelidos já estão na costa.
O clima parece de moderado a bom.

W.S.C.
6.6.44.

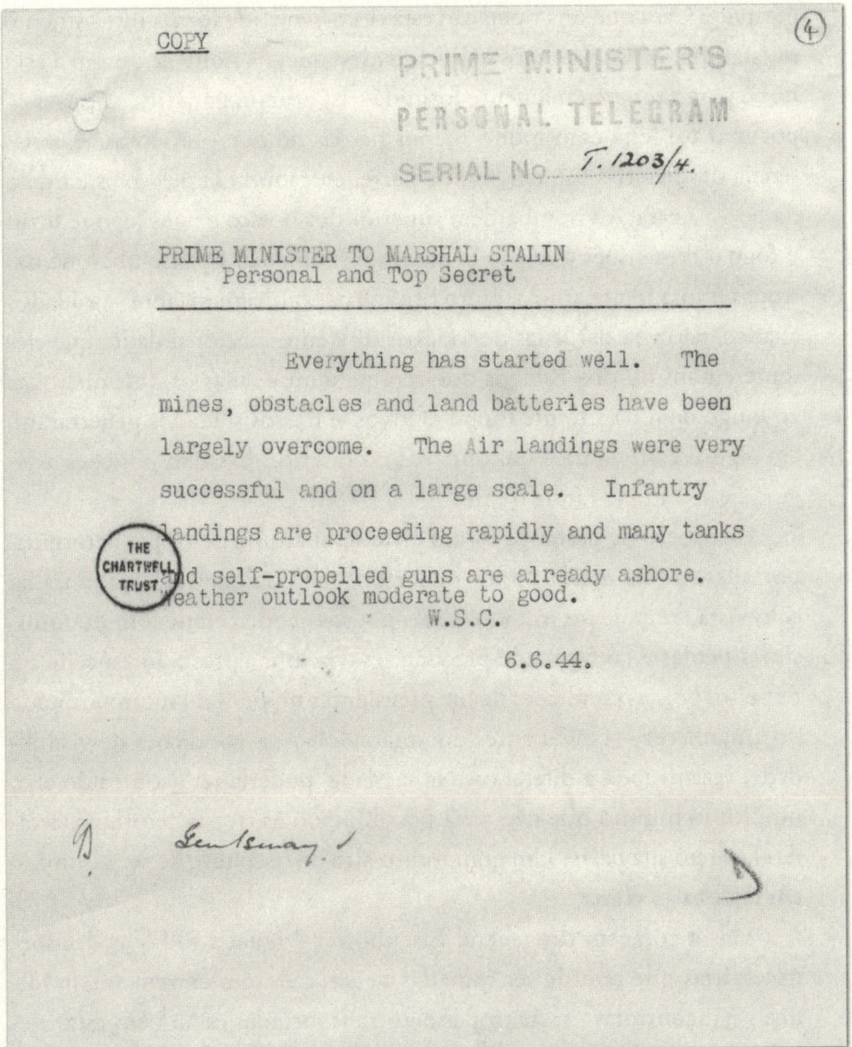

COPY

(4)

PRIME MINISTER'S
PERSONAL TELEGRAM
SERIAL No. T. 1203/4.

PRIME MINISTER TO MARSHAL STALIN
Personal and Top Secret

Everything has started well. The mines, obstacles and land batteries have been largely overcome. The Air landings were very successful and on a large scale. Infantry landings are proceeding rapidly and many tanks and self-propelled guns are already ashore. Weather outlook moderate to good.

W.S.C.

6.6.44.

THE CHARTWELL TRUST

Telegrama de Churchill para Stálin, 6 de junho de 1944

O primeiro-ministro tinha prometido apresentar um relatório ao Parlamento britânico antes do final da sessão diária. Ele fez isso ao voltarem ao centro de Londres, falando à Câmara dos Comuns às 18h15, pouco antes do encerramento:

> Eu prometi apresentar um relatório à Casa mais tarde nesta Sessão. Estive nos centros onde as informações mais recentes são recebidas e posso afirmar à Casa que essa operação está decorrendo de forma inteiramente satisfatória. Muitos perigos e dificuldades, que, na noite de ontem a esta hora, pareciam extremamente formidáveis, ficaram para trás. A travessia por mar foi feita com muito menos perdas do que prevíamos. A resistência das baterias foi, em grande parte, enfraquecida pelo bombardeio da Força Aérea, e o bombardeio superior dos nossos navios logo reduziu o fogo a dimensões que não afetaram o problema. O desembarque das tropas numa frente ampla, tanto britânicos como americanos – soldados aliados, não vou dar listas de todas as diferentes nacionalidades que eles representam ou dos Estados que representam –, mas os desembarques ao longo de toda a frente foram efetivos, e nossos soldados penetraram, em alguns casos, vários quilômetros no interior. Existem posições asseguradas em uma grande frente.
>
> O aspecto de destaque foram os desembarques de tropas aerotransportadas, numa escala muito maior do que qualquer coisa que tenha sido vista até hoje no mundo. Esses pousos aconteceram com pouquíssimas perdas e com grande precisão. Havia uma apreensão específica a respeito, pois as condições de luz prevalentes no período muito limitado do amanhecer – pouco antes do amanhecer – as condições de visibilidade, faziam toda a diferença. Na verdade, poderia ter acontecido algo no último minuto que não teria possibilitado às tropas aerotransportadas fazerem sua parte. Um grau muito alto de risco teve de ser assumido em relação ao clima.
>
> Mas a coragem do general Eisenhower é igual a todas as decisões necessárias que têm de ser tomadas nessas questões extremamente difíceis e incontroláveis. As tropas aerotransportadas estão bem estabelecidas, e os desembarques e os procedimentos subsequentes estão todos procedendo com menos perdas – muito menos – do que esperávamos. A luta continua em vários pontos. Capturamos várias pontes de

importância, e que não foram explodidas. Há inclusive combates em progresso na cidade de Caen, no interior. Mas tudo isso, apesar de ser um primeiro passo muito valioso – um primeiro passo vital e essencial –, não nos dá nenhuma indicação do que poderá ser o curso da batalha nos próximos dias e semanas, pois o inimigo agora provavelmente se empenhará para se concentrar nessa área, e nesse caso combates intensos começarão em breve e continuarão sem fim, enquanto pudermos avançar as tropas e pudermos trazer novos soldados. Portanto, é um período extremamente sério em que estamos entrando. Graças a Deus, entramos nesse período com nossos grandes aliados, todos de bom coração e todos em boa amizade.[4]

Churchill podia estar aliviado no front militar, mas sua irritação com de Gaulle não esmoreceu. Aliás, parecia ter se intensificado. O general continuava se recusando a cooperar com os termos da administração civil da França, e a amarga desavença sobre se ele se pronunciaria ao povo francês continuava vívida. Os Aliados consideravam que isso seria essencial para mobilizar a resistência e estimular o apoio dos franceses à operação, mas também queriam manter o controle sobre o simbolismo e o conteúdo do momento. De Gaulle só seria autorizado a falar depois de Eisenhower, e não como chefe do Estado francês.

Para piorar a situação, Eisenhower apresentou a de Gaulle o conteúdo de sua transmissão. Ordenava ao povo francês que seguisse as instruções militares dos Aliados. De Gaulle não era mencionado nominalmente. Os atuais funcionários governamentais franceses seriam mantidos no cargo por ora, e isso repetia a linha de Roosevelt de os franceses escolherem o próprio governo depois da libertação. Em suma, não reconheceu a autoridade de de Gaulle, nem a legitimidade de seu recém-proclamado Governo Provisório da França. Sua reação não foi surpreendente: "Ao falar imediatamente depois de Eisenhower, eu pareceria estar sancionando o que ele disse – de que discordo – e assumindo um lugar inadequado na sucessão à dignidade da França. Se eu fizesse um discurso, só poderia ser em uma hora diferente...".[5]

Para Churchill, preocupado em minimizar as baixas aliadas e maximizar o apoio francês, isso parecia uma traição à aliança. Nas primeiras horas de 6 de junho, quando a operação começou, o furioso primeiro-ministro repreendeu Pierre Viénot, representante dos Franceses Livres de de Gaulle junto ao governo britânico, pela intransigência de seu chefe. No fim, de Gaulle conseguiu o que queria e se pronunciou separadamente às dezoito horas do Dia D, declarando: "As ordens dadas pelo Governo Francês e pelos líderes que reconheceu devem ser seguidas com precisão". Havia uma ênfase bem diferente. De Gaulle queria passar a impressão de que a autoridade de Eisenhower emanava do Governo Provisório da França. Para Churchill, isso foi como um pano vermelho para um touro. De Gaulle não tinha grandes forças na batalha, a libertação estava sendo liderada pelos anglo-americanos e a autoridade do general francês dependia inteiramente do patrocínio e do apoio dos britânicos e americanos. Ademais, Roosevelt tinha sido claro sobre não reconhecer o Governo Provisório de de Gaulle.

Como secretário das Relações Exteriores, Anthony Eden leu o texto do pronunciamento de de Gaulle antes do discurso. Eden era consideravelmente mais simpático à posição do general que seu primeiro-ministro, e vinha tentando arquitetar um acordo que permitisse aos americanos participarem nas discussões dos britânicos sobre questões civis com representantes do comitê de de Gaulle. Isso provocou dois telefonemas furiosos de Churchill, que trabalhava na cama: o primeiro, logo após a mensagem pelo rádio de de Gaulle, e o segundo, que durou 45 minutos, depois da meia-noite. Incapaz de influenciar os acontecimentos militares na França, Churchill já se debruçava sobre a disputa política, e acusou Eden de tentar fazer o Gabinete se voltar contra ele: "Ele disse que nada o induziria a ceder, que de Gaulle devia sair de cena. Disse que eu não tinha o direito de 'intimidá-lo' num momento como esse e muito mais".[6] Quando Eden se recusou a ceder, Churchill descarregou sua ira em Brendan Bracken. Ficava cada vez mais claro para Churchill que sua posição linha-dura contra de Gaulle não contava com o apoio da maioria de seus colegas de Gabinete. Attlee, Bevin e Eden eram todos simpáticos à posição do general e a favor de atenuar sua posição.

Foi nesse momento que chegaram dois telegramas de Roosevelt. O primeiro, datado de 4 de junho, mas com envio adiado até o Dia D, desejava a Churchill "toda a boa sorte em suas conversações com a Prima Donna [de Gaulle]" e, referindo-se a comunicados anteriores de

Churchill sobre o assunto, acrescentava: "Por favor, pelo amor do Céu, não diga a de Gaulle que estou enviando a ele uma 'mensagem amigável para vir me ver'. A questão toda é que me recuso absolutamente, como chefe de Estado, a convidá-lo a vir aqui". Era uma reiteração da afirmação anterior do presidente.

Felizmente, as coisas mudaram, e de Gaulle procurou Roosevelt, ainda que a contragosto. A mensagem de 4 de junho foi prontamente substituída – na verdade, possivelmente devido ao atraso precedente – por um novo comunicado do presidente anunciando: "Mandei uma mensagem a de Gaulle de que, em vista sua expressão de esperança de eu recebê-lo aqui, ficarei muito feliz em fazer isso...". Era a perspectiva de um abrandamento no relacionamento entre Roosevelt e de Gaulle, que poderia aliviar a pressão sobre Churchill, ainda acuado pelos dois lados. A primeira mensagem de Roosevelt, de 4 de junho, referia-se também a seu prazer ao saber que "Randolph saiu da caverna em segurança", referindo-se à dramática fuga de Tito dos alemães na Bósnia. O líder iugoslavo teve de escalar um penhasco quando paraquedistas alemães cercaram seu esconderijo na floresta. O presidente sabia que Randolph estava com Tito. Para Churchill, houve ao menos alguns aspectos positivos no final de um longo dia.

Também foi um longo dia para Tony Hugill, esperando a bordo de sua apinhada lancha de desembarque. O desembarque só se deu na manhã do dia 7 de junho, depois de quatro dias a bordo. O congestionamento que o recebeu, com barcos de todos os tamanhos tentando entrar e sair da praia, foi um "pesadelo absoluto para um capitão", mas a chegada à costa foi um anticlímax. Havia corpos de britânicos e de alemães e equipamentos incendiados, mas a batalha já tinha avançado para o interior.

Para Churchill, os momentos de alívio duravam pouco. Quando o Gabinete de Guerra se reuniu, às dezoito horas do dia 7 de junho, havia surgido uma nova complicação. Além de reter seus oficiais de ligação e se negar a discutir assuntos civis, de Gaulle se recusava a reconhecer a moeda especial francesa que Eisenhower propunha emitir para possibilitar aos Aliados pagarem por bens e serviços na França libertada. Churchill não ficou impressionado com aquelas novas cédulas, que considerou "singularmente tolas" por conta do desenho, que tornava difícil diferenciar seus valores, mas sua maior preocupação era a de de Gaulle estar tentando usar a questão para ser reconhecido como o chefe do Governo Provisório da França. Havia também uma questão relacionada à responsabilidade financeira. Os governos da Inglaterra e dos Estados Unidos seriam responsáveis pelo resgate daquelas cédulas se não fossem oficialmente reconhecidas na França? Churchill falou sobre a deterioração das relações com de Gaulle e o acusou de ter "uma atitude muito pouco cooperativa" e de estar "preocupado principalmente com sua posição pessoal". Apesar de solidários com as dificuldades de Churchill, seus colegas de Gabinete concordaram com que Eden, mais conciliador, entrasse em contato com de Gaulle e o convencesse a enviar comissários para discutir aquelas questões civis. Talvez tenham percebido sensatamente que o primeiro-ministro continuava emocional nessa questão.

Em 8 de junho, Churchill escreveu a Roosevelt resumindo a posição como a via e concluindo que, se de Gaulle se recusasse a "mandar os comissários, nós devemos sugerir que é melhor ele voltar para Argel [...] Já disse repetidas vezes a de Gaulle, e ele entendeu sem irritação, porque, se não houver um acordo, eu fico com você".[7] No final, ele acrescentou, provavelmente em tom de brincadeira: "Acho que seria uma pena se você e ele não se encontrassem. Não vejo por que só eu mereço toda essa sorte". Sob pressão constante dos membros de seu Gabinete no sentido de uma política americana mais clara em relação a de Gaulle, Churchill mandou outros telegramas ao presidente, em 9 e 10 de junho, pressionando-o por uma resposta rápida sobre a questão da moeda. A resposta chegou finalmente em 13 de junho, quando Roosevelt escreveu:

> Se, por qualquer razão, a moeda suplementar não for aceitável para o público francês, o General Eisenhower tem autoridade total para usar dólares com um selo amarelo [dólares produzidos especialmente para operações militares no exterior] e cédulas para a Autoridade Militar Britânica [...] Parece claro que *Primas Donnas* não mudam de postura.[8]

Isso não amenizou todas as preocupações britânicas quanto a suas responsabilidades, mas Churchill se recusou a levar o assunto adiante com Roosevelt. A questão era uma fonte de tensão interna no Gabinete britânico e ocupava boa parte do tempo do primeiro-ministro nos primeiros dias cruciais da Overlord. Ele precisava lidar com questões do governo da Austrália e murmúrios no Parlamento sobre o não reconhecimento dos Franceses Livres e de seu líder. Quando de Gaulle deu uma entrevista a uma agência de notícias, em 10 de junho, criticando a ausência de autoridades e funcionários franceses na área libertada e negando abertamente o valor da moeda dos Aliados, Churchill comunicou a Bracken que "seria bom você notificar à imprensa que existem dois lados nessa história e que uma declaração do Governo poderá ser facilmente divulgada no momento certo. Uma história só é boa até outra ser contada".[9] A posição pró-americanos de Churchill tornou-se muito óbvia para todos, inclusive para de Gaulle e seu entorno. Isso inevitavelmente teria um impacto nas relações anglo-francesas a longo prazo.

É irônico que, quando a relação de Churchill com de Gaulle atingiu seu ponto mais baixo, sua correspondência complicada com Stálin até então tenha se tornado extremamente amigável, ao menos superficialmente. O líder soviético respondeu prontamente ao telegrama de Churchill sobre o Dia D, escrevendo que "isso dá a todos nós alegria e esperança de mais sucessos", ao mesmo tempo confirmando que a ofensiva simultânea das forças soviéticas, que ele tinha prometido realizar na Conferência de Teerã, iria começar em meados do mês. Desejoso de explorar as oportunidades proporcionadas por essa abertura amigável e de usá-la para saber mais sobre as intenções soviéticas, em 7 de junho Churchill despachou uma minuta para Ismay pedindo mais informações que pudesse enviar a Stálin. Explicou que estava tentando "extrair uma declaração voluntária do Urso [Stálin] sobre o que ele vai fazer. Portanto, precisamos providenciar algo que seja real e novo".

O que Churchill providenciou, num longo telegrama a Stálin ditado mais tarde, em 7 de junho, foram números detalhados sobre o sucesso inicial da operação Overlord. Vinte mil soldados aerotransportados tinham pousado em segurança atrás dos flancos das linhas inimigas, as perdas totais haviam sido pequenas e, no final do dia, os Aliados esperavam ter quase um quarto de milhão de homens em terra. O primeiro-ministro deu notícias sobre os tanques especiais que flutuaram sozinhos até as praias, embora admitisse ter havido "muitas baixas" por terem sido emborcados pelas ondas, principalmente no setor americano. Falou com orgulho sobre o sucesso dos blindados britânicos "ontem à noite perto de Caen" em uma batalha de tanques com a 21ª Divisão Panzer de Infantaria Mecanizada e anunciou que "todos os comandantes estão satisfeitos porque, no desembarque em si, as coisas correram melhor do que esperávamos". O elemento novo, que ele reservou para o final, foi a informação de que dois grandes portos sintéticos estavam prestes a ser construídos na grande baía arenosa do estuário do Sena. "Nada como isso jamais foi visto. Grandes navios oceânicos poderão descarregar e transportar suprimentos para as tropas combatentes em inúmeros cais." Confirmou que os Aliados esperavam ter 25 divisões alocadas até D+30 (5 de julho) e ter capturado o porto de Cherbourg. "Mas tudo isso depende dos acasos da guerra que, marechal Stálin, você conhece tão bem."

A correspondência entre os dois líderes continuou nessa mesma linha durante os dias seguintes. Em 9 de junho, Stálin confirmou que a ofensiva de verão soviética começaria no dia seguinte no front de Leningrado. No dia seguinte, Churchill relatou que "Até esta noite, dia 10, deveremos ter desembarcado quase 400.000, com uma grande superioridade em tanques e uma grande e crescente quantidade de artilharia e caminhões". Subitamente, o primeiro-ministro parecia mais positivo quanto ao número de veículos acompanhando o ataque. Do embaixador britânico em Moscou veio a notícia de que Churchill tinha recebido de Stálin o esboço de uma inscrição com a mensagem: "Em memória do dia da invasão do norte da França pelas tropas Aliadas Britânicas e Americanas de seu amigo Joseph V. Stálin". O que Churchill claramente mais gostou, e orgulhosamente mostrou ao presidente Roosevelt, foi um dos telegramas recebidos do líder soviético. Evidente e especialmente criado por Stálin e seus assessores para apelar ao amor de Churchill pela história e ao seu senso de destino, dizia:

> Meus colegas e eu não podemos deixar de admitir que a história das guerras não conhece nenhum outro empreendimento semelhante em termos de escala, de concepção abrangente e de execução magistral. Como é bem conhecido, Napoleão, em sua época, fracassou ignominiosamente em seu plano de forçar o Canal da Mancha. O histérico Hitler,

que se gabou por dois anos de que conseguiria forçar o Canal, foi incapaz sequer de insinuar a tentativa de cumprir sua ameaça. Somente nossos Aliados conseguiram realizar com honra o grandioso plano de forçar o Canal. A história registrará esse feito como uma conquista da mais alta ordem.[10]

Essa correspondência provavelmente marca o ponto alto na relação entre Churchill e Stálin no período da guerra. A promessa de estabelecer a Segunda Frente na Europa fora finalmente cumprida. Nos bastidores, Churchill pressionava pela rápida retomada dos comboios do Ártico para a Rússia (que foram suspensos para priorizar a operação Overlord). Contudo, o próprio sucesso da Overlord e os rápidos avanços dos soviéticos no leste já ameaçavam criar novas tensões sobre o futuro da Polônia, da Alemanha, dos Bálcãs e da Grécia. As sementes da discórdia já estavam presentes. Enquanto recebia esses elogiosos telegramas de Stálin, Churchill já se preocupava com a infiltração de comunistas no governo da Itália, tentava intermediar um acordo entre forças comunistas e monarquistas na Iugoslávia, mostrava-se apreensivo com o crescimento do comunismo na Grécia e se sentia cada vez mais frustrado com a oposição dos americanos a seu desejo de negociar esferas de influência com Stálin nos Bálcãs. Quanto mais acelerava o colapso da Alemanha, mais importantes essas questões se tornariam.

Uma boa visão do pensamento de Churchill nos é dada pela correspondente de guerra americana Virginia Cowles. Ela participou de um pequeno almoço festivo para o primeiro-ministro em 7 de junho, presumivelmente uma reunião para distraí-lo das enormes pressões do momento. Chegando com um traje de sirene azul (o macacão com zíper),* o primeiro-ministro parecia "preocupado e apreensivo". No entanto, durante a refeição ele se lançou numa discussão irritada contra os "rosados de salão" que criticavam sua política externa de apoio aos regimes vigentes na Espanha e na Itália. "'Quando esta guerra acabar', vociferou, 'a Inglaterra precisará de todos os aliados que conseguir para se proteger contra a Rússia'".[11] Churchill ainda acreditava que a

* Nome dado a um macacão usado por muitos para se abrigar durante os ataques aéreos dos alemães. (N.T.)

Grã-Bretanha poderia sair do conflito como uma potência mundial, mas a posição do país no Mediterrâneo e sua influência na Europa estariam ameaçadas pela expansão soviética no sul e no leste da Europa.

A prioridade imediata era vencer a batalha na Normandia. Churchill podia oferecer apoio com suas palavras em público e privadamente. E não demorou a mandar uma mensagem aos que tornaram possíveis os portos artificiais:

> Foi um feito notável [...] A produção desse equipamento novo e complicado e seu transporte aos locais finais de colocação e, a partir daí, para as áreas de montagem foram empreendimentos muito consideráveis. Acredito que todos os Departamentos envolvidos devem ser parabenizados pela conclusão do trabalho.[12]

Churchill pode ter se sentido aliviado com o lançamento da operação, e mais ainda com seu sucesso inicial, mas também se sentia frustrado por não poder fazer mais. Podia analisar os relatórios mais recentes, monitorar o número de baixas, acompanhar o progresso das tropas em sua sala de mapas e obter informações dos chefes de Estado-Maior e dos diversos quartéis-generais militares no Reino Unido, mas se irritava por não poder influenciar os eventos no campo.

Em 8 de junho, Brooke estava tentando dissuadir Churchill de novos planos de desembarques na costa oeste da França. Nesse período, Churchill já estaria ciente das primeiras impressões de Montgomery sobre o campo de batalha, que, apesar de serem, no geral, positivas, incluíam referências às numerosas baixas na praia Omaha.

A cópia do telegrama do general de 7 de junho está preservada nos arquivos de John Selwyn Lloyd, que na época servia como chefe adjunto do Estado-Maior do general Dempsey do Segundo Exército.

O ataque inicial foi assim. Estava claro que ainda haveria semanas de duros combates na Normandia. Na quinta-feira, 8 de junho, Churchill falou à Câmara dos Comuns antes do fim de semana, expressando uma nota de cautela e realismo:

> Espero sinceramente que, quando os Membros se dirigirem aos seus distritos eleitorais, eles não só mantenham o moral, na medida do

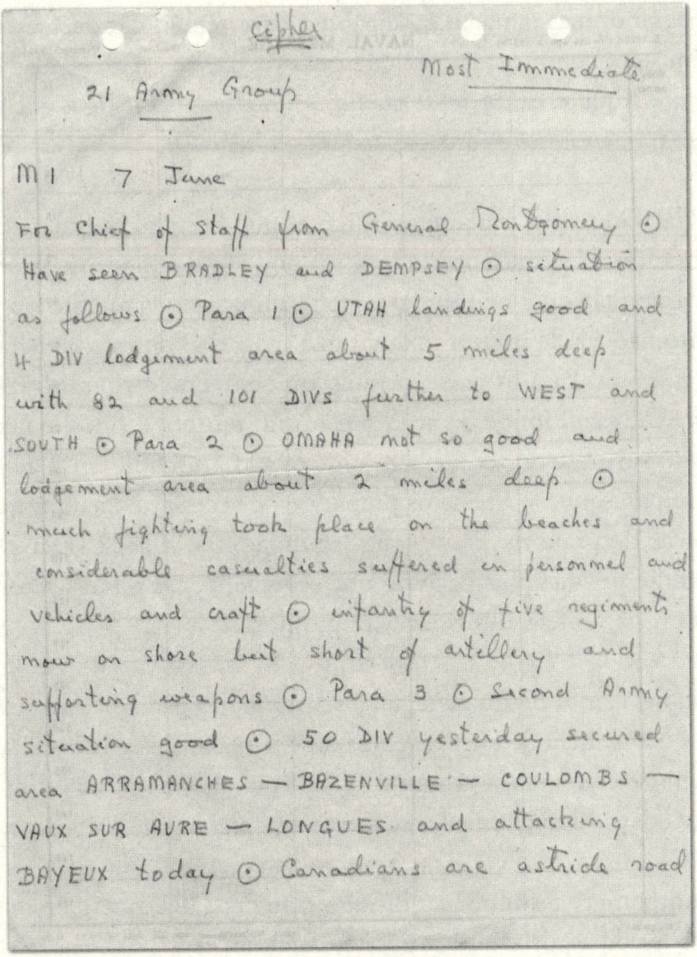

Cipher

21 Army Group

Most Immediate

M1 7 June

For Chief of Staff from General Montgomery ⊙ Have seen BRADLEY and DEMPSEY ⊙ situation as follows ⊙ Para 1 ⊙ UTAH landings good and 4 DIV lodgement area about 5 miles deep with 82 and 101 DIVS further to WEST and SOUTH ⊙ Para 2 ⊙ OMAHA not so good and lodgement area about 2 miles deep ⊙ much fighting took place on the beaches and considerable casualties suffered in personnel and vehicles and craft ⊙ infantry of five regiments now on shore but short of artillery and supporting weapons ⊙ Para 3 ⊙ Second Army situation good ⊙ 50 DIV yesterday secured area ARRAMANCHES — BAZENVILLE — COULOMBS — VAUX SUR AURE — LONGUES and attacking BAYEUX today ⊙ Canadians are astride road

Telegrama manuscrito do general Montgomery para o chefe do Estado-Maior, 7 de junho de 1944

Ao Chefe do Estado-Maior do General Montgomery.

Encontrei Bradley e Dempsey. A situação é a seguinte. Pousos para / Utah boas áreas de alojamentos DIV / H cerca de 5 milhas profundidade com 82 e 101 DIVS mais para oeste e sul. Parágrafo 2. Omaha não tão bem e área de alojamento cerca de 2 milhas de profundidade. Muita luta se deu nas praias e consideráveis baixas sofridas em pessoal e veículos e embarcação. Infantaria em cinco regimentos na praia, mas com pouca artilharia e armas de apoio. Parágrafo 3. Segundo Exército, situação boa. 50 DIV ontem assegurou área Arramanches [sic] – Bazenville – Coulombs – Vaux sur Aure – Longues e atacando Bayeux hoje. Canadenses estão na estrada transversal.

> necessário, mas também façam fortes advertências contra o excesso de otimismo, contra a ideia de que essas coisas vão ser resolvidas rapidamente, e que se lembrem de que, apesar dos grandes perigos que ficaram para trás, enormes esforços estão à nossa frente.[13]

Edgar Granville, parlamentar liberal por Eye, em Suffolk, replicou perguntando ao primeiro-ministro se "poderia dar alguma garantia de que a razão pela qual não vai fazer nenhum pronunciamento no futuro imediato não é a de ir fazer uma visita à costa da França". Não há registro de resposta. Para os que o conheciam bem, era óbvio ser impossível manter Churchill longe da ação por muito tempo, e Brooke não deve ter ficado surpreso ao receber um bilhete de Churchill, em 9 de junho, pedindo para que ele fizesse os preparativos necessários para uma visita às cabeças de praia na França, na segunda-feira, dia 12 (Dia D + 6). Churchill especificou as palavras que seu chefe do Estado-Maior Conjunto deveria usar ao informar Montgomery:

> Não desejamos de forma alguma ser um fardo para você ou seu quartel-general, nem de forma alguma desviar sua atenção da batalha. Tudo o que precisaríamos é de um A.D.C. [Aide de Camp] ou outro oficial para nos conduzir numa turnê. Levaremos alguns sanduíches conosco.[14]

Montgomery respondeu a Brooke, sem perceber que sua mensagem seria repassada ao primeiro-ministro, dizendo:

> Vou me encontrar com você e dar um quadro completo. Estrada não (repito, não) é 100 por cento segura devido a franco-atiradores inimigos, inclusive mulheres. Há muito bombardeio inimigo entre o crepúsculo e o amanhecer. É essencial para o primeiro-ministro só ir aonde eu levá-lo, e vocês precisam sair daqui no início da noite. Estou muito satisfeito com o progresso das operações.[15]

E foi assim que o primeiro-ministro, acompanhado por Brooke, pelo marechal de campo Smuts e seu assistente pessoal, comandante "Tommy" Thompson, finalmente atravessou o Canal da Mancha a bordo do contratorpedeiro da Marinha Real HMS *Kelvin*. A presença de Smuts é significativa. Churchill confiava em seu julgamento, especialmente em questões militares, e o usava como uma fonte de assessoria independente. O primeiro-ministro sul-africano havia se mostrado cético em relação ao Dia D, alertando em determinado momento Hughes-Hallett de que seria a única operação que os Aliados poderiam realizar que poderia levá-los a perder a guerra. Ele estava lá para atuar como assessor especializado de Churchill e fazer o papel de advogado do diabo.

Partindo de Portsmouth às oito da manhã, com bom tempo e águas calmas, a comitiva teve uma visão panorâmica da intensa atividade dos Aliados: o resultado de tantos preparativos. O mar estava cheio de lanchas de desembarque, varredores de minas, navios de suprimentos e rebocadores transportando peças de aço e concreto para serem usadas nos portos artificiais; acima, o ar era um enxame de aviões aliados. Ao chegar a um Gooseberry formado por navios afundados, a comitiva do primeiro-ministro foi recebida pelo almirante Vian, comandante da força-tarefa naval leste para as praias dos britânicos e canadenses, que os transferiu para seu barco e depois para um DUKW anfíbio [veículo de seis rodas adaptado] para a viagem até a costa. Lá, em um momento captado pelo fotógrafo oficial (mostrado na capa deste livro), foram recebidos pelo general Montgomery, que os levou pelo interior num jipe até seu quartel-general para um almoço informativo.

Para Churchill, foi uma experiência emocionante. Passavam-se quase exatamente quatro anos desde a última vez em que pisara na França, naquela reunião fatídica com Reynaud em Tours, em 13 de junho de 1940. Foi um longo caminho de volta. Ele e Brooke ficaram impressionados com a beleza da paisagem, que Churchill mais tarde descreveu da seguinte forma:

> Passamos pelos nosso limitado (embora fértil) território na Normandia. Foi agradável ver a prosperidade da zona rural. As pradarias estavam cheias de adoráveis vacas vermelhas e brancas se aquecendo ou desfilando sob o sol. Os moradores pareciam muito animados e bem alimentados, acenando entusiasticamente.[16]

Churchill virou-se para Brooke e disse: "Estamos rodeados por gado gordo em pastagens exuberantes com as patas cruzadas!". Brooke concordou quanto ao gado, mas não quanto à atitude do povo francês. Na sua opinião, eles "não pareciam de forma alguma felizes em nos ver chegar como um país vitorioso para libertar a França. Estavam bem contentes como estavam, e nós viemos trazendo guerra e desolação ao país".[17] Não era o que Churchill queria ver ou lembrar.

O almoço foi organizado em uma tenda perto do castelo de Montgomery voltado para o front, a uns cinco quilômetros de distância. Quando Churchill perguntou sobre o risco de uma incursão de blindados alemães, Montgomery descartou a ameaça despreocupadamente. No entanto, segundo um relato, a ameaça pode ter estado muito mais próxima do que eles imaginavam. As memórias de Tommy Thompson descrevem um estranho incidente quando, ao sair do trailer de Montgomery, Smuts cheirou o ar e disse ao atônito ajudante de campo: "Ainda há alguns alemães por aqui – bem perto de nós".

> De pé e sem quepe ao sol, Smuts continuou franzindo a testa, perplexo, olhando desconfiado para os bosques de loureiros e rododendros que rodeavam quase totalmente os trailers, mas não disse mais nada, e nós fomos com Montgomery para o refeitório na sua tenda.[18]

Dois dias depois, dois paraquedistas alemães, havia muito isolados de sua unidade, saíram enlameados e exaustos, mas ainda armados, de seu esconderijo naqueles mesmos arbustos e se renderam. Se a história for verdadeira, eles poderiam ter matado Churchill, Brooke, Smuts e Montgomery, mas é um relato que não aparece nas memórias de Churchill nem de Montgomery, e, portanto, pode muito bem ser exagerado ou apócrifo.

O que fica claro é que Churchill gostou do estímulo das viagens e do risco. Ao inspecionar a zona de desembarque britânica em Arromanches, ele causou alarme ao subir ao alto de um pequeno farol; depois, ao tentar, sem sucesso, embarcar em um Monitor (uma pequena belonave equipada com grandes canhões) que bombardeava a costa; em seguida, convenceu o almirante Vian a deixar o HMS *Kelvin* disparar seus canhões contra o inimigo para descarregar sua raiva antes de voltar para casa. Depois disso, dormiu profundamente durante a viagem de volta: "No geral, foi um dia muito interessante e agradável". A anotação simples que deixou no livro de visitantes de Montgomery dizia: "Como foi no começo, que continue até o fim".

Também foi uma experiência educativa. Churchill fez uma turnê pela cabeça de praia britânica. Viu o quebra-mar artificial em operação e os preparativos em curso para a construção de todo o porto Mulberry. Também ficou satisfeito ao saber sobre os três portos locais de Port-en-Bessin, de Courseulles e de Ouistreham, que estavam cumprindo um papel muito maior que o previsto no transporte de materiais.

Ao chegar de volta a Portsmouth, encontrou-se com os chefes de Estado-Maior americano – Marshall, King e Arnold, que estavam de visita ao Reino Unido, igualmente tinham acabado de atravessar o Canal da Mancha e percorrido as posições americanas. Todos jantaram juntos no vagão do trem de Churchill, e Marshall escreveu uma mensagem para o almirante Mountbatten, agora comandante supremo dos Aliados no Sudeste Asiático, que todos assinaram, reconhecendo que "o sucesso do empreendimento tem sua origem nos desenvolvimentos efetuados por você e sua equipe de Operações Conjuntas". Churchill deve ter se recolhido com a sensação de o ciclo ter se completado.

O momento da viagem de Churchill foi minuciosamente calculado. Foi sincronizado para ele chegar à Normandia antes de de Gaulle, que viajou em 14 de junho, e do rei George VI, que visitou as tropas em 16 de junho. A notícia da visita do primeiro-ministro se espalhou rapidamente, e foi anotada por Hugill em seu diário.

O retorno de de Gaulle à França também foi simbólico, resultando inexoravelmente no reconhecimento que desejava. Em 16 de junho, até mesmo Churchill se dispôs a escrever a ele num tom ligeiramente mais conciliatório, declarando: "Desde 1907, nos bons e nos maus momentos, tenho sido um amigo sincero da França, como demonstram minhas palavras e minhas ações, e é para mim uma dor intensa terem sido erguidas barreiras a uma associação que para mim era muito cara".[19]

Agora era hora de amarrar as pontas soltas. De volta a Londres em 13 de junho, o primeiro-ministro presidiu uma reunião do Gabinete que concordou em estender a proibição de comunicações diplomáticas particulares. Eisenhower tinha pedido uma prorrogação até D+15 (20 de junho), para reforçar a segurança da Overlord. Até agora, os alemães tinham mantido suas forças na área de Pas-de-Calais, acreditando que ainda poderia haver novos ataques. O plano de dissimulação Bodyguard estava funcionando, mas ainda havia um temor de que diplomatas neutros no Reino Unido pudessem transmitir ao inimigo informações prejudiciais. O governo não sabia ao certo como agir. Churchill e Eden queriam muito normalizar as relações diplomáticas o mais rápido possível. Na verdade, o primeiro-ministro sabia que seus serviços de inteligência acreditavam que as comunicações diplomáticas poderiam ser usadas para transmitir informações enganosas ao inimigo, e assim criar ainda mais confusão. No final, foi acordada a suspensão da proibição a partir de segunda-feira, 19 de junho. A proibição tanto de visitas às zonas costeiras como de viagens para a Irlanda também seria suspensa até o final do mês.

Uma semana depois dos desembarques, Churchill sentia-se reconfortado pelo fato de o ataque inicial ter sido bem-sucedido. As cabeças de praia foram estabelecidas, e as perdas foram bem menores do que o esperado. O Reino Unido se mostrou à altura do desafio dos imensos deslocamentos. O sistema de transporte não entrou em colapso por conta da pressão adicional, e as tropas e o material estavam chegando a seus pontos de desembarque. As metas de produção dos Mulberries foram cumpridas, e os portos artificiais estavam entrando em operação. As relações com Roosevelt e Stálin eram boas, embora de Gaulle se mostrasse problemático.

Apesar dos vários quase incidentes, a segurança não foi comprometida, a dissimulação funcionou e a surpresa tática foi alcançada. Passado mais de um mês desde o Dia D, os alemães continuaram mantendo forças importantes na área de Pas-de-Calais, à espera de uma segunda invasão. As equipes de dissimulação na Grã-Bretanha trabalharam arduamente para manter a aparência, e, em 15 de julho, Churchill escreveu a Eisenhower para seguir com a estratégia, dizendo: "A incerteza é um terror para os alemães. As forças na Grã-Bretanha são uma preocupação dominante para os hunos".

No front pessoal, Randolph conseguiu se sair bem em Vis e voltou à Grã-Bretanha, apesar de Churchill ter deixado claro que seu filho não deveria ter nenhum tratamento especial. Seu alívio pode ter durado pouco. Em 11 de julho, o diário de Mary Churchill registrou que "RANDOLPH – é, como sempre, um pomo de discórdia e tristeza", comportando-se "com uma odiosa indelicadeza, grosseria e crueldade com papai e mamãe". O relacionamento do pai com o filho mais velho sempre foi complicado.

Contudo, Churchill tinha outros problemas. Foi no dia 13 de junho que as primeiras bombas voadoras autopropelidas V1 caíram no país, eclipsando o sucesso do Dia D na mente do público e substituindo qualquer alívio por uma nova ameaça visceral. Hoje, uma placa azul na Grove Road, no leste de Londres, assinala o local da primeira explosão, que matou seis pessoas, feriu outras 42 e destruiu uma ponte da linha ferroviária que liga London Liverpool Street a Stratford. As perdas e destruições nas semanas seguintes seriam significativas, mas ao menos Churchill sabia que a nova arma de Hitler tinha chegado tarde demais para ter algum impacto no Dia D. Se os Aliados conseguissem avançar na Normandia, os locais dos disparos no norte de França e na Bélgica poderiam ser logo tomados e neutralizados. Entretanto, as preocupações continuavam. E quanto à outra arma, o foguete de combustível líquido que os nazistas estavam desenvolvendo? Quando e onde ela poderia ser instalada? E quão perigosa poderia ser?

E quanto à tomada da Normandia? Quando aconteceria? A cidade de Caen era o objetivo final das forças britânicas e canadenses no dia 6 de junho. A primeira semana da Overlord havia se passado e a cidade continuava em poder dos alemães. Churchill voltou a atentar para o crescente número de baixas, militares e civis, e a se preocupar com essas grandes perdas.

Para T. L. Rodgers, já era tarde demais. Destacado como um batedor de elite, foi um dos primeiros americanos a saltar de paraquedas na Normandia, lançado em Sainte-Mère-Église, atrás das praias americanas, uma hora antes do principal ataque aéreo, para instalar faróis a fim de orientar seus companheiros. A exemplo de muitos outros, as circunstâncias exatas de sua morte não são claras. Um relato diz que ele foi morto ao pousar no pátio de uma fazenda que abrigava uma guarnição alemã; e outro diz que Rodgers morreu dias depois em um tiroteio perto de um pomar. Sua história aqui é apenas um exemplo de bravura e perda. Ao que tudo indica, era um homem gigantesco, tanto fisicamente como em estatura moral. Sainte-Mère-Église foi a primeira cidade francesa a ser libertada.

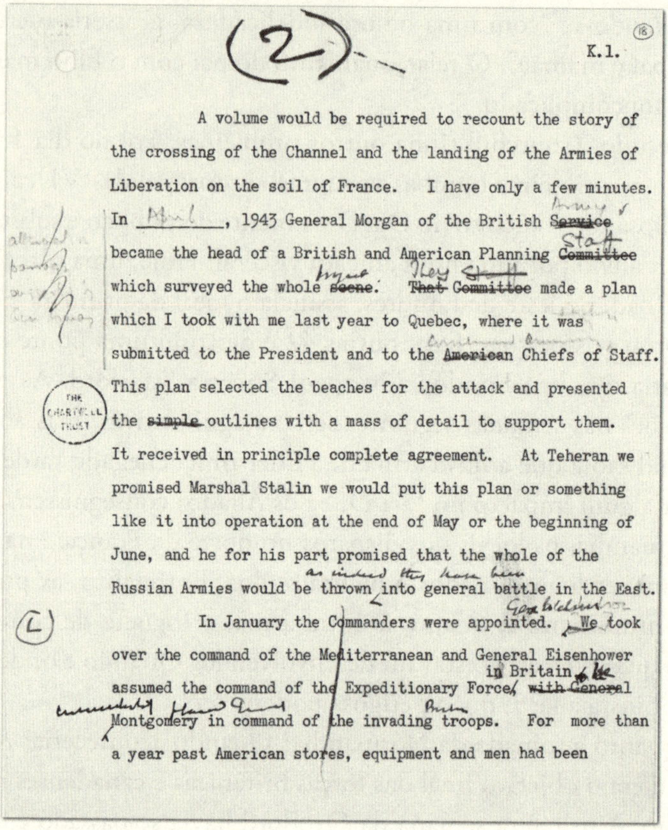

(2)

K.1.

A volume would be required to recount the story of the crossing of the Channel and the landing of the Armies of Liberation on the soil of France. I have only a few minutes. In April, 1943 General Morgan of the British ~~Service~~ became the head of a British and American Planning ~~Committee~~ which surveyed the whole ~~scene~~. ~~That Committee~~ made a plan which I took with me last year to Quebec, where it was submitted to the President and to the ~~American~~ Chiefs of Staff. This plan selected the beaches for the attack and presented the ~~simple~~ outlines with a mass of detail to support them. It received in principle complete agreement. At Teheran we promised Marshal Stalin we would put this plan or something like it into operation at the end of May or the beginning of June, and he for his part promised that the whole of the Russian Armies would be thrown into general battle in the East.

In January the Commanders were appointed. We took over the command of the Mediterranean and General Eisenhower assumed the command of the Expeditionary Force in Britain ~~with General~~ Montgomery in command of the invading troops. For more than a year past American stores, equipment and men had been

Rascunho do discurso de Churchill na Câmara dos Comuns, 2 de agosto de 1944

Seria necessário um volume para contar a história da travessia do Canal da Mancha e do desembarque dos Exércitos de Libertação no solo da França. Só tenho alguns minutos. Em abril de 1943, General Morgan do Exército Britânico se tornou chefe de uma Equipe de Planejamento Britânica e Americana que pesquisou todo o cenário. Eles fizeram um plano que levei comigo no ano passado a Quebec, onde foi submetido ao Presidente e Chefes do Estado-Maior Americano. Esse plano selecionou as praias para o ataque e apresentou o esboço ~~simples~~ com detalhes massivos para apoiá-las. Em princípio, houve um acordo total. Em Teerã, nós prometemos ao Marechal Stálin que poríamos esse plano ou algo parecido em operação no final de maio ou começo de junho, e ele, da sua parte, prometeu que o todo dos Exércitos Russos seria lançado em batalha geral no Leste.

Em janeiro, os Comandantes foram designados. Nós assumimos o comando do Mediterrâneo, e o General Eisenhower assumiu o comando da Força Expedicionária na Grã-Bretanha ~~com o General~~ Montgomery no comando das tropas de invasão. Por mais de um ano materiais, equipamento e homens Americanos vêm [...]

11

A TIRANIA DA OVERLORD

Tudo bem, se vocês insistem em ser tão tolos, antes de brigar com vocês, o que seria fatal, nós seremos tão tolos quanto vocês, e vamos fazer o papel de tão tolos muito bem![1]

Com o benefício da retrospectiva, sabemos que o Dia D levou à libertação da França, mas o sucesso não foi imediato. Nos primeiros três meses, os exércitos aliados enfrentaram uma dura batalha de consolidação e desgaste.

Tomando como referência as 19.240 baixas fatais dos britânicos no primeiro dia da ofensiva do Somme, em 1º de julho de 1916, o sucesso dos desembarques do Dia D teve um custo terrível, mas comparativamente muito menor. Foram pouco menos de 11 mil baixas entre os Aliados, com cerca de 3.800 mortos, dos quais pouco mais de mil eram britânicos. Até o final do dia 6 de junho de 1944, mais de 5 mil navios desembarcaram 133 mil soldados aliados, apoiados por 14.674 incursões aéreas e por um enorme bombardeio naval. No entanto, o Dia D foi apenas o primeiro da longa campanha na Normandia, que continuou até 30 de agosto de 1944, com a travessia do rio Sena e a libertação de Paris. A luta no Dia D foi feroz, mas o pior estava por vir no território densamente acidentado da Normandia, caracterizado por trilhas rebaixadas e sebes altas, durante a batalhas por Caen e na marcha final em direção a Paris. Como relata o oficial comandante de Stan Hollis, tenente-coronel Robin Hastings, do 6º Green Howards:

No primeiro dia, sofremos cerca de noventa baixas, um número comparativamente pequeno, mas que incluiu dois comandantes de companhia e vários de nossos melhores suboficiais. Deitamo-nos com um sentimento de alívio por termos conseguido um desembarque sem um custo excessivo. Pouco sabíamos do que tínhamos pela frente".[2]

E havia muito "pela frente", ou, para usar um eufemismo menos britânico, havia tremendamente mais a ser feito. No anoitecer de 6 de junho, os Aliados tinham fincado um pé no solo, mas sua posição na Europa ainda era precária. No último informe apresentado ao rei George VI e a Winston Churchill na St Paul's School, em 15 de maio, Montgomery estabelecia seus planos para a campanha terrestre na Normandia. Apesar da meticulosidade do planejamento das três armas para os desembarques iniciais, Monty explicou de maneira franca que o verdadeiro desafio seria o ritmo com que as forças aliadas poderiam se avolumar em comparação com os alemães. Pressupondo a surpresa operacional inicial, Montgomery previu que, por volta de D+8, os Aliados teriam dezoito divisões em terra, mas enfrentariam 24 divisões inimigas, das quais dez seriam divisões blindadas. Sabendo que seu velho rival, Erwin Rommel, tentaria deter os desembarques o mais próximo possível das cabeças de praia, o plano de batalha de Montgomery era conter, absorver e reduzir a capacidade de contra-ataque alemã antes de avançar decisivamente para o sul e o leste – e, afinal, em direção à Alemanha. Quando apontou para um grande mapa fixado na parede de lambri da sala de palestras de sua antiga escola, Montgomery apresentou suas intenções para o desenvolvimento das operações até D+90. Apesar de Monty ter sido muito criticado posteriormente por haver revisado o esboço de seu plano para garantir seu lugar na história, de maneira geral os eventos em terra seguiram o resultado que havia previsto, embora não na velocidade prevista. Caen foi capturada em D+33, não no Dia D; Cherbourg, em D+22, não em D+8; e Falaise, em D+71, não em D+17.

Muitos fatores afetaram a maneira como a campanha se desenrolou. O sucesso da operação Fortitude continuou mantendo os chefes do Alto Comando Alemão em dúvida se os desembarques na Normandia eram o principal ataque dos Aliados ou uma dissimulação. O próprio

Hitler mantinha uma dupla aposta sobre que local seria o foco principal do inimigo, mas ainda assim relutou em liberar as reservas de blindados, apesar da insistência de Rommel. Mesmo quando os blindados alemães receberam ordens para atacar, a supremacia dos Aliados nos céus limitou sua movimentação às horas de escuridão ou a condições climáticas adversas. Deslocamentos durante o dia resultavam em enormes perdas de homens e veículos. O clima também surtia um grande efeito nos Aliados. Depois de quase causar um adiamento de duas semanas do próprio Dia D, na noite de 19 de junho, a costa da Normandia foi assolada pela tempestade mais violenta em quarenta anos, exacerbando os efeitos de uma maré de primavera. Os dois portos artificiais Mulberry foram destruídos, o de Omaha de forma irreparável e deixando o de Arromanches-les-Bains fora de serviço por muitos dias. A tempestade só se dissipou em 22 de junho. Apesar do grande atraso e do resultante acúmulo de pessoal e logística, Eisenhower refletiu que, se tivesse ordenado o adiamento de duas semanas, a frota estaria no mar quando a tempestade se abateu. Em uma nota ao capitão Stagg, o principal oficial meteorológico, ele escreveu: "Agradeço aos deuses da guerra por termos ido quando fomos".

Com uma força cada vez maior em terra, Montgomery e seus comandantes enfrentavam o desafio de como desenvolver suas operações para manter o impulso obtido nos desembarques. A captura de Caen no Dia D havia se provado um objetivo muito distante. Os desafortunados habitantes de Caen foram submetidos a bombardeios horrendos, que ao longo das seis semanas seguintes destruíram grande parte da cidade velha, com muitos cidadãos mortos e outros sofrendo nas mãos da Gestapo, ansiosa por encobrir seus rastros antes de se retirar. Como a primeira grande cidade francesa a ser libertada, o custo de 3 mil cidadãos mortos foi extremamente alto. No decorrer de junho e julho, a batalha ficou indecisa ao redor de Caen. O progresso geral dos exércitos aliados foi gravemente tolhido pela natureza do terreno em que tinham de lutar. No interior, longe das praias de areia, eles se viram em meio aos exuberantes milharais e às espessas sebes da acidentada Normandia. As plantações tinham mais ou menos o tamanho de um campo de futebol, separadas umas das outras por sebes altas e espessas, valas profundas ou trilhas rebaixadas. Era o ambiente ideal para os alemães posicionarem canhões antitanques e metralhadoras para cobrir qualquer caminho possível de avanço. As baixas aliadas foram pesadas, e as perdas de efetivo na infantaria nos ataques tornaram-se um fator importante. Os exércitos atacantes precisaram se adaptar, e rapidamente. Muitos tanques foram adaptados para flutuar na costa, mas agora outros precisavam se equipar para agir como escavadeiras a fim de abrir caminho através das sebes e valas para apoiar a infantaria com seu poder de fogo. Oficinas de campo logo conceberam aríetes metálicos colocados com solda na frente dos tanques, alguns feitos com a ferragem das defesas de praia de Rommel. Apesar do estudo detalhado das praias de desembarque, teve de ser reconhecido que não fora dada atenção à luta no terreno acidentado do interior.

Como comandante supremo dos desembarques aliados, era responsabilidade de Montgomery orquestrar a derrota das forças alemãs na Normandia e preparar o terreno para o general Eisenhower começar a libertação da Europa. O primeiro temor de Churchill de que os desembarques fossem um fracasso foi eliminado, mas persistia a preocupação de a força invasora ficar isolada, como em Galípoli em 1915/16 ou em Anzio no início de 1944. As sangrentas batalhas ao redor de Villers-Bocage entre 11 e 14 de junho aumentaram esse temor. Montgomery decidiu que precisava desgastar a força defensiva dos alemães atraindo-a para o 2º Exército Britânico, à esquerda dos Aliados no entorno de Caen, para possibilitar ao 1º Exército dos Estados Unidos de Bradley, e depois ao 3º Exército dos Estados Unidos de Patton, atacar pelo flanco direito dos Aliados. O primeiro grande ataque de Montgomery foi a operação Epsom a oeste de Caen, entre 26 de junho e 1º de julho, mas foi contido pelos 1º e 2º Corpos *SS Panzer* após intensos combates. A preocupação com o efetivo da infantaria aumentou. Contudo, não faltavam tanques ao 2º Exército Britânico do general Miles Dempsey, que convenceu Montgomery de que um ataque de três divisões blindadas precedido por um intenso bombardeio poderia conseguir um avanço a leste de Caen. Às 5h30 de 18 de julho, 2.500 bombardeiros britânicos e americanos deram início a um ataque aéreo de duas horas e meia contra os alemães na defensiva, lançando quase 8 mil toneladas de bombas. Apesar do efeito devastador do bombardeio, os blindados britânicos demoraram a avançar e, quando avançaram, enfrentaram uma resistência surpreendentemente forte, principalmente dos canhões antitanque alemães que resistiram ao ataque aéreo. A chamada "corrida da morte" de blindados britânica na operação Goodwood não conseguiu a ruptura prometida por Montgomery a Eisenhower.

No final de junho, as tensões na Downing Street estavam de novo em alta. O alívio inicial de ter chegado em terra firme tinha se dissipado. Todos estavam cansados depois do estresse das últimas semanas, uma situação que só piorou com a chegada das armas V aos céus de Londres e o retorno do terror às ruas da capital. O general Brooke admirou a resposta firme de Churchill às bombas voadoras; elogiou a maneira decidida como o primeiro-ministro repreendeu seu ministro do Interior, Herbert Morrison, por expressar dúvidas se Londres conseguiria aguentar esses novos ataques. Na reunião do Gabinete de 19 de junho, ele comentou que "Winston estava em ótima forma, uns bons dez anos mais jovem, tudo devido ao fato de as bombas voadoras nos colocarem novamente na linha de frente!".[3]

Contudo, esses momentos não eram típicos. Muitas vezes Brooke considerou frustrante lidar com Churchill nesse período. Ao discutir estratégia, achava que o primeiro-ministro estava divagando, "produzindo muitos pensamentos desconexos sem valor militar", propenso a "desvarios estratégicos" e a "fazer uma palestra estratégica depois da outra". Para o primeiro-ministro, parecia que o alívio de chegar em terra firme com segurança e a empolgação de ver pessoalmente as cabeças de praia tinham dado lugar à incerteza sobre os próximos passos e a uma renovada discussão sobre a melhor maneira de explorar a Overlord.

Os pensamentos do primeiro-ministro continuavam voltando à Itália. A decisão de Hitler de defender a península itálica serviu para manter as forças alemãs longe da Normandia durante os preparativos para o Dia D, efetivamente tomando o lugar da adiada operação Anvil no sul da França como manobra dissimulatória, mas agora Eisenhower queria reduzir as operações de Alexander. Mais tropas e recursos seriam desviados para a França, e uma nova versão da operação Anvil, renomeada por razões de segurança como Dragoon, seria posta em prática o mais rápido possível. Isso abriria uma nova rota para o norte da França a partir do sul, aliviando, assim, a pressão nas cabeças de praia.

De início, Churchill pareceu dividido. Considerou brevemente a ideia de novas operações na costa oeste da França, retornando à estratégia de ampliar a frente de ataque que já defendia em 1942. O problema era o de ainda querer o melhor dos dois mundos. Queria garantir o sucesso da operação na França, mas também continuar lutando na Itália.

Em 21 de junho, Churchill teve um encontro com Brooke e Smuts para discutir opções. Influenciado pelos relatórios positivos recebidos do general Alexander após a captura de Roma, agora estava entusiasmado com a ideia de avançar para o norte a partir da Itália em direção à Áustria via Trieste e a Fenda de Ljubljana. Smuts também gostava dessa ideia, mas se manifestou a favor de um novo ataque em Calais, pelo Canal da Mancha. Para Brooke, ambas as ideias pareciam demasiado otimistas. Os Aliados não tinham capacidade de lançar e sustentar outro grande ataque à França a partir da Grã-Bretanha (embora continuassem com os planos de dissimulação para tentar convencer os alemães de que tinham), e Alexander provavelmente não conseguiria atravessar os Alpes italianos antes do início do inverno, o que impossibilitaria novas operações antes da primavera. Brooke não queria ver Alexander desprovido de tropas – ele preferia continuar desgastando os alemães na Itália –, mas, no decorrer de inúmeras conversas sobre estratégia nos dias seguintes, achou difícil fazer Churchill "perceber que, se a estação do ano e a topografia do país se aliassem contra nós, teríamos três inimigos em vez de um".[4]

O desejo de Churchill de continuar a luta na Itália era inteiramente coerente com sua política anterior à Overlord. Ele continuava não querendo arriscar tudo em um único lance de dados na Normandia. Já estava claro que o andamento da campanha na França se tornaria cada vez mais um espetáculo americano. Em comparação, o teatro de guerra do Mediterrâneo, sob seu comandante supremo, general Wilson, e a campanha da Itália sob o futuro marechal de campo Alexander eram operações lideradas pelos britânicos, que ele poderia apresentar como um contrapeso importante à crescente influência americana e soviética na Europa. Com o Exército soviético avançando rapidamente em direção à Áustria e à Alemanha a partir do leste, e com a organização pós-guerra na Europa agora à vista – uma questão de quando, não de se –, Churchill acreditava ser vital para a Grã-Bretanha encerrar a guerra numa posição geopolítica forte no continente. Enquanto os soldados se concentravam corretamente na derrota militar do inimigo, os políticos já estavam pensando nos desdobramentos futuros. Para Churchill, isso significava conseguir uma Europa estável (o que para ele significava não comunista) e protegia os interesses imperiais britânicos no Mediterrâneo; para Stálin, significava estabelecer zonas-tampão com Estados clientes entre a União Soviética e outras potências na Europa Oriental e nos Bálcãs; enquanto para Roosevelt se tratava da criação da Organização das Nações Unidas e de uma ordem mundial baseada nos valores da futura Carta do Atlântico. Era cada vez mais evidente que esses objetivos entrariam em conflito e puxariam em direções diferentes.

A luta imediata era com os americanos em relação a Anvil/Dragoon. Em uma das reuniões desconexas sobre estratégia, realizada na sala de mapas de Churchill em 22 de junho, o primeiro-ministro e seus chefes de Estado-Maior tentaram estabelecer uma posição antes de negociar com seus aliados. Churchill estava muito interessado em garantir que quaisquer tropas no teatro de guerra do Mediterrâneo que excedessem os requisitos do principal avanço de Alexander ao norte fossem usadas para um assalto anfíbio na área de Trieste. Propôs ainda outra operação no estilo das de Salerno ou Anzio, acelerando o progresso na península, usando o mar para ultrapassar a costa. Preferia isso a "uma operação tipo 'Anvil' nas costas do sul da França'", que

> estava demasiado distante da frente de batalha do general Eisenhower para um desembarque aliado ali ter qualquer efeito tático sobre a "Overlord" [...] O inimigo provavelmente seria mais sensível a um avanço pelo norte do Adriático que a um avanço pelo vale do Ródano.[5]

Churchill também voltou a um tema recorrente, calculado para irritar Brooke, quando apresentou novos argumentos contra a Anvil, que exigiria uma enorme "cadeia" e uma nova base no sul da França. Por sua vez, Brooke falou a favor do avanço de Alexander no norte da Itália, mas recomendou usar quaisquer forças excedentes que pudessem ser liberadas para apoiar um desembarque no sul da França, em vez de na baía de Biscaia ou na região do Loire. Nenhuma decisão efetiva foi tomada, mas Churchill manteve sua posição. Foi encorajado por Smuts, que telegrafou da Itália apoiando Alexander e Wilson, os comandantes britânicos no local, ansiosos para avançar para o norte.

Em suas memórias da guerra, Churchill apresentaria isso como um confronto direto entre Eisenhower e os chefes de Estado-Maior americanos de um lado, e ele próprio e os chefes de Estado-Maior britânicos de outro. Como a posição mais nuançada de Brooke deixa claro, não era tão simples assim, mas, quando o primeiro-ministro levantou a questão com Roosevelt, o presidente mais uma vez deixou claro que apoiava Eisenhower. Ele escreveu que a proposta "de uso contínuo de praticamente todos os recursos do Mediterrâneo para avançar no norte da Itália e de lá para o nordeste não é aceitável para mim, e realmente acredito que deveríamos consolidar nossas operações, e não as dispersar".[6]

No dia seguinte, 29 de junho, Roosevelt prosseguiu com um segundo telegrama muito mais longo, explicando todas as suas razões para priorizar operações na França que atingissem "o coração da Alemanha". Seu "interesse e suas esperanças" centravam-se em "derrotar os alemães no front de Eisenhower e avançar para a Alemanha, em vez de limitar essa ação com o objetivo de realizar um grande esforço total na Itália". Alexander ainda teria forças suficientes para conter os alemães, enquanto os Aliados já exerciam o domínio do ar e do mar no Mediterrâneo. Eisenhower considerava a Anvil de "importância transcendental", com os planos já bem avançados e aprovados com Stálin. Roosevelt não poderia concordar com o envio de tropas dos Estados Unidos para a península de Ístria e "jamais sobreviveria politicamente nem mesmo a um pequeno revés na 'Overlord' se eles soubessem que forças consideráveis haviam sido desviadas para os Bálcãs". A mensagem de Roosevelt exigia a retirada imediata de cinco divisões da Itália, três americanas e duas francesas, para serem usadas no sul da França.

A visão de Roosevelt era clara. Lá estava Churchill repetindo suas velhas artimanhas para tentar desviar as forças americanas para os Bálcãs, e, assim como com Rodes e as ilhas do Dodecaneso em 1943, o presidente não aceitaria. Os americanos queriam a Anvil, e a queriam o mais rápido possível e numa escala que inevitavelmente enfraqueceria a capacidade de Alexander avançar na Itália.

Churchill ficou furioso. Por um momento chegou a pensar em ir a Washington defender sua posição pessoalmente, mas, segundo Brooke:

"[...] por fim conseguimos fazê-lo concordar com nossa visão de que 'Tudo bem, se vocês insistem em ser tão tolos, antes de brigar com vocês, o que seria fatal, nós seremos tão tolos quanto vocês, e vamos fazer o papel de tão tolos muito bem!".

Esse episódio é uma ilustração esclarecedora da mudança da dinâmica política no cerne da "Relação Especial". Uma vez lançada, a escala e a importância da Overlord superaram todas as outras operações no teatro de guerra europeu. Para Roosevelt, Marshall e Eisenhower, vencer na Normandia e atacar de forma rápida e direta a Alemanha era só o que importava; a Overlord e a ofensiva estratégica de bombardeiros eram seus meios para alcançar a vitória. Tudo o mais agora era secundário.

Em vez de arriscar uma ruptura, o primeiro-ministro telefonou a Eisenhower concordando com a Anvil e comunicando que o general Wilson seria autorizado a fazer o ataque no sul da França usando forças do teatro de guerra do Mediterrâneo.

Contudo, esta não seria a última palavra sobre o assunto. Em 6 de julho, "ele [Churchill] estava mal-humorado e emocionalmente embriagado, pronto para se ofender com qualquer coisa, desconfiado de todos e com um sentimento altamente vingativo em relação aos americanos".[7] Infelizmente, os acontecimentos na França só serviram para exacerbar o mau humor do primeiro-ministro. A mídia dos Aliados fazia comparações entre os progressos das forças americanas, que agora avançavam pela Bretanha a partir de suas praias ocidentais, e a inércia das tropas britânicas e canadenses, ainda paradas em frente a Caen no leste. Para piorar as coisas, aparentemente Eisenhower, e talvez Tedder e outros, começou a fazer insinuações a Churchill de que Montgomery estava sendo cauteloso demais.

As coisas chegaram a um ponto crítico em uma reunião naquela noite. Quando Churchill começou a desacreditar Montgomery na frente dos políticos presentes, Brooke perdeu a paciência e acusou o primeiro-ministro de não conseguir confiar em seus generais por cinco minutos e de "continuamente maltratá-los e desvalorizá-los". Churchill ficou furioso. Ficou "com o queixo empinado" e protestando (talvez demais) contra a acusação.

As coisas pioraram quando o primeiro-ministro resolveu fazer uma nova visita ao campo de batalha na Normandia. Em 19 de julho, o céu veio abaixo. Brooke foi convocado por Churchill na cama, onde encontrou o primeiro-ministro com "um roupão novo azul e dourado" e "infernalmente irado". Quando finalmente conseguiu dizer uma palavra, Brooke descobriu a razão da explosão. Em uma conversa aparentemente bem-intencionada, porém mal pensada, Eisenhower havia dito a Churchill que Montgomery não queria ser distraído por visitantes. Churchill pressupôs que isso tinha vindo do próprio Monty. Como ministro da Defesa, ele não se considerava um visitante comum, e viu aquilo como uma conspiração de seus generais para impedi-lo de exercer seu direito de ver o que realmente estava acontecendo. Felizmente, foi uma tempestade passageira. Após um frenético esforço diplomático de Eisenhower e Brooke, e de Montgomery garantir que a visita seria bem-vinda, Churchill foi apaziguado e a viagem aconteceu no dia seguinte.

Churchill voou primeiro para a península de Cherbourg, onde inspecionou um local de lançamento de bombas voadoras e viu os extensos danos infligidos ao porto pelos alemães, admirando a coragem dos mergulhadores encarregados de limpar os dispositivos de sabotagem implantados. Hugill estivera lá poucos dias antes e viu a destruição controlada da rede de minas subaquáticas: "Os domos dos borrifos eram lindos de se ver, como qualquer grande explosão subaquática...". Contudo, ficou claro que Cherbourg ainda não era um porto operacional.

Seguiu-se então uma viagem marítima um tanto agitada até o Mulberry britânico em Arromanches – o porto Winston. Segundo o comandante Thompson, Churchill ficou entediado e enjoado durante o trajeto (uma versão contestada pelo primeiro-ministro, que mais tarde escreveu que não sofreu e dormiu profundamente), "mas, assim que chegamos ao Mulberry, ele estava à vontade, pois o porto fervilhava de atividade". Churchill ficou lá por três dias observando o constante carregamento e descarregamento de suprimentos e o "bamboleio" dos veículos anfíbios DUKWs. No último dia, visitou o quartel-general de Montgomery antes de fazer um sobrevoo rasante sobre a cabeça de praia aliada em um avião Fieseler Storch alemão capturado e visitar alguns entrepostos aeronáuticos. Participando da comitiva, Ismay e Thompson foram a Caen e devem ter informado Churchill sobre a dimensão da devastação total da cidade.

Assim como em sua visita anterior, a viagem parece ter exercido um efeito rejuvenescedor. Ao voltar a Londres, de início Churchill pareceu "supremamente feliz" com a situação militar; em seguida, houve uma série de conversas com Eisenhower e um almoço, em 26 de julho. A conversa à mesa girou em torno de Montgomery estar ou não sendo muito hesitante e se o 2º Exército Britânico poderia fazer mais para levar a ofensiva ao inimigo. Churchill era altamente sensível a acusações de os britânicos não estarem fazendo sua parte e sofrendo menos baixas.

A notícia de um complô logo chegou a Montgomery. Deve ter sido perturbador. Ele sabia que Churchill tinha o hábito de demitir generais que considerava cautelosos demais, entre eles o antecessor de Montgomery no Norte da África, general Auchinleck. Dito isso, a posição de Monty era um pouco mais forte. Sua reputação continuava em alta após a vitória em El Alamein, tornando-o o personagem britânico mais famoso e reconhecível da época (depois de Churchill), e qualquer tentativa de retirá-lo no auge da batalha teria exigido o apoio de Eisenhower e de Brooke, que não seria concedido. Sua ausência teria sido prejudicial para o moral e um presente à propaganda do inimigo.

Mesmo assim, tais rumores certamente não eram o apoio que o comandante em campo precisava no auge de uma grande batalha. Brooke se apressou a acalmar Churchill. Dessa vez, talvez reconhecendo a força dos argumentos anteriores de Brooke, o primeiro-ministro foi mais receptivo ao chefe de seu exército e chegou a fazer uns poucos elogios, definindo-o como seu "alter ego" em questões militares. Em última análise, as reservas de Churchill evaporaram ante o sucesso de Montgomery no campo de batalha. Em 20 de julho, a captura de Caen estava concluída, e os olhos alemães se voltaram firmemente à contenção dos britânicos.

Enquanto políticos e generais britânicos e americanos trocavam farpas educadamente no almoço, uma verdadeira conspiração acontecia na Alemanha. Em vista da perspectiva de um avanço britânico na Normandia, um grupo de oficiais do exército alemão embarcou numa tentativa audaciosa, porém malograda, de assassinar Hitler. Em 20 de julho, enquanto Caen era finalmente libertada, o coronel Claus von Stauffenberg foi ao quartel-general afastado de Hitler na Prússia Oriental, conhecido como Toca do Lobo (*Wolfsschanze*), para participar de uma conferência militar com Hitler. Stauffenberg colocou uma maleta com uma bomba embaixo da mesa no chalé de madeira onde a reunião ocorria e saiu sob algum pretexto. A explosão por pouco não matou Hitler e resultou em represálias terríveis, com os conspiradores sendo presos, torturados e executados. Notícias desse complô e seu impacto nos escalões mais altos do exército alemão chegaram aos poucos a Churchill. A essa altura, ele não sabia que o próprio Rommel logo seria implicado e forçado a se suicidar. Contudo, do ponto de vista estritamente militar, isso não era o mais importante. Rommel foi gravemente ferido em 17 de julho, quando seu carro foi atacado na Normandia pela RAF. Para o general mais famoso da Alemanha, a campanha e a guerra tinham acabado.

O marechal de campo von Kluge, agora comandando as forças alemãs na Normandia, continuou convencido de que qualquer tentativa de avanço se daria no setor britânico. Estava enganado. Em 25 de julho, a 1ª Divisão do Exército dos Estados Unidos lançou a operação Cobra, com o principal ataque em direção a St.-Lô e a Avranches. Mais uma vez, foi precedida por um pesado ataque de bombardeiros; mais uma vez, a imprecisão nos bombardeios causou baixas de ambos os lados. Vários aviões lançaram suas cargas antes do alvo, matando soldados dos Estados Unidos no solo, inclusive o tenente-general Leslie McNair, que estava numa posição avançada para presenciar o início do ataque. Mesmo assim, a 1ª Divisão do Exército avançou e, em 1º de agosto, alcançou seus objetivos. A essa altura, o 3º Exército dos Estados Unidos, de Patton, tornou-se operacional, com quatro corpos de exército sob seu comando. A primeira missão de Patton era tomar a Bretanha e o porto de Brest, em conjunto com as *Forces françaises de l'Intérieu* [Forças Francesas do Interior], enviadas para participar da ofensiva pelo quartel-general francês em Londres. Os eventos começaram a se desenrolar rapidamente. O VIII Corpo Britânico atacou ao sul e a oeste de Caen na operação Bluecoat, que perdurou até 7 de agosto. Naquela manhã, o ponto mais alto da Normandia, o monte Pinçon, caiu nas mãos dos britânicos, e o Grupo de Exércitos B alemão relatou ter sofrido mais de 150 mil baixas desde 6 de junho, tendo recebido apenas 20 mil reposições. O resultado da campanha parecia cada vez mais inevitável, mas isso não era percebido por Hitler em sua "Toca do Lobo".

A penetração dos Aliados colocava as coisas na direção certa. No início de agosto, Churchill se sentiu suficientemente confiante para apresentar um relatório detalhado à Câmara dos Comuns. Falando pouco antes do recesso de verão, ele finalmente pôde contar toda a história conforme a via. Ao se dirigir aos críticos que defendiam uma Segunda Frente mais cedo, ele declarou:

> Não acredito que essa imensa empreitada poderia ter sido executada mais cedo. Não tínhamos a experiência. Não tínhamos os equipamentos. Contudo, antes de lançarmos o ataque em 1944, tínhamos realizado cinco desembarques bem-sucedidos no Mediterrâneo, e um grande número de embarcações maravilhosas de todos os tipos foi concebido pelas nossas Armas e por nossos colegas dos Estados Unidos do outro lado do oceano.[8]

Em seguida passou a descrever alguns dos equipamentos extraordinários que viu em ação em suas viagens à Normandia, as lanchas de desembarque com pontes retráteis que podiam descarregar diretamente nas praias, o veículo anfíbio americano DUKW, "um caminhão pesado que atinge entre 40 e 50 milhas por hora na estrada e pode mergulhar na água e navegar milhas por mar", e os portos que "foram criados com os quais Dover parece pequena em comparação". Seu elogio entusiasmado à capacidade de esses portos artificiais fornecerem "integralmente os sofisticados equipamentos dos exércitos modernos", que exigiam um veículo para quatro ou cinco homens, deve ter provocado olhares surpresos de Brooke, de Montgomery e da equipe de planejamento, submetidos a seus discursos anteriores sobre o excesso de meios de transporte.

Churchill estava traçando linhas na areia. O que antes eram questões polêmicas agora faziam parte da história bem-sucedida da operação. A pedido do Ministério do Ar, ele elogiou os "bombardeios estratégicos das Forças Conjuntas de Bombardeiros britânicas e americanas, e o uso de forças médias de bombardeiros e caças", por propiciarem "o prelúdio essencial para o nosso desembarque na Normandia". Instigado pelo Ministério das Relações Exteriores, também procurou estabelecer pontes com os Franceses Livres, admitindo suas muitas diferenças com de Gaulle, mas reconhecendo-o como "o primeiro francês eminente a enfrentar o inimigo em comum no que parecia ser a hora da ruína de seu país, e possivelmente do nosso".

Chegou a aproveitar a ocasião para reafirmar suas credenciais como amigo de longa data da França.

> ...toda a minha vida tenho sido grato pela contribuição da França à cultura e à glória da Europa e, acima de tudo, pelo senso de liberdade pessoal e pelos direitos do homem que irradiam da alma da França. Mas estas não são questões emocionais ou de sentimento pessoal. Um dos principais interesses da Grã-Bretanha é o de que a amistosa França recupere e mantenha seu lugar entre as potências europeias. Mostrem-me um momento em que me desviei dessa concepção e estarão me mostrando um momento em que eu estava errado.[9]

Por fim, aproveitou a oportunidade para enfatizar que as tropas britânicas e canadenses estavam se mantendo firmes, e que "as perdas das fbrças britânicas e canadenses juntas são mais ou menos equivalentes às do maior exército dos Estados Unidos em proporção a sua força relativa". Ele se baseava nos números de baixas fornecidos para o período até 23 de julho. Esses números mostravam as perdas britânicas e canadenses em 1 para 13, ou 8%, e as perdas americanas em 1 para 11,5, ou 8,7%.

Houve elogios ao sofrido general Brooke e até mesmo para o Gabinete de Guerra, embora Churchill tenha observado que "dizer isso está longe de ser incoerente com quaisquer críticas que possam ser necessárias apresentar de tempos em tempos". Antes da conclusão, chegou a haver uma breve menção ao complô Stauffenberg, com uma referência passageira a "Personalidades mais altas no Reich Alemão [...] assassinando umas às outras".

Havia mais coisas que ele gostaria de dizer e não podia. Queria incluir mais sobre o planejamento logístico e a montagem da operação, mas foi considerado que isso poderia prejudicar a Fortitude, já que a operação de dissimulação continuava em andamento, e Eisenhower queria que os alemães continuassem especulando sobre as forças que ainda poderiam estar na Grã-Bretanha. O primeiro-ministro queria

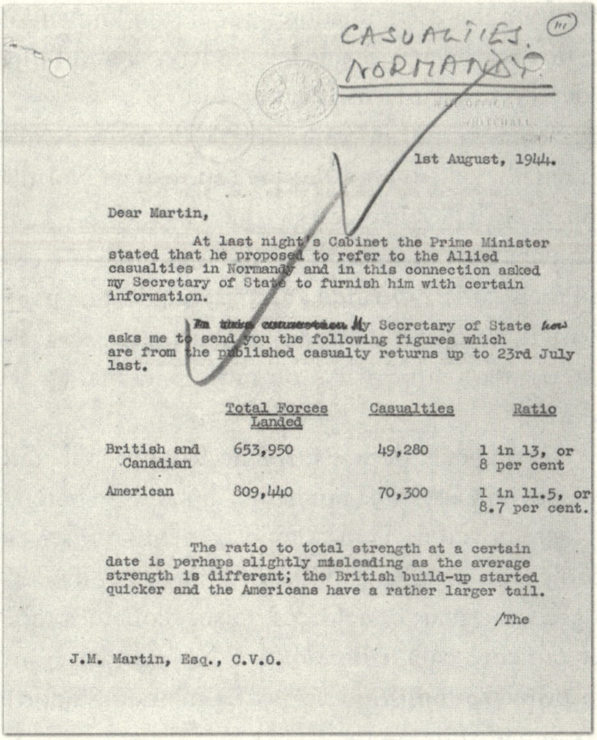

CASUALTIES.
NORMANDY.

1st August, 1944.

Dear Martin,

At last night's Cabinet the Prime Minister stated that he proposed to refer to the Allied casualties in Normandy and in this connection asked my Secretary of State to furnish him with certain information.

~~In this connection~~ My Secretary of State now asks me to send you the following figures which are from the published casualty returns up to 23rd July last.

	Total Forces Landed	Casualties	Ratio
British and Canadian	653,950	49,280	1 in 13, or 8 per cent
American	809,440	70,300	1 in 11.5, or 8.7 per cent.

The ratio to total strength at a certain date is perhaps slightly misleading as the average strength is different; the British build-up started quicker and the Americans have a rather larger tail.

/The

J.M. Martin, Esq., C.V.O.

Material sobre baixas compilado para o discurso do primeiro-ministro, 1º de agosto de 1944

BAIXAS.
NORMANDIA
1º de agosto de 1944

Caro Martin,

Na noite de ontem, o Gabinete do Primeiro-Ministro declarou que se propôs a se referir às baixas dos Aliados na Normandia e em conexão pediu ao meu Secretário de Estado que fornecesse a ele certas informações.

Meu Secretário de Estado agora me pede para lhe enviar os seguintes números, que são das baixas publicadas até 23 de julho último.

	Total de Forças Desembarcadas	Baixas	Proporção
Britânicos e Canadenses	653.950	49.280	1 em 13, ou 8 por cento
Americanos	809.440	70.300	1 em 11,5, ou 8,7 por cento

A proporção da força total numa data específica pode ser enganosa, já que a força média varia. Os britânicos iniciaram seu esforço mais rapidamente, e os americanos têm uma retaguarda considerável.

celebrar a coragem dos mergulhadores que ele viu limpando o porto de Cherbourg, mas considerou-se que isso poderia prejudicá-los, já que os alemães poderiam instalar armadilhas no futuro.

O discurso encerrou a campanha do Dia D de Churchill, mas ainda restava uma batalha para lutar. O recente sucesso na Normandia o deixou mais confiante para voltar à carga contra a Dragoon. Para ele, o momento tático para uma invasão do sul da França havia passado. Como eles escreveu mais tarde: "Quando entramos na batalha na Normandia, o valor da 'Anvil' foi muito reduzido, pois não era provável que Hitler destacasse tropas da luta principal no norte para manter seu domínio sobre Provence".[10]

Não se tratava apenas da Itália, apesar de Churchill continuar a favor de operações no país; havia também a dificuldade potencial de abrir uma nova frente no sul da França, especialmente por ser tão longe do principal campo de batalha da Overlord. Argumentando que Eisenhower não precisava mais de reforços do sul da França, que poderiam agora ir diretamente para a Bretanha, a Normandia e outros portos franceses, o primeiro-ministro não perdia nenhuma oportunidade de pressionar o comandante supremo.

Eisenhower definiu essa questão como "uma das discussões mais longas e frequentes que tive com o primeiro-ministro Churchill durante o período da guerra". A situação chegou a um ponto alto em 5 de agosto, um sábado, quando Churchill usou uma viagem abortada à França, cancelada devido ao mau tempo, para ir ao quartel-general avançado de Eisenhower perto de Portsmouth para uma reunião improvisada. Aceitou que forças ainda teriam de ser transferidas do teatro de guerra do Mediterrâneo, mas defendeu a ideia de mudar o plano para transportá-las pelo estreito de Gibraltar e desembarcá-las no oeste da França. Segundo Harry Butcher, "Ike disse não, continuou dizendo não a tarde toda e terminou dizendo não com todas as formas da língua inglesa ao seu alcance". O comandante supremo sabia que precisava de outro ponto de entrada na França (já que muitos no oeste ainda não se encontravam totalmente operacionais ou já operavam em sua capacidade máxima); queria abrir uma nova frente para sobrecarregar ainda mais o inimigo e aliviar a pressão sobre os que lutavam na Normandia, mas, ao contrário de Churchill, acreditava que esses resultados poderiam ser alcançados rapidamente com um ataque no sul.

Ambos mais tarde tratariam dessa discordância em suas memórias. Eisenhower afirmaria ter reconhecido que a verdadeira preocupação de Churchill era política: o desejo de estabelecer uma presença dos Aliados nos Bálcãs antes dos russos. Churchill negaria mais tarde que se tratava de movimentar exércitos nos Bálcãs, mas mencionaria as posições estratégicas e políticas perdidas na Ístria e em Trieste, que "poderiam exercer reações profundas e generalizadas, especialmente após os avanços russos". Em ambos os casos, é claro, os dois escreveram com o benefício da retrospectiva, como líderes na Guerra Fria, mas, no verão de 1944, eram operadores suficientemente perspicazes para perceber as implicações políticas e militares. A análise de ambos quanto ao provável alcance da expansão soviética devia ser semelhante, mas suas prioridades e soluções imediatas eram muito diferentes. Para Eisenhower, pupilo de Marshall, a rota mais certa para a vitória ainda era a Alemanha via França, e ele não estava disposto a se desviar.

Churchill apelou a Washington, mas Marshall e Roosevelt também continuaram dizendo não. Relutante, o primeiro-ministro britânico cedeu a contragosto, e depois refletiu: "Vale a pena notar que agora tínhamos passado o dia de julho em que pela primeira vez na guerra o movimento dos grandes exércitos americanos para a Europa e seu crescimento no Extremo Oriente se fizeram em número maior que o nosso em número".[11]

Na época, ele desabafou com seu médico, lorde Moran, reclamando que os russos estavam "se espalhando pela Europa como uma maré" e definiu os iminentes desembarques no sul da França como "Pura loucura [...] Se ao menos essas dez divisões tivessem desembarcado nos Bálcãs" (um sentimento que, se verdadeiro, confirmava as suspeitas dos americanos e desmentia suas negativas sobre querer dominar o sudeste da Europa).

No entanto, sua reação foi tipicamente do seu jeito. Em vez de ficar em casa e lamentar por não conseguir influenciar seus aliados, ele partiu para o Mediterrâneo a fim de ver pessoalmente a situação no teatro de guerra britânico e se encontrar com "os comandantes e os soldados de quem tanto estava sendo exigido, depois de tanto ter sido tomado". Para um homem prestes a completar setenta anos, cuja última longa viagem o deixara perto da morte, foi outra jornada épica. Decolou primeiro para Argel e, depois, para Nápoles, onde se encontrou com o marechal Tito e o aconselhou a formar uma frente conjunta com o rei iugoslavo contra os alemães. Em raros momentos de relaxamento, aproveitou o sol, nadou e visitou as ilhas de Ísquia e Capri. Contudo, Churchill nunca tirava muito tempo de folga. Quando sua balsa cruzou com um grande comboio de soldados americanos navegando em direção à Riviera Francesa para participar da operação Dragoon, ele passou por entre os navios fazendo seu famoso sinal do V da vitória e sendo aplaudido, enquanto pensava consigo mesmo: "Eles não sabiam que, se tivesse sido à minha maneira, estariam navegando numa direção diferente".

Isso não o impediu de querer se aproximar da ação, e, em 15 de agosto, ele foi para a Córsega, lugar de nascimento de seu grande herói Napoleão, de onde embarcou no dia seguinte em um contratorpedeiro para ver os desembarques americanos na costa sul da França. Estava tentando fazer exatamente o que não lhe fora permitido no Dia D, mas na prática foi um anticlímax. Os desembarques ocorreram com relativa facilidade, e, para sua frustração, ele precisou ficar no mar e longe das praias, limitado a ler o romance *Hotel Berlim* na cabine do capitão (um livro da escritora austríaca Vicki Baum sobre a vida durante a guerra em um hotel alemão). Ele descreveu tudo isso em uma carta a Clementine.

Apesar de admitir que a operação funcionou como um relógio, Churchill confirmou seus receios de que "as operações de Eisenhower foram uma distração para esse desembarque, e não o contrário"; opinou que aqueles exércitos, "agora lançados em terra a 400 milhas de Paris", deveriam "ter entrado em St. Nazaire [na costa do Atlântico] em mais ou menos uma semana e aumentado muito a frente do nosso avanço com a correspondente segurança contra a movimentação dos alemães a leste de Paris"; e, finalmente, se queixou de que

> Nós temos três exércitos em campo. O primeiro está lutando sob o comando americano na França. O segundo, sob o general Alexander, está relegado a um papel secundário e a uma situação frustrante devido à insistência dos Estados Unidos nesse desembarque na Riviera. O terceiro,

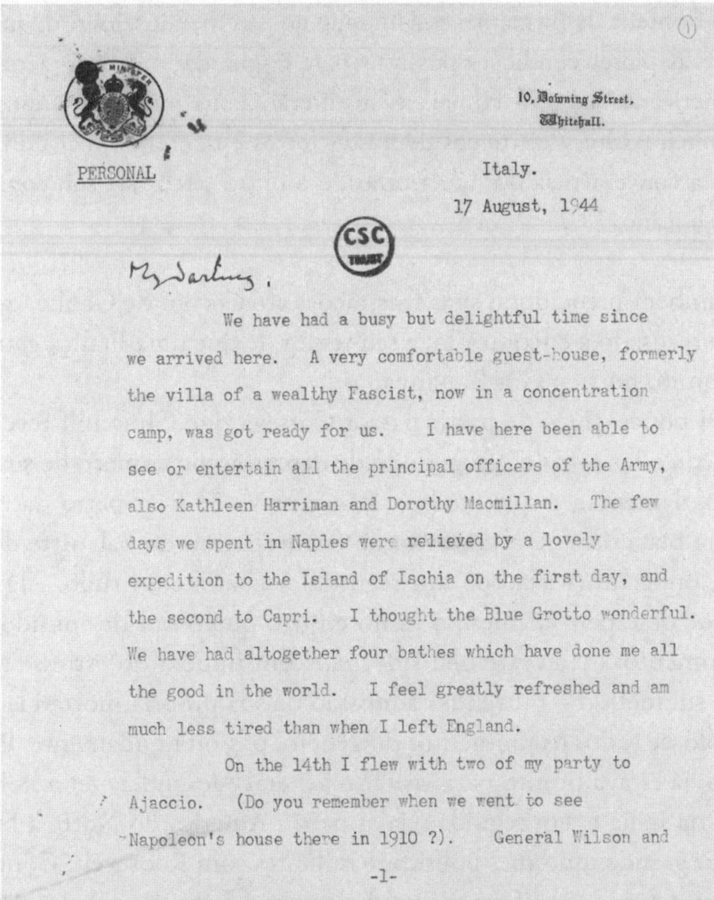

10, Downing Street,
Whitehall.

PERSONAL

Italy.
17 August, 1944

My Darling,

We have had a busy but delightful time since we arrived here. A very comfortable guest-house, formerly the villa of a wealthy Fascist, now in a concentration camp, was got ready for us. I have here been able to see or entertain all the principal officers of the Army, also Kathleen Harriman and Dorothy Macmillan. The few days we spent in Naples were relieved by a lovely expedition to the Island of Ischia on the first day, and the second to Capri. I thought the Blue Grotto wonderful. We have had altogether four bathes which have done me all the good in the world. I feel greatly refreshed and am much less tired than when I left England.

On the 14th I flew with two of my party to Ajaccio. (Do you remember when we went to see Napoleon's house there in 1910 ?). General Wilson and

-1-

Primeira página da carta de Winston para Clementine Churchill, 17 de agosto de 1944

Passamos momentos trabalhando, embora agradáveis, desde que chegamos aqui. Uma casa de hóspedes muito confortável, antes uma vila de um fascista rico, agora em um campo de concentração, foi bem preparada para nós. Tenho conseguido encontrar ou socializar com todos os principais oficiais do Exército, também com Kathleen Harriman e Dorothy Macmillan. Os poucos dias que passamos em Nápoles foram aliviados por uma adorável expedição à Ilha de Ísquia no primeiro dia, e no segundo, a Capri. Achei a Gruta Azul maravilhosa. Tomamos ao todo quatro banhos que me fizeram o maior bem do mundo. Sinto-me muito revigorado e estou muito menos cansado do que quando saí da Inglaterra.

No dia 14, fui de avião com dois da comitiva para Ajaccio. (Lembra quando visitou a casa de Napoleão lá em 1910?). O general Wilson e [...]

> na fronteira da Birmânia, está lutando no país mais insalubre do mundo sob as piores condições possíveis para resguardar o tráfego aéreo dos americanos sobre o Himalaia em direção a sua muito superestimada China. Assim, dois terços de nossas forças estão sendo mal utilizados para conveniência dos americanos, e o outro terço está sob comando americano.[12]

Também mencionou suas frustrações atuais com de Gaulle, que tinha se recusado a encontrá-lo, e seu temor de que uma França gaullista fosse muito hostil à Grã-Bretanha.

Foi pouco antes de partir para a Córsega que Churchill revelou a seu médico ter sofrido um período de depressão no começo de sua carreira parlamentar, e que até hoje não gostava de ficar perto da borda de uma plataforma em uma estação ferroviária ou do balaústre de um navio, onde "uma ação de um segundo acabaria com tudo. Algumas gotas de desespero. E mesmo assim eu não quero sair do mundo nesses momentos". Talvez tenha sido mais um indício do estresse a que estava submetido – outra rara admissão de sua própria mortalidade. A exemplo de todos os momentos do gênero, passou rapidamente. Pouco depois, já estava pronto para visitar o general Alexander, ver a linha de frente na Itália e, em seguida, viajar para a América do Norte a fim de discutir grandes questões políticas e militares com Roosevelt. Contudo, o próprio fato de seu foco ter mudado para a Itália é revelador. Ele sabia que seria recebido com todas as honras e a hospitalidade calorosa de Alexander (ao passo que Montgomery não bebia nem fumava), e acreditava que sua voz e sua presença ainda poderiam ter alguma influência no Mediterrâneo, onde o apoio britânico era vital para a Iugoslávia e a Grécia. A mudança de foco foi um reconhecimento de que o controle da batalha pela França havia passado para outras mãos.

Na Normandia, o último lance de dados do exército alemão foi lançar um contra-ataque com a maior parte de suas unidades blindadas restantes. A operação Lüttich seria um último contra-ataque a partir de Mortain aos flancos da 30ª Divisão de Infantaria dos Estados Unidos. O objetivo era retardar o avanço dos Estados Unidos e ganhar tempo para os alemães se retirarem para o Loire, uma medida sancionada por Hitler. O ataque principal começou de manhã cedo, em 7 de agosto, e pegou muitos americanos de surpresa. No dia anterior, a 4ª Divisão de Infantaria dos Estados Unidos tinha registrado em seu diário operacional que "a guerra parece praticamente acabada". Mais uma vez, foi a supremacia aérea dos Aliados que mudou o curso da batalha. Aviões de reconhecimento avistaram blindados alemães se movendo a céu aberto para atacar a 30ª Divisão. Dezoito esquadrões de caças Typhoon da RAF, equipados com foguetes e canhões, receberam ordens para efetuar um implacável ciclo de ataques. Os aviões eram pilotados por tripulações de muitas nações, inclusive da França, da Austrália e da Nova Zelândia. Os alemães foram bombardeados pelo ar e por um número crescente de baterias de artilharia em apoio à 30ª Divisão. Pior ainda para von Kluge, pouco antes da meia-noite de 7 de agosto, Montgomery lançou o 1º Exército Canadense na operação Totalise pelo sul em direção a Falaise. Com o 3º Exército dos Estados Unidos de Patton agora ameaçando a base de suprimentos da 7ª Divisão Alemã, "ficou claro", relatou um oficial alemão de alta patente, "que esse seria o golpe final e o fim do exército e de toda a frente ocidental".

Muitas unidades alemãs ainda ofereciam uma resistência firme, mas o moral estava frágil, e os estoques de munição, muito baixos. Em 14 de agosto, von Kluge ordenou a retirada de suas tropas para o nordeste. Em 15 de agosto, cerca de 150 mil soldados aliados desembarcaram quase sem oposição no sul da França, como parte da operação Dragoon, que, com um golpe, mudou o cenário estratégico. A ocupação alemã da França estava terminando, mas o exército permanecia em campo lutando. Em uma série um tanto indigna de discussões, Montgomery e Bradley não conseguiram coordenar o fechamento do cerco aos alemães em retirada quando poderiam ter feito isso. De início, Montgomery queria planejar um cerco aos alemães no rio Sena. Depois mudou de ideia e ordenou tardiamente o fechamento da brecha de Falaise, o que levou à quase destruição do 7º Exército Alemão; contudo, muitas unidades escaparam para o leste antes de o cerco se fechar. Em 21 de agosto, von Kluge foi exonerado por Hitler e se suicidou, e, com o marechal de campo Model agora no comando do que restava das forças alemãs na França, Montgomery enviou uma declaração ao 21º Grupo de Exércitos: "A vitória foi definitiva, completa e decisiva. 'O poderoso Senhor na batalha' nos deu a vitória".[13] Nem todos concordaram com essa visão. Entre 20 mil e 30 mil soldados alemães, embora com apenas cerca de 25 tanques, escaparam do cerco e conseguiram atravessar o Sena. Os críticos mais severos de Monty foram os marechais da RAF Tedder e Coningham, que consideraram que Monty deixou muitos alemães fugirem.

O ato final da campanha na Normandia seria o avanço em direção ao rio Sena e a libertação de Paris. Hitler ordenou ao novo comandante militar da cidade, o major-general von Choltitz, que arrasasse Paris e a defendesse a partir das ruínas. Choltitz logo percebeu que isso não serviria a nenhum propósito militar. A questão começou a se tornar mais política do que militar. O 3º Exército de Patton estava pronto para avançar em direção a Paris, com o general Philippe Leclerc insistindo com seu comandante do exército a permitir que a 2ª Divisão Blindada Francesa fosse a primeira a entrar em Paris, onde aumentava a tensão entre os comunistas e os gaullistas, enquanto os alemães remanescentes saíam da cidade. Em 25 de agosto, depois de um último almoço com seus oficiais mais graduados, von Choltitz assinou a rendição de Paris em um documento apresentado por Leclerc, cujas tropas tinham começado a ocupar a cidade mais cedo naquele dia, juntamente com várias unidades dos Estados Unidos. De Gaulle chegou a Paris pouco depois da rendição. Mais tarde, fez seu famoso discurso: "Paris. Paris ultrajada, Paris alquebrada, Paris martirizada, mas Paris libertada!".[14] Em seguida, no estilo que marcaria sua subsequente liderança na França, continuou: "Libertada por ela mesma, libertada pelo seu povo, com a ajuda de toda a França, ou seja, da França que luta, a verdadeira França, a França eterna". Quando leu essas palavras, Winston Churchill deve ter refletido sobre suas últimas conversas com o primeiro-ministro Paul Reynard em Tours, em 13 de junho de 1940, pouco antes da rendição da França. O círculo se fechou.

12

LEGADOS

"...se abrirmos uma disputa entre o passado e o presente,
perceberemos que perdemos o futuro."[1]

A invasão bem-sucedida da Normandia, complementada pelos avanços soviéticos no leste da Alemanha, resultou implacavelmente na vitória dos Aliados na Europa. Os comandantes britânicos e americanos faziam apostas entre si sobre a rapidez com que a guerra terminaria, agora uma questão de quando, não se. Contudo, havia muitos sinais de que os alemães não desistiriam facilmente. Na Conferência de Casablanca, em janeiro de 1943, Churchill e Roosevelt anunciaram publicamente que só aceitariam a rendição incondicional da Alemanha. Na época, foi uma forma de sinalizar a Stálin que eles não fariam um tratado de paz. No entanto, com a guerra na Europa entrando em sua fase final, talvez agora a política pudesse colaborar para a sustentação do regime nazista, eliminando qualquer incentivo para as elites políticas e militares alemãs deporem Hitler na esperança de negociar termos melhores. Com o fracasso do plano de Stauffenberg, que resultou num expurgo no exército alemão, as circunstâncias levaram ao fortalecimento do domínio nazista no poder, mesmo com o cerco dos Aliados se fechando.

Na Grã-Bretanha, as bombas voadoras V1 continuavam caindo. Com o avanço dos Aliados no norte da França, muitos dos locais originais de lançamento foram tomados, mas, depois de uma breve pausa, os ataques foram retomados a partir da Holanda. As bombas

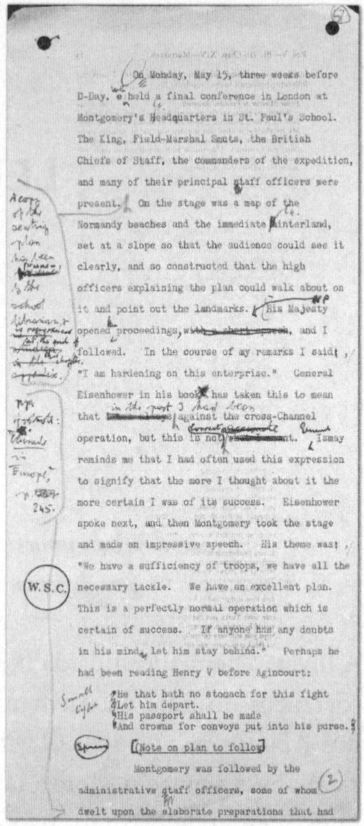

On Monday, May 15, three weeks before D-Day, we held a final conference in London at Montgomery's Headquarters in St. Paul's School. The King, Field-Marshal Smuts, the British Chiefs of Staff, the commanders of the expedition, and many of their principal staff officers were present. On the stage was a map of the Normandy beaches and the immediate hinterland, set at a slope so that the audience could see it clearly, and so constructed that the high officers explaining the plan could walk about on it and point out the landmarks. His Majesty opened proceedings, and I followed. In the course of my remarks I said, "I am hardening on this enterprise." General Eisenhower in his book has taken this to mean that in the past I had been against the cross-Channel operation, but this is not correct. General Ismay reminds me that I had often used this expression to signify that the more I thought about it the more certain I was of its success. Eisenhower spoke next, and then Montgomery took the stage and made an impressive speech. His theme was, "We have a sufficiency of troops, we have all the necessary tackle. We have an excellent plan. This is a perfectly normal operation which is certain of success. If anyone has any doubts in his mind, let him stay behind." Perhaps he had been reading Henry V before Agincourt:

He that hath no stomach for this fight
Let him depart.
His passport shall be made
And crowns for convoys put into his purse.

[Note on plan to follow]

Montgomery was followed by the administrative staff officers, some of whom dwelt upon the elaborate preparations that had

Rascunho do texto de Churchill para suas memórias de guerra, c.1950

Na segunda-feira, 15 de maio, três semanas antes do Dia D, nós fizemos uma última reunião em Londres no quartel-general de Montgomery na St. Paul School. O Rei, marechal de campo Smuts, os Chefes do Estado Maior Britânico, os comandantes da expedição e muitos de nossos principais oficiais estavam presentes. No palco, havia um mapa das praias da Normandia e o interior imediato, disposto numa inclinação de forma que a plateia pudesse ver claramente, e assim construído para os altos oficiais pudessem, durante a explicação do plano, andar no palco e mostrar os pontos de referência. Sua Majestade abriu os procedimentos, e eu prossegui. No decorrer das minhas observações, eu disse "Estou me preparando para essa empreitada". O General Eisenhower, em seu livro, interpretou isso no sentido de que no passado eu era contra a operação pelo Canal da Mancha, mas isso não está correto. General Ismay me lembra que eu usei essa expressão com frequência no sentido de que, quanto mais eu pensava a respeito, mais eu tinha certeza do seu sucesso. Eisenhower falou a seguir, e depois Montgomery subiu ao palco e fez um discurso impressionante. Seu tema foi "Nós temos tropas suficientes, nós temos todos os equipamentos necessários. Nós temos um plano excelente. Esta é uma operação perfeitamente normal com certeza de sucesso. Se alguém tem quaisquer dúvidas em mente, que fique para trás". Talvez ele andasse lendo Henrique V antes de Agincourt:

Aquele que não tiver coragem para esta luta
Deixem-no partir.
Que se providencie seu passaporte
E algumas coroas na bolsa para viajar.

<u>Anotação sobre plano a seguir</u>

Montgomery foi seguido pelos oficiais da equipe administrativa que lidaram com os sofisticados preparativos que tiveram [...]

autopropulsadas V1 também eram lançadas por aeronaves alemãs. Contramedidas foram implantadas, com locais de lançamento e centros de produção suspeitos bombardeados e as bombas voadoras sendo abatidas no ar, mas continuaram causando vítimas, principalmente na área de Londres.

Então, em 8 de setembro de 1944, quatro anos após o início da Blitz, as primeiras duas bombas V2 caíram em Londres, uma delas no distrito eleitoral de Churchill em Epping (no nordeste da capital). Essas armas novas e aterrorizantes, carregadas com 725 quilos de explosivos de alta potência, eram tão velozes que chegavam sem aviso, acrescentando uma nova dimensão aterrorizante a essa última e desesperada ofensiva de bombardeios alemães. As baixas causadas pelas explosões podiam ser altas. Em 25 de novembro, às 12h26, um foguete atingiu uma loja lotada da Woolworth's em Deptford, no sudeste de Londres, matando 168 pessoas e ferindo um número quase igual.

Só em novembro, em resposta aos anúncios alemães, Churchill reconheceu publicamente a existência dos novos foguetes no Parlamento, admitindo que, "devido à sua grande velocidade, nenhum aviso público confiável ou suficiente pode, nas circunstâncias atuais, ser feito". O governo estava preocupado com o aumento dos níveis de ansiedade civil. Churchill podia se consolar com informações da inteligência de que os alemães não conseguiam produzir essas armas em quantidades suficientes para causar tanto terror e deslocamentos, mas não podia saber ao certo se não haveria alguma última surpresa terrível, química ou nuclear.

Só em março de 1945 essa ameaça à Grã-Bretanha foi finalmente erradicada, com a maioria dos locais de lançamento capturada e todas as armas restantes fora de alcance. Entre junho de 1944 e março de 1945, quase 2.500 bombas voadoras V1 caíram em Londres, e quase 3.500 em outras regiões do país. Cerca de 6 mil pessoas foram mortas e mais de 17 mil ficaram feridas. Depois, começaram os ataques de foguetes. O front doméstico britânico foi outra linha de frente na esteira do Dia D. Militares no exterior, como Tony Hugill, ficaram evidentemente preocupados com suas famílias, com os ataques aumentando, o cansaço de guerra e o desejo de paz e reconstrução da população civil.

É um sentimento que pode ser percebido nesta comovente carta de fevereiro de 1945, escrita por uma preocupada família de Chingford a

Churchill, seu representante no Parlamento, sobre a ameaça dos foguetes alemães V2:

> Por favor, nos diga que estão sendo adotadas medidas efetivas para pôr fim a esses foguetes alemães assassinos que dia e noite caem sobre nós, londrinos, nos matando e destruindo nossas casas.
>
> Até agora não tivemos nenhuma garantia de qualquer Ministro responsável de que algo está sendo feito a respeito.
>
> Nós, londrinos, ainda podemos "aguentar", mas, depois de tudo que já suportamos, por que deveríamos continuar a "aguentar" neste estágio da guerra?[2]

Joan Bright, ainda trabalhando em Londres como fizera durante a Blitz em 1940, confirmou que um "medo real" se seguiu à súbita chegada das V1, pois elas surgiam quando as pessoas não estavam preparadas para interrupções perigosas em sua vida diária. Ela se via "sempre ouvindo; na rua, eu gostaria que o tráfego parasse, e, entre amigos, que eles não falassem, pois uma delas poderia estar se aproximando".[3] Assim, se uma fosse ouvida, ficava-se atento para o terrível instante em que o motor desligava, seguido por um "momento doentio de suspense, depois 'CRRRRAMP' e de novo silêncio".

Para Churchill, o último ano da guerra não foi um período de comemoração. Ele pode ter desfrutado de alguns grandes momentos emblemáticos que se seguiram ao avanço dos exércitos aliados. Em um dia carregado de simbolismo, ele andou pela Champs-Élysées e depositou uma coroa de flores no Arco do Triunfo ao lado do general de Gaulle, em 11 de novembro (Dia do Armistício da guerra de 1914-1918), deixando temporariamente de lado suas diferenças políticas em favor de uma celebração mútua da vitória. Sua filha Mary descreveu a grande multidão que se reuniu no ar frio e límpido: "as pessoas subiram nas árvores, e se agarravam nas chaminés". E, mais tarde, em 25 de março de 1945, Churchill atravessou triunfalmente o Reno e avançou decididamente pelo território inimigo ocupado.

Contudo, a maior parte de seu tempo agora era dedicada ao planejamento do pós-guerra. Uma segunda conferência de Quebec com Roosevelt, em setembro de 1944, foi seguida por uma reunião bilateral com Stálin em Moscou em outubro e pela segunda conferência dos "Três Grandes", com Roosevelt e Stálin em Yalta, em fevereiro de 1945. Nelas, seu foco foi a iminente organização da Europa. A Grã-Bretanha tinha entrado na guerra em 1939 em defesa da Polônia, mas agora o Exército soviético dominava o país. Para desgosto de Churchill, em agosto de 1944, Stálin havia se recusado a ajudar na insurgência polonesa contra os alemães em Varsóvia. Ficava cada vez mais claro que o líder russo preferia instaurar seu próprio governo, em vez de permitir a volta dos líderes exilados do país, que tinham sua base na Inglaterra. A Polônia seria perdida para a esfera soviética? Como seria a futura Alemanha, e como seria governada pelos Aliados vitoriosos? A Grécia e os Bálcãs seriam dominados por Moscou?

Em abril de 1945, pouco antes do colapso final da Alemanha nazista e do suicídio de Hitler, chegou a notícia da morte do presidente Roosevelt. O que deveria ter sido um momento de júbilo foi marcado pela incerteza sobre o novo governo em Washington e pelo temor do governo existente em Moscou. Mesmo antes da rendição da Alemanha, Churchill usava termos como "cortina de ferro" e "terceira guerra mundial" para se referir à deterioração da situação internacional com a Rússia em seus telegramas particulares. Em maio de 1945, enquanto a maior parte do país celebrava o fim de cinco anos e meio de conflito, ele pediu que os chefes do Estado-Maior britânicos elaborassem planos para uma campanha militar limitada contra a União Soviética. Com o codinome de operação Unthinkable [Impensável], o plano considerava a possibilidade de usar divisões britânicas, americanas, polonesas e até mesmo algumas divisões alemãs para reverter a posição soviética na Polônia. Não surpreendentemente, a conclusão foi de que a operação era realmente impensável e só teria levado a uma guerra total mais prolongada. Brooke definiu a ideia como "fantástica e com chances de sucesso impossíveis".

O plano se baseava em pressupostos furados. Uma operação desse tipo nunca teria o apoio de um governo americano, que ainda pleiteava a ajuda de Stálin na guerra no Pacífico. Tampouco teria apoio interno. A opinião pública na Grã-Bretanha e nos Estados Unidos ainda via a União Soviética como um aliado, e que tinha se sacrificado muito para derrotar a Alemanha. O plano de Churchill era impraticável, e continuou em segredo até o final do século XX, mas é revelador quanto à dimensão de seus temores em relação à União Soviética.

Mudanças estavam no ar. Joan Bright assumiu a organização administrativa britânica para as cúpulas de Washington, Quebec, Moscou, Yalta e Potsdam, comparecendo a todas elas. Em 1940, era muito raro uma mulher viajar para fora do país como parte de uma delegação oficial, e quase inconcebível estar numa posição de autoridade. Em Yalta, Joan chegou a fingiu ser uma general-major para ser levada a sério pelos russos, que tinham um forte senso hierárquico (em comparação, o posto militar mais alto alcançado por Churchill foi o de tenente-coronel, em 1916!).

O início de 1945 foi um período de aumento da tensão internacional dentro da aliança, combinado com o cansaço da guerra e um grande desejo de mudança nacional. Desde 1935 não havia uma eleição geral na Grã-Bretanha, e a existência do governo de coalizão nacional deu margem a poucos meios para uma verdadeira oposição política à gestão de Churchill. O sucesso do Dia D levou à vitória na Europa em maio de 1945, mas também levou ao fim da coalizão de guerra e à retomada das disputas partidárias normais. Nos últimos meses da guerra na Europa, começaram a surgir nítidas diferenças entre os partidos Conservador e Trabalhista. Com a saúde debilitada, Churchill tinha mais dificuldade para administrar o cenário político interno. Mesmo criticado pelo Partido Trabalhista por sua política de apoio aos nacionalistas na Grécia, e atacado pelos colegas conservadores por não fazer mais pela Polônia, ele continuava determinado a levar o trabalho até o fim e acabar com a guerra no Pacífico. No entanto, como todos os primeiros-ministros britânicos, ele precisava pensar sobre o momento ideal para uma eleição geral. Seria melhor agir rápido e realizar uma eleição imediatamente após a vitória na Europa, na esperança de se beneficiar de um salto nas pesquisas, ou deveria continuar a coalizão até depois da derrota do Japão? No caso do Japão, os Aliados ainda não estavam certos sobre a bomba atômica, e a vitória final poderia ser um processo custoso e prolongado. Afinal, o primeiro-ministro precisou assumir uma posição. Tanto a base do Partido Trabalhista de oposição como muitos de seus colegas políticos conservadores queriam uma eleição logo. Ficou claro que sua coalizão não duraria.

Churchill apresentou sua renúncia ao rei em 23 de maio, duas semanas depois do Dia da Vitória na Europa (Dia VE), e foi encarregado de formar um governo provisório durante a campanha eleitoral até a contagem dos votos. A eleição aconteceu em 5 de julho, mas a dificuldade de contar o grande número de votos de militares no exterior fez com que o resultado da votação só fosse anunciado em 26 de julho. O resultado foi uma vitória esmagadora do Partido Trabalhista, conseguindo uma maioria de 146 cadeiras. Churchill estava fora.

Para Mary Churchill, que estava com o pai na sala de mapas quando os resultados chegaram, foi uma humilhação e uma traição terríveis: "Lágrimas quentes surgiram e tiveram de ser escondidas. Todos pareciam sérios e desconcertados. Almoçamos na mais profunda tristeza".[4] O general Brooke, nem sempre um grande admirador de Churchill, considerou um "erro medonho começar as eleições neste período da história do Mundo!". No dia seguinte, ao se reunir com Churchill e os chefes de Estado-Maior, Brooke quase desabou em "uma pequena reunião muito triste e comovente". Para Joan Bright, "eles não tinham rejeitado Winston Churchill, tinham rejeitado a guerra e sua liderança. Ele continuaria para todo o sempre um dos mais grandiosos ingleses; todos estariam sempre em dívida com ele". Clementine Churchill teve uma visão um pouco diferente. Para ela, isso foi uma "bênção disfarçada". Ela temia que, se o marido continuasse no cargo, o fardo contínuo pudesse matá-lo. Isso suscitou uma resposta tipicamente franca de Churchill, de que estava "realmente muito bem disfarçada". Contudo, ele encarou a derrota com coragem; quando Michael Parish, um amigo de Mary, disse que ele tinha vencido a corrida, Churchill respondeu com uma analogia apropriada às corridas de cavalos: "E, em consequência, fui afastado das pistas".

Certamente existem muitas razões complexas pelas quais Churchill perdeu as eleições de 1945, mas algumas delas estão diretamente relacionadas aos temas deste livro.

A primeira foi o impacto dos acontecimentos em sua saúde. No início de 1944, Churchill já exercia o cargo de primeiro-ministro havia três anos e meio. O desgaste físico de ocupar um cargo tão importante por tanto tempo era inevitável, e, no final da guerra, ele vinha sofrendo de recorrentes problemas cardíacos e respiratórios. Seu sentimento de frustração e ansiedade atingiu o ápice no período intenso dos preparativos que precederam o Dia D. Ele se irritou por não poder influenciar a estratégia militar, se preocupou com os prováveis níveis de baixas militares aliadas e de civis franceses, e se debateu com as dificuldades de impor um confinamento potencial no país para facilitar e resguardar a operação Overlord. Seus níveis de energia parecem nunca ter se recuperado totalmente, o que com certeza contribuiu para uma campanha eleitoral sem brilho e mal avaliada. Sua decisão de atacar o Partido Trabalhista, em vez de se manter acima da contenda política, deixou seus oponentes explorarem uma diferença entre o Churchill líder de guerra e o Churchill político-partidário.

Um segundo fator foi a contribuição da Overlord para o clima já em transição do eleitorado britânico. Nos preparativos para o dia 6 de junho de 1944, a população teve de conviver com níveis sem precedentes de restrição na vida diária – proibida de ir a certas regiões do país, com restrições em viagens internas, casas sem luz, alimentos racionados, correspondência censurada e o interior entregue a quartéis, a bases e a aeródromos. O ataque à Europa causou ainda mais perdas e separações; também provocou uma retaliação direta com ataque das armas V e a volta do terror vindo dos céus. Tudo isso reforçou uma tendência natural de desejar reconstruir um mundo pós-guerra melhor, um mundo que validasse tais sacrifícios. Tanto Mary quanto Sarah Churchill, filhas de Churchill, estavam servindo de uniforme. Elas perceberam esse clima entre os jovens ao seu redor. Parece que Churchill não percebeu. Lorde Moran recordou uma conversa:

> "Há duas ideias opostas no país", eu disse a ele. "Há uma gratidão praticamente universal a você, e há uma noção de que você não está muito interessado nesse negócio de admirável mundo novo." Winston respondeu: "O desejo por um mundo novo está longe de ser universal; a gratidão é".[5]

Churchill estava equivocado. Concentrado demais em sua nova luta contra a União Soviética, não percebeu que nem todos compartilhavam seu foco unívoco na cena internacional.

O Dia D também enfraqueceu Churchill por ter desviado o foco de sua pessoa. Em 1940, a Grã-Bretanha estava na defensiva e sob ataque. Naquele período, Churchill usou a máquina de informações do governo de maneira abrangente, fazendo uma série de pronunciamentos planejados para elevar o moral, para se instituir como uma representação visual da resistência do povo. Em 1944, isso não era possível. Qualquer pronunciamento antes do Dia D acarretava o risco de revelar que a invasão era iminente; fazer isso imediatamente depois arriscava comprometer os planos de dissimulação que os Aliados ainda tinham que fazer. Além disso, agora se tratava de uma operação multinacional, cada vez mais dominada pelos americanos. Churchill não tinha liberdade para falar sobre a operação militar sem coordenar suas palavras com Roosevelt, com os chefes do Estado-Maior Conjunto e com Eisenhower.

Churchill não foi a voz contemporânea do Dia D. Ademais, quando escreveu sobre o assunto, nos volumes V e VI das importantes *Memórias da Segunda Guerra Mundial*, publicados respectivamente em 1952 e 1954, suas palavras estavam em desvantagem, tendo de responder a insinuações já impressas de nunca ter sido um apoiador entusiasta da Overlord. A corrida para publicações sobre o tema começou assim que a guerra acabou. Harry Butcher, assessor naval de Ike, publicou seu *Three Years with Eisenhower*, em 1946. Em termos gerais, o livro é simpático a Churchill, mas inclui algumas vinhetas muito desfavoráveis. Um trecho sobre 26 de agosto de 1942 descreve um relatório do general Clark sobre uma reunião com o primeiro-ministro na qual Churchill quebrou um copo, trocou as meias na frente dos convidados e depois "andou até a porta aberta, se encostou, esfregou vigorosamente as escápulas [sic] no batente e disse: 'Acho que peguei isso no Egito'".[6]

Talvez mais prejudiciais tenham sido as declarações no livro de Eisenhower, *Cruzada na Europa* [*Crusade in Europe*], publicado em 1948, dizendo que Churchill tinha medo de os mares se tornarem vermelhos de sangue e que o líder britânico se converteu tardiamente à Overlord, tendo anunciado ainda em 15 de maio que estava "ficando mais propenso em relação a essa empreitada", sugerindo claramente que ele se mostrava hesitante até aquela data. Depois, houve a biografia de Montgomery por Alan Moorehead, também publicada em 1946, que irritou Churchill ao contar detalhes da visita do primeiro-ministro ao quartel-general de Montgomery em 19 de maio, relatando suas discordâncias quanto à tentativa de Churchill de interrogar a equipe e a ameaça de renúncia de Monty. Como Moorehead teve acesso a documentos do próprio Montgomery, o conteúdo do livro levou a uma relação um tanto desconfortável entre Churchill e Monty no pós-guerra.

O fato de Churchill ter optado por responder a essas questões em sua própria visão da história mostrou o quanto esses ataques o feriram. Ele também precisou ser cauteloso na forma como respondia. Na época da publicação, ele estava de volta ao número 10 da Downing Street, Eisenhower era presidente dos Estados Unidos e Montgomery era o vice-comandante supremo da Otan na Europa. Churchill precisava trabalhar com ambos e não queria uma briga em público sobre o passado. Em seu discurso "Nosso melhor momento", de 18 de junho de 1940, ele alertou que, "se abrirmos uma disputa entre o passado e o presente, perceberemos que perdemos o futuro". Portanto, ele foi diplomático no que escreveu, minimizando as desavenças. Quanto a estar "ficando mais propenso a essa empreitada", ele quis dizer "querer atacar se humanamente possível"; em nenhum momento Montgomery ameaçou renunciar e "não aconteceu nada parecido com um confronto com sua equipe".

Os protestos de Churchill provavelmente só alimentaram histórias de sua hesitação em relação ao Dia D. Com o tempo, mais informações foram divulgadas sobre os debates no alto escalão. As memórias do general Brook (depois lorde Alanbrooke), do general de Gaulle, de lorde Moran e de Sir Alexander Cadogan se somaram a uma lista crescente de publicações, que depois foram alimentadas pela divulgação de outros registros oficiais.

Este livro não tentou exonerar tudo o que Churchill fez. É impossível saber com certeza se resultados melhores ou piores poderiam ter sido alcançados se os aliados anglo-americanos tivessem seguido uma estratégia diferente. O que quisemos fazer foi situar as decisões e ações de Churchill no contexto e mostrar os muitos fatores e indivíduos que influenciaram sua opinião sobre essa operação crucial.

Churchill foi indubitavelmente influenciado pela Primeira Guerra Mundial e pelo desejo de evitar a repetição do imenso derramamento de sangue do impasse nas trincheiras na França, o que teria sido catastrófico para o país e quase certamente fatal para seu governo.

Ele estava determinado a preservar o Império Britânico. Qualquer primeiro-ministro britânico em 1940 teria sido forçado a pensar na defesa do Egito, de Malta e da Palestina, bem como nas rotas para o Canadá, a Índia, a Austrália do Sul e a Nova Zelândia, mas Churchill foi particularmente motivado pelo desejo de não presidir a liquidação do império, e suas políticas no Mediterrâneo e nos Bálcãs tinham tanto uma dimensão imperial quanto antissoviética. Isso certamente foi um fator em seu desejo de continuar lutando nesses teatros de guerra, mesmo após a decisão final de atacar pelo noroeste da França, e explica por que era contrário à "tirania da Overlord".

Apesar de tudo isso, como ele disse ao seu amigo Smuts, Churchill considerava o relacionamento com os Estados Unidos e o comprometimento com a Overlord a "pedra angular da cooperação anglo-americana". As principais decisões foram discutidas com Roosevelt e os chefes do Estado-Maior Conjunto e adotadas por sólidas razões estratégicas. As operações no Norte da África e na Sicília ganharam seu próprio ímpeto e retardaram ainda mais o Dia D, mas foram lançadas porque as condições prévias para um ataque à Normandia ainda não haviam sido atendidas, já que os riscos de um ataque frontal à França eram considerados muito altos, e porque não fazer nada enquanto se preparava o ataque à França era política e militarmente inaceitável. A Batalha do Atlântico tinha de ser vencida, e a supremacia dos céus precisava ser estabelecida para isolar e enfraquecer o inimigo.

Mesmo no Dia D, apesar de seus grandes esforços para conseguir um lugar na primeira fila a bordo de um navio britânico, Churchill teve de esperar em Londres por notícias da batalha. Não há dúvida de que o período que antecedeu o ataque foi um momento particularmente estressante. Churchill não tinha as mesmas reservas de energia que em 1940, mas também não era uma pilha de nervos. Nas semanas que antecederam a Overlord, ele demonstrou um interesse ativo em todos os aspectos da operação e usou seu poder de mobilização para garantir o cumprimento das metas de produção e a manutenção da segurança. Embora muitas vezes retratado como beligerante, uma das preocupações consistentes dele sempre foi minimizar as baixas militares e de civis franceses. Sim, ele deixava o Gabinete de Guerra e os chefes do Estado-Maior à beira da loucura, questionando-os sobre o número de veículos, criticava de Gaulle e se manteve firme em sua oposição ao bombardeio de entroncamentos ferroviários, mas o fazia pela preocupação de reduzir as perdas e assegurar a vitória. E não era esse o seu trabalho?

Nos tempos atuais, Churchill raramente é mencionado em relação ao Dia D. O foco tende a estar em seu papel nos eventos de 1940. Às vezes é citado por sua atuação no desenvolvimento dos portos Mulberry; mais frequentemente, é criticado por tentar retardar ou obstruir a Overlord. O que esperamos ter mostrado é que Churchill desempenhou um papel fundamental na sincronia e na natureza da Overlord. Com certeza ele não estava sozinho, e sim trabalhando com outros (nem sempre de forma harmoniosa); seus humores e motivações mudavam de acordo com os acontecimentos, mas ele teve uma participação fundamental na criação das alianças e da estrutura que facilitaram a libertação da França.

Com o benefício da retrospectiva, podemos dizer que o Dia D foi bem-sucedido. Contudo, na época, Churchill, Eisenhower e os outros comandantes não podiam ter tanta certeza. A Overlord foi uma operação gigantesca da qual muita coisa dependia. Por isso, Churchill pode ser perdoado por hesitar um pouco e por não querer pôr todos os ovos numa única cesta. Em última análise, a Overlord só pode ser julgada por seu sucesso, e Churchill foi um de seus arquitetos.

E quanto a alguns dos outros? Hughes-Hallett encerrou sua carreira em 1954 como vice-almirante. Tony Hugill se casou com uma das militares do almirante Ramsay, usando o adiantamento por suas memórias de guerra para financiar o anel de noivado. Christian Oldham e Joan Bright deixaram seus empregos ao se casarem, seguindo as convenções da época. Geoffrey Pyke continuou a pensar fora da caixa, mas teve pouco sucesso. Seu suicídio em 1948 levou o jornal *The Times* a defini-lo como "uma das figuras mais originais, ainda que não reconhecidas, do século atual". Percy Hobart se aposentou do exército. Churchill escreveu uma carta de referência malsucedida recomendando-o para um cargo de professor de guerra na Universidade de Oxford. Basil Liddell Hart continuou sua bem-sucedida carreira como historiador e comentarista militar. O Centro de Arquivos Militares Liddell Hart no King's College, em Londres, leva seu nome e abriga seus documentos junto com os de Alanbrooke, de Ironside e outros. Jock Colville se tornou secretário particular da princesa Elizabeth, a futura Elizabeth II, antes de voltar à Downing Street para trabalhar novamente com Churchill como seu secretário particular conjunto de 1951 a 1955. Roland MacKenzie voltou a sua casa no Canadá, retomou a carreira bancária e raramente falava sobre a guerra. Stan Hollis abriu um pub. T. L. Rodgers foi temporariamente enterrado num cemitério na França. Seus restos mortais acabaram voltando ao condado de Covington, no Alabama, onde foi sepultado no jazigo da família no cemitério da Igreja Batista da Carolina. Suas histórias, assim como a de Churchill, são fios no tecido de uma grande tapeçaria.

O que nos traz de volta ao Churchill College em Cambridge. E a outra obra de arte pendurada na parede, desta vez na biblioteca principal. Em 1961, o general de Gaulle presenteou a faculdade com uma grande, magnífica e colorida tapeçaria do artista Jean Lurçat chamada *Étoile de Paris* (Estrela de Paris). Rica em imagens, a obra celebra a libertação da capital francesa dos alemães em 1945. Costurada no tecido, em um canto superior, lê-se a frase “Paris, soi-meme liberé” (Paris libertada por si mesma). Apesar de reconhecer o papel de de Gaulle e da Resistência Francesa, bem como a verdade literal de as tropas francesas serem autorizadas a entrar primeiro na cidade, Churchill certamente discordaria. Foram muitos os fios que resultaram na libertação da França, dos quais Churchill teve um papel fundamental no entrelaçamento.

Se todas as preocupações e temores de Winston Churchill quanto ao lançamento de uma invasão terrestre da Europa a partir do sul da Inglaterra pudessem ser resumidos em uma frase curta, foi o comentário feito a sua amada Clemmie na noite de 5 de junho de 1944: “Você percebe que, quando acordar de manhã, 20 mil homens podem ter sido mortos?”.

Essas eram as aflições chamadas de “Cão Negro”, originárias das cicatrizes e das lembranças de Galípoli em 1915/16, da incompetência na campanha da Noruega em 1940 e do desastre de Dieppe em 1942. A responsabilidade não só pela segurança da nação, mas pela vida de outros homens pesava muito nos ombros de Churchill. No caso, dos 133 mil homens e mulheres que desembarcaram em 6 de junho de 1944, houve perto de 11 mil baixas, cerca de 3.800 delas nas primeiras 24 horas. Entre as fatalidades, foram pouco menos de mil soldados, marinheiros, aviadores e comandos da marinha britânicos. Contudo, como este livro explicou, 6 de junho de 1944 foi apenas o primeiro dos noventa dias da campanha da Normandia. Quando o rio Sena foi atravessado e Paris foi libertada, o número de baixas entre os Aliados era de cerca de um quarto de milhão, com quase 45 mil soldados britânicos, americanos, canadenses e poloneses mortos entre as forças terrestres e mais 16 mil mortes nas forças aéreas e navais aliadas. A população civil francesa teve cerca de 12 mil mortos ou feridos. O exército alemão relatou cerca de 320 mil baixas, das quais aproximadamente 150 mil foram de prisioneiros. O preço em sangue e financeiro foi muito alto para todos os lados. Oitenta anos depois, para as gerações mais jovens, esse número parece extraordinário, totalmente inacreditável.

O Dia D tornou-se um marco não somente nos relatos sobre a Segunda Guerra Mundial, mas como um ponto de inflexão na história global. Até os aliados ocidentais conseguirem retornar à França e pôr os alemães ante o dilema de uma guerra em duas frentes na Europa, é concebível que a Alemanha nazista pudesse ter mantido sua frente oriental e impedido uma maior expansão soviética para o oeste. Nessas circunstâncias, a Europa de hoje seria bem diferente – um oriente comunista e um ocidente nacional-socialista. Foi a firme determinação dos aliados ocidentais, liderados pela Grã-Bretanha, para que a Alemanha fosse derrotada primeiro e o Japão em segundo lugar que levou à conclusão bem-sucedida da Segunda Guerra Mundial. De uma posição solitária e isolada em junho de 1940 e ante uma derrota, Churchill orquestrou uma eficiente aliança com os Estados Unidos democráticos e uma acomodação com a União Soviética comunista de Stálin, de modo que a tirania do nacional-socialismo alemão e o fascismo italiano pudessem ser expurgados da Europa. A Normandia foi o ponto de virada.

Para desalento dos veteranos britânicos que lutaram na Normandia e decepção das famílias dos que lutaram e tombaram na campanha pela libertação da Europa, até 2021 a Grã-Bretanha não tinha um memorial na Normandia para marcar o empenho e sacrifício dos que lutaram nas praias desde o desembarque até o rio Sena. Essa omissão nacional foi corrigida muito tardiamente. O Memorial Britânico na Normandia agora fica na costa perto da aldeia de Ver-sur-Mer, em um local com vista para a praia Gold, onde Stan Hollis desembarcou com seus companheiros do Green Howards perto de Arromanches, e onde o porto Mulberry possibilitou muito da logística vital para sustentar a campanha. O Memorial inclui os nomes dos 22.442 homens e mulheres das forças armadas, de mais de vinte países, que morreram na campanha da Normandia sob comando britânico. E há também um memorial para os civis franceses que morreram na luta para que seu país e a Europa pudessem ser livres. "Liberté, égalité, fraternité" – o mote nacional da França. O Memorial proporciona um espaço tranquilo para refletir sobre o sacrifício dos que morreram para trazer paz e liberdade à Europa. Conta também a história da liderança britânica na campanha da Normandia – a liderança estratégica e política de Winston Churchill, a liderança operacional de Bernard Montgomery e a liderança tática determinada no campo de batalha de milhares de combatentes como Stan Hollis.

AGRADECIMENTOS

As cartas e o diário do rei George VI são reproduzidos com permissão de Sua Majestade o rei Charles III. Citações dos discursos, obras e textos de Sir Winston Churchill são reproduzidos com permissão de Curtis Brown, Londres, em nome de ©The Estate of Winston S. Churchill. O livro contém informações do setor público licenciadas sob Open Government Licence v3.0 e dos materiais com direitos autorais parlamentares também licenciados sob Open Parliament Licence v3.0. Imagens de documentos da coleção Churchill Papers são reproduzidas com a permissão do Sir Winston Churchill Archive Trust. Imagens e citações de outras coleções do Churchill Archives Center são reproduzidas com a permissão do Churchill College, Cambridge, e dos detentores dos direitos autorais relevantes, quando conhecidos. Excertos dos Diários de Sir Alan Lascelles são publicados aqui com agradecimentos à permissão do Estate of Sir Alan Lascelles. Citações substantivas de fontes secundárias são reproduzidas com a permissão dos detentores dos direitos autorais relevantes, quando conhecidos. Em particular, agradecemos a Christian Lamb, Roddy MacKenzie, William Ramsay, Charles Tilbury, The Wavell Estate e James Wilson.

Os autores gostariam de agradecer a Rupert Lancaster, da Hodder & Stoughton, a Charlie Viney, da Viney Agency, e a Gordon Wise, da Curtis Brown. David Boler e Amanda Jones foram muito gentis ao lerem o manuscrito, Christopher Knowles, do Churchill Archives Centre, copiou muitas das imagens e Russell Riley sugeriu a inclusão de seu parente T. L. Rodgers.

CODINOMES DE OPERAÇÕES CITADAS NESTE LIVRO

Anvil – Codinome inicial para a libertação do sul da França pelos Aliados
Arcadia – Conferência em Washington, 22 de dezembro-14 de janeiro de 1942
Bagration – Ofensiva soviética na frente oriental, junho-agosto de 1944
Barbarossa – Invasão da União Soviética pelos alemães, junho de 1941
Bodyguard – Codinome genérico para todos os planos de dissimulação para resguardar a libertação da Normandia 1944
Bolero – Agrupamento de forças americanas no Reino Unido
Bombardons – Cruzes de aço interligadas usadas para construir portos artificiais
Boniface – Nome de cobertura usado para proteger informações obtidas da quebra de códigos dos alemães
Chariot – Incursão britânica contra as docas de St. Nazaire, março de 1942
Cockade – Codinome genérico para uma série de operações de dissimulação em 1943
Dragoon – Codinome final para a libertação do sul da França pelos Aliados, agosto de 1944
Dynamo – Evacuação de forças britânicas e francesas de Dunquerque, maio-junho de 1940
Epsom – Ofensiva britânica na Normandia, junho de 1944
Eureka – Conferência de Teerã, 28 de novembro-1º de dezembro de 1943

Fortitude North – Dissimulação projetada para insinuar um ataque dos Aliados na Escandinávia, 1944. Parte da Bodyguard

Fortitude South – Dissimulação projetada para insinuar um segundo desembarque dos Aliados na região de Pas-de-Calais na França, 1944. Parte da Bodyguard

Gold – Praia entre Arromanches-les-Bains e La Rivière, tomada pelos britânicos em junho de 1944

Goodwood – Tentativa britânica de invasão da Normandia, julho de 1944

Gooseberry – Um quebra-mar artificial

Gymnast – Codinome inicial britânico para operação contra a o Norte da África francês

Habbakuk – Proposta para construir porta-aviões com uma mistura flutuante de gelo/polpa de madeira conhecida como Pykete. Não efetivada

Husky – Operação dos Aliados contra a Sicília, julho de 1943

Jubileu – Incursão malsucedida de britânicos e canadenses em Dieppe, 19 de agosto de 1942

Juno – Praia entre La Rivière e St. Aubin-sur-Mer, tomada por britânicos e canadenses, junho de 1944

Jupiter – Codinome britânico para operação proposta contra o norte da Noruega. Não efetivada

Lilo – Proposta de quebra-mar artificial criado por ar encanado. Não efetivada

Lüttich – Contra-ataque alemão perto de Mortain, agosto de 1944

Mincemeat – Plano de dissimulação envolvendo documentos plantados num cadáver usado para resguardar desembarque dos Aliados na Sicília, abril de 1943

Mulberry – Um porto artificial

Neptune – Operação naval para transportar forças pelo Canal da Mancha, junho de 1944

Omaha – Praia entre Vierville-sur-Mer e Colleville-sur-Mer, tomada pelos americanos, junho de 1944

Overlord – Codinome abrangente para a libertação da França pelos Aliados via Normandia, junho de 1944

Phoenixes – Grandes unidades de concreto oco submersas para formar portos artificiais e quebra-mares
Pointblank – Campanha dos Aliados de bombardeios estratégicos de alvos militares, industriais e econômicos da Alemanha, 1943-44
Quadrant – Conferência de Quebec, 17-14 de agosto de 1943
Roundup – Codinome inicial para operação em larga escala dos Aliados na Europa
Rutter – Plano substituto para operação contra Dieppe, 1942
Sledgehammer – Codinome proposto para operação limitada dos Aliados na França, 1942-43
Starkey – Dissimulação envolvendo um falso ataque em larga escala a Boulogne, agosto-setembro de 1943. Parte da Cockade
Sword – Praia entre St. Aubin-sur-Mer e o rio Orne, tomada pelos britânicos, junho de 1944
Symbol Conferência de Casablanca, 14 e 24 de janeiro de 1943
Tentacle – Proposta de pista flutuante artificial. Não efetivada
Tiger – Exercício em grande escala para o Dia D, abril de 1944
Tindall – Dissimulação insinuando navegação de cinco divisões da Escócia contra Stavanger na Noruega, 1943
Torch – Codinome final para desembarques dos Aliados no Norte da África francês, novembro de 1942
Trident – Conferência de Washington, 12-25 de maio de 1943
Totalise – Tentativa canadense de invasão da Noruega, agosto de 1944
Ultra – Informações de inteligência obtidas ao decifrar códigos alemães
Unthinkable – Plano proposto de operação militar contra a União Soviética, maio de 1944. Não efetivado
Utah – Praia entre St. Martin de Varreville e Pouppeville, tomada pelos americanos, junho de 1944
Wadham – Dissimulação insinuando ataque de duas divisões americanas na Bretanha, 1943
Weserübung – Invasão da Dinamarca e da Noruega pelos alemães, abril de 1940
Whales – Píeres de aço e pistas flutuantes usados em portos artificiais

ACRÔNIMOS E TERMOS QUE REQUEREM EXPLICAÇÃO

CAC – Churchill Archives Centre, Churchill College, Cambridge

CIGS – Chefe do Estado-Maior Imperial (comandante do Exército Britânico)

Cossac – Chefe do Estado-Maior do Comandante Supremo Aliado

Dia D – Dia em que uma operação começa. O D significa dia.

Tanques DD – Tanques anfíbios de direção dupla usados pelos Aliados no Dia D

DUKW – Veículo anfíbio com tração nas seis rodas

E-boat – Barco de ataque alemão pequeno e veloz

FUSAG – Primeiro Grupo de Exércitos dos Estados Unidos

Hora H – A hora em que uma operação começa. O H significa hora

LCS – Seção de Controle de Londres (unidade de planejamento de operações de dissimulação)

MI5 – Serviço de Segurança do Reino Unido, responsável por contraterrorismo e segurança interna

MI6 – Serviço de Inteligência Secreto do Reino Unido, responsável por inteligência estrangeira

Pluto – Oleoduto submarino

PWE – Executiva de Política de Guerra, responsável pela propaganda britânica e por abater o moral do inimigo

SHAEF – Quartel-General Supremo da Força Expedicionária Aliada

SOE – Executiva de Operações Especiais, responsável por operações de guerrilha atrás das linhas inimigas

TNA – The National Archives, em Kew
U-boat – Submarino alemão
V1 – Bomba voadora alemã não tripulada. O V é de Vergeltungswaffe (arma de vingança)
V2 – Míssil alemão propelido a foguete. O V é de Vergeltungswaffe (arma de vingança)
WREN – Serviço Naval Real Feminino (*Women's Royal Naval Service*)

Unidades dos Exércitos Aliados

Batalhão – Até mil homens, dividido em companhias e usualmente comandado por um tenente-coronel.
Regimento – Unidade organizacional permanente no exército, normalmente dividida em batalhões e comandado por um coronel. Regimentos são combinados obedecendo a propósitos operacionais para formar brigadas e divisões segundo as circunstâncias. No Exército Britânico, o termo regimento tem dois significados. Em tempos de paz, a organização da infantaria fica dentro de regimentos, que pode consistir em muitos batalhões. Estes lutam dentro de brigadas (ver adiante). O segundo significado se aplica a artilharia, engenharia, comunicação e algumas unidades logísticas, que são chamadas de "regimentos" da mesma forma que a infantaria se refere a batalhões.
Brigada – Composta de dois ou mais batalhões ou regimentos e normalmente comandada por um brigadeiro ou general-brigadeiro.
Divisão – Composta por vários regimentos ou brigadas e normalmente comandada por um major-general.
Corpo – Composto por duas ou mais divisões e normalmente comandado por um tenente-general.

NOTAS

Capítulo 1: Visão em retrospecto é uma coisa maravilhosa

[1] Exército dos Estados Unidos, Center of Military History, https://history.army.mil/books/wwii/100-11/ch4.htm.

[2] Pronunciamento de Churchill na Câmara dos Comuns, 6 de junho de 1944, *Hansard*, series 5, v. 400, cc1207-11.

[3] Churchill, W. S. *The Second World War*, v. 5, p. 558.

[4] Churchill, W. S., *The World Crisis*, v. 2, p. 498.

[5] Uma cópia do documento original pode ser encontrada no Churchill Acquired Papers no Churchill Archives Centre, CAC, Churchill Acquired Papers, CHAQ 1/5/3. Uma versão editada está publicada em Churchill, W. S., *The Second World War*, v. 2, p. 215.

[6] Churchill, W. S., *The Second World War*, v. 5, p. 514.

[7] Hastings, M., *Finest Years: Churchill as Warlord*.

[8] Churchill, W. S. *The Second World War*, v. 2, p. 224.

Capítulo 2: Lidando com a derrota

[1] Churchill, W. S. *The Second World War*, v. 2, p. 38.

[2] Diário não publicado de Leo Kennedy, 4 de maio de 1940. CAC, Leo Kennedy Papers, LKEN 1/23.

[3] Wheeler-Bennett, J. (ed.) *Action This Day: Working with Churchill*, p. 161.

[4] Ismay, H., *The Memoirs of General the Lord Ismay*, p. 120.

[5] Nicolson, H., *Harold Nicolson: Diaries and Letters 1930-1964*, p. 181.

[6] Churchill, W. S. (ed.), *Never Give In*, p. 214.

[7] CAC, Churchill Papers, CHAR 23/2.

[8] Churchill Papers, CHAR 9/140A, também reproduzido em Churchill, W. S. (ed.), *Never Give In,* p. 228-9.

[9] Soames, E. (ed.), *Mary Churchill's War,* p. 37.

[10] Churchill, W. S., *The Second World War,* v. 2, p. 214.

[11] Bright Astley, J., *The Inner Circle,* p. 13.

Capítulo 3: Discussões com os Aliados

[1] Colville, J., *The Fringes of Power,* p. 624.

[2] CAC, Churchill Papers, CHAR 9/141A, também publicado em Churchill, W. S. (ed.), *Never Give In,* p. 245.

[3] Churchill, W. S., *The Second World War,* v. 3, p. 331.

[4] Churchill, W. S., *The Second World War,* v. 3, p. 539.

[5] CAC, Churchill Papers, CHAR 20/52/29.

[6] De uma transcrição não publicada de entrevista com Joan Bright Astley. CAC, Brendon Papers, BREN 1/12.

[7] CAC, Churchill Papers, CHAR 20/52/33.

[8] Dilks, D. (ed.), *The Diaries of Sir Alexander Cadogan,* p. 432-3.

[9] De uma transcrição não publicada de entrevista com Joan Bright Astley. CAC, Brendon Papers, BREN 1/12.

[10] TNA, Cabinet Office, Defence Committee (Operations) minutes, CAB 69/4.

[11] TNA, Prime Minister's Office, PREM 3/333/2.

[12] Butcher, H., *Three Years with Eisenhower,* p. 7.

[13] Butcher, H., *Three Years with Eisenhower,* p. 20.

[14] TNA, Prime Minister's Office, PREM 3/333/1.

[15] Memórias do vice-almirante John Hughes-Hallett. CAC, HUHT. Publicadas como *From Dieppe to D-Day,* p. 45.

[16] Ziegler, P., *Mountbatten* (Guild, 1985), p. 346.

[17] Ballade of the Second Front, de general Wavell. Humphrys, O., *Wavell in Russia,* p. 83.

[18] CAC, Jacob Papers, JACB 1/16.

[19] TNA, Cabinet Office, Registro da conferência realizada em Casablanca, CAB 99/24.

[20] Wheatley, D., *The Deception Planners,* p. 122.

Capítulo 4: Faça funcionar, custe o que custar

[1] Danchev, A.; Todman, D. (eds.), *War Diaries 1939-1945: Field Marshal Lord Alanbrooke,* p. 472.

[2] Morgan, F., *Peace and War,* p. 155.

[3] TNA, Prime Minister's Office, PREM 3/333/4.

[4] TNA, Prime Minister's Office, PREM 3/333/15.

[5] Morgan, F., *Peace and War*, p. 156.

[6] Morgan, F., *Peace and War*, p. 158-9.

[7] Eisenhower, D., *Crusade in Europe*, p. 99.

[8] Churchill, W. S., *The Second World War*, v. 2, p. 529.

[9] Churchill, W. S., *My Early Life*, p. 27.

[10] Churchill, W. S., *The Second World War*, v. 3, p. 100-1.

[11] Lamb, C., *Beyond the Sea: A Wren at War*, p. 119.

[12] TNA, Cabinet Office, Registro da conferência realizada em Casablanca, CAB 99/24.

[13] Lamb, C., *Beyond the Sea: A Wren at War*, p. 184.

[14] Churchill, W. S., *The Second World War*, v. 5, p. 69.

[15] Números extraídos de um documento de 1º de março de 1944. CAC, Bufton Papers, BUFT 3/44.

[16] MacKenzie, R., *Bomber Command: Churchill's Greatest Triumph*, p. 28.

[17] MacKenzie, R., *Bomber Command: Churchill's Greatest Triumph*, p. 135.

[18] TNA, Prime Minister's Office, PREM 3/333/3.

[19] TNA, Prime Minister's Office, PREM 3/333/3.

[20] Churchill, W. S., *The Second World War*, v. 5, p. 69.

[21] Números de lanchas de desembarque extraídos de Roskill, S. W, *"The War at Sea"*, v. 3 parte 2, p. 19; Barnett, C., *Engage The Enemy More Closely*, p. 813-4.

[22] Churchill, W. S. (ed.), *Never Give In*, p. 341.

[23] Carter, R. S., *Those Devils in Baggy Pants*, p. 159.

[24] CAC, Churchill Papers, CHAR 20/120/45-46.

[25] CAC, Churchill Papers, CHAR 20/120/59-60.

[26] Carta de Churchill a Clementine Churchill, 26 de novembro de 1943. CAC, Baroness Spencer-Churchill Papers, CSCT 2/32. Publicada em Soames, M., *Speaking for Themselves*, p. 487-8.

[27] Churchill, W. S., *The Second World War*, v. 5, p. 116.

[28] Wheeler-Bennett, J. (ed.), *Action This Day*, p. 96.

Capítulo 5: Guarda-costas das mentiras

[1] Churchill, W. S., *The Second World War*, v. 5, p. 338.

[2] Bright Astley, J., *The Inner Circle*, p. 66.

[3] Wheatley, D., *The Deception Planners*, p. 84.

[4] CAC, Churchill Papers, CHAR 9/204A/79.

Capítulo 6: Portos artificiais

[1] Churchill, W. S., *The Second World War,* v. 5, p. 542-3.
[2] Moran, C., *Winston Churchill: The Struggle for Survival 1940-1965*, p. 151.
[3] Churchill, S., *A Thread in the Tapestry*, p. 77.
[4] Churchill, W. S., *The Second World War,* v. 5, p. 393.
[5] CAC, Churchill Papers, CHAR 20/179/15-17.
[6] Uma cópia do documento original encontra-se em Churchill Acquired Papers no Churchill Archives Centre, CAC, Churchill Acquired Papers, CHAQ 1/5/3. Uma versão editada está publicada em Churchill, W. S., *The Second World War,* v. 2, p. 216.
[7] CAC, Churchill Additional Papers, WCHL 13/4. Também publicado em Churchill, W. S., *The Second World War,* v. 5, p. 66, com uma reprodução do documento original.
[8] TNA, Prime Minister's Office, PREM 3/216/1.
[9] TNA, Prime Minister's Office, PREM 3/216/1.
[10] Memórias do vice-almirante John Hughes-Hallett. CAC, HUHT. Publicadas como *From Dieppe to D-Day*, p. 107.
[11] Memórias do vice-almirante John Hughes-Hallett. CAC, HUHT. Publicadas como *From Dieppe to D-Day*, p. 118.
[12] Memorando sobre demandas de navios mercantes para MULBERRIES, 20 de janeiro de 1944. CAC, Churchill Acquired Papers, CHAQ 2/3/62/13.
[13] CAC, Churchill Papers, CHAR 2/103/53-56.
[14] CAC, Churchill Papers, CHAR 20/67/7.
[15] CAC, Churchill Papers, CHAR 20/161/113-114.
[16] Butcher, H., *Three Years with Eisenhower*, p. 463.
[17] Eisenhower, D., *Crusade in Europe*, p. 269.
[18] Churchill, W. S., *The Second World War,* v. 5, p. 544.

Capítulo 7: Confinamento

[1] Telegrama de Churchill a Ismay, 4 de janeiro de 1944. CAC, CHAR 20/179/34.
[2] CAC, Churchill Papers, CHAR 20/137A/18-20.
[3] TNA, Prime Minister's Office, PREM 3/345/4.
[4] *Hansard,* 14 de março de 1944, series 5, v. 398, cc36-8.
[5] TNA, Prime Minister's Office, PREM 3/345/7.
[6] TNA, Prime Minister's Office, PREM 3/345/8.
[7] TNA, Prime Minister's Office, PREM 3/345/8.
[8] TNA, Prime Minister's Office, PREM 3/345/8.

[9] Liddell Hart, B., The Military Strategist. *In* Taylor, A. J. P. *et al.* (eds.), *Churchill: Four Faces and the Man*, p. 196.

[10] TNA, Prime Minister's Office, PREM 3/345/2.

[11] Soames, E. (ed.), *Mary Churchill's War*, p. 259.

[12] Dilks, D. (ed.), *The Diaries of Sir Alexander Cadogan,* p. 611; 621.

[13] Danchev, A.; Todman, D. (eds.), *War Diaries 1939-1945: Field Marshal Lord Alanbrooke,* p. 544.

[14] Eisenhower, D., *Crusade in Europe*, p. 266

[15] De uma transcrição não publicada de entrevista com Joan Bright Astley. CAC, Brendon Papers, BREN 1/12.

Capítulo 8: O último resquício de força

[1] TNA, Prime Minister's Office, PREM 3/334/2.

[2] CAC, Bufton Papers, BUFT 3/44.

[3] CAC, Churchill Papers, CHAR 9/141A/57. Também publicado em Churchill, W. S. (ed.), *Never Give In*, p. 244-5.

[4] TNA, Prime Minister's Office, PREM 3/334/2.

[5] TNA, Prime Minister's Office, PREM 3/334/2.

[6] Veja nota 1 deste capítulo.

[7] TNA, Prime Minister's Office, PREM 3/334/2.

[8] Prime Minister's Office, PREM 3/334/1.

[9] TNA, Prime Minister's Office, PREM 3/334/2.

[10] TNA, Prime Minister's Office, PREM 3/334/2.

[11] TNA, Cabinet Office, War Cabinet Minutes, CAB 65/16.

[12] TNA, Prime Minister's Office, PREM 3/334/3.

[13] CAC, Churchill Papers, CHAR 20/164/77.

[14] TNA, Prime Minister's Office, PREM 3/334/4.

[15] Prime Minister's Office, PREM 3/334/4.

[16] Royal Archives, PS/PSO/GVI/C/069.

[17] Hart-Davis, D. (ed.), *King's Counsellor*, p. 224.

[18] CAC, Hugill Papers, HUGL 1.

Capítulo 9: Este momento agonizante

[1] Pawle, G., *The War and Colonel Warden*, p. 302.

[2] Churchill Papers, CHAR 20/136/4.

[3] CAC, Churchill Papers, CHAR 20/136/6-8.

[4] Bright Astley, J., *The Inner Circle: A view of war at the top,* p. 144.

[5] CAC, Hugill Papers, HUGL 1.

[6] CAC, Lawford Papers, LWFD 1.

[7] CAC, Lawford Papers, LWFD 1.

[8] De Gaulle, C., *Memórias de guerra: A unidade 1942-1944.*

[9] TNA, Prime Minister's Office, PREM 3/345/1.

[10] CAC, Hugill Papers, HUGL 1.

[11] TNA, Cabinet Office, War Cabinet Minutes, CAB 65/46.

[12] TNA, Prime Minister's Office, PREM 3/339/6.

[13] Love, R.; Major, J. (eds.), *The Year of D-day: The 1944 Diary of Admiral Sir Bertram Ramsay*, p. 83.

[14] Love, R.; Major, J. (eds.), *The Year of D-day: The 1944 Diary of Admiral Sir Bertram Ramsay*, p. 554.

[15] Eisenhower Presidential Library, documentos on-line, acessados em outubro de 2023.

Capítulo 10: Começaremos a guerra por aqui

[1] Montgomery, B., *Memoirs,* p. 253.

[2] Hart-Davis, D. (ed.), *King's Counsellor*, p. 231.

[3] TNA, Prime Minister's Office, PREM 3/339/13.

[4] *Hansard*, series 5, v. 400, cc1323-4.

[5] De Gaulle, C., *War Memoirs: Unity 1942-1944*, p. 230.

[6] Eden, E., *The Reckoning,* p. 456.

[7] CAC, Churchill Papers, CHAR 20/166/19-21.

[8] CAC, Churchill Papers, CHAR 20/166/82-3.

[9] CAC, Churchill Papers, CHAR 20/152/6.

[10] CAC, Churchill Papers, CHAR 20/166/79.

[11] Cowles, V., *Winston Churchill: The Ear and the Man,* Hamish Hamilton, 1953, p. 344.

[12] CAC, Churchill Papers, CHAR 20/152/6.

[13] *Hansard*, series 5, v. 400, cc1522.

[14] CAC, Churchill Papers, CHAR 20/152/6.

[15] TNA, Prime Minister's Office, PREM 3/339/11.

[16] Churchill, W. S., *The Second World War,* v. 6, p. 11.

[17] Danchev, A.; Todman, D. (eds.), *War Diaries 1939-1945: Field Marshal Lord Alanbrooke,* p. 557.

[18] Pawle, G., *The War and Colonel Warden.*

[19] CAC, Churchill Papers, CHAR 20/137C/288.

Capítulo 11: A tirania da Overlord

[1] Danchev, A.; Todman, D. (eds.), *War Diaries 1939-1945: Field Marshal Lord Alanbrooke*, p. 565.

[2] Hastings, R., *"An Undergraduate's War"*, p. 126.

[3] Danchev, A.; Todman, D. (eds.), *War Diaries 1939-1945: Field Marshal Lord Alanbrooke*, p. 560.

[4] Danchev, A.; Todman, D. (eds.), *War Diaries 1939-1945: Field Marshal Lord Alanbrooke*, p. 562.

[5] TNA, Cabinet Office Papers, Chiefs of Staff Meetings, CAB 79/76. Publicado em Gilbert, M.; Arnn, L. (eds.), *The Churchill Documents*, v. 20, p. 572-5.

[6] CAC, Churchill Papers, CHAR 20/167/89.

[7] Danchev, A. & Todman, D. (eds.), *War Diaries 1939-1945: Field Marshal Lord Alanbrooke*, p. 566.

[8] CAC, Churchill Papers, CHAR 9/200A/20-21 de um primeiro rascunho do discurso. Publicado em Rhodes James, R., *Winston Churchill: His Complete Speeches*, v. 6, p. 6972.

[9] CAC, Churchill Papers, CHAR 9/200A/47-48 de um primeiro rascunho do discurso. Publicado em Rhodes James, R., *Winston Churchill: His Complete Speeches*, v. 6, p. 6980.

[10] Churchill, W. S., *The Second World War*, v. 6, p. 51.

[11] Churchill, W. S., *The Second World War*, v. 6, p. 62.

[12] CAC, Baroness Spencer-Churchill Papers, CSCT 2/33.

[13] Citado em Beevor, A., *D-Day*, p. 478.

[14] Citado em Beevor, A., *D-Day*, p. 512.

Capítulo 12: Legados

[1] Extraído do discurso *O melhor momento* de Churchill, 18 de junho de 1940, ver Churchill, W. S. (ed.), *Never Give In*, p. 221.

[2] CAC, Churchill Papers, CHAR 7/74B.

[3] Bright Astley, J., *The Inner Circle: A view of war at the top*, p. 147.

[4] Soames, E. (ed.), *Mary Churchill's War*, p. 349.

[5] Moran, C., *Winston Churchill: The Struggle for Survival 1940-1965*, p. 251.

[6] Butcher, H., *Three Years with Eisenhower*, p. 64.

ILUSTRAÇÕES

Capa: Churchill chegando à Normandia, 12 de junho de 1944. CAC, Churchill Press photographs, CHPH 1A/F3/73 (colorido).

Documentos apresentados no texto

Mapa mostrando os objetivos britânicos e canadenses no Dia D, 6 de junho de 1944. CAC, Selwyn Lloyd Papers, SELO 3/43.

Cópia feita por John Leigh-Pemberton de retrato de Churchill em 1915 pintado por William Orpen. Churchill College, Cambridge.

Página manuscrita de discurso de Churchill após a queda da França, 18 de junho de 1940. CAC, Churchill Papers, CHAR 9/140A/132.

Carta do presidente Roosevelt para Churchill, 3 de abril de 1942. CAC, Churchill Papers, CHAR 20/52/29.

Documento americano sobre Operações na Europa Ocidental. CAC, Churchill Papers, CHAR 20/52/33.

Telegrama de Roosevelt para Churchill, 9 de julho de 1942. CAC, Churchill Papers, CHAR 20/77/101.

Telegrama de Churchill para Roosevelt, 14 de julho de 1942. CAC, Martin Papers, MART 4.

Carta e envelope enviados para Churchill e guardados por John Martin, junho de 1942. CAC, Martin Papers, MART 4. Desconhecido e anônimo.

Gráfico mostrando perdas de navios de transporte de aliados britânicos e países neutros, 1941-43. CAC, Churchill Papers, CHAR 20/135/129.

Telegrama de Churchill para Eden, 29 de outubro de 1943. CAC, Churchill Papers, CHAR 20/122/78.

Primeira e última páginas de carta de Churchill para Clementine Churchill, 26 de novembro de 1943. CAC, Baroness Spencer-Churchill Papers, CSCT 2/32.

Carta de Eisenhower para Churchill, 25 de março de 1944. CAC, Churchill Papers, CHAR 9/204B/175.

Carta de Churchill para o diretor-geral dos Correios, 16 de outubro de 1943. CAC, Churchill Papers, CHAR 20/94B/201.

Telegrama de Churchill a Montgomery, 28 de março de 1943. CAC, Churchill Papers, CHAR 20/108/121.

Telegrama do general Wavell a Churchill, 21 de maio de 1942. CAC, Churchill Papers, CHAR 20/75/68.

Minuta sobre "Cais para uso em praias", escrita por Churchill, 26 de maio de 1942. Churchill Adicional Papers, WCHL 13/4.

Documento preparado para os chefes de Estado-Maior, relacionando requisitos para a construção de portos artificiais, 20 de janeiro de 1944. Churchill Acquired Papers, 2/3/62/13.

Distribuição dos lugares para a reunião sobre a Overlord na St. Paul's School, 15 de maio de 1944 (Churchill Papers, CHUR 4/335/42).

Telegrama de Churchill para Ismay, 4 de janeiro de 1944. CAC, Churchill Papers, CHAR 20/179/34.

Telegrama de Churchill para Roosevelt, 15 de abril de 1944. CAC, Churchill Papers, CHAR 20/162/35.

Diagrama de documentos do vice-marechal do ar Bufton ilustrando os danos necessários às linhas ferroviárias para desorganizar o inimigo, c. 1944. Bufton Papers, BUFT 3/44 parte 3.

Carta do almirante Ramsay para Churchill, 16 de maio de 1944. CAC, Churchill Papers, CHAR 20/136/11.

Carta do rei George VI para Churchill, 31 de maio de 1944. CAC, Churchill Papers, CHAR 20/136/10.

De Clementine para Winston Churchill, 5 de junho de 1944. CAC Baroness Spencer-Churchill Papers, CSCT 1/28/2.

Telegrama de Churchill para Stálin, 6 de junho de 1944. CAC, CHAR 20/166/4.

Telegrama manuscrito do general Montgomery para o chefe do Estado-Maior, 7 de junho de 1944. CAC, Selwyn Lloyd Papers, SELO 3/39.

Rascunho do discurso de Churchill na Câmara dos Comuns, 2 de agosto de 1944. CAC, Churchill Papers, CHAR 9/200A/21.

Material sobre baixas compilado para o discurso do primeiro-ministro, 1º de agosto de 1944. CAC, Churchill Papers, CHAR 9/200A/111.

Carta de Winston Churchill para Clementine, 17 de agosto de 1944. CAC, Baroness Spencer-Churchill Papers, CSCT 2/33/1.

Rascunho do texto de Churchill para suas memórias de guerra, c.1950. Churchill Papers, CHUR 4/335/57.

BIBLIOGRAFIA SELECIONADA

1: Fontes primárias

Churchill Archives Centre (CAC)

AMEL – Documentos de Leopold Amery
BREN – Documentos do dr. Piers Brendon (para entrevista com Joan Bright Astley)
BUFT – Documentos do vice-marechal do ar Sydney Osborne Bufton
CHAQ, CHAR & CHUR – Documentos de Sir Winston Churchill
CLVL – Documentos de Sir John Colville
CSCT – Documento da baronesa (Clementine) Spencer-Churchill
HHLT – Documentos do vice-almirante John Hughes-Hallett
HUGL – Documentos de John Antony Crawford Hugill
JACB – Documentos de Sir Ian Jacob
LKEN – Documentos de Leo Kennedy
LWFD – Documentos de Valentine Lawford
MART – Documentos pessoais de Sir John Martin
MISC 68 – Cópia do Centro Operacional de Inteligência Especial
PYKE – Documentos de Geoffrey Pyke
SELO – Documentos de lorde Selwyn Lloyd
WCHL – Material Adicional de Churchill

Arquivos Nacionais

CAB 65 – Minutas do Gabinete de Guerra
CAB 69 – Minutas do Comitê de Defesa (Operações)

CAB 99/24 – Registro de conferência realizada em Casablanca, janeiro de 1943
PREM 3 – Correspondência e documentos operacionais do Gabinete do Primeiro-Ministro

Outros

Hansard – Registro de Debates Parlamentares
Arquivos Reais – Correspondência do rei George VI com Churchill

2: Diários publicados, memórias e fontes primárias

Gilbert, M. & Arnn, L. (eds.), *The Churchill Documents*, v. 20 (Hillsdale, 2018).

Bright Astley, J., *The Inner Circle: A view of war at the top* (Hutchinson, 1971).

Butcher, H., *Three years with Eisenhower: the personal diary of Captain Harry C. Butcher, USNR, naval aide to General Eisenhower, 1942 to 1945* (Heinemann, 1946).

Carter, R.S., *Those Devils in Baggy Pants* (Edição revisada, Jan-Carol Publishing, 2021).

Churchill, S., *A Thread in the Tapestry* (Deutsch, 1967).

Churchill, S., *Keep on Dancing* (Weidenfeld and Nicolson, 1981).

Churchill, W. S., *The World Crisis*, 6 vols. (Thornton Butterworth, 1923-31).

Churchill, W. S., *The Second World War*, 6 vols. (Cassell, 1948-54).

Churchill, W. S., *Never Give In! The best of Winston Churchill's speeches* (Easton Press, 2003) – editado pelo seu neto.

Colville, J., *The Fringes of Power. Downing Street Diaries 1939-1955* (Hodder & Stoughton, 1985).

Danchev, A. & Todman D. (eds.), *War Diaries 1939-1945. Field Marshal Lord Alanbrooke* (Weidenfeld & Nicolson, 2001).

De Gaulle, C., *War Memoirs* (*Memórias de guerra*), vol. II, "Unity", Richard Harwood (trad.) (Weidenfeld & Nicolson, 1959).

Dilks, D. (ed), *The Diaries of Sir Alexander Cadogan* (Cassell, 1971).

Eden, A., *The Eden Memoirs, The Reckoning* (Cassell, 1965).

Eisenhower, D., *Crusade in Europe* (Heinemann, 1948).

Grehan, J. (ed.), *Hitler's V-Weapons: The battle against the V-1 & V-2* (Frontline, 2020) – uma versão publicada da história oficial.

Hart-Davis, D. (ed.), *King's Counsellor: Abdication and war: The diaries of Sir Alan Lascelles* (Weidenfeld & Nicolson, 2006).

Hastings, R., *An Undergraduate's War* (Bellhouse Publishing, 1997).

Harvey, J. (ed.), *The Diplomatic Diaries of Oliver Harvey, 1937-1940* (Collins, 1970).

Hickman, T., *Churchill's Bodyguard* (Headline, 2006) – baseado nas memórias do inspetor Walter Thompson.

Hughes-Hallett, J., *From Dieppe to D-Day: The Memoirs of Vice Admiral Jock Hughes-Hallett* (Frontline, 2023).

Ismay, H., *The Memoirs of General the Lord Ismay* (Heinemann, 1960).

Lamb, C., *Beyond the Sea. A Wren at War* (Mardle, 2021).

Love, R. & Major, J. (eds.), *The Year of D-day: The 1944 Diary of Admiral Sir Bertram Ramsay* (Hull University Press, 1994).

Macleod, R. & Kelly, D. (eds.), *The Ironside Diaries, 1937-1940* (Constable, 1962).

Macmillan, M., *War Diaries: Politics and War in the Mediterranean 1943-1945* (Macmillan, 1984).

Montgomery of El Alamein, *The Memoirs of Field-Marshal the Viscount Montgomery of El Alamein* (Collins, 1958).

Moran, Lord., *Winston Churchill: The Struggle for survival 1940-1965* (Constable, 1966).

Morgan, F., *Peace and War: A soldier's life* (Hodder & Stoughton, 1961).

Nel, E., *Mr Churchill's Secretary* (Hodder & Stoughton, 1958).

Nicolson, H., *Diaries & Letters 1930-1964* (Penguin, 1984).

Norwich, J. J. (ed.), *The Duff Cooper Diaries* (Weidenfeld & Nicolson, 2005).

Pawle, G., *The War and Colonel Warden* (Harrap, 1963) – baseado nas memórias do comandante Thompson.

Rhodes James, R. (ed.), *Winston Churchill: His Complete Speeches*, 8 vols. (New York, Chelsea House, 1974).

Soames, E. (ed.), *Mary Churchill's War: The wartime diaries of Churchill's youngest daughter* (Two Roads, 2021).

Soames, M., *Speaking For Themselves: The personal letters of Winston and Clementine Churchill* (Doubleday, 1998).

Spears, E., *Assignment to Catastrophe*, 2 vols. (London, Heinemann, 1954).

Wheatley, D., *The Deception Planners: My secret war* (Hutchinson, 1980).

Wheeler-Bennett, J. (ed.), *Action This Day* (London, Macmillan, 1968) – memórias da equipe Churchill em Downing Street.

3: Fontes secundárias publicadas

Barnett, C., *Engage the Enemy More Closely: The Royal Navy in the Second World War* (Hodder and Stoughton, 1991).

Bishop, P., *Operation Jubilee – Dieppe 1942: The Folly and the Sacrifice* (Penguin Books, 2021).

Bowman, G., *Empire First: Churchill's war against D-Day* (publicação do autor, 2020).

Cowles, V., *Churchill: The era and the man* (Hamish Hamilton, 1953).

D'Este, C., *Eisenhower: Allies Supreme Commander* (Weidenfeld & Nicolson, 2003).

Gilbert, M., *Winston S. Churchill*, v. VI, 'Finest Hour' (Heinemann, 1983).

Gilbert, M., *Winston S. Churchill*, v. VII, "Road to Victory" (Heinemann, 1986).

Hamilton, N., *Monty: master of the battlefield, 1942-1944* (Hamish Hamilton, 1983).

Hastings, M., *Finest Years: Churchill as Warlord 194-1945* (Harper Press, 2009).

Hinsley, F. H., *British Intelligence in the Second World War*, vol. 3, pt. 2 (HMSO, 1988).

Holt, T., *The Deceivers: Allied military deception in the Second World War* (Folio Society, 2008).

Humphrys, O., *Wavell in Russia* (publicação particular, 2017).

Kennedy, P., *Engineers of Victory: The problem solvers who turned the tide in the Second World War* (Allen Lane, 2013).

Kiszely, J., *Anatomy of a Campaign: The British fiasco in Norway*, 1940 (Cambridge University Press, 2017).

Knight, N., *Churchill: The greatest Briton unmasked* (David & Charles, 2008).

Lampe, D., *Pyke: The unknown genius* (Evans Brothers, 1959).

MacKenzie, R., *Bomber Command: Churchill's greatest triumph* (Air World, 2022).

Macrae, S., *Winston Churchill's Toyshop* (2. ed., Amberley, 2010).

Macksey, K. J., *Armoured crusader: A biography of Major-General Sir Percy Hobart* (Hutchinson, 1967).

Milton, G., *The Ministry of Ungentlemanly Warfare* (John Murray, 2016).

Morgan, M., *D-Day Hero, CSM Stanley Hollis VC* (Sutton Publishing, 2004).

Olusoga, D., *Black and British* (Macmillan, 2016).

Overy, R., *The Air War 1939-1945* (Europa, 1980).

Overy, R., *The Bombing War: Europe 1939-1945* (Penguin, 2014).

Packwood, A., *How Churchill Waged War* (Frontline, 2018).

Packwood, A. (ed.), *The Cambridge Companion to Winston Churchill* (Cambridge University Press, 2023).

Prior, R., *Conquer We Must* (Yale University Press, 2022).

Reynolds, D., *In Command of History* (Allen Lane, 2004).

Roberts, A., *Masters and Commanders* (Allen Lane, 2008).

Roberts, A., *Churchill. Walking with destiny* (Allen Lane, 2018).

Roskill, S., *The War at Sea, 1939-1945*, v. 3: *The offensive, pt. 1*: 1 June 1943 (HMSO, 1960).

Roskill, S., *The War at Sea, 1939-1945*, v. 3: *The offensive, pt. 2*: 1 June 1944- (HMSO, 1961).

Roskill, S., *The Navy at War* (Collins, 1960).

Ryan, C., *The Longest Day* (Victor Gollancz, 1960).

Soames, M., *Clementine Churchill* (edição revisada, Doubleday, 2002).
Stafford, D., *Churchill & Secret Service* (John Murray, 1997).
Taylor, A. J. P. *et al.*, *Churchill: Four Faces and the Man* (Allen Lane, 1969).
Thorpe, D. R., *Selwyn Lloyd* (Jonathan Cape, 1989).
Vale, A.; Scadding, J., *Winston Churchill's Illnesses 1886-1965* (Frontline, 2020).
Ziegler, P., *Mountbatten* (Guild, 1985).

Acreditamos
nos livros

Este livro foi composto em Adobe Garamond Pro e impresso pela Geográfica para a Editora Planeta do Brasil em setembro de 2025.